新工科·普通高等教育汽车类系列教材

汽车事故分析与鉴定

主　编　薛大维
副主编　雷承玉　来剑戈
参　编　张　鹏　吉淑娥　赵　静
　　　　武超群　刘明夺
主　审　梅冰松　林　逸

机 械 工 业 出 版 社

本书介绍了汽车事故成因分析，速度再现技术分析，现场勘查、检验、鉴定技术，及事故处理等环节的具体过程和工作方法。

本书结合编者近年来汽车事故现场勘查、检验鉴定及协助公安机关交通管理部门对汽车事故认定处理的实际工作经验和研究成果，以汽车事故成因分析为基础，以汽车事故速度再现技术分析为手段，以汽车事故现场勘查、检验、鉴定技术及相关政策法规为依托，结合实际汽车事故案例处理进行编写。

通过学习本书，读者可掌握汽车事故鉴定方法，丰富业务知识，提高实践工作能力。同时，针对汽车事故处理过程中的现场勘查、检验鉴定、责任认定及损害赔偿等疑难的、有争议的环节进行了深入讲解，以达到依法、公平、准确、高效处理汽车事故的目的。

本书可作为高等院校汽车服务工程、车辆工程、交通工程、交通运输等相关专业的本科、专科教材，也可以作为汽车事故勘查鉴定人员和交通事故处理人员的参考用书，还可以作为汽车事故司法鉴定执业人员的培训教材。

本书配有PPT课件，采用本书作为教材的教师可登录www.cmpedu.com注册免费下载，也可向编辑（tian.lee9913@163.com）索取。本书配有部分事故案例视，可通过扫书中二维码进行观看。

图书在版编目（CIP）数据

汽车事故分析与鉴定/薛大维主编. —北京：机械工业出版社，2020.7（2024.1重印）

新工科·普通高等教育汽车类系列教材

ISBN 978-7-111-66031-6

Ⅰ.①汽… Ⅱ.①薛… Ⅲ.①汽车-交通运输事故-鉴定-高等学校-教材 Ⅳ.①U491.31

中国版本图书馆CIP数据核字（2020）第122415号

机械工业出版社（北京市百万庄大街22号 邮政编码100037）
策划编辑：宋学敏 责任编辑：宋学敏 赵 帅
责任校对：王 欣 封面设计：张 静
责任印制：单爱军
北京虎彩文化传播有限公司印刷
2024年1月第1版第2次印刷
184mm×260mm·22印张·541千字
标准书号：ISBN 978-7-111-66031-6
定价：58.00元

电话服务	网络服务
客服电话：010-88361066	机 工 官 网：www.cmpbook.com
010-88379833	机 工 官 博：weibo.com/cmp1952
010-68326294	金 书 网：www.golden-book.com
封底无防伪标均为盗版	机工教育服务网：www.cmpedu.com

新工科·普通高等教育汽车类系列教材
编 审 委 员 会

序

汽车被称为“改变世界的机器”。由于汽车工业具有很强的产业关联度，因而被视为一个国家经济发展水平的重要标志。我国汽车工业自2009年以来产销量连续保持全球第一，它正在成为拉动国民经济增长的动力源。汽车工业的繁荣，使汽车及其相关产业的人才需求量大幅度增长。相应地，作为人才培养主要基地的汽车工业高等院校也得到了长足发展。据不完全统计，迄今全国开办汽车类专业的高等院校近300所。

从未来发展趋势看，新一代信息通信、新能源、新材料等技术与汽车产业融合，汽车电动化、智能化、网联化、共享化，打造我国自主品牌、开发核心技术是我国汽车工业的必然选择，但当前我国汽车工业还处在以技术引进、加工制造为主的阶段，这就要求在人才培养方面既要具有前瞻性，又要与我国实际情况相结合。在注重培养具有自主开发能力的研究型人才的同时，应大力培养知识、能力、素质结构具有鲜明的“理论基础扎实，专业知识面广，实践能力强，综合素质高，有较高的科技运用、推广、转换能力”特点的应用型人才。这也意味着对我国高等教育的办学体制、机制、模式和人才培养理念等提出了全新的要求。

为了满足新形势下对汽车类高等工程技术人才培养的需求，在中国机械工业教育协会汽车服务工程学科教学委员会的领导下，成立了教材编审委员会，组织制订了多个系列的普通高等教育系列教材。其中，为了解决高等教育应用型人才培养中教材短缺、滞后等问题，组织编写了新工科·普通高等教育汽车类专业系列教材。

本系列教材在学科体系上适应普通高等院校培养应用型人才的需求；在内容上注重介绍新技术和新工艺，强调实用性和工程概念，减少理论推导；在教学上强调加强实践环节。此外，本系列教材将力求突出以下特点：

1）全面性。目前本系列教材包括汽车设计与制造、汽车服务工程、汽车检测与维修、物流工程等专业方向，今后还将扩展专业领域，更全面地涵盖汽车类专业方向。

2）完整性。对于每一个专业方向，今后还将继续根据行业变化对教学提出的要求填平补齐，使之更加完善。

3）优质性。在教材编审委员会的领导下，继续优化每一本教材的规划、编审、出版和修订过程，使教材的生产过程逐步实现优质和高效。

4）服务性。根据需要，为教材配备 PPT 课件和教学辅助教材，举办新教材讲习班，在相应网站开设研讨专栏等。

相信本系列教材的出版将对我国汽车类专业的高等教育产生积极的影响，为我国汽车行业应用型人才培养模式的创新做出有益的探索。由于我国汽车工业正处于快速发展阶段，对人才会不断提出新的要求，这也就决定了高等教育的人才培养模式和教材建设将处于不断变革之中。我们衷心希望更多的高等院校加入到本系列教材建设的队伍中来，使教材体系更加完善，以更好地为培养汽车类专业高等教育人才服务。

中国汽车工程学会　常务理事

中国机械工业教育协会

汽车服务工程学科教学委员会　主任

林　逸

前　言

汽车在给人们带来舒适便捷的同时也带来了道路交通安全的负面效应。和汽车有关的道路交通事故不仅给世界各国经济造成了损失，而且给当事人家庭带来了不可估量的精神损害，造成了严重的社会问题。因此，世界各国都在努力减少涉及汽车的道路交通事故，并且致力于高效、科学、准确、公平地处理汽车事故。

汽车事故分析与鉴定是从技术上解决汽车事故问题的一项应用技术，也是一个理论性和实践性相结合的学科，它涉及应用统计学、交通心理学、力学、汽车理论、汽车构造、物证技术、刑事科学等学科。

本书结合编者近年来汽车事故现场勘查、检验鉴定，及协助公安机关交通管理部门对汽车事故认定处理的实际工作经验和研究成果，以汽车事故成因分析为基础，以汽车事故速度再现技术分析为手段，以汽车事故现场勘查、检验、鉴定技术及相关政策法规为依托，结合实际汽车事故案例处理进行编写。本书内容理论依据充足，系统性强，以案例为主导体现鉴定方法，具有较强的实用性，符合“新工科”背景下汽车服务工程专业教材需要融入新思路、新知识、新技术、新动态的要求。

本书共八章。第一章为国内外汽车事故安全概述，介绍了国内外汽车事故状况，以及我国道路汽车事故特点。第二章为汽车事故基础知识，从汽车道路交通事故的定义、分类和统计分析等方面介绍了汽车道路交通事故的基础知识。第三章论述了汽车事故成因分析的种类和方法。第四章为汽车事故速度再现技术分析，详细介绍了速度再现的各种方法，为理解后续章节中汽车事故鉴定打下坚实基础。第五章详细地叙述了汽车事故现场勘查记录方法和汽车事故痕迹物证勘验与鉴定。第六章介绍了汽车事故鉴定的概念及鉴定程序。第七章为汽车事故鉴定分类，详细介绍了汽车事故当事人鉴定、汽车事故肇事车辆鉴定、汽车事故道路及环境鉴定的方法和手段。第八章详细介绍了汽车事故处理的过程和方法。

本书由黑龙江工程学院薛大维主编。编写人员及主要分工为：薛大维编写第四章、第七章，张鹏、来剑戈编写第二章，刘明夺编写第一章、第五章，武超群、雷承玉编写第六章，吉淑娥编写第三章，赵静编写第八章。全书由薛大维统稿。北京市龙晟交通事故司法鉴定所负责人雷承玉对第五章进行了审稿工作；全国道路交通管理标准化技术委员会委员、全国道路交通事故深度调查专家组专家、北京市政法系统“十百千”人才工程第一层次人才，北京市公安局公安交通管理局事故处政委来剑戈对第一章、第八章进行了审稿工作。

本书由北京市公安局公安交通管理局副局长梅冰松和中国汽车工程学会会士林逸主审。本书在编写过程中得到了公安部交通管理科学研究所、北京市公安局公安交通管理局、黑龙

江省公安交通管理局、北京市龙晟交通事故司法鉴定所和黑龙江骏博交通事故司法鉴定中心的大力支持和协助，特此感谢。

在从事汽车事故鉴定的实践中，本书相关内容以国家颁布的有关法律法规、条例和实施细则为准。

由于编者理论水平和实践经验有限，所积累的成果、资料有限，书中内容和观点不妥之处在所难免，敬请读者批评指正。

编　者

目　录

第一章　国内外汽车事故安全概述

学习目标

知识目标：

- 了解国内外汽车交通安全现状
- 理解我国汽车事故特点
- 掌握汽车事故处理过程

能力目标：

- 能解释国内外汽车事故发展变化趋势
- 能理解我国汽车事故特点
- 能应用我国汽车事故特点制定相应控制策略
- 能区分国内外汽车事故处理不足及差异

第一节　国外汽车事故概况

一、国外经济发达国家汽车事故概况

1. 欧盟国家汽车事故概况

欧盟道路交通事故数据库（Community Database on Accidents on the Road in Europe, CARE）创建于1993年，它只统计道路交通事故的死伤情况。欧盟在创建该数据库之初，秉承了这样的理念，即建立区域性的道路交通数据库，可以确定和量化道路安全问题、评估道路安全措施的效用、界定各成员国行动的一致性和促进该领域相关经验的交流。因此，该数据库系统是道路交通事故分析强有力的辅助工具。

使用CARE数据库系统的有奥地利、比利时、丹麦、芬兰、法国、希腊、爱尔兰、意大利、卢森堡、葡萄牙、西班牙、瑞典、荷兰和英国等，其访问权限局限于欧盟成员国。CARE与其他数据库的最大不同是，它的各成员国对交通事故数据分开统计，只是在后期的事故分析时，将各国事故数据统一纳入CARE中。这种数据统计结构的优点在于能够提供灵

活、多用途的数据分析功能，但 CARE 在处理各国数据时仍存在一定的局限性，如它不能有效地将各国事故统计数据进行有机融合，突出表现为数据间的兼容问题。

欧盟道路交通事故数据库的数据项目具体包含交通事故类型、国别信息、人员类型、事件类型和车辆类型五个大方面，又可以细分为事故类型 16 项、国别信息 7 项、人员类型 16 项、事件类型 4 项、车辆类型 6 项共计 49 项。

根据欧盟的官方统计，欧盟现在每年共发生 120 万起交通事故，造成 3.5 万~4 万人死亡，170 多万人受伤。每年道路交通事故给欧盟带来的经济损失达 1600 亿~1800 亿欧元。

欧盟委员会曾就汽车安全性能和驾照发放等制定了严格的规定，力图逐年减少交通事故死亡人数。另外，还着重解决了欧盟各成员国缺乏协调，即一个国家的驾驶人在另一国家违反交通法规后能够逃避处罚这种问题。

在欧盟国家中，德国是道路交通事故率较低的国家之一。在德国，公民交通安全意识很强，自 1953 年有统计以来，其有人员伤亡的公路交通事故数量始终在一个很低的范围内波动。据德国联邦统计局公布的数据显示，2016 年德国交通事故死亡人数为 3214 人，比 2015 年减少了 245 人，2016 年德国因交通事故造成的死亡人数降至 60 年来最低点。德国交通部长表示，这一趋势让人欣慰，“尽管有越来越多的汽车和货车在公路上奔驰，但我们的公路依旧是安全的。”他说，“这是汽车安全技术革新、理性安全驾驶和合理有效的基础设施建设带来的成果。”他还说：“我们将尽一切努力保证道路交通安全，减少交通意外的发生。比如，规定 17 岁未成年人必须在成人监护下驾车以及推行智能交通管理系统。”

欧盟通过了一项道路安全计划，旨在减少 2011 年至 2020 年间欧洲的道路交通事故死亡人数。该计划的重点是改善车辆安全、基础设施和道路使用者的安全行为。

图 1-1 所示为 CARE 数据统计的欧盟国家 2006 年至 2015 年道路交通事故死亡人数。从 2006 年到 2015 年道路事故死亡人数从 43718 人下降到了 26132 人，整个降幅约为 40%，图 1-1 中黑色曲线为实际发生事故死亡人数，灰色曲线为欧盟目标事故死亡人数。

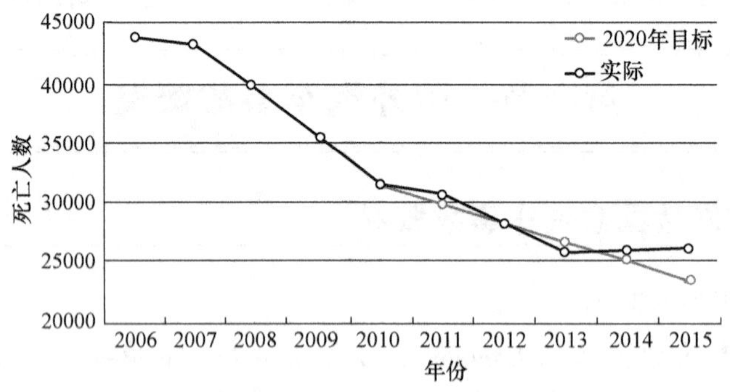

图 1-1 欧盟国家 2006 年至 2015 年道路交通事故死亡人数

2. 美国

美国汽车拥有量和公路总里程均居世界前列，美国非常重视交通安全问题，成立了从事该领域调查与分析的专门机构——美国国家公路交通安全管理局（National Highway Traffic Safety Administration，NHTSA）。目前该机构已建立了死亡分析报告系统（Fatality Analysis Reporting System，FARS）和国家事故案例系统。其中死亡分析报告系统的数据，包括公路交通事故和血液酒精含量检测值报告，在网上可以检索到相关信息。

FARS 调查所有在美国发生的死亡事故，每年大约有 3600 个案例的事故数据（涉及个人隐私的除外）被存入密歇根大学交通研究所的数据库，并免费供公众查询。通过该系统还可以查看美国各地区和城市的交通事故分布情况等。另外，该系统的交通事故数据也是美国交通安全年度评价报告的主要数据来源。

据 FARS 最新调查数据统计，2016 年美国因道路交通事故死亡人数为 37461 人，受伤人数为 2177000 人；2015 年道路交通事故死亡人数为 35485 人，受伤人数为 1715000 人；2014 年道路交通事故死亡人数为 32744 人，受伤人数为 1648000 人。2014 年至 2016 年，因道路交通事故死亡和受伤人数呈递增趋势。而 2017 年死亡人数为 37113 人，相对于 2016 年的 37461 人下降了 0.9%，这是在 2015 年和 2016 年死亡人数逐年递增的趋势后出现的减少情况，并且排除大型货车和 SUV（运动型多用途汽车）外，其余相对于 2016 年各事故类型中的死亡人数也都有所减少。

可以认为，美国的交通事故得到了暂时的控制，这与多年来美国相关部门的重视并建立完善的汽车交通安全保障体系是分不开的。交通部门将其部分归功于使用安全带的驾驶人越来越多，汽车的安全性能改善，杜绝酒后驾车与飙车，对未成年人驾驶禁令的执行更加严格等因素。

3. 澳大利亚

澳大利亚第一起有记录的造成人员死亡的交通事故发生于 1925 年，从此，交通事故死亡人数直线上升（世界经济大萧条和第二次世界大战期间除外）。至 1954 年，道路交通事故死亡人数超过所有的传染病死亡人数，直到 20 世纪 60 年代末达到高峰，以后便一直呈下降的趋势。但道路交通事故死亡人数仍占所有死亡人数的 3%，并且成为年龄在 5~35 岁之间公民死亡的主要原因，对澳大利亚人均寿命及社会损失程度的影响均大于疾病死亡。澳大利亚政府非常重视对交通安全的研究，除了对已有道路和发生的道路交通事故进行分析研究，从驾驶人行为、道路设施与环境和车辆安全性能加以改善以外，澳大利亚还较早地开展了“道路安全评价”工作，并形成了规范和制度。

据澳大利亚政府公布，2016 年澳大利亚死于汽车事故的人数为 1300 人，严重受伤 37000 人，为五年来最高。澳大利亚道路安全学院提交的一份报告说，澳大利亚政府对主要州际公路进行升级，改善了路况，增加了行驶安全系数。但是在全国范围内还有更多的道路需要升级。

4. 日本

日本交通部门、建设部门和警察部门于 1992 年联合建立了交通事故研究分析中心（Traffic Accident Research and Analysis Center），其任务是负责日本所有汽车事故的统计分析，定期查找分析交通事故发生的原因，并给出改善措施、预测交通事故的发展趋势、发布交通状况安全报告等。该中心专门收集和分析所有典型的交通事故数据，从微观和宏观的角度分析评价日本交通安全状况，同时编写每一年度的《交通事故统计年报》。日本将交通事故数据分为事故发生数据、死亡事故发生数据、各类事故发生情况和高速路汽车事故数据四大类，并对事故发生数据和死亡事故发生数据按都、道、府、县进行统计和分析。

日本国土面积约 37.8 万 km^2，人口约 1.2 亿，高速公路总长度已达 7000km，是世界上高速公路密度最大的国家之一，汽车保有量 7500 万辆。为了遏制急速上升的事故数量，

1966年日本开始制定和实施“交通安全综合计划”，经过十多年的努力，终于使日本的汽车事故死亡人数从1970年的最高峰16765人，降至1980年的8760人。此后，日本的汽车事故死亡人数虽有所反弹（20世纪90年代初上升为每年11000多人），但目前基本处于稳定下降阶段。自1993年以来，日本每年因交通事故死亡人数均在下降，2010年死亡人数为4863人，致命和伤害交通事故及伤亡人数分别为725773起和901071人。2017年交通事故发生次数为4721656起，死亡人数为3694人，达到自1953年以来的最低水平。

日本交通事故死亡人数下降的主要原因是乘车人系安全带的比率提高，以及酒后驾车事故的减少。日本警察厅认为，除了对酒后驾驶及超速的严厉处罚外，《道路交通法》规定汽车后座乘客有义务系安全带，提高了后座安全带的使用率，也是交通事故死亡人数下降的重要原因。另一方面，虽然日本警察厅已经针对老年人进行了一系列的知识讲座并建立了驾驶执照归还制度，但是效果并不明显。如何应对老年人交通事故死亡人数增长也是日本警察厅迫切需要解决的问题。

5. 加拿大

加拿大致力于改善道路安全，减少死亡人数和重伤人数。2016年，加拿大交通事故严重伤害人数减少，但死亡人数和总伤害人数略有增加。其中2016年，汽车事故死亡人数为1898人，比2015年（1860人）增长2.0%；造成严重伤害的交通事故呈下降趋势，2016年降至10322人，比2015（10748人）年下降4.0%；2016年，每100000人的死亡人数为5.2人，与前两年相比没有变化。这归功于持续的道路安全计划和各级政府部门、安全机构和一些强制性组织的参与。最成功的是国家居民强制性计划，到1995年，实现了95%以上的驾驶人使用安全带的目标。

二、其他相关国家汽车事故状况

《2015全球交通安全报告》（Global Status Report on Road Safety 2015）显示，根据对全球180个国家和地区的调查分析，全球每年因交通事故死亡人数在125万人左右，其中90%发生在中低收入国家，这些国家人口占全球的82%，汽车保有量占全球的54%。报告估计，每年交通事故给中低收入国家带来的损失占这些国家GDP的5%左右。东南亚和太平洋西部地区1/3的交通死亡人员是摩托车驾驶人，另外行人和自行车骑车人死亡人数分别占22%和4%。

在一些欠发达国家，交通事故遇难者大多为5~14岁的未成年人。有专家预计，高收入国家汽车事故死亡人数将呈下降趋势，而中低收入国家的死亡人数将大幅提高，这将导致全球汽车事故死亡率整体上升，升幅可能高达一倍。

世界卫生组织的研究表明，汽车事故对于弱势群体的影响总是更大。在发展中国家，行人和两轮机动车驾驶人是面临汽车事故威胁最大的群体。由于道路设计不合理、交通管理混乱，这些弱势群体很难在混杂的交通环境中确保安全。

研究表明，造成中低收入国家汽车事故频发的另一个重要原因是，这些国家由于经济等方面的原因没有建立良好的公共交通体系，而私车、改造过的货车等非正规交通方式便填补了这一空缺。这些非正规交通方式存在严重的安全隐患，如经常超载、驾驶人疲劳驾驶和违章等。

1. 印度

《印度时报》报道，2016年，印度每天至少有410人在道路上丧生，而在2015年是每天400人。相关的数据显示，2016年的道路事故中，有近15万人死亡，而2015年为14.6万人。据印度政府公布的《2016年印度道路事故报告》统计，2016年大约46%的交通事故死亡者年龄在18~35岁之间，37%的事故发生在交通路口。而其中两轮车的事故死亡率最高，达34.8%，远高于四轮车的17.9%。在5.25万名两轮车事故死亡人员中，有19.3%的人没戴安全头盔。报告指出，2016年印度共发生肇事逃逸交通事故5.59万起，占所有汽车事故的11.6%和致人死亡交通事故的15.2%。

2. 俄罗斯

俄罗斯交通事故死亡人数2010年为26567人，2009年为26884人，呈下降趋势。近五年来，俄罗斯平均每年死亡人数在25000人左右。由于交通事故而导致的俄罗斯经济损失总额高达5.5万亿卢布，相当于俄罗斯5年来医疗卫生领域内的全部支出。与欧洲其他国家相比，俄罗斯仍然是交通事故死亡人数最高的国家之一。俄罗斯发生交通事故的主要原因是违反汽车交通法规和醉酒驾车。俄罗斯已经开始实施一系列新的交通规则。

3. 非洲国家

非洲是目前全球汽车事故死亡率最高的区域。据世界卫生组织2013年报告，在非洲每10万人中，因汽车事故死亡的人数达26.6人。报告显示，6个国家自2010年以来汽车事故死亡人数增加，其中84%是低收入或中等收入国家。79个国家的绝对死亡人数减少，其中56%是低收入和中等收入国家。然而，低收入国家的死亡率是高收入国家的两倍多，相对于这些国家的机动化水平，它们的死亡人数不成比例：汽车事故死亡90%发生在低收入和中等收入国家，而这些国家只拥有世界54%的车辆。道路情况较差和驾驶人未按规定行车为非洲汽车事故发生率如此大的主要原因。

4. 中欧、东欧国家

据统计，在中欧、东欧国家，随着各国政治、经济及社会的改变，汽车的数量大幅度增加，由交通事故造成的人员伤亡率开始上升。直至20世纪末实施了各种管控措施后，情况稍有改善，但有些国家的情况与发达国家在20世纪80年代和90年代的状况相似。

多数发展中国家事故率、死亡率高，交通安全状况差的主要原因是对汽车交通安全问题的认识水平较低，安全意识差，交通安全研究和政府投入较少。世界银行的道路安全专家曾指出，发展中国家对道路安全问题的认识水平可分为三级：

第一级认识水平：在这类国家中，对道路安全问题缺少认识，几乎没有事故资料，缺少事故数据系统。对道路安全问题的发展趋势所知甚少，没有专门的机构负责道路安全事宜。

第二级认识水平：政府意识到了道路安全问题，但却不够重视，汽车事故资料残缺不全。媒体开始注意，一些大学或研究机构开始研究道路安全问题。

第三级认识水平：政府认识到了道路安全问题并给予关注，建立了改进的道路事故资料管理系统，成立了一些机构并培训职员，可进行汽车事故黑点的分析。开始进行道路安全教育，研究机构尽管缺少数据资源，但正进行道路安全方面的研究。

通过对国外汽车事故现状分析可知，工业化较早的经济发达国家，如美国、英国、德

国、日本等对汽车交通安全问题的认识和管理经历了一个逐步发展的过程。这些国家从20世纪五六十年代起，各自经历了经济高速发展、交通安全状况严重恶化的时期，然后在20世纪70年代达到高峰。通过政府的有效干预，以及采取综合性的应对措施，尽管车辆、道路不断增加，但汽车事故率和死亡率逐步下降。而同时期包括亚洲、非洲和欧洲部分国家在内的大部分发展中国家的交通事故死亡人数却在持续上升。

纵观发达国家汽车交通安全问题，其认识也经过了一个逐步转变的过程。在汽车交通机动化的初级阶段，和现在许多发展中国家一样，发达国家也将交通事故更多地理解为汽车交通不可避免的后果，是提高流动性和发展经济的必然代价。但在对汽车事故进行综合治理后，交通事故的死亡率大幅度降低，证明了汽车交通安全问题在很大程度上是可以预防的。

三、发达国家解决汽车交通安全问题的支持体系和开展的措施

汽车交通安全事故的发生主要涉及道路的使用者，而交通安全问题的解决却涉及方方面面的社会机构。从发达国家的经验来看，政府在解决交通安全问题中往往发挥主导性作用，其发挥作用的方式主要体现为构建解决交通安全问题的支持体系。

1. 发达国家解决汽车交通安全问题的支持体系

1）健全的汽车交通安全法律法规体系。

2）高效透明的交通事故统计系统。

3）完整的汽车交通安全科研体系。

4）专门的政府交通安全管理部门。

5）跨部门的汽车交通安全合作机制。

2. 发达国家解决汽车交通安全问题的主要干预措施

1）汽车交通安全干预理念的调整和转变。

2）设计、建设可以预防交通事故的道路系统。

3）建立车辆安全技术标准，提高车辆的安全可靠性。

4）加强汽车交通安全教育和宣传活动。

5）建立交通事故发生后的医疗紧急救助制度。

6）通过费用效果评估选择合理的干预措施。

第二节　我国汽车事故状况及特点

一、我国汽车事故状况

我国的汽车事故基本是随着国民经济的发展而变化的，并受当时的社会经济状况的影响而发生很大的波动。随着国家总体经济实力的不断增强，汽车工业和交通运输业迅速发展，机动车保有量急剧增加，驾驶人数量激增，汽车事故次数及死亡人数也急剧增长。2000年至2004年，我国连续五年每年交通事故次数超过50万起，最高达到77万起，因交通事故死亡人数均在10万人左右，成为汽车事故死亡人数最多的国家之一。随着以《中华人民共和国道路交通安全法》为代表的一系列汽车交通安全管理法律、法规出台并实施，同时政

府也加大了汽车交通安全的投入力度，我国的汽车交通死亡人数、事故次数、受伤人数、财产损失逐年下降。到2012年初统计，2011年交通事故次数20.8万起，死亡人数6.24万人，总体呈下降趋势。2010年交通事故死亡人数达到7.95万人，主要原因是2010年因汽车产销量激增，突破1800万辆，导致交通事故绝对次数增加。尽管近年来汽车交通安全状况逐年好转，但我国汽车交通安全问题仍十分严重，每年因交通事故造成巨大的经济损失。

二、我国汽车事故特点

通过对近几年我国汽车事故数据进行分析得知，我国的汽车事故有以下特点：

1）公路交通事故多，公路交通的事故死亡率高于城市汽车事故死亡率。据统计，公路与城市道路事故数量比为1.4∶1，公路交通事故死亡人数是城市道路死亡人数的3倍。

2）汽车事故四项绝对指标（事故次数、受伤人数、死亡人数、直接财产损失）自2004年以来基本逐年递减，万车死亡率逐年降低，汽车事故死亡率和受伤致死率高。汽车事故受伤致死率是事故死亡人数与伤亡总人数之比。我国万车死亡率虽呈下降趋势，但高于工业发达国家的1.2~1.9人/万车的水平，说明我国车辆肇事后施救体系还有提升空间，见表1-1。

表1-1 2010年至2016年我国汽车事故相对指标统计结果

年份	2010	2011	2012	2013	2014	2015	2016
死亡率(%)	4.89	4.65	4.45	4.32	4.28	4.22	4.56
万车死亡率(%)	3.15	2.78	2.50	2.34	2.22	2.08	2.14

3）通过对我国近年的汽车事故进行统计分析，交通事故按全年、全天在时间上呈不均衡分布，除了在常规的早、中、晚高峰时段事故发生较多外，在凌晨0~1时也是一个高峰时段，这主要是由驾驶人疲劳困倦所致。交通事故次数、死亡人数以6月为最低谷，最高峰集中在1、2月，4、5月和11、12月。

4）经济发达地区交通事故数量相对较多，死亡人数多；沿海地区较内陆地区交通事故数量多，死亡人数多。据统计，广东、浙江、山东、江苏与四川五省汽车事故数量位于全国前五位，占全国的1/3，交通事故死亡人数位于前五位的是广东、山东、江苏、浙江与河南。经济发达省份和地处交通核心区的省份交通量大，交通事故次数多也符合汽车事故变化规律。

5）绝大多数交通事故都是由于交通违法而引起的。据统计，因疏忽大意、超速行驶、措施不当、违规超车、不按规定让行、违规占道行驶、酒后驾车造成的死亡人数，占交通事故死亡总人数的一半以上。

6）摩托车驾驶人、自行车骑车人和行人因交通违法造成的伤亡严重。全国交通事故中，因摩托车驾驶人交通违法引发的事故占交通事故数的1/5，造成的死伤总人数占死伤总人数的1/4。自行车骑车人交通违法引发交通事故造成的死亡人数占总人数的1/3。

7）农村人口、进城务工农民是交通事故伤亡的主要人员。近年来，由于我国经济持续稳定发展，城市范围不断扩大，道路不断延伸，农村人口、进城务工农民出行人数大幅度增长，交通参与活动日趋频繁，但同时由于这部分人的交通安全意识相对薄弱，容易发生交通事故并造成伤亡。

我国的汽车交通安全形势尤令世人瞩目。截至2018年底，全国公路网总里程达到500万km，其中高速公路通车里程达到14万km，农村公路通车里程达到400万km，极大地促进和保障了我国经济社会的发展。到2018年底，全球汽车保有量达到11亿辆，我国实际已经突破2.4亿辆。汽车事故已经成为近年来影响我国公众安全感的重要因素之一。尽管从目前的数据来看，我国的汽车事故的四项数据呈逐年下降趋势，但还是应该清楚地认识到，我国的交通安全状况在发展中国家处于中等水平，与工业发达国家相比，差距还很大。因此，如何进一步提高我国汽车交通安全水平仍然是我国面临的一个巨大问题。

第三节　汽车事故处理现状及趋势

一、国外汽车事故处理现状及趋势

根据各国对交通事故的定义的不同，国外的交通事故，采取不同的处理方式，一般包含现场勘查、鉴定分析、事故认定、事故损害赔偿和处罚几大阶段。

在现场勘查阶段，国外发达国家对一些重大案件广泛使用的是全站仪。用全站仪代替皮尺进行现场测量和比例图的绘制是现场勘查比较先进的手段，其定位准确且效率较高。但是，和摄影测量技术相比，在现场的测量速度方面仍有很大差距。同时，摄影测量所获得的信息具有原始性、完整性和可再利用性等独特优点，已成为交通事故现场勘查最有应用前景的方法之一。

在汽车事故证据采集和相关项目鉴定方面，国外一些发达国家起步较早，鉴定程序规范、鉴定技术较为先进。1985年之前，美国就草拟了《交通事故再现专家资格认证最低标准》。1992年，包括美国、加拿大相关机构在内的12个机构联合成立的交通事故鉴定组织（Accreditation Commission for Traffic Accident Reconstruction，ACTAR）被国际上公认为是为警察和公众提供交通事故鉴定服务且不隶属政府的组织。该组织确立了从业人员标准，从业者须经过5年连续、系统的教育并进行基础知识和专业能力两部分测试，测试力求准确、客观并受社会监督。该标准不但促进了该组织内部的协作，也促进了交通事故鉴定水平的提高。随着国际交流的加强，ACTAR已形成由来自美国、加拿大、日本、澳大利亚等国家包括工程师、警察、顾问、律师在内的500多名专家参加的国际组织。此外，美国有一名为IAARS（International Association of Accident Reconstruction Specialists）的组织，承担着交通事故鉴定培训及继续教育的工作和对交通事故鉴定机构及其人员的职业道德、鉴定报告、鉴定人员信誉、鉴定方法以及标准的考核工作。在欧洲，交通事故鉴定得到了广泛的认可，从业人员数量不断增加，有由众多交通事故鉴定从业人员组成的地区、国家和国际协会，并定期举办会议，开办继续教育培训班，出版著作和学术期刊。可见，这些国家交通事故鉴定工作是比较规范的，从业人员必须具有相关资质，鉴定机构是独立于政府的有资质的中介第三方，同时还有对鉴定人和鉴定机构建立的相应的考核评估制度。

在汽车事故认定方面，德国、日本等国家适用危险分配理论。危险分配理论是刑法理论中以“被允许的危险”和“信赖原则”为理论基础，在“过失犯处罚减轻合理化”口号下

提出的理论。其基本含义是指：在从事危险的业务或者事务时，参与者应当以相互间的信赖为基础，对于该业务或事务所发生的危险，相互间予以合理地分配，就各自分担的部分予以确切地实施，相互间分担回避危险，使危险减轻或消除。例如，日本现行的《交通事故过失相抵比例标准》原则，就非常值得借鉴。

国外汽车交通肇事处罚较为严格，特别是对有严重违法行为的肇事者处罚更为严格。如西班牙、日本、美国、韩国等国对酒后驾车的刑事责任有逐渐加重的趋势。西班牙把“酒后驾车”直接列入刑事犯罪的法制范畴。美国直接把酒后驾车致人死亡上升为“故意杀人犯罪”。美国各州的法律虽然有差别，但对酒后驾车都无一例外实行“零容忍”的处罚制度。在日本，如果酒后驾车引发人身事故，将以“危险驾驶致死伤罪”的罪名被起诉，此罪名于2001年设立。危险驾驶致伤的处以15年以下有期徒刑，致死的处以1年以上20年以下有期徒刑。在韩国，酒后驾车也成为酿成诸多交通事故的重要因素之一。针对社会上“酒驾”现象屡禁不止，韩国近年来对《道路交通法》中有关“禁止醉酒驾驶”的条文进行了数次修订，不断加大处罚力度。韩国2019年6月25日起，实施了新的《道路交通法》。新交通法加强了对酒后驾车行为的处罚力度。新《道路交通法》中，查扣驾驶证的血液酒精含量标准由原来的0.05%调至0.03%，吊销驾驶证的血液酒精含量标准由原来的0.1%调至0.08%，处罚上限也被上调至最长5年有期徒州或2000万韩元（约合11.9万元人民币）以下的罚款。韩国检方根据新《道路交通法》，强化了酒后驾车事故的量刑标准。最高判处刑期由有期徒刑4年6个月改为无期徒刑。此前，韩国检方还决定，若血液酒精含量超过0.08%的驾驶人引发交通事故，造成人员死亡或重伤，将进行拘留调查。若因酒后驾车引发交通事故导致人员伤亡后逃跑，检方将不设例外，申请批捕驾驶人。另外，10年内酒后驾车2次以上的惯犯将受到严厉处罚。国外在发生汽车事故处罚上，除遵循“法律面前人人平等”外，有些国家考虑到贫富不均的客观现实，考虑到有车者与受害者多为富者与贫者的客观存在，法律在交通事故产生的行政罚款或民事赔偿责任上，有意加重富人责任。如芬兰，既“一视同仁”又“贫富有别”，交通违法罚款额依据个人收入确定。

国外汽车事故赔偿，各国虽不尽相同，但保险公司都起着主要作用。

美国交通事故赔偿制度：美国大约半数州制定法律，采取无过失保险制度。美国各州关于无过失保险的立法模式并非完全一致，其中多数距离真正的无过失责任的目标还有相当的差距，可归为三类：一是附加式无过失计划，二是正式无过失计划，三是纯粹无过失计划。纯粹的无过失保险制度将是趋势，并具有免除受害人的举证责任、无限制赔付、废除被保险人的侵权行为责任等特点。

英国交通事故赔偿制度：一是对于因侵害行为引起的人身或财产损害，主张损害赔偿责任的，采取过失责任主义。二是采取机动车保险制度，英国道路交通法于1972年进行修正，机动车所有人可以通过提存保证金的方式代替投保责任险。为强化其强制性，对于违反规定的人处以罚金，或处有期徒刑。用强制投保责任险或提存保证金的措施，来确保损害赔偿义务人的赔偿能力，避免受害人损害赔偿权利的落空。规定当被保险人破产或丧失清偿能力时，第三人有权径直向保险人求偿，被保险人对于第三人有提供必要信息的义务，同时规定不得与保险人和解，从而妨碍第三人求偿权的行使。

德国交通事故赔偿制度：德国有关机动车交通事故民事损害赔偿制度是以“危险责任”归责理论为基本架构的，排除优先适用民法第八百二十三条的过失原则。有关机动车驾驶人

的赔偿责任，应适用过错推定责任原则，即原则上推定机动车驾驶人对于损害的发生有过失，若欲主张免责，则须举证证明自己无过失。按照德国《道路交通法》的规定，对于受害者人身损害及财产损失均为法律保障的范围，但慰抚金则排除在外，同时考虑到赔偿责任比较容易成立，若有关损害赔偿的范围及数额一切均按一般民法规定的完全赔偿，则车主负担明显过重，同时为了与主观意识上具有可谴责性的故意或过失侵害责任相区别，德国《道路交通法》第十二条对于危险责任设有最高限额。此外，若另有损害，超额部分或非《道路交通法》的保障范围者（如慰抚金），只能另行适用民法一般侵权行为法的规定，由受害者对故意或过失负举证责任。

日本交通事故赔偿制度：日本于 1955 年制定了《机动车损害赔偿保障法》，对运行供用人规定了近于无过错责任的赔偿责任，并规定了强制保险制度。值得注意的是，依照《机动车损害赔偿保障法》第三条的规定，其保障的对象则仅限于人身的损害，并不包括物损。此外，有关损害赔偿权利主体、损害赔偿的内容和范围及赔偿额、损益相抵、过失相抵及消灭时效等规定，则回归适用民法的规定（《机动车损害赔偿保障法》第四条规定）。

二、我国汽车事故处理现状及趋势

我国汽车事故处理分为现场勘查、汽车事故鉴定分析、事故认定、损害赔偿和交通事故处罚五大阶段。

在上述五个阶段中，第一阶段工作是在汽车事故现场完成的，这一阶段持续时间的长短直接决定了事故对汽车交通影响的程度。

我国交警部门处理事故现场的常用方法是：先封锁事故地点的部分或全部车道，工作人员通过皮尺测量、照相、目测等方法对事故现场进行勘查，对现场情况进行详尽的调查取证之后开放交通。这种处理方法能够为交通事故的处理获取足够的材料，但也存在明显的缺陷：首先，对汽车交通的影响较大，当事故较严重时，道路上车辆的排队长度可能达几千米；其次，这种方法自动化程度不高，存在着人为影响因素，事故现场资料存储、建档和检索有一定困难，现场立体再现和现场恢复困难，测量数据精度较低等方面的问题；另外，受环境、天气和时间制约较大。因此，对传统交通事故现场勘查手段的改进势在必行。

我国的汽车事故鉴定活动起步较晚，发展较慢。目前，对外以“交通事故鉴定”为从业活动内容的单位较少，交通事故鉴定主要作为某些单位和科研院所的副业而存在。随着我国汽车事故数量的激增，人们法律意识的提高，汽车事故诉讼案件的增多，汽车事故鉴定需求日益增大，我国汽车事故鉴定活动将日益活跃，并逐渐得到社会的认可。

目前，国内交通事故鉴定的主要形式有：一是涉及伤情鉴定、伤残评定、生理和精神鉴定的，由公安交通管理部门委托或者指定有关的法医中心或者医院进行；二是涉及物证鉴定的，由公安交通管理部门委托有关的物证鉴定中心或者科研院所进行；三是有关交通事故财物损失鉴定的，通过车辆维护单位、设施维修单位以及物产评估中心等进行；四是有关车辆技术鉴定的，通常邀请车辆研究所和高等院校进行或者委托车辆检测单位实施；五是有关车辆肇事速度、事故性质、道路性质等鉴定的，通常由公安交通管理部门自己进行，或者邀请科研院所等单位进行。实践中，许多应该鉴定

的汽车事故项目并未进行鉴定，有些仅仅凭借汽车事故处理人员的经验而定或者征得事故当事各方认可后作为交通事故处理的依据，有些汽车事故需要鉴定却找不到相应的鉴定机构，交通事故鉴定需求矛盾不断增加。

我国交通事故鉴定活动虽有所发展，但距规范化运作仍有较大的距离，还存在一定的问题，如交通事故鉴定立法相对滞后，鉴定制度尚未完全形成；从业单位运作不规范，需求矛盾突出；缺乏科学的汽车事故鉴定人资格标准，从业者的权利义务不明确；汽车事故鉴定程序有待进一步完善；汽车事故鉴定理论研究不足等。这些领域不足势必影响汽车事故鉴定的科学性，也影响着我国汽车事故鉴定制度的建立和完善。

随着经济和交通的飞速发展，我国汽车事故认定工作得到一定的发展。一是汽车交通立法趋于完善，自《中华人民共和国道路交通安全法》2004 年 5 月 1 日起施行后，经过实践反馈，该法本身及其附属法律、法规几经修订已趋于完善。二是责任分类的划分方式不断进步发展，针对汽车事故责任认定及赔偿划分方式的相对粗线条，很多地方的交通管理部门都在研究汽车事故责任客观认定，来量化事故责任，精确赔偿比例。例如，北京实施的“A、B 类行为法”、上海实施的“上海市道路交通事故当事人严重过错行为认定与事故责任认定特别规则 2007”和哈尔滨曾经探究的“A、B、C、D 四类行为法”等。汽车交通责任认定的发展趋势是，对于责任程度要根据将来制定的配套法规规定的客观标准由法院进行标准化的量化，力争确定当事人的责任比例可以从 0~100%。

在汽车事故处罚方面，对在汽车交通肇事案件中当事人或其他人员具有的汽车交通违法行为进行行政处罚，对构成交通肇事罪的交通事故责任者进行刑事处罚是汽车事故处理的重要内容，也是汽车事故办案人员的法定职责。近年来，我国的汽车安全法律、法规不断完善，对于行政处罚的种类及标准、适用范围、权限及时限、处罚程序及行政处罚的执行都有明确的规定。对于刑事处罚中，交通肇事罪的构成要件、罪与非罪的划分标准及量刑标准都有明确界定。特别是涉及酒后及飙车肇事后，按“以危险方式危害公共安全罪”判例的出现，使汽车交通肇事刑事处罚更加精准。

给汽车交通肇事受害者损害赔偿是道路交通事故处理的主要环节，也是对交通肇事这种特殊的民事侵权行为的最终处理目的。我国对交通肇事损害赔偿的项目种类及计算方式，损害赔偿的构成要件及原则，损害赔偿的责任主体的确定标准，特别是保险公司作为汽车事故赔偿责任主体的确定标准都有详细规定。在我国，为避免汽车交通肇事受害者的损失无法得到及时有效的赔偿，实行了第三者责任强制保险和道路交通事故社会救助基金制度，这在很大程度上为汽车事故受害者提供了及时和基本的保障。

本章小结

本章介绍了国内外汽车事故特点和汽车事故处理现状及趋势。首先介绍了国外汽车事故的特点，发达国家中汽车事故死亡人数处于较低水平但经济损失较重，欠发达国家中汽车事故死亡人数持续升高且经济损失较重。针对此情况，相关国家建立了各种支持体系，采取各种干预措施来整治汽车事故。然后对我国汽车事故现状进行了分析，我国汽车事故现状目前有好转趋势，但各项指标总体上与国外发达国家相比仍存在差距，尤其是经济发达地区事故后果严重，其主要原因为交通违法情况较多。最后就国内外汽车事故处理现状和趋势进行了分析。

习　　题

1. 我国汽车事故的特点是什么？
2. 国外欠发达国家汽车事故的特点是什么？
3. 国外汽车事故处理现状及趋势是什么？
4. 我国汽车事故处理现状及趋势是什么？

第二章　汽车事故基础知识

学习目标

知识目标：

- 了解汽车事故的定义及其特点
- 理解汽车事故的基本构成要素
- 了解汽车事故的分类方法
- 了解分析汽车事故的各种方法
- 掌握各种汽车事故统计分析指标及其计算方法

能力目标：

- 能解释汽车事故基本定义
- 能应用基本构成要素判断汽车事故
- 能辨析汽车事故种类
- 能应用各种分类方法分析汽车事故
- 能辨识汽车事故统计分析指标的应用场合并能计算其数值

第一节　交通事故与汽车事故的概念

一、交通事故与汽车事故的基本概念

1. 交通事故

世界各国由于国情不同，道路交通状况不同，交通规则和交通管理规定不同，对交通事故的定义也不同。

（1）美国定义　所谓交通事故是车辆或其他交通物体在道路上所发生的意料不到的、有害的或危险的事件。这些事件妨碍着交通行为的完成，其常常是由于不安全的行为或不安全的因素，或者是两者的结合所造成的。

（2）日本定义　车辆在交通中所引起的人的死伤或物的损坏，在道路交通中称为交通

事故。

(3) 加拿大定义 发生在公共道路上的交通冲突，涉及至少一辆机动车，并且导致一人或一人以上受伤或死亡，或者财产损失超过一定的数额（由各省或各地区的法律规定）时，称为交通事故。

(4) 英国定义 发生在公共道路上，涉及至少一辆车，并且造成人员受伤或死亡的事件为交通事故。不包括仅仅造成财产损失的事故。

(5) 德国定义 发生在公共道路或广场上，涉及至少一辆运动的车辆，并且造成了人员受伤或死亡，以及（或）财产损失的事件称为交通事故。对只引起财产损失的事故，仅当事故原因是由于违章行为如酒后驾驶时，才算作交通事故。

(6) 法国定义 对于仅造成财产损失的事故不列为交通事故，除此之外，没有官方的概念。

(7) 意大利定义 交通事故是由至少一辆运动的车辆造成人员受伤或死亡的事件。

(8) 联合国和欧洲经济委员会定义 发生在或者来源于开放交通的道路或街巷，涉及至少一辆运动的车辆，造成一个或一个以上人员死亡或受伤的事件。

(9) 我国定义 是根据国情、民情和道路交通状况提出来的，即《中华人民共和国道路交通安全法》第一百一十九条规定：交通事故，是指车辆在道路上因过错或者意外造成的人身伤亡或者财产损失的事件。这个定义与之前的定义相比扩大了交通事故的范围，更适合我国目前的道路交通状况和道路交通事故处理需要，得到了国家和社会各方面的肯定。

2. 汽车事故

根据世界各国给出的交通事故的定义可知涉及的车辆主要指的就是汽车，所以按照我国交通事故的定义，汽车事故可以定义为“汽车在道路上因过错或者意外造成的人身伤亡或者财产损失的事件”。本书将汽车交通事故统称为汽车事故。

二、汽车事故的构成要素

从以上对汽车事故的定义中可以看出，构成汽车事故应具备以下 6 个不可或缺的要素。

1. 车辆

汽车事故各方当事人中，必须至少有一方使用车辆，只包括机动车。机动车是指以动力装置驱动或牵引，上道路行驶的供人员乘用或者用于运输物品及进行工程专项作业的轮式车辆，即通常所说的汽车。在轨道上运行的火车、城市轨道列车、地铁列车都不属于道路交通管理的车辆范围。汽车是构成汽车事故的前提条件，无汽车参与则不认为是汽车事故。例如，行人在行走过程中，发生意外碰撞或自行跌倒，致伤或致死均不属于汽车事故。

2. 在道路上

道路是汽车事故的基础条件。道路的一般意义是指地面上供人、车通行的部分，是供各种车辆和行人等通行的工程设施。这里的道路是指在公用的道路上，即《中华人民共和国道路交通安全法》规定的“公路、城市道路和虽在单位管辖范围但允许社会机动车通行的地方，包括广场、公共停车场等用于公众通行的场所。”它必须具有三个特性，即形态性、客观性、公开性。形态性是指与道路毗连的供公众通行的地方，如广场、停车场等；客观性是指道路尚未完工，但却是为公众通行所建，如各种管控设施未建的道路；公开性是指交通管理部门

认为是供公众通行的地方，都可视之为道路，如允许社会车辆通行的校园等。只供本单位车辆和行人通行的，交通管理部门没有义务对其进行管理的，不能算作道路。此外，还应以事故发生时车辆所在的位置，而不是事故发生后车辆所在的位置，来判断是否在道路上。

3. 在运动中

即至少有一方车辆是在行驶或停放过程中。停放过程应理解为交通单元的停车过程，而交通单元处于静止状态停放时所发生的事故不属于汽车事故。停车后溜车所发生的事故，在公路上属于汽车事故。因此关键在于汽车事故各当事方中，是否至少有一方车辆处于运动状态。例如，乘车人在车辆行驶时，由车上跳下造成的事故属于汽车事故；停车装卸货物发生伤亡或有人跳车伤亡不属于汽车事故；停在路边的车辆，被过往车辆碰撞属于汽车事故；车停驶，行人与之相撞发生伤亡不属于汽车事故。

4. 发生事态

发生具有“交通性质”的事故形态，即发生碰撞、碾压、刮擦、翻车、坠车、爆炸、失火、撞击固定物、撞击静止车辆、撞击动物等其中的一种或几种现象。注意，若没有上述形态，而是行人或旅客因其他原因造成死亡的，不属于汽车事故。如急制动，未撞击任何物体却惊吓死车内或车外人员不属于汽车事故；起车或急制动时未撞击物体，车内人员拥挤至死伤等不属于汽车事故。

5. 过错或意外

发生事故时当事人的心理状态是过错或意外，即指事故出于人的意料之外而偶然发生的事件，不能为故意行为的后果，如故意制造的撞车事故。故意行为是指行为人明知自己的行为会发生危害的结果，并希望或有意地放任这种结果的发生。故意行为构成犯罪，不是汽车事故。汽车事故本身包含“非故意要求”。

如轮胎夹的石头甩出、车轮压着石头飞起、无轨电车的杆子头落下等，是属于无法预测、无法防范的意外原因造成的事故，也属于汽车事故。没有违法行为而出现损害后果的事故不属于汽车事故，有违法行为但违法行为与损害后果无因果关系的，也不属于汽车事故。因人力无法抗拒的自然灾害如山洪、泥石流、流石、地震、雷击、台风、海啸等造成的交通事故属于意外，应为汽车事故。

6. 损害后果

汽车事故必定有损害后果，即人、畜伤亡或车、物损坏，这是构成汽车事故的本质特征。因当事人过错或意外造成了损害后果，才算汽车事故；如果只有过错或意外而没有损害后果则不能算作汽车事故。因为汽车事故处理的最终目的是为解决道路交通事故所造成的人员伤亡和财产损失。注意，这种后果不包括间接的损害后果且仅为物质损失。没有后果的不属于汽车事故。

对于任意一起汽车事故而言，上述 6 个基本要素缺一不可，特别是损害后果更是不可缺少。若前 5 个基本要素都具备，但实际上没有造成损害后果，其结果是有惊无险，不属于汽车事故。

三、汽车事故的特点

汽车事故具有如下特点：随机性、突发性、频发性、社会性、不可逆性及连锁性。

1. 随机性

到目前为止，现代科学技术无法准确预测一起汽车事故会在何时、何地由何人引起以及后果如何。这是因为汽车事故是多种因素共同作用或互相引发的结果，其中有许多因素本身就是随机的，而多种因素正好凑在一起或互相引发则具有更大的随机性，因此汽车事故的发生必定带有很大的随机性。

2. 突发性

汽车事故的发生通常并没有任何先兆，即具有突发性。驾驶人从感知到危险至汽车事故发生这段时间非常短，小于驾驶人的反应时间与采取相应措施所需时间之和。或者事故发生前驾驶人有足够的反应时间，但由于驾驶人的反应不正确，操作错误，从而导致汽车事故的发生。

3. 频发性

由于汽车工业的高速发展，车辆急剧增加，交通量增大，造成车辆与道路比例的严重不平衡，加上管理不善等原因，使某一统计区域、某一统计时间范围内汽车事故频繁发生，因此从统计角度来看，汽车事故具有频发性。

4. 社会性

道路交通是随着社会和经济的发展而发展的客观社会现象，是人们客观需要的一种社会活动，这种社会活动是人们日常生活和工作必不可少的。道路交通随着社会的发展不断演变，从步行到马车再到汽车，以至形成今天的规模。这个过程不仅表明人们对道路交通的追求和发展意识，也证明了汽车事故是随着社会进步和经济发展而客观存在的社会现象，汽车事故不仅造成经济损失，而且给当事人家庭带来不可估量的精神损失，造成严重的社会问题。可见，汽车事故具有广泛的社会性。

5. 不可逆性

汽车事故的不可逆性是指不可重复性。由于汽车事故具有随机性、突发性的特点，使得汽车事故具有不可重复性，也就是说实际中不可能存在任意两起汽车事故是完全一样的。实际中即使因为科学研究或其他原因对某一起汽车事故进行模拟也只能进行部分复制，不可能完全重复。

6. 连锁性

实际中，汽车事故的连锁性主要表现为两点：一是一辆车发生了交通事故，后面的车辆也很容易跟着发生事故；二是汽车事故发生后常常容易引起爆炸、火灾等灾害。这种状况大多是由两车间的间距过小，当前面车辆发生事故时，后车反应不及所致，或由事故发生后因交通管理措施未及时跟上导致。

第二节　汽车事故分类

一、汽车事故分类目的

对汽车事故进行分类，目的在于对汽车事故进行分析研究和处理，便于确定汽车事故的处理标准，方便汽车事故统计和档案管理，总结汽车事故的发生、发展及变化规律并寻找汽

车事故形成机理，以便制定有针对性的预防措施。

二、汽车事故分类方法

基于汽车事故分析的角度和方法不同，对汽车事故的分类也不同。根据我国目前道路管理和事故处理的实际状况，汽车事故主要有以下几种分类方法：

1. 按事故责任分类

根据汽车事故的主要责任方所涉及的车辆种类，汽车事故主要包括汽车单独事故、汽车与汽车事故、汽车与摩托车事故、汽车与自行车事故、汽车与行人事故以及汽车与火车事故六种情况。

2. 按事故后果分类

早期的汽车事故根据人身伤亡或者财产损失的程度或数额，分为轻微事故、一般事故、重大事故和特大事故。划分的依据为国务院发布的《中华人民共和国道路交通安全法实施条例》和最高人民法院、最高人民检察院颁布的《关于严格依法处理道路交通肇事案件的通知》中的相关标准。

（1）轻微事故 指一次造成轻伤1至2人；或者财产损失汽车事故不足1000元。

（2）一般事故 指一次造成重伤1至2人，或者轻伤3人以上；或者财产损失不足3万元的事故。

（3）重大事故 指一次造成死亡1至2人，或者轻伤3人以上10人以下；或者财产损失3万元以上不足6万元的事故。

（4）特大事故 指一次造成死亡3人以上，或者重伤11人以上，或者死亡1人，同时重伤8人以上，或者死亡2人，同时重伤5人以上；或者财产损失6万元以上的事故。

释义：

死亡判定：是指因汽车事故而当场死亡和受伤后7天内抢救无效死亡的。

重伤：指人肢体残废，毁人容貌，丧失听觉、视觉，丧失其他器官功能或对于人身健康有重大伤害的损伤。重伤鉴定依据按司法部、最高人民法院、最高人民检察院、公安部颁布的《人体重伤鉴定标准》执行。

轻伤：指物理、化学及生物等各种外界因素作用于人体，造成组织器官结构的一定程度的损害或部分功能障碍，尚未构成重伤，又不属于轻微伤害的损伤。轻伤鉴定依据按司法部、最高人民法院、最高人民检察院、公安部颁布的《人体轻伤鉴定标准》执行。

轻微伤：造成人体局部组织器官结构的轻微损伤或短暂的功能障碍。轻微伤鉴定依据按《人体轻微伤鉴定标准》执行。

财产损失：指汽车事故造成的车辆、财产直接损失折款，不含现场抢救、人身伤亡善后处理费用以及停工停产停业所造成的间接损失。

现在随着汽车事故的后果越来越严重，GA/T 1082—2013《道路交通事故信息调查》将汽车事故分为财产损失事故、受伤事故和死亡事故。

1）财产损失事故：造成车辆、货物或其他财产物品受损，可伴有人员受轻微伤。

2）受伤事故：造成当事人受重伤或轻伤，可伴有财产损失。

3）死亡事故：造成当事人死亡，可伴有人员受伤、财产损失。

其中死亡事故根据死亡人数可分为以下4个等级：

1）特别重大死亡事故：造成30人以上死亡。

2）重大死亡事故：造成10人以上29人以下死亡。

3）较大死亡事故：造成3人以上9人以下死亡。

4）一般死亡事故：造成1人以上2人以下死亡。

国务院在2007年颁布的《生产安全事故报告和调查处理条例》中，按照生产安全事故造成的人员伤亡或者直接经济损失，将事故分为4个等级：

1）特别重大事故：是指造成30人以上死亡，或者100人以上重伤（包括急性工业中毒，下同），或者1亿元以上直接经济损失的事故。

2）重大事故：是指造成10人以上30人以下死亡，或者50人以上100人以下重伤，或者5000万元以上1亿元以下直接经济损失的事故。

3）较大事故：是指造成3人以上10人以下死亡，或者10人以上50人以下重伤，或者1000万元以上5000万元以下直接经济损失的事故。

4）一般事故：是指造成3人以下死亡，或者10人以下重伤，或者1000万元以下直接经济损失的事故。

汽车事故属于安全生产事故的一种，现在应按照上面的规定划分。

3. 按事故原因分类

从原因上可以把汽车事故分为主观原因造成的事故和客观原因造成的事故2类。

（1）主观原因事故 主观原因是指造成汽车事故的当事人本身内在的因素，如主观过失或有意违章，主要表现为违反规定、疏忽大意和操作不当等。

1）违反规定：是指当事人由于思想方面的原因，不按交通法规和其他交通安全规定行驶或行走，致使正常的道路交通秩序紊乱，发生事故。如酒后驾车、非驾驶人驾车、倒向行驶、争道抢行、故意不让、违章超车、违章装载、非机动车走快车道、行人不走人行道等原因造成的交通事故。

2）疏忽大意：是指当事人由于心理或生理方面的原因，没有正确地观察和判断外界事物而造成的失误。如心理烦恼、情绪急躁、身体疲劳都可能造成精力分散，反应迟钝，表现出考虑不周、措施不及时或措施不当；也有的当事人凭主观想象判断事物，或过高地估计自己的技术，过分自信，引起行为不当而造成事故。

3）操作不当：是指驾驶车辆的人员技术生疏，经验不足，对车辆、路况不熟悉，遇到突发情况惊慌失措，发生操作错误。如一些机动车驾驶人制动时误踩加速踏板及一些自行车骑行人遇到紧急情况不能停车而造成的事故。

从汽车事故发生的具体情况看，原因往往不是单一的，而是多个原因共同造成的。绝大部分都是当事人主观原因造成的。

（2）客观原因事故 客观原因是指由于道路条件、环境不利于车辆行驶和车辆故障而造成的交通事故。道路条件、环境如由于风、雨、雾天或阴天视线不清，道路狭窄，弯道影响视线，施工堆放物影响，路面积水，积冰雪，路面凸凹不平，路边土质松散，转弯半径小，道路坡度大等。车辆故障如制动不灵、转向故障、轮胎爆破、轴折断、汽车熄火、灯光失灵等。

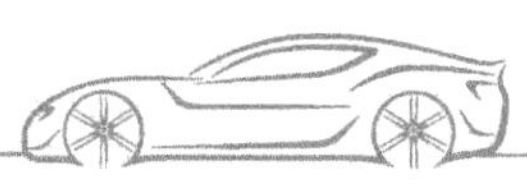

这类事故虽然发生的比例相对因驾驶人主观原因所造成的事故小，但目前由于对客观条件和因素分析测试的手段不足，因而在事故处理分析中往往容易被事故处理部门和人员忽视，这是需要引起事故处理部门和相关人员高度注意的一种情况。

4. 按事故对象分类

按事故对象可将汽车事故分为6类。

（1）车辆间的交通事故　即车辆之间发生刮擦、碰撞而引起的事故。碰撞又可分为正面碰撞、追尾碰撞、侧面碰撞、转弯碰撞等。刮擦是车辆侧面接触的现象，刮擦可分为超车刮擦、会车刮擦等。这类事故在交通发达国家较多，约占70%左右，目前在我国约有一半。今后随着道路交通条件的改善，行驶速度的提高，我国这类交通事故所占的比例会逐年提高。

（2）车辆与行人的交通事故　即汽车对行人的碰撞、碾压和刮擦等事故，包括汽车闯入人行道压伤、压死行人，以及行人横穿道路时被汽车压伤、压死等。这类事故在我国占事故总数的25%左右，而在发达国家只占10%～20%。研究这类事故可以为制定有关行人的交通政策和保护行人的措施提供依据。

（3）汽车与非机动车的交通事故　由于我国的交通组成中混合交通占有一定的比例，因而这类事故在我国主要表现为汽车碾压自行车骑行人的事故。这类事故最容易发生在一条道路上汽车、非机动车、行人混合交通的状况下。在发达国家，由于自行车不是主要的交通工具，因此，汽车与自行车的交通事故较少，但像自行车比较多的荷兰、丹麦却是例外。

（4）汽车自身事故　这类事故是指因汽车自身原因造成的事故。例如，汽车由于行驶速度太快，或车辆左右转弯或掉头时所发生的翻车事故；汽车行驶中发生的自燃造成的损坏；在桥上因大雾天气或因机器失灵而产生的汽车坠落的事故等。这类事故一般比较少，但一旦发生，多为恶性事故。

（5）汽车与固定物的事故　这类事故是指汽车与道路两侧的固定物相撞的事故，其中固定物包括道路上的作业结构物、护栏、路肩上的水泥杆（灯杆、交通标志等）、广告牌、建筑物以及路旁的树木等。

（6）铁路道路事故　这类事故是指汽车在铁路道路与火车相撞的事故。

5. 按事故发生地点分类

汽车事故发生的地点一般是指公路和城市道路，其中，公路按交通量、任务及性质的不同可分为高速公路、一级公路、二级公路、三级公路、四级公路五个等级；城市道路按功能的不同可分为快速路、主干路、次干路、支路四个等级；公路按所在城乡地区的不同分为城市道路、郊区道路、乡村道路；道路按其在路网所处的位置不同可进一步分为路段和交叉口。

6. 按事故形态分类

我国汽车事故统计时，按事故形态可分为碰撞、刮擦、碾压、翻车、坠车、爆炸、失火7种。

（1）碰撞　指交通强者（相对而言）的正面部分与他方接触的事故形态。按照碰撞双方的性质不同，碰撞又可分为汽车与汽车、汽车与非机动车、汽车与固定物、汽车与人等的碰撞。

汽车与汽车碰撞分为正面碰撞、侧面碰撞、追尾碰撞。正面碰撞是指相向行驶的汽车正前（含前部左右两角）碰撞。侧面碰撞是指汽车的接触部分有一方是车辆侧面的碰撞。追尾碰撞是指同车道同方向行驶的汽车，尾随车辆的前部与前车尾部的碰撞。

(2) 刮擦 指交通强者的侧面部分与他方接触的事故形态。刮擦也可分为汽车与汽车、汽车与非机动车、汽车与固定物、汽车与人等的刮擦。汽车与汽车刮擦分为同向刮擦和对向刮擦。同向刮擦是指同向行驶的汽车在后车超越前车时发生的两车侧面的刮擦。对向刮擦是指相向行驶的汽车在会车时发生的两车侧面的刮擦。

(3) 碾压 指交通强者对弱者的推碾或压过的事故形态。在碾压之前，一般有碰撞或刮擦现象。

(4) 翻车 指汽车在行驶中，因受侧向力的作用，使一部分或全部车轮悬空，车身着地的事故形态。翻车分为侧翻、仰翻和滚翻。车身的侧面着地，车轮朝向侧面的形态称为侧翻；车身的顶面着地，车轮朝上的形态称为仰翻；滚翻是一种特殊的翻车形态，是指车身横向翻转角度为360°及以上的翻车形态，最后的状态可能是侧翻或者仰翻，侧面或顶面与地面接触。翻车可能由碰撞或其他原因引起，但只要出现了翻车现象，即可认为是翻车。

(5) 坠车 指汽车整体脱离路面，经过一个落体的过程，落于路面高度以下地点的事故形态。如汽车坠落桥下、坠落山涧等，坠车事故一旦发生，造成的后果通常非常严重。坠车与翻车的区别是坠车有一个离开地面的落体过程。

(6) 爆炸 指由于有爆炸物品带入车内，在行驶过程中由于振动等原因引起爆炸物品突爆的事故。如果没有违法行为，则不算汽车事故。

(7) 失火 指汽车在行驶过程中，由于意外原因引起失火的事故形态。常见的原因有乘员使用明火，违章直流供油，发动机回火，电路系统短路、漏电等。

实际发生的汽车事故形式，其现象有些是单一的，有些是两种及两种以上现象并存的。对于是两种及两种以上现象并存的，一般按事故现象发生的顺序进行确定，如碰撞后失火可以认定为碰撞；有时也可以按主体现象进行确定，如碰撞后碾压可以认定为碾压形式。

7. 其他分类方法

除上述几种主要分类方法外，还有很多其他分类方法，如可以按伤亡人员职业分类，按肇事者所属行业分类，按肇事驾驶人所持驾驶证种类、驾龄分类，按车辆所属单位分类等。

第三节　汽车事故统计分析

一、汽车事故分析目的

汽车事故的发生是一个随机过程，虽然目前科技条件下难以完全避免，但可以通过事故调查及事故数据的统计分析，总结汽车事故的发生规律，做到提早预防，从而减少事故发生、降低事故的损害程度，确保安全。通过对大量汽车事故的分析，进行汽车事故预测，得出规律性结论，为制定决策提供依据。也可对现行的行政政策进行研究和比较，即对所采取政策的有效程度和道路安全设施的投资效率等进行具体分析，主要体现在以下几个方面：

1）发现和识别高发区域、交叉口和路段；证实道路几何设计、行车道设计、交叉口设计、交通设施设计及参数选择的合理性；证实交通建设投资的合理性；建议交通安全政策和措施的实际效果，为交通规划、设计、管理提供统计资料。

2）为汽车事故的成因分析、预测和安全评价提供量化依据。检验交通法规中相关款项的合理性；检验驾驶人培训、交通安全教育的作用；为制定交通法规、政策和交通安全措施提供重要依据。

3）分析交通安全中的薄弱环节，明确交通管理工作的重点和对策；分析影响交通安全的诸因素及其影响的重要程度，预测汽车事故的发展趋势。

二、汽车事故分析方法

对汽车事故数据进行分析，常采用以下 10 种方法：

1. 统计分析法

统计分析法就是用能够客观、全面反映汽车事故本来面目的数据资料，如通过汽车事故的次数、死亡、受伤、财产损失、原因、地点、时间、道路、车辆、驾驶人、自行车骑行人、行人等数据资料，来准确、全面地反映事故的原始状态，据此做出科学的推理和判断，揭示汽车事故总体的内在规律，进而采取解决问题的对策。

统计分析法的全过程，可分为 4 个基本步骤，即统计设计、调查、整理和分析。

汽车事故是涉及多方面因素的复杂现象，只有在调查足够多的交通事故之后，才有可能排除偶然因素的影响，对总体情况有所认识。所以，汽车交通事故统计分析必须是总体性的。此外，汽车事故统计分析需要有明确的数量概念，主要通过具体的数据而不是文字叙述，来揭示汽车事故现象的本质和内在规律。

从研究方法来看，国外对汽车事故发生模型的研究多采用统计分析方法，这类方法用于交通安全的分析主要存在以下不足：

1）要求样本量大。

2）要求样本有很好的分布规律。

3）计划工作量大。

4）可能出现量化结果与分析结果不符的情况。

2. 分类法

分类法又叫分层法，是分析汽车事故常用的数据分类法，是把数据资料按照不同的目的、要求、需要、性质所区分的方法。它既是加工处理数据的一种重要方法，又是分析汽车事故或其他问题原因的基本方法。目的是经过分类，弄清楚性质不同的数据资料及错综复杂的交通事故原因，给出一种明确、直观、规律性的概念。可按时间、当事人、事故车辆、事故原因、事故现象、人体受伤部位、死亡时间情况、道路区分、车辆隶属关系等分类，也可以根据实际情况和分析的项目进行分类。

分类法分为单一分类汇总法和复合分类汇总法两种。单一分类汇总法考虑单一影响因素，以时间、地区、质别、量别进行分类汇总；复合分类汇总法同时考虑多种影响因素，以时间与地区的复合、质别与地区的复合、量别与地区的复合进行分类汇总，它是实践应用中经常采用的汇总方法。

3. 统计表格法

统计表格法是汽车事故统计分析中常用的一种方法。根据不同的分析目的，将统计分析的结果编成各种表格，即为统计表。其内容包括各种必要的绝对指标和相对指标，是汽车事故统计中常用的一种方式。

按照统计数字或统计指标的不同特点，统计表可分为静态统计表和动态统计表。

仅列出同一时期事故统计数的表格称为静态统计表。从时间状态上看，静态统计表上的统计数是静止的，从而便于对不同地区或不同性质条件的事故现象进行对比。静态表中可同时列出相对数和绝对数。将不同时间事故统计数字列成表格，就成为动态统计表，可用于反映交通事故随时间变化或分布的情况。

4. 直方图法

直方图由建立在直角坐标系上一系列高度不等的柱状图组成，包括平面的和立体的。直角坐标系的横坐标可以是性质不同，但互相有联系的各种因素，也可以是“同一因素”的数值分段，柱状图的高度代表对应横坐标的某一个指标的数值。

直方图的特点是形象直观，可以反映汽车事故的变化和趋势，还可以比较各种因素对汽车事故的影响程度。例如，近年我国汽车事故次数统计分布情况如图 2-1 所示。

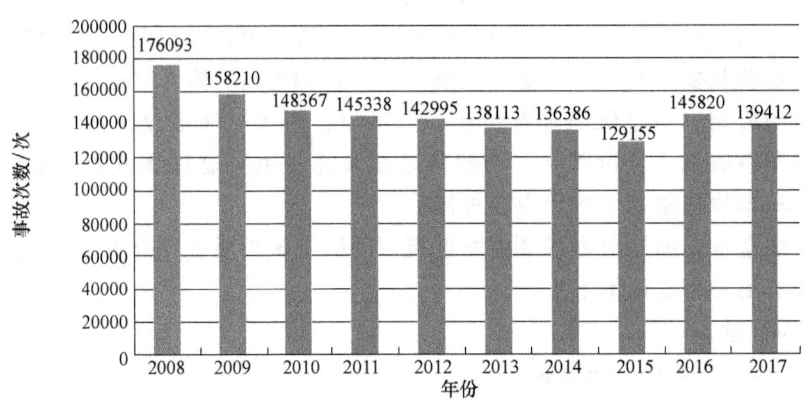

图 2-1　近年我国汽车事故次数统计分布情况

5. 趋势图法

趋势图是按一定的时间间隔统计数据，利用曲线的连续变化来反映事物动态变化的图形。趋势图借助于连续曲线的升降变化来反映事物的动态变化过程，可以帮助掌握交通事故的发生规律，预测其未来的变化趋势。

趋势图通常用直角坐标系表示，横坐标表示时间间隔，纵坐标表示事物数量尺度。根据事物动态数据资料，在直角坐标系上确定各图示点，然后将各点连接起来，即为趋势图。

在绘制趋势图的过程中，如果事物的历史变化范围较大，可以用纵坐标表示事物数据的对数，即以对数数列为尺度。由于对数数列与数列本身的变化趋势是一样的，这就保证了所绘制的对数趋势图与原趋势图的总趋势是相同的，由此可解决作图的技术难题。趋势图法的特点是：用趋势图进行分析比较具有很强的直观性；一般用来表示汽车事故中某一特征指标的发展变化过程趋势。例如，近年我国汽车事故统计结果如图 2-2 所示。

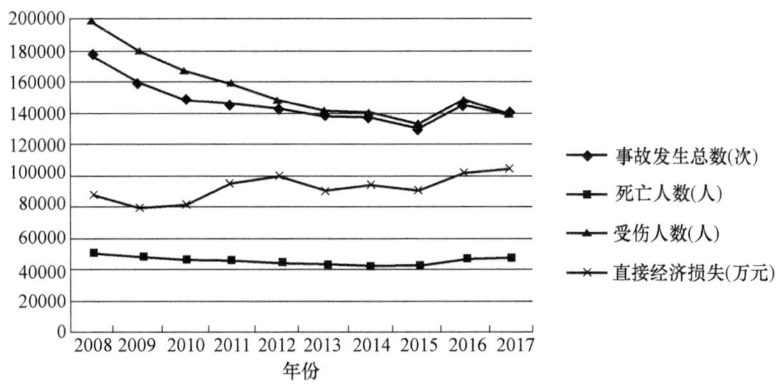

图 2-2 近年我国汽车事故统计结果

6. 圆图法

圆图法是将要分析的项目按比例画在某一圆内。整个圆周360°被视为100%，半圆周180°相当于50%，90°扇形相当于25%。特点是用圆图法可以直观地看出各个分析项目所占比例的大小。圆图法还可以多层分析，图2-3所示为汽车事故原因多层分析示意图。

图 2-3 汽车事故原因多层分析示意图

7. 事故分析图法

事故分析图用来分析汽车事故在道路上的分布情况和事故多发地点。在道路图上，用规定的简明符号将实际发生的汽车事故时间、事故形态、事故发生前肇事车的行驶状态和方向、行人或自行车的前进方向、事故后果等标注在相应的位置上，即得到事故分析图。

8. 因果分析图法

因果分析图也称特性因素图、树枝图或鱼刺图，当分析引起汽车事故的原因时，可以将各种可能的事故原因进行归纳分析，用简明的文字和线条表现出来，其形式如图2-4所示。

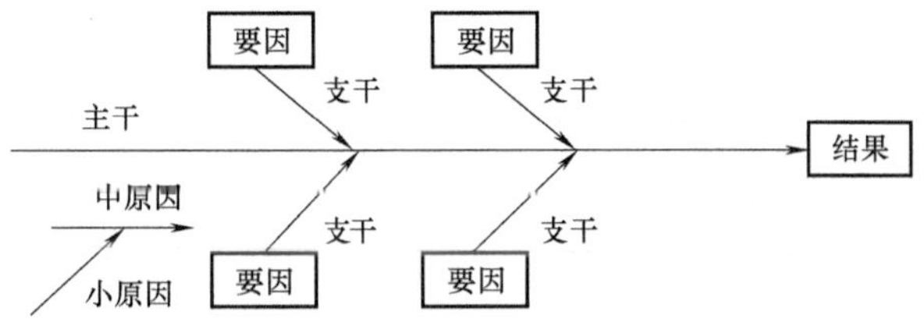

图 2-4 因果分析图形式

因果分析图特点：①适用于分析汽车事故的原因；②直观、逻辑性强、因果关系明确，因此便于采取措施；③既可以对总的方面进行分析，也可以对单项原因进行分析，还可以对具体案例进行分析。例如，对翻车事故进行原因分析的因果分析图如图2-5所示。

9. 排列图法

排列图全称为主次因素排列图，也称为巴雷特图，可用于确定系统安全的关键因素，以

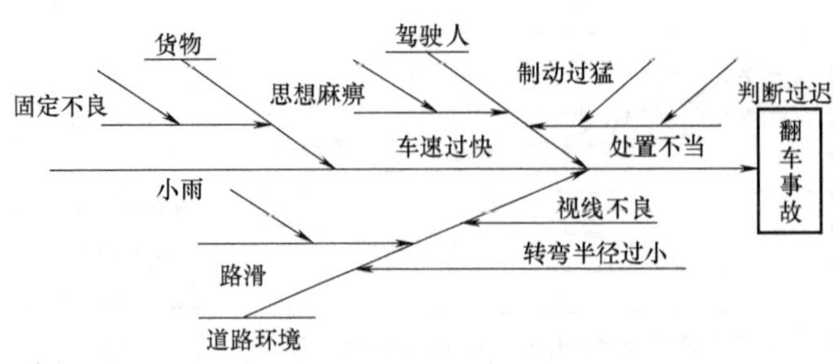

图 2-5　翻车事故原因分析图

便明确主攻方向和工作重点所在。它是找出影响汽车事故主要原因的一种有效方法。其主要构成要素如下：

1）一个横坐标：表示分析的各个因素，按影响程度由大到小，由左向右排列。

2）两个纵坐标：左侧表示某绝对指标数值，右侧表示指标出现频率。

3）几个矩形：矩形的高度表示某个影响因素的大小。

4）一条曲线：表示各个影响因素大小的累计百分数。

采用排列图来反映汽车交通事故的主要原因时，通常把累计百分数分为三类：

1）甲类因素（关键因素）：0%~80%频率的影响因素。

2）乙类因素（次要因素）：80%~90%频率的影响因素。

3）丙类因素（不重要因素）：90%~100%频率的影响因素。

只要重点解决甲、乙两类因素，就能够解决90%的汽车事故问题。事故排列图示例如图2-6所示。

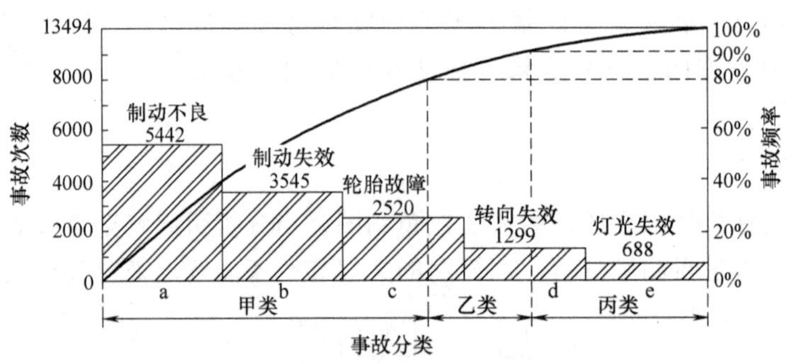

图 2-6　某国高速公路因车辆原因导致的汽车事故排列图

下面结合图2-6介绍排列图的绘制过程。

例：如图2-6所示，某国高速公路某年因车辆原因导致的汽车事故共13494起，其中因制动不良导致事故5442起，因制动失效导致事故3545起，因轮胎故障导致事故2520起，因转向失效导致事故1299起，因灯光失效导致事故688起。

1）将导致汽车事故发生的各种原因分组，并计算各组的频率数。

a类：制动不良导致事故5442起，所占频率为40%。

b类：制动失效导致事故3545起，所占频率为26%。

c类：轮胎故障导致事故2520起，所占频率为19%。

d类：转向失效导致事故1299起，所占频率为10%。

e 类：灯光失效导致事故 688 起，所占频率为 5%。

2）画左侧纵坐标从 0~13494，作为事故发生的绝对次数（频次）。

3）画右侧纵坐标从 0%~100%，作为某类问题的绝对次数占总次数的百分数（频率）。

4）排列横坐标，将横坐标平均分成 5 段（5 类因素），各类因素按由大到小从左向右的顺序排列。

5）将各因素绝对数以矩形高矮的形式画在坐标图上，同时将各因素的累计频次值用曲线连接，这条曲线称为巴雷特曲线。

这种排列图工具因分析目的的不同而改变横坐标中的因素。例如，分析驾驶人事故原因时可以把横坐标设为酒后驾车、超速行驶、无证驾驶、违章超车、违章会车等项目；分析汽车事故现象时可以把横坐标设为汽车与自行车相撞、汽车与行人相撞、汽车与拖拉机相撞、汽车自身事故等项目。但分析时所采用的因素不宜过多，要列出主要因素，去掉次要因素，以便突出主要矛盾。

10. 故障树分析法

故障树又称 FTA（Fault Tree Analysis）图。故障树是分析工程故障的一种方法，应用在汽车事故分析上，可定性地分析引起事故的直接原因和间接原因。汽车事故是非常复杂的现象。一起事故的发生经常是许多因素互相影响、互相作用的结果。如果不遵循一定的方法，盲目地分析事故原因，既费时间，又难免发生遗漏。利用 FTA 图的方法可使分析逐步深入，从而全面地找出与事故有关的各种影响因素。

FTA 图分析事故的步骤如下：

1）找出与事故有直接联系的若干原因。

2）把每一直接原因分解成若干个第二层原因。

3）继续分解第二层原因，直到认为不能或不必继续分解为止。

将上述各步骤的关系用约定的符号画成图形的形式，就得到 FTA 图，如图 2-7 所示。

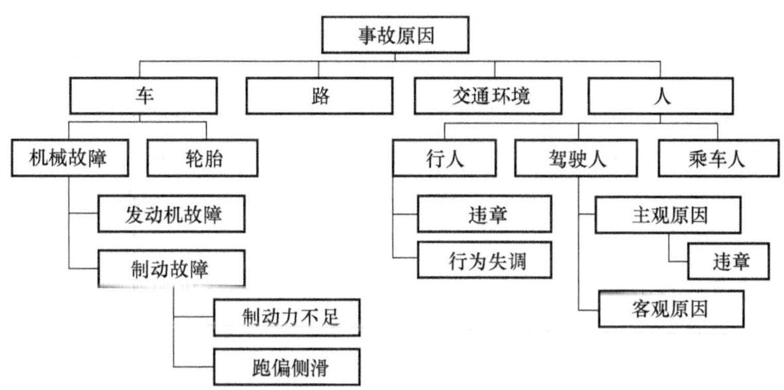

图 2-7 FTA 图实例

FTA 是一种演绎推理法，这种方法把系统可能发生的某种事故与导致事故发生的各种原因之间的逻辑关系用故障树表示，通过对故障树的定性与定量分析，找出事故发生的主要原因，为确定安全对策提供可靠依据，以达到预测与预防事故发生的目的。FTA 具有以下特点：

1）FTA 是一种图形演绎方法，是事故、事件在一定条件下的逻辑推理方法。它可以围

绕某特定的事故进行层层深入的分析，因而清晰的故障树图形可以表达系统内各事件间的内在联系，并指出单元故障与系统事故之间的逻辑关系，便于找出系统的薄弱环节。

2）FTA 具有很大的灵活性，不仅可以分析某些单元故障对系统的影响，还可以对导致系统事故的特殊原因，如人为因素、环境影响进行分析。

3）FTA 的过程，是一个对系统更深入认识的过程，它要求分析人员把握系统内各要素间的内在联系，弄清各种潜在因素对事故发生影响的途径和程度。因而许多问题可在分析的过程中被发现和解决，从而提高了系统的安全性。

4）故障树模型可以定量计算复杂系统发生事故的概率，为改善和评价系统安全性提供了定量依据。

三、汽车事故统计分析及分析指标

为了反映汽车事故总体的数量特征，必须建立相应的统计分析指标。而且，由于汽车事故的复杂性，需要用一系列的指标才能反映出事故总体各方面的数量特征，揭示出事故总体的内在规律。

统计分析指标应具有实用性、相对性和可比性，能明确反映事故发生的频率和严重程度。另外，所建立的指标与计算模式应简单明了，便于使用时收集数据资料，计算也应简单方便。汽车事故分析指标主要有绝对指标、相对指标、平均指标、动态指标等。

1. 绝对指标

绝对指标用来反映事故总体规模和水平的绝对数量。根据所反映的时间状况的不同，绝对指标可分为时期指标和时点指标。时期指标反映某一时间间隔的累积数量，或者是总体在一段时期内活动的总量，如某一年内或某一月内的事故次数、事故伤亡人数等。时点指标反映总体在某一时刻上的规模和水平的总量，如某年的机动车辆数、人口总数等。

时期指标和时点指标的特点不同。对于时期指标而言，相同的指标数值可以相加，相加后的结果有实际使用意义。例如，将一月、二月和三月的交通事故次数相加得到第一季度的交通事故次数。时期指标的数值大小与所属时期长短有关。一般来说，经历时期越长，指标数值越大，反之，则越小。而不同时点的时点指标数值则不能相加，因为相加的结果没有实际使用意义。时点指标数值的大小与时点的间隔长短没有直接关系。

绝对指标是认识事故总体的起点，又是计算其他相对指标的基础，在事故统计分析中具有重要意义。

我国目前在交通安全管理上常采用的绝对指标有交通事故次数、死亡人数、受伤人数和直接经济损失，即交通安全四项指标。表 2-1 列出了近年来我国汽车事故的统计结果。

表 2-1　近年来我国汽车事故统计结果

年份	事故次数/起	死亡人数/人	受伤人数/人	直接经济损失/万元
2008	176093	51436	197733	88280
2009	158210	47896	178545	79771
2010	148367	46878	167897	81186
2011	145338	46100	159195	94912

（续）

年份	事故次数/起	死亡人数/人	受伤人数/人	直接经济损失/万元
2012	142995	44679	152478	101245
2013	138113	42927	143672	90267
2014	136386	42847	141718	93837
2015	129155	42388	132925	89518
2016	145820	45990	149433	102971
2017	139412	46817	139180	103978

2. 相对指标

绝对指标虽然可以反映事故总体的概括，但不能显示总体内部的规律性，而且有些绝对指标由于没有共同基础而难以直接进行对比，解决这个问题就需要建立相对指标。

相对指标是通过对事故总体中的有关指标进行对比而得到的。交通事故现象之间是相互联系和相互制约的，利用相对指标可深入地认识汽车事故的发展变化程度、内部构成、对比情况、事故强度、严重程度以及总体内部结构等，使人们能更清晰地认识事物。此外，有些总量指标由于本身特点和条件的限制，无法直接比对。但通过计算相对指标，使绝对水平抽象化，从而使对比具有共同的基础，方便了对比分析。

相对指标可分为结构相对指标、比较相对指标和强度相对指标。

（1）结构相对指标 结构相对指标即部分数与总数的比值，通常在事故类别分组中，用以表明各类别的构成占总数量的比值，说明各构成的比例。该指标又称为比重指标，一般用百分数表示。其计算公式为

$$\text{结构相对指标}=\frac{\text{总体中各部分的数值}}{\text{总体的总数值}}\times 100\% \tag{2-1}$$

式（2-1）中的分子为总体中各部分的数值，其值小于分母的数值。各部分数值相加应等于总体的总数值，即总体中各部分的比重之和必须等于1（或100%）。结构相对指标的作用包括可以用来研究总体的内部结构，说明总体的性质和特征；可以用来研究总体的内部结构变化，说明交通事故现象发展变化的过程及其规律；也可以用来分析总体各构成部分所占比重是否合理。例如，表2-2给出了各种道路线形条件下交通事故的绝对指标和相对指标的统计状况。

表2-2 各种道路线形条件下交通事故统计状况

道路线形条件	事故次数		死亡人数		受伤人数		直接经济损失	
	数量/起	占总数比例(%)	数量/人	占总数比例(%)	数量/人	占总数比例(%)	数量/元	占总数比例(%)
合计	517888	100	107077	100	480864	100	2391409004	100
一般弯	27551	5.32	7067	6.60	29494	6.13	149900576	6.27
一般坡	18926	3.65	5711	5.33	19696	4.10	120621779	5.04
急弯	4937	0.95	1564	1.46	5997	1.25	29576449	1.24
陡坡	1390	0.27	514	0.48	1542	0.32	9439231	0.39

（续）

道路线形条件	事故次数		死亡人数		受伤人数		直接经济损失	
	数量/起	占总数比例(%)	数量/人	占总数比例(%)	数量/人	占总数比例(%)	数量/元	占总数比例(%)
一般弯坡	9317	1.80	3419	3.19	11553	2.40	69610477	2.91
急弯陡坡	1309	0.25	597	0.56	1987	0.41	10953280	0.46
一般坡急弯	2483	0.48	1040	0.97	3290	0.68	16540391	0.69
一般弯陡坡	2521	0.49	729	0.68	2570	0.53	13919046	0.58
平直	449454	86.79	86436	80.72	404735	84.17	1970847775	82.41

从上述统计数据中可以发现，急弯、陡坡、急弯陡坡的事故统计数据无论是绝对数还是结构相对数指标都是比较小的，这是否能说明各种道路线形中急弯、陡坡、急弯陡坡线形最安全？显然答案是否定的，因为统计方法出现了问题。上述统计数据中急弯、陡坡、急弯陡坡线形的事故绝对数小的原因是我国道路网中存在急弯、陡坡、急弯陡坡线形的道路里程与其他线形道路的里程相比是很少的，尽管此类线形的道路比较容易出现事故，但由于绝对里程少，所以发生事故的绝对数还是比较少的。要通过数据的相对比较来说明此类线形道路的危险性，采用结构相对指标无法满足要求，要比较急弯、陡坡、急弯陡坡与一般弯、一般坡、一般弯坡和平直线形道路的相对安全性必须在相同的背景环境因素下进行。用统计区域内急弯、陡坡、急弯陡坡线形道路的实际里程，一般弯、一般坡、一般弯坡线形道路的实际里程，平直线形道路的实际里程，分别除各自线形道路里程内事故发生的绝对数得到各种道路线形的强度相对指标（下面介绍）进行比较。例如，某区域道路总里程10000km，其中急弯、陡坡、急弯陡坡线形道路50km，一年内发生事故50次；一般弯、一般坡、一般弯坡线形道路1950km，一年内发生事故500次；平直道路8000km，一年内发生事故1000次。那么，急弯、陡坡、急弯陡坡线形道路的事故相对强度数与一般弯、一般坡、一般弯坡线形道路的事故相对强度数与平直线形道路的事故相对强度数之比为1∶0.256∶0.125。通过对各种道路线形事故强度相对指标进行比较，各种道路线形的安全性则显而易见。

（2）比较相对指标 比较相对指标有两种类型：一种是同一事故现象在同一时期内的指标数在不同地区之间的比较值。如2009年我国交通事故死亡人数为67759人，美国为33963人，二者的比较相对数是：我国约是美国的2倍。另一种是同一总体中有联系的两个指标值的相对比。例如，为反映2009年某地区交通事故的严重程度，可用受伤人数与死亡人数的相对比来衡量。其中，上海为3∶1、青岛为7∶1、深圳为3∶1、宁波为5∶1等。其计算公式为

$$\text{比较相对指标}=\frac{\text{某一总体某类现象指标数值}}{\text{同一时期另一总体同类现象指标数值}}\times 100\% \tag{2-2}$$

式（2-2）的应用条件是分子与分母两个指标必须是同一时期、同类现象、两个不同总体的指标。它们可以是总量指标、平均指标或相对指标。两个指标可根据不同要求互换分子与分母的位置，即可以选择其中任何一个作为对比基数，也可以计算两个指标的差额。

(3) 强度相对指标 强度相对指标是指同一时期两个性质不同但有密切联系的绝对指标间的对比值，用以表现事故总体中某一方面的严重程度。一般事故率指标都为强度相对指标。例如，某统计区域、统计时间范围内，交通事故次数与机动车保有量之比的车辆事故率指标；交通事故次数与道路里程之比的公里事故率指标；交通事故死亡人数与人口数之比的人口死亡率指标；交通事故次数与车辆数及车辆行驶里程数乘积之比的车公里事故率（次/车×公里）等。强度相对指标的计算公式为

$$\text{强度相对指标}=\frac{\text{某一绝对指标数}}{\text{另一有联系而性质不同的绝对指标数}} \tag{2-3}$$

强度相对指标是不同现象的普遍联系。互为条件是计算强度相对指标的客观基础。科学地计算和运用强度相对指标，必须说明两者之间的相互关系，并依据统计分析的要求，决定计算指标和计算方法。强度相对指标可以反映一个国家或地区的交通安全状况，也可以反映现象的密度和普遍程度，同时可以反映交通安全水平。

3. 平均指标

平均指标是说明事故总体一般水平的统计指标，通常用以表明某地或某一时间段内的平均事故状况。平均指标是把总体各单位某一数量指标值之间的差异抽象化的结果，其计算形式有算术平均数、调和平均数、中位数、几何平均数等，在实际工作中多采用算术平均数。例如，2017 年全国汽车事故死亡人数 46817 人，平均每天死亡 128 人，每小时死亡 5.3 人。

4. 动态指标

为进一步认识事故现象在时间上的发展变化规律，需要一些动态分析指标。在汽车事故统计分析中，常采用的动态分析指标有动态绝对数、动态相对数和动态平均数。

(1) 动态绝对数 动态绝对数包括动态绝对数列和增减量。其中，动态绝对数列就是将反映事故现象的某一绝对指标在不同时间上的不同数值，按时间先后顺序排列起来形成的数列。而增减量是指事故指标在一定时期内增加或减少的绝对数量。由于使用的基准期不同，增减量可分为定基增减量和环比增减量。计算定基增减量时，都是以计算期前的某一特定时期为固定的基准期（一般取动态绝对数列的最初时期作为固定基准期），用以表明一段时间内累积增减的数量；计算环比增减量时，都是以计算期的前一期为基准期，用以表明单位时间内的增减量。

(2) 动态相对数 动态相对数是同一事故现象在不同时期的两个数值之比，动态相对数指标主要有事故发展率和事故增长率。

1）事故发展率。事故发展率是指本期数值与基准期数值之比，用以表明同类型事故统计数在不同时期发展变化的程度。事故发展率又可分为定基发展率和环比发展率两种。

① 定基发展率。定基发展率是本期统计数与基准期统计数之比，即

$$K_g=\frac{F_C}{F_E}\times 100\% \tag{2-4}$$

式中 F_C——本期统计数；

F_E——基准期统计数。

② 环比发展率。环比发展率是本期统计数与前期统计数之比，即

$$K_b = \frac{F_C}{F_B} \times 100\% \tag{2-5}$$

式中 F_C——本期统计数；

F_B——前期统计数。

2）事故增长率。事故增长率表明事故统计数以基准期或前期为基础净增长的比率。事故增长率分为定基增长率和环比增长率。

① 定基增长率。定基增长率是定基增减量与基准期统计数之比，即

$$j_g = \frac{F_C - F_E}{F_E} \times 100\% \tag{2-6}$$

② 环比增长率。环比增长率是环比增减量与前期统计数之比，即

$$j_b = \frac{F_C - F_B}{F_B} \times 100\% \tag{2-7}$$

表 2-3 列出了 2008 年至 2017 年我国汽车事故次数动态统计结果。

表 2-3 2008 年至 2017 年我国汽车事故次数动态统计结果

年份	2008	2009	2010	2011	2012	2013	2014	2015	2016	2017
事故次数	176093	158210	148367	145338	142995	138113	136386	129155	145820	139412
定基增减量	—	-17883	-27726	-30755	-33098	-37980	-39707	-46938	-30273	-36681
环比增减量	—	-17883	-9843	-3029	-2343	-4882	-1727	-7231	16665	-6408
定基发展率（%）	100	89.8	84.3	82.5	81.2	78.4	77.5	73.3	82.8	79.2
环比发展率（%）	—	89.8	93.8	98.0	98.4	96.6	98.8	94.7	113	95.6
定基增长率（%）	—	-10.2	-15.7	-17.5	-18.8	-21.6	-22.5	-26.7	-17.2	-20.8
环比增长率（%）	—	-10.2	-6.2	-2.0	-1.6	-3.4	-1.2	-5.3	13.0	-4.4

（3）动态平均数 动态平均数包括平均增减量、平均发展率和平均增长率。平均增减量是环比增减量时间序列的序时平均数，可用简单算术平均数计算。平均发展率是环比发展率时间序列的序时平均数，可采用几何平均算法。各期环比发展率为 x_1，x_2，x_3，…，x_n，则平均发展率为

$$\bar{x} = \sqrt[n]{x_1 \cdot x_2 \cdot x_3 \cdot \cdots \cdot x_n} \tag{2-8}$$

其中 $$x_1 = \frac{A_2}{A_1},\ x_2 = \frac{A_3}{A_2},\ \cdots,\ x_n = \frac{A_n}{A_{n-1}}$$

则 $$\bar{x} = \sqrt[n]{A_n / A_1}$$

2008 年至 2017 年我国汽车事故发生次数的平均发展率为

$$\bar{x} = \sqrt[9]{89.8\% \times 93.8\% \times 98.0\% \times 98.4\% \times 96.6\% \times 98.8\% \times 94.7\% \times 113\% \times 95.6\%} = 97.5\%$$

平均增长率可视为环比增长率的序时平均数，但它是根据平均发展率计算的，而不是直

接根据环比增长率计算。

2008 年至 2017 年我国汽车事故发生次数的平均增长率为

$$\Delta\bar{x}=\bar{x}-1=97.5\%-1=-2.5\%$$

5. 事故率

汽车事故率是表示一定时期内，一个国家、某一地区或某一具体道路地点的事故次数、伤亡人数与其人口数、登记机动车辆数、运行里程的相对关系。事故率作为重要的强度相对指标，既可表示综合治理交通的水平，又是交通安全评价的基础指标，应用广泛。根据计算方法和用途的不同，事故率可分为百万辆车事故率、人口事故率、亿车公里事故率和综合事故率等，具体算法如下：

（1）百万辆车事故率 计算式为

$$R_{\mathrm{M}}=\frac{D}{M}\times10^{6} \tag{2-9}$$

式中 R_{M}——全年百万辆车事故次数或伤亡人数；

D——全年交通事故次数或伤亡人数；

M——全年交通量或某一交叉口进入车辆总数。

一般用百万辆车事故率计算交叉口的交通事故率。

（2）人口事故率 计算式为

$$R_{\mathrm{P}}=\frac{D}{P}\times10^{6} \tag{2-10}$$

式中 R_{P}——每 100 万人的事故死亡率；

D——全年或一定时期内的事故死亡人数；

P——统计区域人口数。

每 100 万人口事故死亡率多用于国家或国际地区级的统计区域。若应用于某一城市，则多以 10 万人口为单位，即每 10 万人口事故死亡率。

（3）亿车公里事故率 计算式为

$$R_{\mathrm{V}}=\frac{D}{V}\times10^{8} \tag{2-11}$$

式中 R_{V}——全年亿车公里事故次数或伤亡人数；

D——全年交通事故次数或伤亡人数；

V——全年总计运行车公里数。

亿车公里事故率基本上包括了交通安全的人、车、路三要素，应用于不同地区间有较好的可比性。亿车公里事故率是国际上广泛应用的一种事故率指标，其值越小说明交通安全状况越好。

关于车公里数，可采用以下几种计算方法：以每辆车的年平均运行公里数乘以运行车辆数；用道路长度乘以道路上的年交通量（或由年平均日交通量推算出年交通量）；以所辖区全年总的燃料消耗量（L）除以单车每公里平均燃料消耗量（L/车公里）。国内外也常采用综合指标计算事故死亡率。

(4) **综合事故率** 计算式为

$$R=\frac{D}{\sqrt{VP}}\times 10^4 \tag{2-12}$$

式中 R——综合事故率，也称死亡系数，即全年或一定时期内汽车事故死亡率；

D——全年或一定时期内事故死亡人数；

V——机动车保有量；

P——人口数。

综合事故率是万车事故率与万人事故率的几何平均值，考虑了人与车两方面的因素，但未考虑车辆行驶里程。

汽车事故死亡率是交通安全评价的重要指标。但是，仅根据死亡人数确定的事故死亡率还不能全面地表明事故的伤害程度。因此，有时还必须采用事故当量死亡率这一指标。在当量死亡率中，事故死亡数除了实际死亡人数外，还应再加上按轻伤、重伤折算的当量死亡人数。当量死亡人数计算式为

$$D_S=D+K_1D_1+K_2D_2 \tag{2-13}$$

式中 D_S——当量死亡人数；

D——死亡人数；

D_1、D_2——分别为轻伤和重伤人数；

K_1、K_2——分别为轻伤和重伤换算为死亡的换算系数。

系数 K_1 和 K_2 应遵循统一的折算原则制定，这样，这一指标就能比较全面地对交通管理的安全度做出评估。

本章小结

本章介绍了汽车事故的基本概念、分类方法及分析方法。首先介绍了国内外交通事故的定义，给出了本书针对汽车事故的定义；接着介绍了汽车事故的构成要素和特点，汽车事故的构成要素为车辆、在道路上、在运动中、发生事态、过错或意外、损害后果，缺一不可，汽车事故的特点为随机性、突发性、频发性、社会性、不可逆性、连锁性。

然后介绍了汽车事故的分类方法，按事故责任分为汽车事故、非机动车事故、行人事故和其他事故；按事故后果分为轻微事故、一般事故、重大事故、特大事故；按事故原因分为主观原因事故和客观原因事故；按事故对象分为车辆间的交通事故、车辆与行人的交通事故、汽车与非机动车的交通事故、汽车自身事故、汽车与固定物的事故、铁路道路事故；按事故发生地点分为公路事故和一般道路事故；按事故形态分为碰撞、刮擦、碾压、翻车、坠车、爆炸、失火 7 种。

最后介绍了汽车事故分析方法，主要包括统计分析法、分类法、统计表格法、直方图法、趋势图法、圆图法、事故分析图法、因果分析图法、排列图法、故障树分析法，重点介绍了统计分析指标，主要有绝对指标、相对指标、平均指标、动态指标等。

习 题

1. 简述汽车事故的定义。
2. 汽车事故的构成要素包括哪些？
3. 汽车事故的特点是什么？
4. 汽车事故的分类方法包括哪些？
5. 汽车事故按事故形态分为哪些？
6. 汽车事故的分析方法有哪些？
7. 汽车事故的统计分析指标有哪些？

第三章　汽车事故成因分析

学习目标

知识目标：

- 了解汽车事故各种成因的分析方法
- 理解汽车事故各种成因分析的影响因素
- 掌握交通系统构成要素与交通安全的关系

能力目标：

- 能够解释汽车事故各种成因的分析方法
- 能够理解交通系统构成要素与交通安全的关系
- 能够应用汽车事故各种成因分析制定减少事故的策略
- 能够区分人-车-路道路交通环境对汽车事故的影响

第一节　汽车事故成因的心理学分析

交通心理学是系统地研究汽车驾驶人和行人等交通参与者在交通过程中的行为及其心理活动规律和个性心理特征的科学。交通心理学将人、车、路和环境视为一个系统，道路交通系统中的人包括驾驶人、行人和乘车人，是交通系统中的主要部分。交通事故统计结果表明，在发生交通事故的直接或间接原因中，有80%~90%与驾驶人有关。因此，需要对交通事故成因进行心理层面的分析。

一、汽车事故行为的数学表达

产生汽车事故的相关因素涉及人、车、路、环境、管理，但究竟在何种条件下发生交通事故，从心理学的观点，产生事故的行为 B 可表达为

$$B=f(P,E) \tag{3-1}$$

式中　P——人的因素，它包括驾驶人、自行车骑行人、乘车人、行人，以及参与交通活动的其他人的素质、遵守交通法规的意识、知识水平、身心状态、感觉功能、动

作功能、经验、疾病、疲劳、气质等；

E——环境因素，它包括车辆的各种性能、路况、交通密度、天气状况、照明、家庭、社会、工作单位等情况。

在道路交通系统中，人是唯一具有主观能动性的因素，也是最关键最核心的因素，特别是车辆驾驶人。从心理学角度理解，驾驶人驾驶车辆的过程实际上是对各种交通信息的处理过程。交通驾驶信息处理可简单分为感知、判断、操作三个过程。驾驶人在驾驶信息处理的三个过程中的任何一个阶段，受到外部环境因素或内部心理、生理因素的干扰，导致信息处理过程迟缓、错误甚至失败，就可能引发汽车事故。例如，驾驶人驾驶车辆在道路上行驶时，遇有横穿道路的行人，可能因为天气阴暗、照明不良等外部环境因素影响而没有感知到行人的存在，或因本身内部心理因素（注意力不集中、注意范围小、注意转移和分配能力差等）影响，发生感知迟缓或感知错误，而无法或不能及时正确判断决定采取何种措施，也就没有或来不及具体操作（鸣笛、制动、转向等规避行为），从而导致事故发生。

二、汽车驾驶人信息处理过程

驾驶人驾驶车辆在道路上正常行驶，需要不断地认知情况、确定措施并实施操作。这一过程实质就是获取信息和处理信息的过程，驾驶人的信息处理过程如图 3-1 所示。

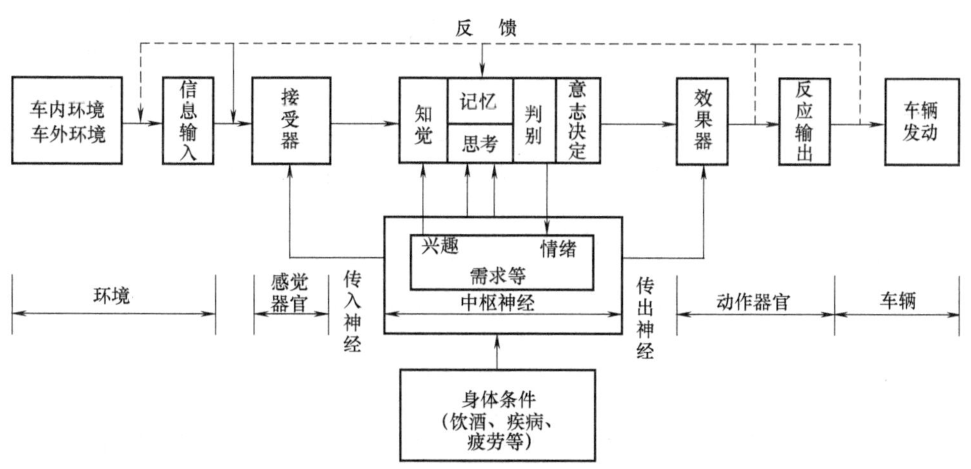

图 3-1　驾驶人的信息处理过程

图 3-1 表示了由环境获得信息，由接受器（感觉器官，主要是视觉、听觉、触觉等）经传入神经系统传递到信息处理部（中枢神经系统），经思考判断，做出决定，然后经传出神经系统传递到效果器（手脚等运动器官），从而使汽车产生相应运动的过程。如果效果器响应不到位或有偏差，会导致汽车不能按驾驶人意图做出响应，则必须把此相关信息返回到中枢神经系统进行修正，经传递由效果器执行修正后的命令。实际上，驾驶人自身的心理、生理因素，如注意特性、情绪、身体条件、疲劳程度以及疾病、药物、酒精摄入等都与安全驾驶有密切关系，对信息处理是否正确对响应特性有很大的影响。

驾驶人对信息的处理，是在一定的时间下进行，并在一定时间内完成的。及时准确地对

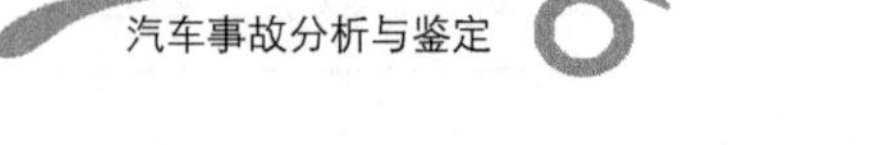

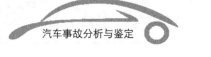

信息进行处理是安全驾驶的关键。

第二节　汽车事故成因的统计学分析

一、汽车事故成因统计学模型分析

从统计学的角度来看，可把汽车事故看成是由于错觉而引起的行车遭遇的概率现象。在交通事故的总次数中，汽车单独事故约占7%，约93%的交通事故都是由于行车遭遇而引起的。行车遭遇是指汽车在道路上行驶时与其他车辆、行人之间所发生的交通遭遇。行车遭遇包括路段会车遭遇、超车遭遇、交叉口的交错遭遇、躲避非机动车或行人的躲避遭遇等。错觉是一种错误的知觉，是每一个人不可避免的自然现象。错觉的产生与人的生理、心理特性有关。例如，一个人生理状况好、精力充沛、心理健康、心情舒畅，产生错觉的概率就小；反之，产生错觉的概率就大。

按统计学的观点，交通事故次数表达式为

$$W=MP \tag{3-2}$$

式中　W——交通事故次数；

M——可能诱发交通事故的行车遭遇数；

P——行车遭遇中驾驶人产生错觉导致事故的概率。

驾驶人每天出行，因时间、地点、道路状况不同，会有很多的行车遭遇，驾驶人要不停地采取各种规避措施，确保不发生交通事故。驾驶人可能突然在某一次规避行车遭遇过程中产生错觉导致规避行为失误，从而发生事故。可见，某统计区域范围内，汽车事故的次数取决于本区域内行车遭遇的次数和行车遭遇规避过程中产生错觉的概率大小。

二、汽车事故发生次数减少途径

根据统计学角度汽车事故成因分析，要减少汽车事故发生次数，有两个途径，一是减少行车遭遇数，二是降低驾驶人产生错觉的概率。

1. 减少行车遭遇数

根据行车遭遇的种类和产生的原因，采取相应的措施。例如，设立道路中心隔离设施，可有效减少会车遭遇；同一行驶方向实施限速、限车型分道行驶，即不同行驶速度走不同车道，不同车型走不同车道，可以解决车辆因行驶速度不同、车型不同而产生的矛盾，有效减少超车遭遇；设立机动车与非机动车分隔设施、规划建设人行道及行人过街设施等，确保不发生机动车与非机动车混行、人与机动车混行等不良交通现象，可有效减少躲避遭遇；路口在不影响通行效率的情况下，设立多相位的交通管控手段避免冲突点，可减少交错遭遇。

2. 降低驾驶人产生错觉的概率

错觉是人类的一种自然现象，是不可避免的，但是了解错觉产生的影响因素，可以降低错觉产生的概率。错觉的产生与驾驶人的生理状态、心理状况、环境因素都有关系。若驾驶人处在疲劳状态，神经系统和感觉器官的疲劳会导致驾驶机能失调、意识水平下降、感觉迟钝等，若在此情况继续工作，则感觉进一步钝化、注意力下降、注意范围缩小，这些症状是

中枢神经系统在疲劳时出现的保护性反应，如机械设备中的安全阀一样。在这种状态下驾驶汽车容易出现观察、判断和动作上的失误，发生事故的危险性增加。避免疲劳驾驶可有效降低错觉产生的概率。

饮酒影响人的中枢神经系统，使人的色彩感觉功能降低、视觉受到影响，对人的思考、判断能力也有影响，同时还容易导致人的情绪变得不稳定、触觉感受性降低。这将导致感觉模糊、判断失误、反应不当，从而危及行车安全。不饮酒驾车可有效降低错觉产生的概率。

服用国家明令禁止的违禁药品和毒品会使驾驶人处于麻醉、催眠或兴奋状态，易激动、情绪失控，对事物产生幻觉。不服用上述药品和毒品可有效降低错觉产生的概率。

人体生物节律对错觉产生概率的影响较大。人体生物节律理论认为，人体内存在多种生理-生物循环，其中，体力循环、情绪循环、智力循环对人的工作能力影响最大。这些节律有高潮期、低潮期及相互转换过渡的临界期。当三个循环都处于高潮期时，体力旺盛、精力充沛、情绪乐观、智力发达、思维敏捷、工作效率高。低潮期恰好相反。特别是在临界期，人体生理变化剧烈、各器官协调机能下降，差错频繁发生。若两个以上生物节律周期都在同一天到达临界期，影响更加明显。如果能用生物节律理论确定驾驶人工作能力变化的规律，并据此调整驾驶人的休息和驾车时间，可有效降低错觉产生的概率。例如，某地利用生物节律理论安排某运营单位驾驶人的工作，14 个月内事故率下降 42.9%。当然，不可能把处于低潮期和临界期的驾驶人都安排休息，但可以采取一些方式来刺激和激发驾驶人的情绪，达到减少错觉发生的目的。例如，日本电信公司采用插红旗的方法警告生物节律在低潮期或临界期的驾驶人注意的方法，效果较好。莫斯科某出租公司采用临界期不出车，低潮期发红色行驶证提醒驾驶人注意的方法，使事故率下降 45%。

驾驶人的心理状况对错觉产生概率的影响较大。积极的情绪可以提高和增强人的活力，反应速度快、大脑灵敏度较高、判断准确、操作失误少；而在烦恼、气愤和抑郁的状态下，反应迟钝、大脑灵敏度低、判断容易失误、操作失误多，特别是在过激的状态下对驾驶人的影响更大。

视频1 各类交通事故

驾驶人在行车中注意力分散，如谈话、吸烟、考虑与驾驶无关的事情等都会使反应时间成倍增加。当遇到突发性的险情时，易惊慌失措、手忙脚乱、发生错觉，以至发生事故。

第三节　汽车事故成因的人机工程学分析

一、人机工程学概念

国际人机工程学学会（International Ergonomics Association，IEA）对人机工程学所下的定义如下：人机工程学是研究人在某种工作环境中的解剖学、生理学和心理学等方面的因素；研究人和机器及环境的相互作用；研究在工作中、家庭生活中与闲暇时如何考虑人的健康、安全、舒适和工作效率的学科。这个定义的三句话，分别阐明了人机工程学的研究对象、研究内容和研究目的。

在道路交通方面，人机工程学的任务就在于维持和加强机器-人闭合系统的运行，设法增加信息的传递速度。例如，风窗的安装要考虑便于视觉信息的获取；各个操控部件的位置设计应便于操控等。当人的操控能力有限，不能适应高度复杂的机器时，因人机匹配不当导致的各种事故就有可能发生。

二、汽车事故成因人机工程学分析

在道路交通方面，人处于人-车-路复杂动态的大系统中。车辆和道路条件直接与人有关，随着车辆数量的迅速增加和车速的不断提高，会存在人与高速行驶车辆以及道路的不适应，这种不适应常引起汽车事故的发生。

事故的发生，在很大程度上取决于操作者的行为性质。按人机工程学观点，汽车事故的发生是由于环境要求超过了驾驶人的负荷能力。这里所讲的环境要求可扩大为道路交通系统构成要素中的所有客观因素，包括车辆技术状况、操作难易程度、道路交通条件和道路交通环境。负荷能力包括驾驶人的经验、技术水平、心理和生理状况等。

图 3-2 所示为在各个瞬间环境变化要求与驾驶人操作负荷能力之间的匹配关系，可以从人机工程学角度分析汽车事故成因。图 3-2 中有两条水平线，其中一条代表驾驶人操作负荷能力，另一条代表驾驶车辆的驾驶环境要求。我国实行的是驾驶资格准入制度，要想驾驶车辆必须通过国家规定的考试，因此驾驶人的平均操作负荷能力高于驾驶环境要求。不同的驾驶人、不同的车辆、不同的道路交通环境、不同时刻驾驶人的操作负荷能力和驾驶环境要求都是动态变化的。如 *A* 点可能表示驾驶的车辆比较老旧、技术状况不良，或道路线形不合理、路面状况差或行驶在风、雨、雪、雾等恶劣的自然环境下，导致驾驶环境要求较高。但此时驾驶人的驾驶经验丰富、技术水平较高、心理状态良好、精神饱满且生理健康，操作负荷能力可以满足较高的环境要求，不会发生事故。*B* 点的环境要求和驾驶人的操作负荷能力都在各自的平均水平线附近，彼此有一段差距，也不会发生事故。*C* 点则不同，环境要求已经超过了驾驶人的操作负荷能力，会发生事故。*D* 点，尽管驾驶人的操作负荷能力是最高的，但此时行驶的环境要求更加苛刻，仍然超出了驾驶人的操作负荷能力范围，会发生事故。*E* 点，驾驶人可能醉酒、无证驾驶甚至不会驾驶车辆，操作负荷能力极低，但车辆可能行驶在一马平川的草原上且无任何外来干扰，驾驶环境要求更低，也不会发生事故。

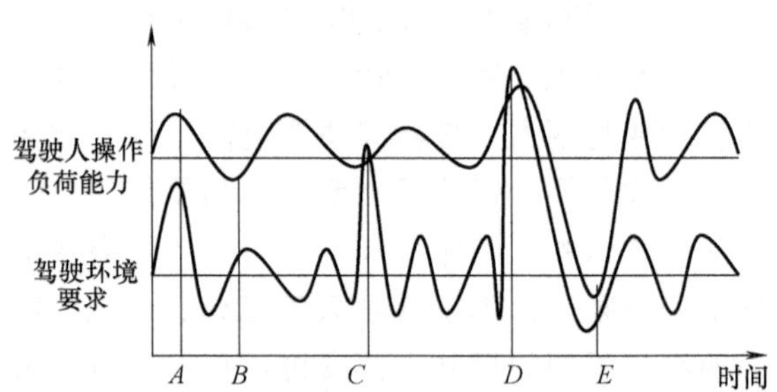

图 3-2　驾驶人操作负荷能力和驾驶环境要求

三、从人机工程学角度减少事故的途径

从人机工程学角度，减少汽车事故发生的途径有两条，一是尽可能提高驾驶人的操作负荷能力；二是降低驾驶环境要求。

1. 提高驾驶人的操作负荷能力

提高驾驶人的操作负荷能力主要是对驾驶人进行研究，可从以下几方面入手：

（1）采取驾驶资格等级准入考核制度　不同的驾驶资格允许驾驶不同的车型，采取不同的考核方式。

（2）主动安全性教育　定期对驾驶人进行安全教育，培养驾驶人的主动安全意识。通过学习，培养良好的驾驶习惯，积累驾驶经验，提高事故发生的可预见性。

（3）调整驾驶人的心理和生理状态　适时调整驾驶人的心理和生理状态，尽可能保持旺盛的体力、充沛的精力、乐观的情绪、聪慧的智力、敏捷的思维。养成良好的驾驶习惯，不饮酒驾驶、不疲劳驾驶、不吸服妨碍安全驾驶的违禁药品和毒品。根据生物节律，适当调节驾驶时间，体力循环、情绪循环、智力循环高潮期宜驾驶车辆；低潮期少驾驶或采取刺激性措施；相互转换过渡的临界期尽可能不驾驶车辆。

2. 降低驾驶环境要求

环境要求为道路交通系统构成要素中的所有客观因素，包括车辆技术状况、操作难易程度以及道路交通条件和道路交通环境。

（1）车辆　提高车辆的主动安全性能，使车辆与安全有关的使用性能，包括动力性、制动性、制动稳定性、行驶稳定性、通过性、操纵稳定性等不因为驾驶人经验的不足、操作不当而降低。例如，车辆若配备了防抱死制动系统 ABS、电子稳定程序 ESP 等，在地面附着性较差的路面制动时，即使驾驶人经验不足，操作失误，也会因为车辆具备上述功能，而继续保持良好的制动稳定性和操纵稳定性，不至于发生汽车事故。另外，还要确保机动车运行的安全技术状况应满足国家规定的安全技术标准。

（2）道路交通条件及道路交通环境　影响交通安全的道路交通因素包括道路上的道路几何线形、道路结构物、交通流状态等。交通环境是指车辆运行过程中所处的道路状况、管理条件、气候条件等相互作用的关系。交通环境包括硬环境和软环境，对于交通安全意义重大。硬环境包括道路交通条件（如交通量、交通组成、横断面、交叉、路面、桥隧、作业区等）、交通安全设施、噪声和天气条件等。软环境主要是指交通管理措施，如法律法规。上述道路因素的设计标准、配置状态和管控水平适宜与否与交通安全密切相关，应合理设置以满足并保证汽车安全行驶的要求。

视频2
智能汽车体验

第四节　汽车事故成因的交通工程学分析

从交通工程学角度分析，汽车事故的形成是由于在道路交通系统中，人、车、路、环境诸要素配合失调造成的。分析汽车事故成因最重要的是要分析人、车、路、环境对汽车事故形成的作用。

一、人的影响因素与事故成因

人是交通安全的主体。在道路交通系统中，人既是汽车事故的制造者又是受害者。人包括所有道路交通参与者，包括驾驶人、行人、乘车人、非机动车驾驶人。这里着重介绍机动车驾驶人。驾驶人与汽车事故的关系主要与驾驶人的生理和心理特性有关。

（一）驾驶人的生理特性

1. 驾驶人的视觉特性

汽车驾驶人在驾驶过程中，有 80%以上的信息是依靠视觉获得的。驾驶人的眼睛是保

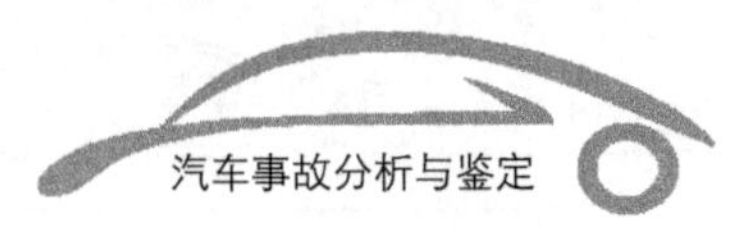

证安全行车的重要感觉器官，眼睛的视觉特性与交通安全有密切的关系。视觉特性包括视觉生理与视觉心理。

(1) 视觉生理 驾驶人的视觉生理包括视野、视力、色觉、适应性、眩目等。

1）视野。行驶中驾驶人的视野与车速有关。车辆高速行驶时，驾驶人因注视远方，视野变窄。试验表明：速度为40km/h时，视野低于100°；速度为70km/h时，视野低于65°；速度为100km/h时，视野低于40°。因此，行驶速度较高的道路，特别是高速公路，其两旁必须要有隔离措施，而且车行道旁不许行人或自行车通行，以免发生危险。

2）视力。视力也称视敏度，是指眼睛分辨细小或遥远的物体或物体的细微部分的能力，其基本特征就在于辨别两物体之间距离的大小。视力分为静视力、动视力和夜间视力。

静视力是指在人和视标都不动的状态下检查的视力。我国通用E型视力表检查驾驶人的两眼视力。我国规定，对于驾驶人的视力要求是两眼均为0.7以上（可戴眼镜矫正）；日本规定对于领取普通驾驶执照的驾驶人要求两眼视力在0.7以上，大型车辆及3.5t以下的小型车辆和速度在40km/h以上的机器脚踏车的驾驶人则要求其两眼视力均在0.8以上（包括矫正视力）；在美国，各州的视力标准不一样，一般要求最低视力为0.5（不包括矫正视力）。

汽车驾驶人在驾驶过程中的视力为动视力。驾驶人的动视力随车辆行驶速度的变化而变化，速度提高动视力降低，如图3-3所示。驾驶人的动视力还随客观刺激显露时间的长短而变化，当目标急速移动时，视力下降情况如图3-4所示。在照明亮度为20lx的条件下，当目标显露时间长达1/10s时，视力为1.0；当目标显露时间为1/25 s时，视力下降为0.5。一般来讲，目标做垂直方向移动引起的视力下降比做水平方向移动所引起的视力下降要大得多。

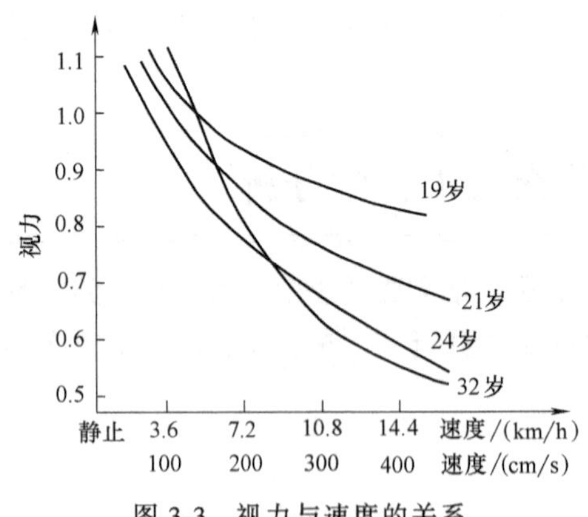

图3-3 视力与速度的关系

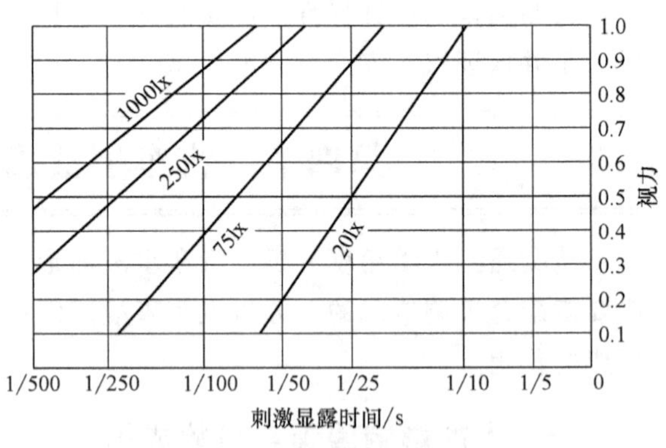

图3-4 刺激显露时间与视力

静视力与动视力的关系：静视力好是动视力好的前提，但静视力好的人不一定动视力都好。许多研究都表明，驾驶人的动视力与交通事故有密切关系，一项对365名驾驶人动视力与静视力相关性的研究结果表明：静视力为1.0的276人中，动视力小于或等于0.5的有170人，占总人数的62%。因此，对于报考驾驶考试的人，不仅要检查静视力，还应检查其动视力，而且要定期检查。

动视力还与年龄有关，年龄越大，动视力与静视力之差就越大。

夜间视力与光线亮度有关，亮度加大可以增强夜间视力，在照度为 0.1~1000lx 的范围内，两者几乎成线性的关系。由于夜晚照度低引起的视力下降称为夜近视，研究发现，夜间的交通事故往往与夜间光线不足、视力下降有直接关系。对于驾驶人来说，一天中最危险的时刻是黄昏，因为黄昏时光线较暗，不开前照灯看不清楚，而当开启前照灯时，其亮度与周围环境亮度相差不大，因而也不易看清周围的车辆和行人，往往会因观察失误而发生事故。研究表明：日落前公路上的照度较高，日落后 30min 降到 100lx，而日落后 50min 只有 1lx，汽车开近光灯可增至 80lx。

夜间汽车开启前照灯运行时，汽车驾驶人应注意以下几种情况：

一要注意夜间视力与物体大小的关系。在白天，大的物体即使在远处也可以确认，但在夜间，离汽车前照灯的距离越远，照度越低，因此远处大的物体也不易看清。

二要注意夜间视力与物体对比度的关系。在夜间，对比度大的物体比对比度小的物体容易确认。当对比度大时，认知距离与确认距离之差较大，此时驾驶人有较充分的时间应对各种事件，行车比较安全；对比度小时，认知距离与确认距离相差甚微，这时行车是不安全的。由此可见，夜间行车时物体的对比度显得特别重要，在驾驶人夜间行车可能遇到危险的地方要设置对比度大的警告标志就是这个缘故。

三要注意夜间视力与物体颜色的关系。交通环境中的众多信息是靠色彩来表达和传递的，例如，交通信号，交通标志、标线，汽车内部的仪表灯、警告灯以及车外的转向灯、示宽灯和制动灯等，汽车车身的色彩也是交通景观的一个重要组成部分，由此看来色彩与交通有着密切的关系，所以色彩对车辆驾驶人来讲无疑也是很重要的。夜间行车时，驾驶人对于物体的视认能力因物体的颜色不同而不同。红色、白色及黄色是最容易辨认的，绿色次之，而蓝色则是最不容易辨认的。

四要注意对路面的观察。车灯直射路面时，凸出处显得明亮，凹陷处较暗，驾驶人在行车中可根据路面的明暗来避让凹坑。但由于灯光晃动，有时判断不准，若远处发现的黑影在车辆驶近时消失，可能是小凹坑；若黑影仍然存在，可能凹坑较大、较深。月夜路面为灰白色，积水的地方为白色，而且反光、发亮，无月亮的夜晚，路面为深灰色。若行驶中前面突然发黑，则是公路的转弯处。

五要注意对行人的辨认。夜间行车，在仅依靠汽车前照灯照明的情况下进行的驾驶人对行人的辨认试验表明：辨认路肩上是否有物体存在时，若为白色物体且使用近光灯，行驶的车辆与此物体的距离在 80m 左右时即可辨认，黑色物体则需行至相距 43m 时才能辨认；确认为人时，距离更短，穿白衣服者为 42m，穿黑衣服者为 20m；若要由其动作姿势确认行为方向时，穿白衣服者为 20m，穿黑衣服者为 10m。由此看来，在夜间，行人衣服的颜色对辨认距离影响很大。一些国家规定，夜间在道路上作业的人员必须穿黄色反光衣服，以确保安全。

3）色觉。色觉是视觉器官的重要功能之一，色觉功能的好坏对要求具有辨色力的工作具有一定的影响。色觉是视觉系统的基本机能之一，对于图像和物体的检测具有重要意义。人眼可见光线的波长为 380~780nm，一般可辨出包括紫、蓝、青、绿、黄、橙、红 7 种主要颜色在内的 120~180 种不同的颜色。

由于红色和绿色对红绿色盲患者（色觉异常患者）形成的视觉效果和常人存在差异，因而红绿色盲患者不适宜从事交通运输工作。如在交通运输中，若工作人员为色盲患者，他

们可能不能辨别颜色信号，因此可能导致交通事故。对交通有重要意义的另一个概念称为色彩，其对于交通安全的意义在于提高视认性、引起注意和提高识别能力。因此要求驾驶人应具有良好的色觉特性。

4）适应性。在实际道路交通环境中，驾驶人行车时遇到的环境光照度是变化的。当照度发生变化时，驾驶人的眼睛要通过一系列生理过程进行适应，这种适应能力主要靠瞳孔大小的变化及视网膜感光细胞对光线的敏感程度的变化实现。适应需要经过一段时间，不可能在一瞬间完成，所以，当外界光线突然发生变化时，人眼便会出现短时间的视觉障碍，这就是人眼的适应过程。光线突然由亮变暗时的适应过程称为“暗适应”，反之称为“明适应”。“明适应”过程较快，不过数秒至一分钟，但暗适应却慢得多。图 3-5 所示为暗适应曲线，这一过程可分为两个阶段，开始 5～6min 内曲线下降比较缓慢，这一段称为 *A* 段；经过 15min 以后，又开始缓慢下降，此段称为 *B* 段。暗适应曲线表明，人眼在暗适应过程中，有光感的照度随时间的增加逐渐变低。暗适应延续发展的时间很长，可达 1h 左右。暗适应过程对安全行车影响很大，如汽车在白天驶入公路隧道时，光线突然由明变暗，在进入隧道的最初几秒内，驾驶人可能感到视觉障碍，为了适应人眼的特性，隧道入口处应加强照明，汽车进入隧道后必须打开前照灯。暗适应过程因人而异，暗适应速度过慢、眼机能调节较差者则易出现事故。

5）眩目。所谓眩目就是指人的眼睛突然受到强光照射时，由于视觉神经受刺激而失去对眼睛的控制，本能地闭上眼睛或看不清暗处物体的生理现象，这种现象很容易造成交通事故。眩目会使人的视力下降，下降的程度取决于光源的强度、光源与视线的相对位置、光源周围的亮度和眼睛的适应性等多种因素。汽车夜间行驶时遇到的多是间断性眩光，一般认为，在以人眼视线为中心线的 30°角以内的范围是容易发生眩目的区域，因此希望在此区域内不要有发生强烈光线的光源。

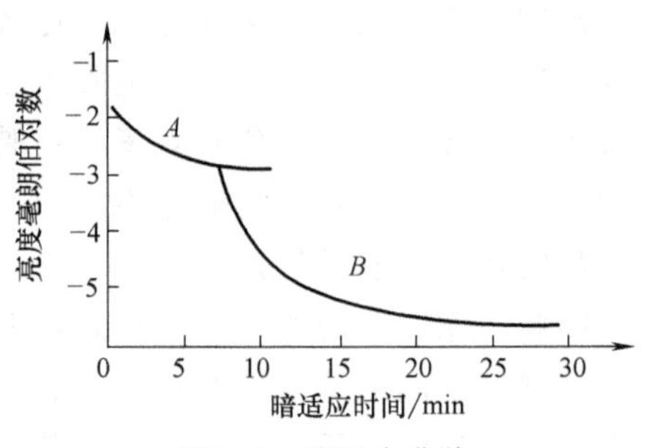

图 3-5 暗适应曲线

若有强光照射，视力从眩光影响中恢复过来需要的时间，从亮处到暗处大约需 6s，从暗处到亮处大约需 3s，视力恢复时间的长短与刺激光的亮度、持续时间、受刺激人的年龄有关。一般情况下，在道路中心线上的行人比在路侧的行人更容易被驾驶人发现，但在夜间会车时，由于对向车前照灯引起的眩目作用，使驾驶人反而不容易看清道路中心线附近的人和物，因而夜间处于道路中心线上的人是很危险的。为防止夜间会车时眩目，汽车前照灯应备有远近两种灯光，会车时使用近光。在道路设施方面也要注意防眩，如在上下行车道间设置隔离带、加强路灯照明以使汽车夜间行车时不必使用前照灯等。

（2）视觉心理 分析视觉心理首先要从视觉生理说起，所谓视觉生理就是视觉系统的生理机制，是一个接收视觉信息、处理视觉信息、感知视觉信息的过程。物体反射光经过人的生理构造进入大脑形成生物电信号，此信号再经过个体筛选、处理，与原储存的信息比对，得出不同的好恶感，形成视觉心理。在道路交通中，驾驶人的视觉心理可理解为对视觉信息的加工理解。例如，对道路上的交通状况、危险信息及交通标志、标线、信号等管控手段的视认和理解程度，决定驾驶人采取何种措施规避危险，安全行车。驾驶人对视觉信息的

加工理解能力与驾驶经验、阅历、知识水平、自身素质都有关系。

2. 驾驶人的行动特性

驾驶人驾车高速行驶时会有如下倾向：

(1) 驾驶人的排他性 驾驶人驾车一般都有尽早到达目的地的潜在意识，因此当驾驶人看到同车道前方有车辆行驶时可能会感到厌烦，看到限速标志和警告标志时可能会感到着急。如果此时驾驶人本身有不良情绪，这个倾向就更加明显，结果会造成超速行驶或强行超车，容易发生汽车事故。

(2) 驾驶人的仿效性 驾驶人具有排他性的同时还具有仿效性。会对其他车辆的动作十分关注，并且要仿效其他车辆的动作。在不熟悉的公路上驾驶人的仿效性更加突出。仿效性使驾驶人不进行独立判断，盲目仿效其他车辆的行动，当其他车辆驾驶行为恶劣、违法行为严重时，极易导致汽车事故。

(3) 驾驶人的判断力 对熟悉、预知的事情，驾驶人感知判断快。相反，在未知的情况下驾驶人的判断和反应慢，对突然出现的障碍物，制动反应更慢。高速行驶时间越长、行驶距离越远，驾驶人的判断力越差。

(4) 驾驶人采取紧急措施的能力 通常，驾驶人采取紧急措施的能力是低的。在高速行驶遇到紧急情况时，大多数驾驶人不能恰当地采取有效措施。调查表明，在车辆间事故中，采取紧急制动的只有47.6%，不制动的有23.5%，同时操作转向盘和制动器的有11%。高速行驶时间越长、行驶距离越远，驾驶人采取紧急措施的能力越差。

3. 驾驶人的反应特性

反应特性又称反应时间，是指从刺激到反应之间的时距。驾驶人的反应时间与交通安全有密切的关系。由于反应时间是人体本身固有的特性，很难通过某种技术手段来改变，只能通过对反应时间的研究认识其特点，以便尽量减少反应时间对交通安全的影响。

由于驾驶人的反应对车辆的安全行驶有重要影响，故有必要分析哪些因素会影响驾驶人的反应，以便尽量减少反应时间对行车安全的影响，在车辆、道路及交通环境的设计方面，采取有利于提高驾驶人反应速度的措施。一般情况下，影响驾驶人反应的因素有客观刺激物（如信号的强弱、数量、空间位置及背景对比度等），还有驾驶人自身的特性（包括感知器官和人体的生理状态等）。下面分别加以分析。

(1) 刺激物与反应 同种刺激，强度越大，反应时间越短；刺激信号数目的增加会使反应时间增长；刺激信号显露的时间不同，反应时间也不同，在一定范围内，反应时间随刺激信号显露时间的增加而减少。

刺激信号的空间位置、尺寸大小等空间特性与反应时间有关。在一定限度内，驾驶人观察刺激信号的视角越小反应时间越长，反之则短；同时，刺激信号的空间特性对反应时间的影响还表现在双眼视觉反应时间比单眼视觉反应时间显著缩短，双耳听觉反应时间也比单耳听觉反应时间短。

(2) 驾驶人的自身特性与反应 感知器官不同，即被刺激对象不同，反应时间也不同。反应最快的是触觉，其次是听觉，再次是视觉，反应最慢的是嗅觉。作为道路交通信息来说，利用接触刺激和声音刺激，都有一些困难，因此现在大部分用光线作为刺激物，如各种交通信号、交通标志和路面标线等。刺激部位不同，反应时间也不同，手的反应速度比脚快。

人体的生理状态特别是年龄和性别与反应时间的关系很大。一般来讲，在30岁以前，反应时间随年龄的增加而缩短，30岁以后则逐渐增加，同龄的男性比女性反应时间要短。对驾驶人进行一般情况和紧急情况下的驾驶反应测试表明，在一般情况下驾驶，年龄大者（不超过45岁）得分高，事故少；在紧急情况下驾驶，年龄在22~25岁者得分高，事故少，年龄大者成绩差。22~25岁间的男性驾驶人，反应时间短，22岁的青年，教习22h，可获得驾驶执照；45岁的男性，需要35h才能获得驾驶执照；45岁以上的男性驾驶人，身体素质、神经感觉和精力等均有衰退，驾驶机能下降。达到获得驾驶执照标准的时间，女性驾驶人比男性长26%。遇到紧急情况时差别较大，如在遇到正面冲撞之前的瞬间，多数男性驾驶人会想方设法摆脱，而女性驾驶人则感到恐慌，手足无措。在培训驾驶人时，应适当延长女学员的训练时间，在安排任务时，应给女性驾驶人使用操纵轻便的车辆，这样，有利于保证交通安全。

（二）驾驶人的心理特性

并不是所有人都具备与驾驶工作相适应的心理条件，在驾驶人中，有一些人比其他人更易发生交通事故。为此，对人体的心理特性做出综合评价具有非常重要的意义。

1. 注意特征

注意就是人们心理活动对一定事物对象的集中和指向。注意具有两个特征，一是意识的集中性；二是对象的指向性。车辆在行驶过程中，驾驶人心理活动有选择地集中和指向于一定的道路交通信息，经过大脑的识别、判断、抉择，然后采取正确的驾驶操作，保障行车安全，所以注意能力是影响行车安全的重要心理因素。

（1）注意的广度 注意的广度又称注意的范围，是指在同一时间内能够清楚把握的对象的数量。驾驶人在道路交通活动中，能够把握的注意对象越多，对交通信息的感知越充分，越利于行车安全。驾驶人在高速行驶时，由于视野中注意对象停留时间短暂，为了准确感知某个特定的对象，势必减少对其他对象的注意，而将注意集中到特定对象上来，这会影响注意的广度。这就是所说的注意的指向性，即在每一瞬间把心理活动有选择地指向于一定的对象，同时离开其余的对象。汽车在高速公路上行驶时，经验丰富的驾驶人会把注意投放在道路右侧低速行驶或违章停车的车辆上，确定其动向，避免发生刮碰或追尾。

（2）意识的稳定性 意识的稳定性又称注意的持久性或集中性，指在一定事物上的注意所能持续的时间。试验表明，驾驶人在单一行车环境中注意力衰减得很快。在高速公路高速行驶时，由于单调性和重复性，会使注意难以稳定，当出现突然情况时，很容易出现汽车事故。因此，在道路线形设计、道路景观布置方面都会采取一些措施，以不断向驾驶人提供新信息，唤起注意转换、保持注意的稳定性。正是由于注意能不断地转换，才能使行人和驾驶人对新的情况做出必要的反应。

（3）注意的分配 注意的分配是指在同时进行两种或几种活动时，把注意指向不同的对象。驾驶人应当有很好的分配注意的能力，以便同时接受几个信号、完成几个动作。在动态情况下，由于车辆的高速行驶，为了能迅速、及时、清晰、深刻地获得汽车运行的一切必要信息，需要随时调整注意的水平。经验表明，人的感受性不能长时间地保持固定的状态，

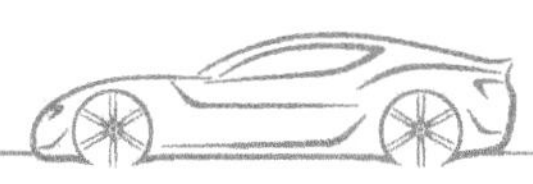

而是在间歇地加强和减弱，如在空旷宽畅的道路上和在市区拥挤的道路上行车时，驾驶人投入的注意量是不同的，是根据道路状况和内部的动机来提高或降低注意水平的，当环境需要减少时，分配的注意量也减少。注意力的灵活程度对驾驶人来说很重要，依靠注意力的灵活性，驾驶人能把注意力从一个目标转移到另一个目标，从各种现象的总体中，分辨出最本质、首要的现象。有时也要求降低注意力的水平以避免疲劳。

在高速公路行驶时，有经验的驾驶人只是把少量的注意分配到驾驶操作上，而把更多的注意分配到道路变化、车辆状况、交通标志、道路信息等行车信息的获取上，保证驾驶人行车的安全性。

2. 意识特征

驾驶人在高等级公路上的行车意识具有以下特征时，容易出现事故：

(1) 意识占有与无意识连锁反应 所谓意识占有是指人的意识和注意完全被某种事务所占有，使人处在无意识状态，这势必会导致无意识连锁反应。例如，同方向行驶三辆车（图 3-6），大车 B 与前方 A 车为同车队两辆车，B 车驾驶人紧跟 A 车行驶。A 车的驾驶行为在 B 车驾驶人的意识中占了绝对重要的位置，小车 C 在大车 B 的驾驶人的意识中存在的价值很小，这称为意识占有。当 A 车因前面出口空旷突然加速时，B 车驾驶人也很容易无意识发生连锁反应，忽略 C 车的存在而加速前进，结果与并没有加速的 C 车相撞。上述相撞事件极易在平坦的直线路段上发生。

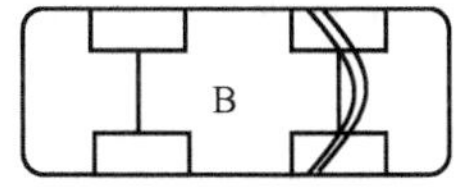

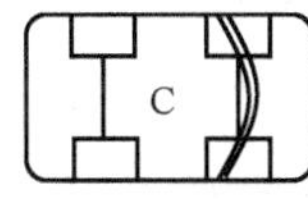

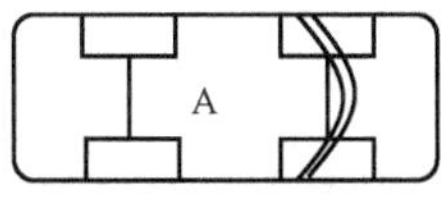

图 3-6 驾驶人的意识占有与无意识连锁反应

(2) 视野紊乱 高速行驶的驾驶人，都保持一个稳定的视野（一般以等腰三角形最为适宜），以保证视认良好、行车安全。但在行驶过程中，若受到流体干扰，驾驶人视野的等腰三角形变形，出现视野紊乱，即无意识地转移注视点，从而转动转向盘使车辆驶上中央分隔带或撞上路侧防撞设施。例如，驾驶人高速行驶时，若始终注视左侧中央隔离设施，因存在相对运动而产生流体干扰导致视野三角形变形，从而使驾驶人感觉距左侧中央隔离设施越来越近，于是本能地向右转动转向盘，导致车辆转向右侧，可能与右侧车道上的车辆发生碰撞。

(3) 精神疲劳 在高速公路上长时间行驶，由于相对干扰小，一方面避免了大量交通冲突，减少事故发生概率；另一方面也会因驾驶人意识水平降低而产生疲劳，甚至会出现打瞌睡的“高速催眠”现象而发生车祸。

3. 性格特征

性格是人对客观现实的态度，其行为方式上表现为习惯化、稳定化的心理特征，如刚强、懦弱、英勇、粗暴等。驾驶人由于性格不同，其对安全行车的态度和行为方式也不同。

人的性格可以划分为多种类型，驾驶人的性格类型是按照个体心理活动的倾向性来划分的，有外倾型和内倾型两种。外倾型性格的驾驶人性格开朗、活泼且善于交际，在行车过程中自我控制能力、协调性差，自我中心意识强；内倾型驾驶人则相反，一般表现为沉静、反应缓慢、喜欢独处、重视安全教育、行车中不冒险。

驾驶人要确保安全驾驶，必须了解自己性格类型的特点，自觉地对自己的性格进行自我调节和优化组合，从而培养良好的性格。

二、车的影响因素与事故成因

道路交通安全主要与“人-车-路-环境”系统有关，汽车是这一系统中潜在危险性最大的环节。汽车作为交通系统中的主体之一，其性能和结构对交通安全有直接影响。汽车安全性分为主动安全性、被动安全性、事故后安全性和生态安全性。汽车主动安全性是指汽车本身防止或减少汽车事故发生的能力，主要取决于车辆的使用性能，包括汽车制动性、制动稳定性、行驶稳定性、操纵稳定性、动力性以及驾驶人工作位置的状况等。汽车被动安全性是指发生交通事故后，汽车本身减轻人员受伤和货物受损的性能，又可分为内部被动安全性和外部被动安全性。汽车事故后安全性是指事故发生后，车辆的结构和性能设计具有帮助车内乘员逃生和自救的能力，如发生碰撞后，车辆设计门锁能自动打开、车门能够开启等措施以帮助车内乘员逃生。生态安全性主要包括尾气排放和车辆噪声等。这里主要介绍汽车的主动安全性和被动安全性。

（一）汽车的主动安全性

汽车主动安全技术又称积极安全技术，是指汽车本身防止或减少汽车事故发生的能力，主要取决于车辆的使用性能。汽车主动安全技术的目的是提高汽车的安全性能，以确保行驶安全，是汽车上避免发生交通事故的各种技术措施的统称。

1. 与交通安全关系重大的汽车基本性能

（1）汽车制动性 汽车的制动性是指汽车行驶时能在短距离内停车且维持行驶方向稳定性和在下长坡时能维持一定车速的性能。汽车制动性是汽车的主要性能之一。重大汽车事故通常与制动距离过长、紧急制动时发生侧滑及前轮失去转向能力等情况有关。制动跑偏、侧滑及前轮失去转向能力是造成交通事故的重要原因。如我国某市市郊一山区公路，根据两周内（雨季）发生的七起交通事故分析，发现其中六起是由于制动时后轮发生侧滑或前轮失去转向能力造成的。一些国家的统计表明，发生人身伤亡的交通事故中，在潮湿路面上约有1/3与侧滑有关，在冰雪路面上有70%~80%与侧滑有关。根据对侧滑事故的分析，发现有50%是由制动引起的。因此汽车制动性是影响汽车安全行驶的重要因素。

1）制动性及其评价指标。汽车的制动性主要从制动效能、制动效能的恒定性和制动时汽车的方向稳定性三个方面来评价。

① 制动效能。制动效能是指汽车在良好的路面上，以一定初速度制动到停车的制动距离或所经历的时间或制动时汽车的减速度。它是制动性能最基本的评价指标。

制动距离与汽车的行驶安全有直接的关系，它指的是汽车以一定速度行驶时，从驾驶人开始操纵制动踏板到汽车完全停止时所驶过的距离。制动距离与制动踏板力、路面附着条件、车辆载荷等许多因素有关。

制动时间指从驾驶人踩下制动踏板到汽车完全停止时所经历的时间。制动时间是一个间接评价制动性能的指标，虽很少单独使用，但作为一个辅助的检验指标，有时（如各车轮制动协调）还是不可缺少的。

制动减速度与地面制动力有关，因此它取决于制动器制动力及路面附着力。在评价汽车制动性能时，由于瞬时减速度曲线的形状复杂，不好用某一点的值来代表，所以我国的行业标准采用平均减速度的概念，即

$$\bar{a}=\frac{1}{t_2-t_1}\int_{t_1}^{t_2}a(t)\,\mathrm{d}t \tag{3-3}$$

式中 t_1——制动压力达到75%最大压力的时刻；

t_2——到停车总时间2/3的时刻。

ECE R13和GB 7258—2017采用的是充分发出的平均减速度$MFDD$（$\mathrm{m/s^2}$），即

$$MFDD=\frac{(v_{\mathrm{b}}^2-v_{\mathrm{e}}^2)}{25.92(s_{\mathrm{e}}-s_{\mathrm{b}})} \tag{3-4}$$

式中 v_{b}—$0.8v_0$的车速（km/h），v_0为起始制动车速（km/h）；

v_{e}——$0.1v_0$的车速（km/h）；

s_{b}——车速从v_0到v_{b}时车辆驶过的距离（m）；

s_{e}——车速从v_0到v_{e}时车辆驶过的距离（m）。

② 制动效能的恒定性。制动效能的恒定性是指在制动过程中，制动器抵抗热衰退性能和水湿恢复能力等。汽车在工作条件下频繁制动时（如在下长坡时，制动器就要较长时间连续进行较大强度的制动），制动器温度可达到300℃以上。高速制动时，制动器温度也会很快上升。制动器温度上升后，摩擦力矩会显著下降，这种现象称为制动器的热衰退。热衰退是目前制动器不可避免的现象。制动效能的恒定性主要指的是抗热衰退性能。制动器抗热衰退性能一般用一系列连续制动时制动效能的保持程度来衡量。根据国家相关标准要求，以一定的车速连续制动15次，每次的制动强度为$3\mathrm{m/s^2}$，最后的制动效能应不低于规定的冷试验制动效能（$5.8\mathrm{m/s^2}$）的60%。

汽车涉水后，制动蹄片与摩擦盘（片）之间会有水膜，影响制动效能。因此制动器要设计排水设施，特别是盘式制动器。

一般盘式制动器的抗热衰退性能和水湿恢复能力要强于鼓式制动器。

③ 制动时汽车的方向稳定性。制动过程中，有时会出现制动跑偏、后轮侧滑或前轮失去转向能力而使汽车失去控制离开原来的行驶方向，甚至发生撞入对方车辆行驶车道、下沟、滑下山坡等危险情况。一般称汽车在制动过程中维持直线行驶或按预定弯道行驶的能力为制动时汽车的方向稳定性。制动时汽车的方向稳定性主要表现为制动跑偏、侧滑和前轮失去转向能力。

制动跑偏是指制动时汽车自动向左或向右偏驶的现象。制动时汽车跑偏的原因有两个：一是使用或调整不当造成的，包括汽车左、右车轮，特别是前轴左、右车轮制动器制动力不等或前轮定位失准、车架偏斜、装载不合理或受路面的影响等；二是制动时悬架导向杆系与转向杆在运动学上相互干涉。第一个原因是由制造、调整的误差或使用不当造成的，汽车究竟向左还是向右跑偏，要根据具体情况而定，因此是非系统性的。而第二个原因可能是由设计上存在的缺陷，或车辆发生过碰撞事故，损害波及悬架或转向系统造成的，制动时总向一个方向跑偏，因此是系统性的。

侧滑是指制动时汽车的某一轴或两轴发生横向移动。汽车之所以会出现此现象，是因为

汽车在制动时失去了对侧向力的抵御能力。一般分三种情况：

一是前轮无制动力，后轮有足够的制动力。当车速低于 25km/h 时，后轮有轻微侧滑，随着车速的增加，汽车后轮的侧滑角度增大，当车速超过 50km/h 时，后轮发生 180°侧滑。

二是后轮无制动力，前轮有足够的制动力。此时即使车速很高，汽车纵轴线的转角仍不大于 10°，具有良好的方向稳定性，但是如果车辆处于弯道制动，由于前轮抱死则失去方向控制性。

三是前后轮都有制动力，但前后轮抱死拖滑的次序和时间不同。若前轮先于后轮抱死拖滑，汽车基本上按直线行驶，但失去转向能力；若后轮先于前轮抱死拖滑，但间隔时间不足 0.5s，且车速较低，汽车基本按直线行驶；若后轮先于前轮抱死拖滑，但间隔时间超过 0.5s，且车速高于 50km/h 时，汽车将发生 180°侧滑。

最危险的情况是高速制动时发生后轮侧滑，此时汽车常发生不规则的急剧回转运动而失去控制，使得驾驶人难以控制汽车。易发生侧滑的汽车有加剧汽车跑偏的趋势，而严重的制动跑偏也会引起后轮侧滑，可见跑偏和侧滑是有联系的。

2）改善汽车制动性的措施。影响汽车制动性的因素很多，有的来自于汽车本身制动系统，如制动器类型、结构尺寸、制动器摩擦副的摩擦系数及车轮半径等；还有的来自外界行驶条件，如道路条件、气候条件、交通状况等。

① 提高制动效能。提高制动效能意味着用较小的制动踏板力就能得到必要的制动力或制动减速度，这对于减轻驾驶人劳动强度、保证行车安全具有重要意义。为了提高制动效能，汽车上普遍装有制动助力装置和防抱死制动系统（ABS）防抱死装置。制动助力装置可以增加驾驶人施加于制动踏板上的力或增大制动管路压力，从而加速制动动作，提高制动效能。ABS 可以使地面附着系数始终维持在峰值附着系数附近，确保制动时地面可提供最大的制动器制动力。此外，合理优化制动系统结构，也可以提高制动效能。如加大制动踏板杠杆比、减小制动总泵缸径、增大制动分泵缸径、提高制动器摩擦片的摩擦系数、加大制动盘或制动鼓的直径等均可提高制动效能。

② 提高制动效能的恒定性。制动效能的恒定性取决于制动器的结构和制动器摩擦副的材料。不同结构的制动器制动效能不同。自增力式制动器，因为具有增力作用，制动效能最好，以下依次为双领蹄式制动器、领从蹄式制动器，但自增力式制动器的制动效能对摩擦系数的依赖性很大，因此其热稳定性最差。盘式制动器与鼓式制动器相比冷却性好，排水性也好，制动效能变化小。摩擦片应采用耐磨材料，并注重制动器的维护，应在规定的行驶里程内更换制动器的摩擦片。

③ 提高制动时汽车的方向稳定性。制动跑偏多数是汽车技术状况不佳造成的，经过维修调整可以解决制动跑偏现象。

制动时如果前轮先抱死滑移，直线行驶时基本处于稳定状态，若在弯道上行驶，汽车丧失转向能力，会沿弯道切线冲出道路。如果在驶入弯道之前松开制动踏板，可重新获得转向能力。

不应出现只有后轮抱死或后轮比前轮先抱死的情况，以防后轮发生侧滑。

理想的情况是制动时防止任何车轮抱死，前、后车轮都处于滚动状态，这样可以确保制动时的方向稳定性。所以，设计汽车制动系统时，应准确确定前、后车轮制动器制动力分配的比例。近年来，在汽车制动系统中加装了防抱死制动装置（ABS）、制动器制动力电子分

配系统（EBD）、电子稳定程序（ESP）等主动安全电子设备，可使制动效能、制动时的方向稳定性有明显提高。

当路面湿滑等引起附着系数变小时，制动时很容易引起侧滑。这是由于轮胎的侧向附着力减小，无法控制车辆的侧向运动。因此，改善路面状况，提高路面附着系数，是防止侧滑的有效措施。

制动初速度对侧滑影响较大。一般是车速低时不易产生侧滑，而车速高时容易产生侧滑。对于货车，空载比满载时容易侧滑且侧滑距离较大。

制动时产生载荷前移，前轴负荷加大，后轴负荷减小，所以后轮容易抱死。为此，汽车上装有制动力调节装置，如限压阀、比例阀等来调节前、后轮制动力。

(2) 汽车操纵稳定性 汽车的操纵稳定性包含互相联系的两方面内容，即操纵性和稳定性。操纵性是指在驾驶人不感到过分紧张、疲劳的情况下，汽车能遵循驾驶人意图，通过转向系统及转向车轮给定的方向行驶；稳定性是指汽车遇到外界干扰时，能抵抗干扰而保持稳定行驶的能力。

汽车的操纵稳定性是决定汽车高速安全行驶的主要性能之一。设计汽车时，若不考虑汽车的稳态转向特性，对于过多转向或中性转向的汽车，在转向时，驾驶人未能及时调整转向盘转角并降低车速，则会导致汽车失控而造成交通事故。

汽车的瞬态响应运动状态随时间而变化，但变化应及时。否则已经转动了转向盘，而车辆却迟迟没有反应，驾驶人会感到汽车转向不灵敏，不能“得心应手”地进行操作。当遇到紧急情况时，因转向不灵而无法应对，易造成交通事故。

汽车转向系统使用后因其磨损而使各零件之间的间隙变大，使前轮定位失准，悬架和转向机构不协调，因而使直线行驶的汽车出现摆头现象。摆头不仅会加剧零部件的磨损，驾驶人操作疲劳，更严重的是使驾驶人感到汽车操纵性差，行车安全感极差。

为了减轻驾驶人的劳动强度，要求汽车具有较好的转向轻便性。要求转向力要在规定的范围内，若转向力过大，会增加驾驶人的劳动强度，在急转弯或紧急避让时会造成转向困难或不能完成转向动作，对汽车安全行驶有很大的影响。若转向力过小，会使转向“发飘”，驾驶人路感降低，对安全运行也不利。

总之，汽车的操纵稳定性差，就不能准确响应驾驶人的“转向指令”，使汽车受外界干扰后难以迅速恢复原来的行驶状态。操纵稳定性差可能引起汽车摆头、转向沉重、转向甩尾、高速“发飘”、斜行、不能自动回正等现象，使汽车行驶的安全性变差，极易出现交通事故，严重影响交通安全。在汽车行车安全日益重要的今天，操纵稳定性作为与汽车行车安全密切相关的性能也日益受到重视。操纵稳定性好的汽车应该在驾驶人的“掌握”之中，行驶起来得心应手，完全遵从驾驶人的操纵意愿，且操纵起来并不费力费神，即使偶有外界干扰，如横向风、不平路面等，也能维持原来的行驶方向而安全行驶。

1）操纵稳定性及其评价指标。汽车操纵稳定性所包含的内容较多，它需要采用多个物理量从多个方面进行评价，主要内容包括稳态响应、瞬态响应、回正性、直线稳定性、转向轻便性及抗侧翻能力等。

① 稳态响应。汽车等速直线行驶是一种稳态，若在汽车等速直线行驶时，急速转动转向盘至某一转角时，停止转动转向盘并维持此转角不变，汽车经过较短时间后便进入等速圆周行驶状态，这也是一种稳态，在稳态下由于“干扰”（操纵转向盘转向、横向风作用、路

面不平等）而引起的车辆响应称为稳态响应。

汽车的稳态转向特性分为三种类型：不足转向、中性转向和过多转向，如图 3-7 所示。这三种不同转向特性的汽车具有如下行使特点：在转向盘保持一固定转角 δ_w，缓慢加速或以不同车速等速行驶时，随着车速的增加，不足转向汽车的转向半径 R 增大，中性转向汽车的转向半径维持不变，而过多转向汽车的转向半径则越来越小。

具有不足转向特性的汽车的操纵稳定性较好。因为汽车转弯时，离心力与速度的平方成正比，与转弯半径 R 成反比，因此具有不足转向特性的汽车，由于转向半径的增大，使离心力减小，对安全行驶有利。具有过多转向特性的汽车，随着车速的增加，转向半径减小，使离心力增大，对安全行驶不利。具有中性转向特性的汽车，虽然转弯半径不随车速变化，但是在使用条件变化时，有可能转变为过多转向特性而失去稳定，对汽车的安全行驶极为不利。

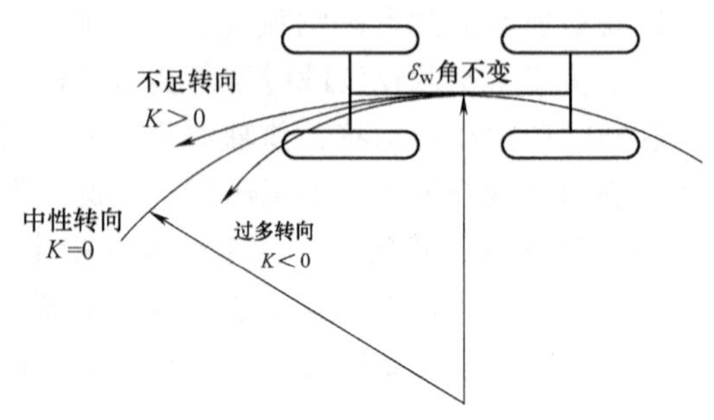

图 3-7　汽车的三种稳态转向特性

综上所述，汽车通常设计成具有适度的不足转向特性，而不是具有中性转向特性或过多转向特性。

② 瞬态响应。在等速直线行驶与等速圆周行驶这两个稳态运动之间的过渡过程便是一种瞬态，相应的瞬态运动响应称为瞬态响应。瞬态响应的好坏直接影响汽车的操纵稳定性。如变换车道行驶、避让障碍行驶以及对意外情况的处理，驾驶人都会遇到急转转向盘及迅速回正的问题。

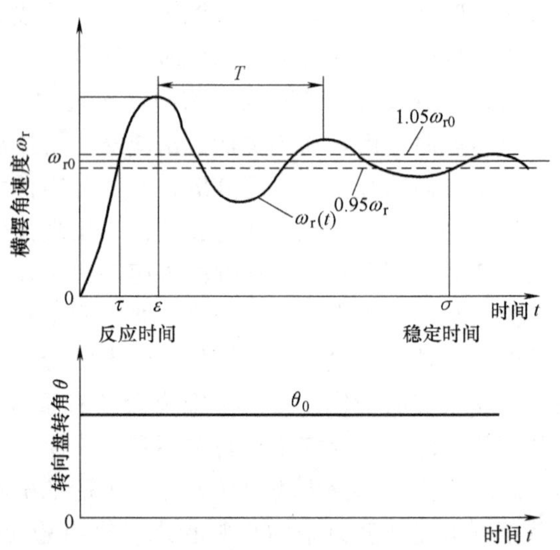

图 3-8　转向盘转角阶跃输入下的汽车瞬态响应

汽车瞬态响应的运动状态随时间变化而变化，图 3-8 所示为一辆等速行驶的汽车在 $t=0$ 时驾驶人急速转动转向盘至角度 δ 并维持此转角不变时的汽车瞬态响应曲线。用横摆角速度 ω_r 描述汽车的瞬态响应，可以看出，给汽车以转向盘转角阶跃输入后，汽车横摆角速度经过一个过渡过程后达到稳态横摆角速度 ω_{r0}，此过渡过程即为汽车的瞬态响应。汽车的瞬态响应与反应时间 τ（横摆角速度由 0 达到稳态横摆角速度 ω_{r0} 的时间）有关，反应时间越短，驾驶人感到转向响应越迅速、及时，否则就会感到转向迟钝。汽车瞬态响应也与进入稳态所经历的时间 σ（横摆角速度达到稳态值 95%~105%之间的时间）有关，进入稳态所经历的时间越短，说明横摆角速度收敛得越好，汽车越早达到新的稳定状态。

③ 回正性。汽车完成变道、避让、转弯等行为后要进行回正，要求汽车能自动回正，即驾驶人松开转向盘时，转向盘应能自动迅速回正。回正性是衡量汽车操纵性的指标之一，回正能力差的汽车不容易操纵，即操纵性不佳。

④ 直线稳定性。直线行驶的汽车，驾驶人并没有转动转向盘，一些汽车会在某一车速或某一车速以上，甚至偶遇路面不平便会左右反复摆动，这种现象称为摆头。摆头会使驾驶人紧张疲劳，汽车操纵稳定性变差，降低了行车安全性。

⑤ 转向轻便性。转向轻便性是衡量汽车操纵性的指标之一，GB 7258—2017《机动车运行安全技术条件》中要求机动车在平坦、硬实、干燥和清洁的水泥或沥青道路上行驶，以10km/h 的速度在 5s 之内沿螺旋线从直线行驶过渡到外圆直径为 25m 的车辆通道圆行驶，施加于转向盘外缘的最大切向力应小于或等于 245N。专用校车应采用转向助力装置；其他机动车转向轴的最大设计轴荷大于 4000kg 时，也应采用转向助力装置。装有转向助力装置的机动车，转向时其转向助力功能不应出现时有时无的现象，且转向助力装置失效时仍应具有用转向盘控制机动车的能力。

⑥ 抗侧翻能力。汽车在侧坡上直线行驶时，若侧坡角过大，就可能发生侧翻。降低汽车质心高度和增加轮距，可防止侧翻。汽车在空载、静止情况下，侧翻极限角不得小于 28°（双层客车）、30°（总质量为车辆整备质量的 1.2 倍以下的车辆）、35°（其他车辆）。

2）改善汽车操纵稳定性的主要途径。操纵稳定性与汽车的转向系统、行驶系统、轮胎及车辆的空气动力学密切相关。

① 增加轮胎的侧偏刚性。增加轮胎的侧偏刚性可以使操纵稳定性得以改善。使后轮轮胎的侧偏刚性大一些，有利于不足转向，在汽车使用中可通过提高后轮轮胎的充气压力来达到提高侧偏刚性的目的。此外，还可以通过选择不同类型的轮胎来提高侧偏刚性，如子午线轮胎的侧偏刚性较高。

汽车装载时，适当增加前轮载荷，即汽车重心偏前，会使前轮偏离角增加，后轮偏离角减小，容易产生不足转向，改善操纵稳定性。

② 转向主销后倾和内倾。转向轮定位中的主销后倾和主销内倾都有使车轮自动回正的作用。主销后倾角和主销内倾角不宜过大或过小。若主销后倾角过小，则起不到自动回正的作用；若主销后倾角过大，会引起转向沉重；若主销内倾角过大，转向时会增加轮胎与地面间的磨损。因此应合理地选择转向轮定位参数。

③ 减小前轮前束值。转向轮定位中减小前轮前束值可以降低前轮摆振，从而减轻汽车的摆头现象，提高汽车操纵稳定性。

④ 加装转向助力装置。为了减轻驾驶人的转向操纵力，越来越多的汽车加装了转向助力装置。转向助力装置可以同时满足对转向灵敏性和轻便性的要求。转向助力装置分为液压式和气压式两种，压式体积小，工作可靠，应用广泛。目前转向助力装置已发展为带感速机构的助力装置，即根据不同车速提供不同的助力。通常为车速越低，助力越大；车速越高，助力越小。如此既降低了驾驶人的操纵强度，又不至于在高速时转向盘过轻而产生不安全感。

⑤ 加装电子稳定程序（ESP）。要让 ESP 发挥它的控制功能，必须要有一套传感机构、一套伺服机构和一台行车电脑。要了解 ESP 对车身稳定性的影响，首先要了解影响汽车行驶稳定性的因素。驾驶过汽车的人都能体会到，车辆在转弯时，车身会向转弯的反方向发生侧倾。转向角度越大，侧倾就越厉害，车速加快，侧倾也会随之加大。当侧倾的角度超过极限值时就会发生翻车事故；同样的道理，如果车速过快或转向角度过大，一旦超过轮胎抓地力的极限，车辆的横向加速度就会突然减小，让车辆偏离原有运动轨迹，循迹性降低，严重

时会使整车失控。这种情况在雨天和冰雪路面更加容易发生。那么 ESP 是如何知道车辆的运动状况是否接近极限的呢？

这就需要两套传感器为 ESP 电脑搜集行车信息：一套是转向盘转向角度传感器；一套是车轮转速传感器（每个车轮上都装有）。前者用来收集驾驶人的转向意图，后者用来监测车辆运动状况。当转向盘转向角度传感器检测到驾驶人的转向角度以后，就会通知 ESP 电脑；与此同时，各个车轮转速传感器测得的车轮转速信息也会传递到 ESP 电脑。ESP 电脑可以根据各个车轮的转速计算出车辆的实际运动轨迹。如果实际运动轨迹和理论运动轨迹有区别，或者检测出某个车轮打滑（丧失抓地力），ESP 电脑就会首先控制节气阀减小开度（收油），然后控制制动系统对某个车轮进行制动，以修正运动轨迹。如图 3-9 所示，当转向不足时 ESP 主要对曲线内侧的左后轮进行制动，产生一种反偏航转矩，使汽车重返正确的曲线上来。如图 3-10 所示，当转向过度时，ESP 主要是对曲线外侧的右前轮进行制动，以平衡即将产生的甩尾倾向。当实际运动轨迹与理论运动轨迹（驾驶人意图）相一致时，ESP 自动解除控制。

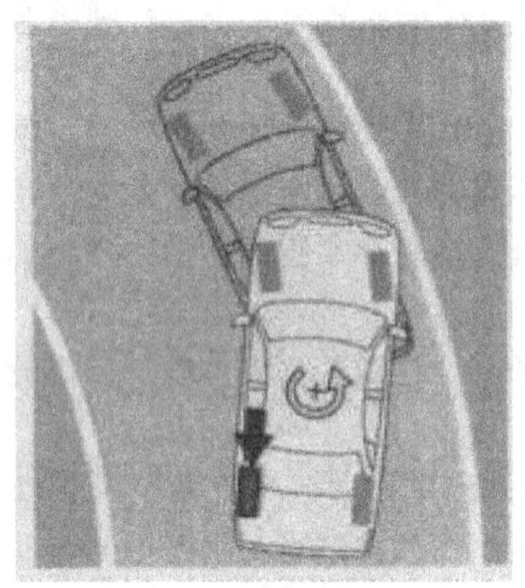
图 3-9　转向不足措施

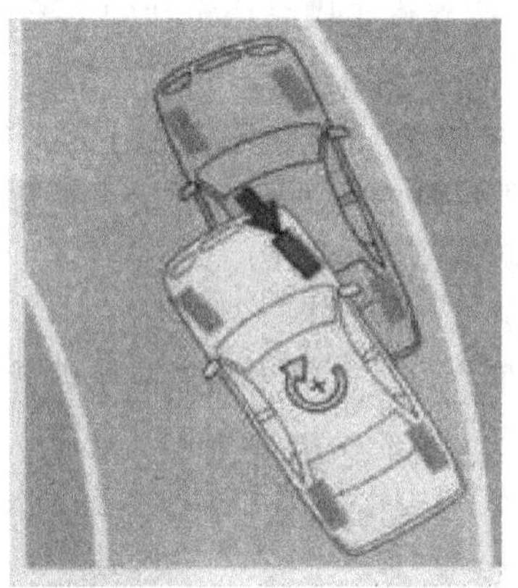
图 3-10　转向过度措施

（3）汽车轮胎与交通安全　轮胎是汽车的重要部件，它的性能对汽车的动力性、制动性、行驶稳定性、平顺性和燃油经济性等都有直接影响。

1）轮胎的结构及特点。目前汽车使用的几乎都是充气轮胎。充气轮胎按胎体中帘线排列方向的不同，可分为普通斜交轮胎和子午线轮胎。

普通斜交轮胎的结构特点是相邻帘布层帘线交错排列，所以帘布层的层数都是偶数，且具有一定的胎冠角。

子午线轮胎的结构特点是帘线呈子午向排列。这样，帘线的强度就得到充分利用，帘线所承受的负荷比普通斜交轮胎帘线小，故子午线轮胎的帘布层比普通斜交轮胎减少 40%~50%，且帘布层数也可以是奇数。

① 子午线轮胎与普通斜交轮胎相比有以下优点：

a. 使用寿命长。子午线轮胎的胎体帘线和缓冲层帘线交叉于三个方向，这样就形成了许多密实的三角形网状结构，阻止了胎面周向和侧向伸缩，从而减少了胎面与路面间的滑移；又因胎体的径向弹性大（图 3-11a），接地面积大，对地面的单位压力小，使胎面磨耗小，耐磨性强，行驶里程比普通斜交轮胎高 50%~100%。

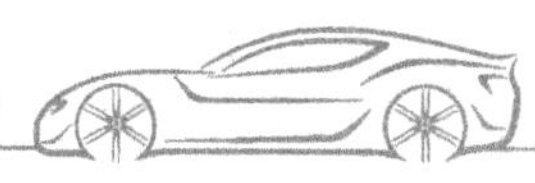

b. 滚动阻力小。由于子午线轮胎胎冠具有较厚而坚硬的缓冲层，轮胎滚动时胎冠变形小、消耗能量小、生热量低，且胎体帘布层数少、胎侧薄，所以其滚动阻力比普通斜交轮胎小 20%～30%（图 3-11b）。因此可以降低汽车耗油量。

c. 附着性能好。因为子午线轮胎的胎体弹性好，接地面积大，胎面滑移小，制动性能得以改善。

d. 缓冲性能好。因为子午线轮胎的胎体径向弹性大，可以缓和不平路面的冲击，使汽车行驶的平顺性得到改善。

e. 负荷能力大。由于子午线轮胎的帘线排列与轮胎主要的变形方向一致，因而使其帘线强度得到充分有效的利用。故这种轮胎一般比普通斜交轮胎所能承受的负荷高。

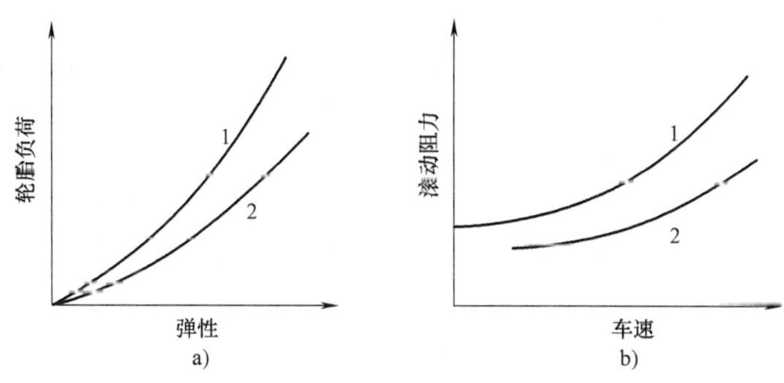

图 3-11 子午线轮胎与普通斜交轮胎的比较

1—普通斜交轮胎 2—子午线轮胎

② 子午线轮胎也有其不足之处。子午线轮胎由于带束层强度很大，造成胎面较硬，当汽车低速驶过不平路面时，会直接传递冲击。此外，胎侧较薄、变形大，会使胎面与胎侧的过渡区域处破裂。近年来子午线轮胎不断改进，其不足之处已经基本得到改善。如配合悬架机构优化设计，使得子午线轮胎的耐冲击性得到很大提高，又如使用低高宽比的子午线轮胎可以获得较高的转向稳定性。

2）轮胎胎面花纹。轮胎与路面间的附着性能、排水能力、轮胎的耐磨性等都与轮胎胎面花纹有关，而这些性能都与汽车行驶安全密切相关。因此，轮胎胎面花纹对汽车的行驶安全有着直接影响。轮胎胎面花纹形式多种多样，目前广泛使用的胎面花纹形式有三种：普通花纹、越野花纹和混合花纹。

① 普通花纹。普通花纹细而浅，花纹块接地面积较大，耐磨性好，附着性较好，适合在比较清洁、良好的硬路面上使用。它分为横向花纹、纵向花纹、组合花纹。横向花纹的结构特点是胎面横向连续，纵向断开，因而胎面横向刚度大，而纵向刚度小，轮胎的附着性能表现出纵强而横弱。纵向花纹的结构特点是纵向连续，横向断开，因而胎面纵向刚度大，而横向刚度小，轮胎的附着性能表现出横强而纵弱。因而抗侧滑能力较强，滚动阻力小于横向花纹的轮胎，其散热性较好、噪声小。其不足之处是花纹沟槽容易嵌夹石子。组合花纹轮胎是以纵向花纹为主，采用横向的细缝花纹连通纵向沟槽，使其排水性能更好，并有利于散热。另外这种花纹的轮胎附着性能好，有利于改善汽车的操纵性和制动性。

② 越野花纹。越野花纹的特点是花纹沟槽宽而深，花纹接地面积比较小（约 40%～60%）。在松软路面上行驶时，一部分土壤将嵌入花纹沟槽之中，必须将嵌入花纹沟槽的这

一部分土壤剪切之后，轮胎才有可能出现打滑。因此，轮胎与地面的附着性能好，越野能力强，适合于在较差的路面或无路地区使用。

③ 混合花纹。混合花纹是普通花纹和越野花纹之间的一种过渡性花纹。其特点是胎面中部具有方向各异或以纵向为主的窄花纹沟槽，而在两侧则具有以方向各异或以横向为主的宽花纹沟槽。这样的花纹搭配使混合花纹的综合性能好，适应能力强。它既能适应良好的硬路面，也能适应碎石路面、雪泥路面和松软路面。因此，混合花纹的附着性能优于普通花纹。

3）轮胎与汽车安全。轮胎与汽车安全行驶相关的特性有负荷、气压、高速性能、侧偏性能、水滑效应、耐磨耐穿孔性等。

① 轮胎负荷与气压。轮胎的负荷与气压有对应关系。为了行驶安全，必须根据汽车的最大总质量来选用相应负荷的轮胎，切不可超负荷使用轮胎。轮胎在最大负荷状态下，均规定了其所允许的最大胎压。同一规格的轮胎，充气气压越高，所能承受的负荷也会越大，但气压过高会使内胎不堪承受而爆裂，对于外胎会使胎冠中心部分出现异常磨损，降低轮胎的使用寿命；充气气压也不能低于规定值，若气压偏低，不仅使轮胎的承受负荷降低，滚动阻力增大，使动力性、经济性下降，还会使制动性能和转向性能受到影响，轮胎胎肩也会出现异常磨损而降低使用寿命。

② 轮胎的高速性能。轮胎的高速性能是指高速行驶时轮胎的适应性，一般用许用额定车速来表示。选用轮胎时，要选用许用额定车速大于或等于车辆最高车速的轮胎，这样才能保证持续高速行驶时轮胎不至于发生问题。另外，汽车高速行驶时轮胎有可能出现驻波现象。当轮胎达到某一旋转速度时，轮胎表面的变形来不及完全恢复就形成驻波，其表现为轮胎接地面后部的周围面上出现明显的波浪状变形，结果使滚动阻力急剧增加，轮胎迅速升温至危险温度，导致橡胶脱层直至爆破损坏。产生驻波现象时的车速称为临界车速，轮胎的额定车速应小于驻波时的临界车速。

③ 轮胎的侧偏性能。轮胎的侧偏性能主要指侧偏力、回正力矩与侧偏角之间的关系。汽车在行驶过程中，由于路面的侧向倾斜、侧向风或曲线行驶时的离心力等作用，车轮中心将作用有侧向力，相应地在地面上产生地面侧向反作用力 F_y，该力称为侧偏力。由于车轮具有侧向弹性，当其受到侧向力时，即使侧偏力没有达到附着极限，车轮行驶方向也将偏离车轮中心平面的方向，这就是轮胎的侧偏现象。当车轮滚动时，轮胎与地面接触印迹的中心线与车轮平面的夹角 α 即为侧偏角。侧偏角的大小与侧偏力的大小有关。试验表明，侧偏角 α 不超过 5°时，F_y 与 α 成线性关系。汽车正常行驶时，侧向加速度不超过 $0.4g$，侧偏角为 4°~5°或更小，可以认为侧偏角与侧偏力成线性关系。F_y-α 曲线在 $\alpha=0°$ 处的斜率为侧偏刚度 k，即

$$F_y=k\alpha \tag{3-5}$$

侧偏刚度是决定汽车操纵稳定性的重要参数，侧偏刚度大的轮胎侧偏性能好，即转弯能力、抗侧滑能力强。因此，轮胎应有高的侧偏刚度，以保证汽车具有良好的操纵稳定性。

轮胎的侧偏刚度与轮胎的尺寸、形式和结构参数有关。尺寸较大的轮胎有较高的侧偏刚度；子午线轮胎接地面宽，一般侧偏刚度较大，钢丝子午线轮胎比尼龙子午线轮胎的侧偏刚度还要高些。

④ 轮胎的水滑效应。当汽车在具有一定厚度水膜的路面上以较高的速度行驶时，轮胎

会浮在水面上打滑，使汽车丧失操纵性、制动性和驱动性，这种现象称为轮胎的水滑效应。水滑效应的实质是轮胎与路面已无直接接触，其中间隔着一层水膜，从而大大降低了路面对轮胎的附着作用，使汽车的操纵性、制动性及驱动性降低。

为了避免水滑效应的发生，可以从轮胎和路面两个方面采取措施：提高轮胎充气压力，降低轮胎运动速度，选用排水性能好的轮胎花纹，均可改善排水性能；采用透水路面，做好中央分隔带的排水，适当提高路面横坡，及时排除路面上的积水，也是行之有效的方法。

⑤ 轮胎的耐磨耐穿孔性。轮胎的耐磨耐穿孔性对于行车安全也有重要影响。轮胎磨损不仅使附着力下降，尤其在湿滑路面上，还会使制动自动和转向能力下降，这些都会影响到行车安全。轮胎磨损过度会导致帘线外露、胎面开裂等，无法保证轮胎的强度。而轮胎的强度是耐穿孔性及耐爆破性所要求的。在轮胎胎肩沿圆周若干等分处模印有“△”标志。当胎面花纹磨损到沟槽底部约 1.6mm 时（大部分轿车轮胎如此规定），在“△”处花纹便已被磨掉，在胎面圆周上呈现出若干等分的横条状光胎面，以此警示该轮胎已不能再继续使用，必须及时更换。

近年来，随着道路条件的改善和汽车技术的发展，汽车行驶呈现高速化，轮胎的不合理使用将直接威胁行车安全。据统计，在高速公路上发生的交通事故中，因轮胎故障和使用不当造成的交通事故占事故总数的 20%。国内高速公路上由爆胎引发的交通事故占比很高。在美国，这一比例更高。爆胎造成的经济损失巨大，可见，轮胎与行车安全关系紧密。

(4) 汽车的相关结构及装置对交通安全的影响 汽车的结构对车辆的安全性有较大影响。汽车结构在设计时既要满足驾驶人的生理特点，同时又要满足驾驶人的心理特点，使驾驶人感觉安全。

2. 汽车主动安全技术

(1) 汽车行驶安全 行驶安全取决于车辆悬架、转向、制动的协调和整车设计制造，它反映了汽车的最佳动态性能，同时要求汽车上与行驶安全有关的系统要有很高的可靠性。例如，为提高制动系统的可靠性，引入了“多余技术”，即制动系统必须是双回路设置。

(2) 汽车环境安全 环境安全特指汽车乘员的“小环境”的安全。它应使汽车行驶的噪声、振动和各种气候条件给予汽车乘员尤其是驾驶人的心理压力降至最低，即尽可能提高乘员的舒适性，以降低疲劳，使驾驶人心情舒畅地安全行驶。

(3) 汽车感觉安全 感觉安全可以确保驾驶人得到必要的驾驶信息。提高感觉安全的技术措施有：尽可能大的直接、间接和夜间视野，仪表和警告灯信息的视认性良好，优良配光特性、照度的照明设备等。

(4) 汽车操纵安全 操纵安全指的是优化设计驾驶人的工作条件，使驾驶操作方便。如此可以降低驾驶人工作时的紧张感，从而提高运行安全。

3. 汽车主动安全装置结构与原理

随着道路的发展及汽车数量的增加，汽车安全行驶成为人们普遍关注的问题。车速的提高和路面的复杂化，对汽车主动安全性提出了新的要求，除了汽车所具有的基本主动安全装置（如制动装置）之外，一些较为先进的主动安全装置也相继问世。

(1) 汽车自动防撞装置 自动防撞装置的主要功能是环境检测、防碰撞判定、车辆控制。如日本马自达公司研制开发出的自动控制防追尾系统的设计思路是：在正常行驶的情况

下，系统处于非工作状态，当车头接近前车尾时，该系统发出防追尾警告，在发出警告后，若驾驶人没有采取制动减速措施，该系统便起动紧急制动装置，以免发生追尾事故。

汽车激光扫描防撞系统就是一种自动防撞装置。它将激光扫描雷达安装在车辆前端的中央位置，将测得的车距和前面车辆的方位信号送入防碰撞预测系统。

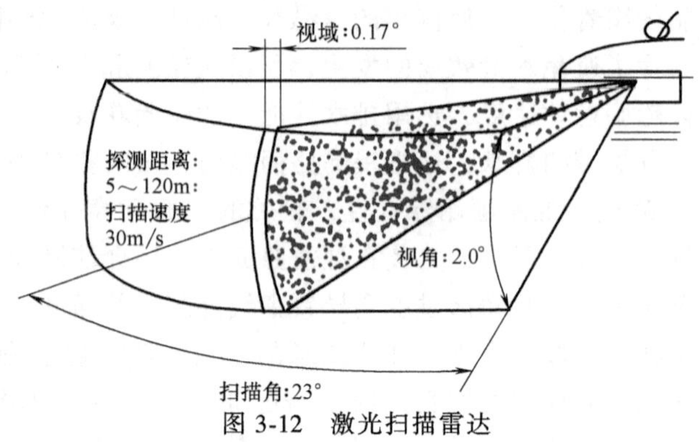

图 3-12　激光扫描雷达

激光扫描雷达的扫描角和视域如图 3-12 所示：激光束的视域窄并呈肩形，即在水平面上较薄，在垂直面上成肩形；激光束可在较宽的范围内快速扫描，并通过激光束的能量密度消除因车辆颠簸引起的误差。通常，激光扫描雷达的监测范围为 5～120m，以保证在潮湿路面上后车减速制动后，不致碰撞前后暂停的车辆。

（2）汽车驱动防滑控制系统（TCS） 其作用是在汽车加速时自动地控制驱动力、转向力，使轮胎的滑移量处于合理的范围之内，从而保持汽车行驶的稳定性。

驱动防滑控制系统由车轮速度传感器、TCS 控制器、节气门控制器、TCS 制动控制执行器、TCS 工作指示灯、TCS ON/OFF 开关指示器等构成，如图 3-13 所示。

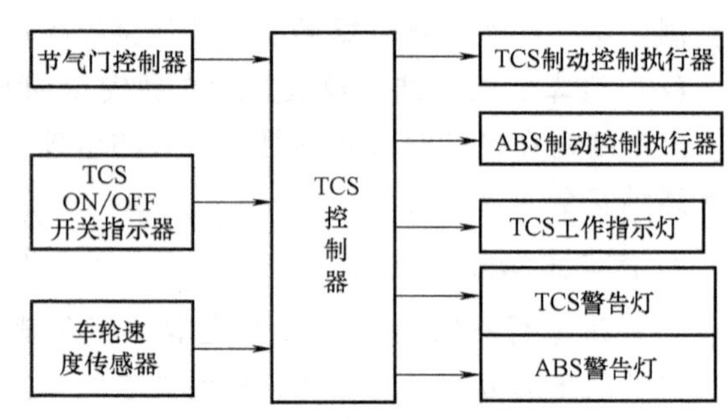

图 3-13　驱动防滑控制系统构成

汽车驱动防滑控制系统的工作原理：TCS 系统利用传感器检测车轮和转向盘转向角度，如果检测到驱动轮和非驱动轮的工作转速差过大，系统立即判断驱动力过大，发出指令信号减少发动机的供油量，降低驱动力，从而减小驱动轮轮胎的滑转率。

视频3
无TCS
状态

系统通过转向盘转角传感器掌握驾驶人的转向意图，然后利用左右车轮速度传感器检测左右车轮的速度差，从而判断汽车的转向程度是否符合驾驶人的转向意图。如果检测出汽车转向不足（或过度转向），系统立即判断驱动轮的驱动力过大，发出指令降低驱动力，以便实现驾驶人的转向意图。

TCS 和 ABS 配合使用时可共用车轴上的车轮速度传感器，并与行车电脑连接，不断监视各轮转速，若在低速时发现打滑，TCS 会立刻发出指令使 ABS 动作来降低此车轮的打滑。

视频4
牵引力控
制系统TCS

若在高速时发现打滑，TCS 立即向行车电脑发出指令，指挥发动机降速或变速器升档，使打滑车轮不再打滑，防止车辆失控甩尾。TCS 和 ABS 配合使用将会进一步增强汽车的安全性能。

（3）轮胎气压检测报警装置 轮胎气压不仅对车辆的行驶稳定性和燃油经济性有重大影响，而且当轮胎气压显著下降时，极有可能发生轮胎破裂爆炸，引发重大交通事故，所以轮胎气压检测报警十分重要。

轮胎气压检测报警装置的工作原理：轮胎气压检测报警装置主要由速度传感器、警告

灯、调置开关、停车灯开关及电子控制单元 ECU 等组成，如图 3-14 所示。轮胎气压检测报警装置通过直接测量获得实际轮胎气压信号。

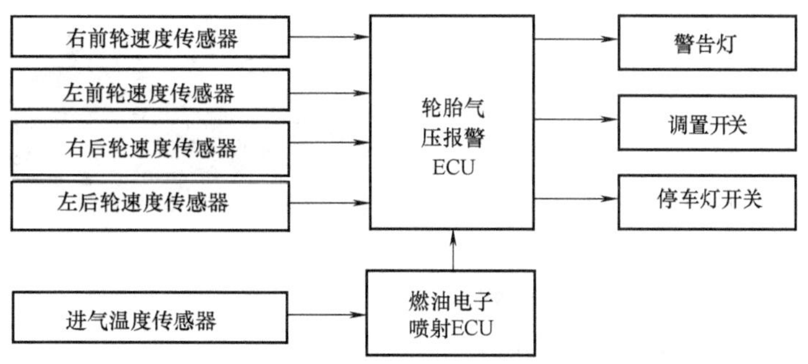

图 3-14 轮胎气压检测报警装置系统构成

通过车轮速度传感器测得的车速获得轮胎振动频率及扭转弹性常数信号。车辆行驶过程中，当实际轮胎气压与理想轮胎气压相差较大时，轮胎气压检测报警装置立即向驾驶人发出报警信号，如图 3-15 所示。

图 3-15 轮胎气压检测报警装置

(4) **车辆巡航控制系统** 车辆巡航控制就是指汽车的定速控制。在汽车中采用巡航控制系统可使汽车在发动机功率允许范围内不用调整加速踏板的位置便可按照驾驶人的要求，自动地适应外界阻力的变化，保持一定速度的行车状态。这种控制系统可以经驾驶人通过选择开关来增减车速，特殊情况下关闭选择开关或踩下制动踏板都能迅速解除巡航控制而转换到怠速或驾驶人操纵状态。对于装有自动变速器的汽车，由于没有离合器，装有巡航系统就更为方便。

图 3-16 所示为典型的闭环汽车电子巡航控制系统原理图。图 3-16 中，ECU 有两路输入信号：一路是车速传感器测得的实际车速信号；一路是驾驶人的指令车速信号。ECU 将这两种信号进行比较，由减法得出两信号之差，即误差信号，再经放大、处理后成为节气门控制

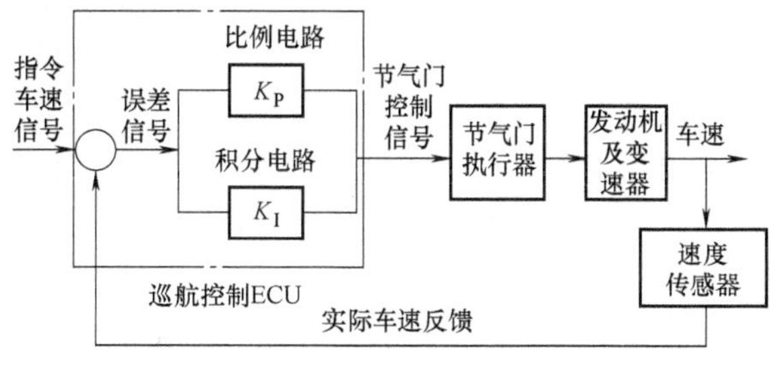

图 3-16 车辆巡航控制系统原理图

信号，送至节气门执行器，调节发动机节气门开度，使实际车速恢复到驾驶人设定的车速并保持恒定。

（5）汽车主动悬架系统 主动悬架是近些年发展起来的、由行车 ECU 的一种新型悬架，如图 3-17 所示。主动悬架汇集了力学和电子学的技术，是一种比较复杂的高技术装置，同时也是一种具有做功能力的悬架。当汽车载荷、行驶速度、路面状况等行驶条件发生变化时，主动悬架系统能自动调整悬架的刚度、阻尼和车身高度，从而同时满足行驶平顺性和操纵稳定性等要求。

图 3-17 汽车主动悬架系统

1）MRC 主动电磁悬架系统组成：凯迪拉克 SLS 赛威上装配的 MRC 主动电磁悬架系统是目前全球反应速度最快的阻尼控制悬架系统，由车载控制系统、车轮位移传感器、电磁液压杆和直筒减振器组成。在每个车轮和车身连接处都有一个车轮位移传感器，传感器与车载控制系统相连，控制系统与电磁液压杆和直筒减振器相连。

2）MRC 主动电磁悬架系统原理：直筒减振器有别于传统的液压减振器，没有细小的阀门结构，不是通过液体的流动阻力达到减振的目的。此技术是利用具有磁流变特性的液体对活塞的阻尼进行高频率调节。磁流变液体是一种由高磁导率、低磁滞性的微小软磁性颗粒和非导磁体液体混合而成的磁性软粒悬浮液体。这种悬浮液体在零磁场条件下呈现出低黏度的特性，而在强磁场作用下，呈现出高黏度、低流动性的液体特性，而且其流变特性的改变时间非常短。

正是磁流变液体的这种流变可控性使其能够实现阻尼力的连续可变，从而达到对振动的主动控制的目的。MRC 采用的是以天棚阻尼控制理论、模糊控制理论和自适应控制理论为主线的复合控制策略。当控制器获得车身上悬架位移传感器、加速度传感器和转向盘角度传感器上传来的数据后，控制感测 ECU 可以实现每秒 1000 次的连续、无级地调节阻尼力的大小（以时速 100km 为例，平均每 28mm 就调整一次），是世界上反应最快的悬架。

视频5 ESP原理

（6）电子稳定程序（ESP） ESP 的作用就是当驾驶人操纵汽车超过极限值后，ECU 自动介入修正驾驶。ECU 的控制手段：一是减少供油量，衰减汽车动力，使速度降低；二是对某些车轮进行制动，使汽车的速度能够降低到极限值以内。

视频6 ESP试车

视频7 有无ESP的区别

若在多变（湿滑、干燥）路面行驶，没有 ESP 时车辆易跑偏（转向不足），即前轮向外偏离弯道，车辆失去控制，一旦驶入干燥沥青路面，车辆就开始打滑。而装备了 ESP 的车辆则表现出转向不足的趋势，即将跑偏时 ESP 发挥作用，增加右后轮制动力的同时，降低发动机的输出转矩，从湿滑路面驶入干燥路段，车辆保持稳定。又如紧急避让障碍物时，没有 ESP 紧急制动时，急转转向盘，车辆转向不足，会继续冲向障碍物，驾驶人通过反复转动转向盘来控制车辆，避开障碍物。当驾驶人尝试恢复正常的行驶路线时，车辆易产生打滑。而装备了 ESP 时，急转转向盘，车辆有转向不足倾向，ESP 增加左后轮制动力，车辆则按驾驶人的转向意图行驶。在恢复正常的行驶路线时，车辆有转向过度的倾向，ESP 在左前轮施加制动力，使车辆保持稳定。

(7) 夜视系统　以宝马（BMW）夜视系统为例，如图 3-18 所示，这是一套创新的驾驶人辅助系统。这套感测接收系统基于远红外线（FIR）技术，以模块化的方式集成在车辆已有的电子环境中，实现在黑暗条件下及早探测行人和物体的功能。

在采用远红外线技术的系统中，热成像摄像头直接以探测到的物体和行人的热辐射作为影像数据的来源，而无须车辆提供额外的红外线光源。

处理器将这种热量信息转化为影像并显示在车辆的显示屏上。如图 3-19 所示，在车速低于 80km/h 时，热成像摄像头拥有的 36°的水平广角能够涵盖很广的探测范围。

图 3-18　BMW 夜视系统

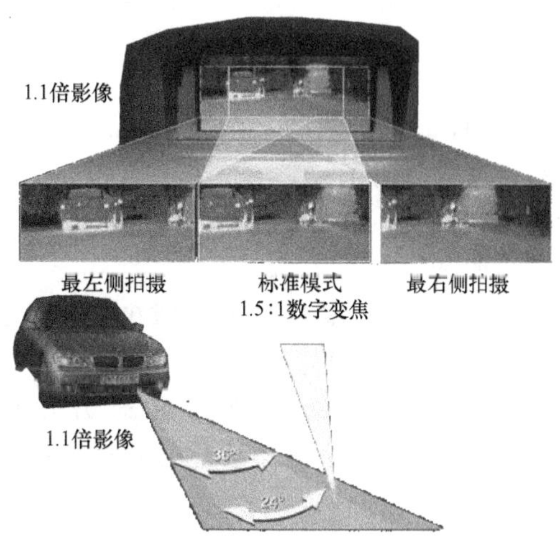

图 3-19　不同车速下的 BMW 夜视系统

在中等车速下，显示屏上的影像区域能够覆盖车辆前方 24°范围的景象，并且影像区域还可以随着道路转弯而进行幅度达到 6°的左右转动。在较高车速下，驾驶人可以启动数字变焦功能，进而使较远距离的物体的影像放大 1.5 倍。

BMW 夜视系统的优点：基于远红外线技术的夜视系统在探测范围方面超过其他技术多达一倍以上，其摄像头具有比其他系统更广的探测角度，以及更长的探测距离。此外，远红外线系统不会被“眩光”干扰，不会受到对面驶来车辆的前照灯、交通信号灯、路灯及交通指示牌这样的强反光表面的影响，而且具有远红外线系统的车辆不会相互干扰。

(8) 智能照明灯随转系统（AFS）　采用 AFS 的照明灯系统可以根据各种行驶状况，提供更加便于观察前方道路的灯光。系统可以根据转弯角度和车的行驶速度自动地将近光束和曲光灯的照射轴向左右两侧调节，使驾驶人在夜间行车转弯时更容易看清前方的路况，如图 3-20 所示。

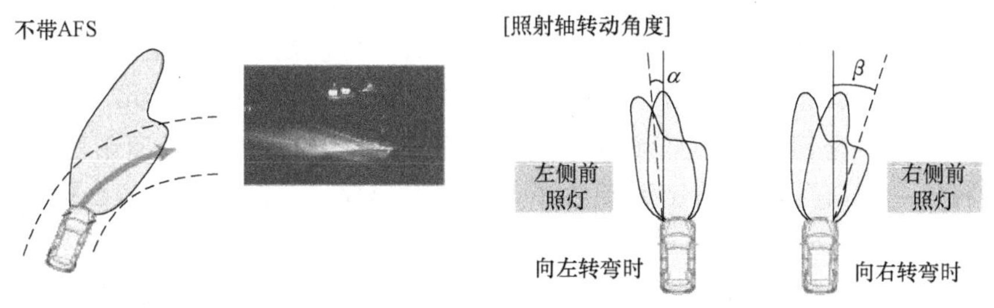

图 3-20　智能照明灯随转系统

带有AFS

向右转弯时，右侧前照灯的照射轴(近光束)最大可向右侧转动15°。

转弯方向	最大转动角度	
	近光束的转动模式(曲光灯的转动模式)	
	左侧前照灯(α)	右侧前照灯(β)
左	+5°(+12°)	0°(0°)
右	0°(0°)	+15°(+25°)

图 3-20　智能照明灯随转系统（续）

（9）制动辅助系统（BA）

1）根据作用于制动踏板的速度和力量判断是否紧急制动。

2）即使踩制动踏板的力量很小，也能产生很大的制动力。

3）松开制动踏板时自动减少助力量，降低制动时的不适应感。

有无制动辅助系统的制动力比较如图 3-21 所示。制动辅助系统的效果如图 3-22 所示。

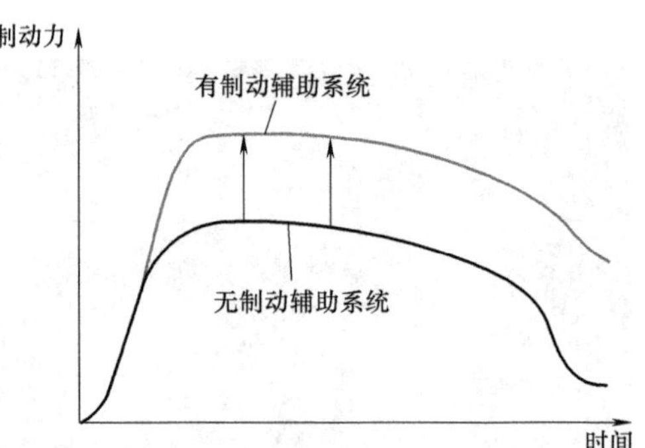

图 3-21　有无制动辅助系统的制动力比较

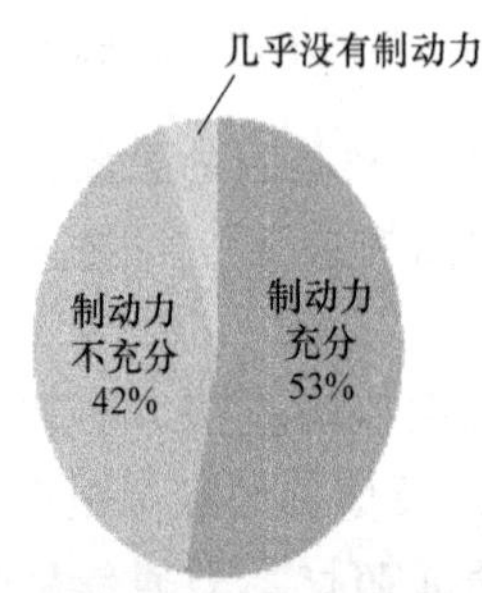

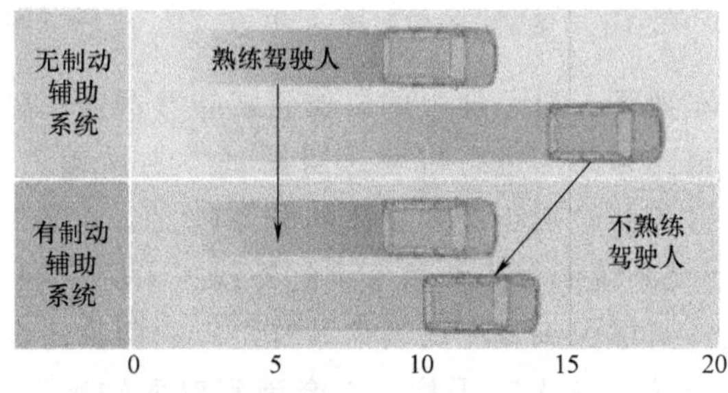

约有半数的驾驶人在紧急情况下不能使制动产生出足够的制动力

有制动辅助系统时，即使不熟练的驾驶人也能把制动距离控制在与熟练驾驶人非常接近的程度

图 3-22　制动辅助系统的效果

视频8 ABS原理

（10）防抱死制动系统（ABS）　ABS 装置有许多种结构形式与相应的工作原理，在当前电子技术高速发展的情况下，几乎都采用电子控制，可使制动油液增减压达 10～18 次/s。四个轮速传感器分别将各车轮的信号传给电子控制单元，经电子控制单元运算得出各车轮的滑移率，并根据滑移率控制各轮缸油压。当滑移率在 8%～35%时，纵向附着力和侧向附着力都较高。将这一附着区域内的制动参数预先输入到 ABS 的控制系统。电子控制单元可随机地根据实际制动工况进行判断，给执行机构发出动作指令，使车轮的滑移率控制在这一最佳工作区范围内。图 3-23 所示为汽车防抱死制动系统（ABS）布置图，图 3-24 所示为红旗 CA7220 型轿车防抱死制动系统（ABS）的组成及布置。

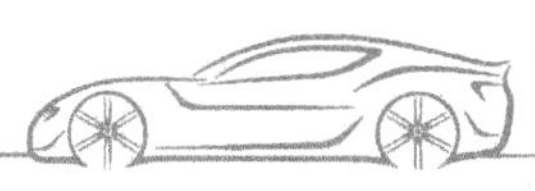

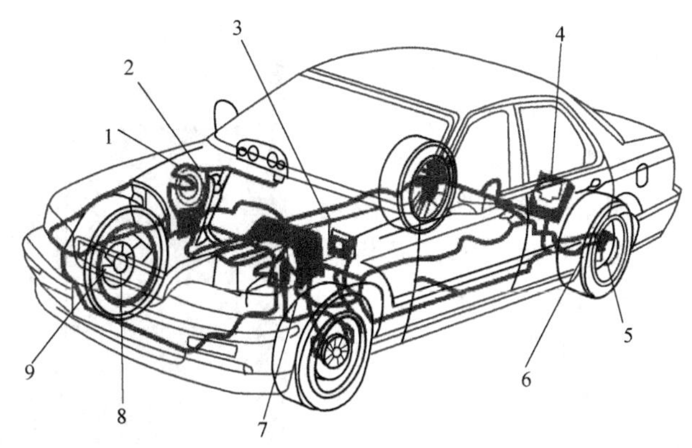

图 3-23 汽车防抱死制动系统（ABS）布置图

1—制动主缸 2—制动助力器 3—调节器 4—控制装置 5—齿轮平衡器（后轮）
6—轮速传感器（后轮） 7—动力装置 8—齿轮平衡器（前轮） 9—轮速传感器（前轮）

ABS 装置由轮速传感器、电子控制单元和液压控制装置三部分组成。

图 3-25 所示为装备 ABS 系统与未装备 ABS 系统的制动情况对比。

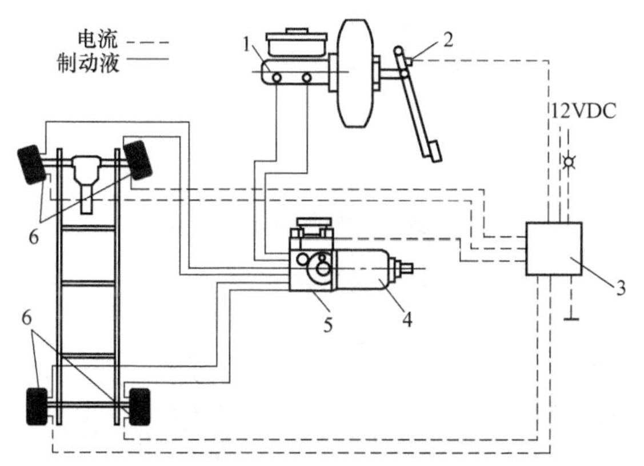

图 3-24 红旗 CA7220 型轿车防抱死制动系统（ABS）的组成及布置

1—制动主缸 2—制动灯开关 3—电子控制单元
4—电动机 5—液压控制装置 6—轮速传感器

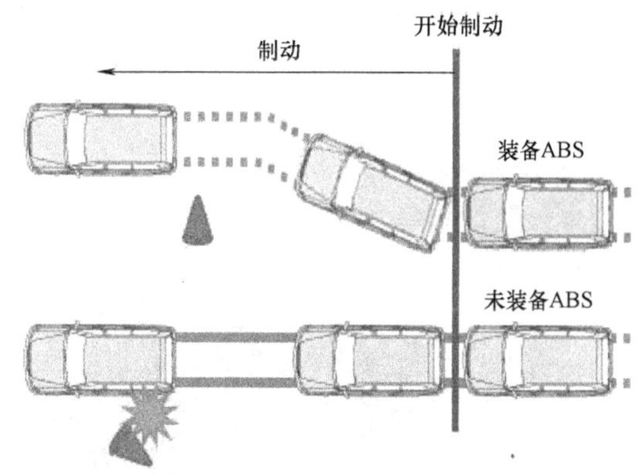

图 3-25 装备 ABS 系统与未装备 ABS 系统的制动情况对比

（11）自动驻车功能（AUTO HOLD） 智能自动驻车功能（图 3-26）可使车辆在等红灯或上下坡停车时自动起动四轮制动，即使在 D 位或是 N 位，也不需一直踩下制动踏板或使用驻车制动，汽车始终处于静止状态。当需要解除静止状态时，也只需轻踩加速踏板即可解除制动。这一配置对于那些经常在城市里走走停停的驾驶人来说很实用。

（12）自动刮水器 雨量传感器能估算在一定时间内落在风窗玻璃上的雨水量，自动刮水器系统则根据雨量传感器的信号决定需要的刮水间隔。本装置由一个发射二极管和一个接收器组成。当天气干燥时，有一束光始终从一个传感器传到另一个传感器（光束的传播率为百分之百）。如果风窗玻璃变湿（光束的传播率不到百分之百），光束的方向就会发生偏移，偏移程度和雨水量成正比。图 3-27 所示为自动刮水器调节旋钮。

自动刮水器的工作原理是：到达接收器的光越少，刮水速度就越快。

(13) 自动感应式前照灯 自动感应式前照灯，顾名思义就是能够感应车外的光线条件，从而自动控制前照灯的开闭。自动感应式前照灯尤其适用于一些光线条件频繁变化的地方。对比普通前照灯，自动感应式前照灯只要将其事先设定在 AUTO（自动）位置，汽车在出入车库及桥洞隧道时，前照灯就可以自动打开或关闭。

图 3-26 自动驻车功能 AUTO HOLD

(14) 自动泊车技术 自动泊车技术的发展，在交通安全中会起到越来越大的作用。以奔驰 B200 车型为例，驾驶人不用控制转向盘，只需控制制动即可，不需要驾驶人目测，保险杠上的感应器发射出的超声波会自动扫描车身两侧并精确判断停车空间，车内仪表盘的液晶显示器会自动亮起指示信号，此时只需轻触转向盘上的控制按钮确认停车指令，并挂入倒档。这时，转向盘可自动往车位里转，驾驶人需要做的仅仅是确认后方的安全距离，适时踩下制动踏板。车尾进入车位之后，挂 D 位，松开制动踏板，转向盘自动向右转以调正车身，安全方便。图 3-28 所示为应用自动泊车技术的主动式停车辅助示意图。

图 3-27 自动刮水器调节旋钮

图 3-28 主动式停车辅助示意图

(15) 制动盘自动除水 车辆在雨天或潮湿路面行驶时，制动盘上会形成一层水膜，这会降低制动盘和制动钳之间的摩擦系数。制动盘自动除水功能可驱散水膜。在车辆上的感应器感知到降雨或者刮水器开启时，制动盘自动除水功能即启动，通过制动盘和制动钳间有规律的轻微摩擦发热驱散水膜，从而保证制动效能。

（二）汽车的被动安全性

汽车被动安全是指发生事故后，汽车本身减轻人员受伤和货物受损的性能，即汽车发生意外的碰撞事故时，如何对驾驶人、乘员及货物进行保护，尽量减少其所受的伤害和损坏。通常减轻车内乘员受伤和货物受损的性能称为内部被动安全性，又称自保护；减轻对事故所涉及的其他人员和车辆损伤的性能称为外部被动安全性，又称他保护。

提高汽车的被动安全性，可以从以下两个方面采取对策：第一，提高汽车结构的安全性，即使汽车碰撞部位的塑性变形尽量大，吸收较多的碰撞能量，降低汽车减速度的峰值，

尽量减缓一次碰撞的强度；使汽车驾驶室及车厢有足够的强度和刚度，确保汽车乘员的生存空间，并保证发生事故后乘员能够顺利逃逸。第二，使用车内保护系统，即使用安全带、安全气囊等保护装置对驾驶人及乘员加以保护，通过安全带的拉伸变形和安全气囊的排气节流阻尼吸收乘员的动能，使猛烈的二次碰撞得以缓冲，以达到保护驾驶人和乘员的目的。

1. 减轻乘员伤害的结构措施

（1）安全车身　汽车碰撞时，车体结构的安全作用是在吸收汽车动能的同时减缓乘员移动的过程，并保证乘员有生存的空间。

1）正面碰撞保护。据统计，两车碰撞，60%为正面碰撞。汽车在设计时，一般考虑设计多级碰撞保护。如图 3-29 所示，当撞击力较小时，利用缓冲装置和缓冲材料设计制造吸能式保险杠来保护被撞击的行人安全。保险杠的高度应合理。从减轻事故中行人的受伤程度看，行人与保险杠的碰撞部位在膝盖以下为好，因此，希望保险杠降低。但保险杠过低，会加大被撞人头部在发动机舱盖或风窗玻璃上的撞击速度。所以保险杠高度一般取 330~350mm，可以保证大部分行人的碰撞部位发生在膝盖以下，且不产生过大的转动力矩。

当撞击力继续加大，可通过车身上或车架设计的褶叠吸能区按预先设计方式溃缩吸收能量，确保车内驾乘人员安全。当车速较高，撞击力更大，变形波及到刚度较大的发动机时，应采取发动机下沉式车身设计，确保撞击力过大时发动机下沉。此种设计，一可避免发动机进入驾驶室，侵占驾乘人员生存空间；二可保证发动机下沉后进入车底，顶起车辆，使整车重心上行消耗一部分能量，另外，发动机舱溃缩也可吸收能量。随着撞击力的继续加大，“鸡蛋式”应力车身设计会把撞击力均匀地分配给车身桁架的每一根梁柱。确保虽车身变形扭曲，但仍有生存空间，如图 3-30 所示。

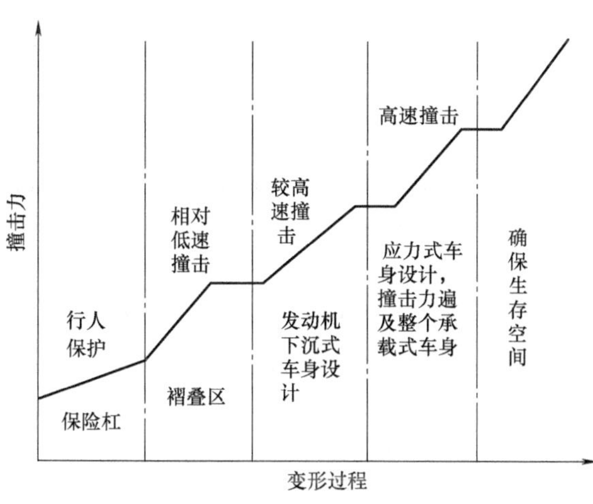

图 3-29　车辆正面碰撞能量吸收图

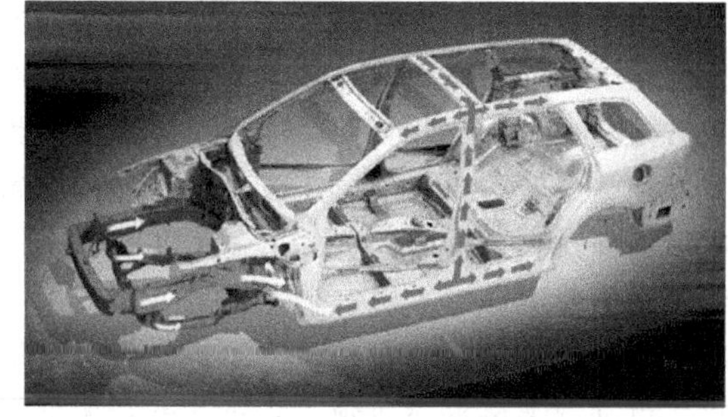

图 3-30　“鸡蛋式”应力车身设计撞击力分布图

为保证驾驶室具有足够的生存空间和承载能力，承载式车身的门、梁、框、地板、车顶、A 柱、B 柱、C 柱的材质，一般都选用超高强度钢或特高强度钢。

2）侧面碰撞保护。车辆受到侧面碰撞时，车身设计应将撞击力有效地转移到车身具有保护作用的梁、柱、地板、车顶等部位，以此分散吸收撞击力。侧面碰撞的保护措施主要有：一是增加车门强度，如增加门板厚度，但这会增加车的质量，所以广泛采用在车门内增加防撞钢梁；二是增加侧面物件强度，如增加门、栏、梁的强度，安装横梁系统，合理设计门销及门铰链等；三是采用先进的焊接工艺，如从A柱到C柱的车棚顶，较长距离采用激光焊接工艺，会使车身刚度大为增加；四是合理设置前置后驱车的传动轴通道。

3）尾部碰撞保护。车辆碰撞中，追尾碰撞比例占13%，高速公路的比例更高。尾部碰撞保护包括，设计带有塑料缓冲层和高强度杠铁的吸能与强度兼顾的后保险杠，还可采用行李舱塑性变形吸收能量和备胎弹性变形吸收能量等措施。

4）翻车保护。在车身顶部使用超高强度钢，加强车顶纵梁及力柱强度；在大型车的顶部设置车顶翻车保护杠，特别是有天窗的车辆等。

5）火灾安全防护。合理布置油箱，置于后桥上方、车轮内侧，做好隔热、防撞设置；密闭汽车的加油口，按国家标准控制撞车时燃油的泄漏量；燃油管布置应具有多个变形自由度，采用阻燃材料，防止撞击产生火花。

（2）安全座椅 汽车座椅是汽车中将乘员与车身联系在一起的重要内饰部件。它直接影响整车的舒适性和安全性。在汽车事故中，座椅在减少乘员损伤中起到重要的保护作用。首先，在事故中它要保证乘员处在自身的生存空间内，并防止其他车载体（如其他乘员、货物）进入这个空间。其次，要使乘员在事故发生过程中保持一定的姿态，使其他约束系统能充分发挥保护效能。因此，安全座椅应具有在事故发生时能最大限度地减轻对驾驶人及乘员造成伤害的能力。座椅主要由靠背、头枕、座垫、与车身相连接的固定部件等组成，如图3-31所示。

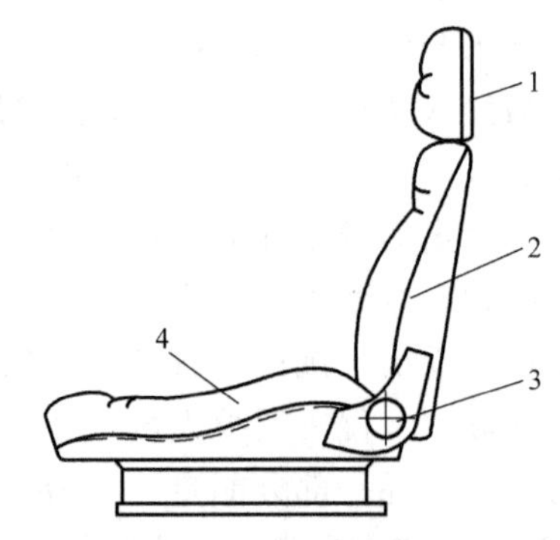

图3-31 安全座椅
1—头枕 2—靠背 3—调节装置 4—座垫

座椅的强度对其安全性有重要影响。汽车行驶中，座椅要承受复杂的载荷，因此必须有足够的强度，以确保座椅上的人所受的伤害最小；座椅的寿命应足够长，不致过早变形或损坏；受冲击载荷作用时，座椅不应发生断裂、严重变形等损坏现象。

汽车发生侧面碰撞和后面碰撞时，靠背对座椅安全性有很大影响。靠背的安全性设计应考虑靠背的强度、倾角、基本尺寸及形状。靠背的强度设计要求在汽车侧面碰撞和后面碰撞时均能给乘员提供良好的保护。而靠背倾角、基本尺寸及形状对后面碰撞的严重程度有很大的影响。

座垫一般不会对乘员造成直接的冲击伤害，但其结构可以影响到乘员的运动过程，以及约束力施加到乘员身体上的方式和外部载荷（加速度、力等）的绝对值大小。座垫的有效深度、倾角也会对座椅安全性产生一定的影响。头枕是一种用以限制乘员头部相对于躯干向后移位的弹性装置。在发生碰撞时，减轻乘员颈部可能受到的损伤，尤其是在汽车追尾碰撞时，可抑制乘员头部后倾，防止或减轻颈部损伤。在国际标准中，有关座椅头枕的法规规定是独立于整个座椅系统的，在我国国家标准中，对座椅头枕也做了规定。这充分体现了在被动安全性研究中，头枕是一个相当重要的安全部件。

汽车座椅连接部件的强度设计在很大程度上影响座椅本身的安全性，在发生碰撞时，如果连接部件先于座椅失效，很可能会造成座椅骨架的断裂、严重变形和调节机构失灵等，此时乘员的生命安全将受到极大的威胁。

由此可见，汽车座椅的首要任务是满足安全性的要求，其次是满足舒适性、低成本、质量小及美观耐用的要求。

（3）能量吸收式转向柱 汽车发生正碰时，碰撞能量使汽车的前部发生塑性变形。布置在汽车前部的转向柱在碰撞力的作用下要向后（即驾驶人胸部方向）运动，同时，驾驶人受惯性的影响有冲向转向盘的运动。图3-32所示为汽车发生正面碰撞时转向柱与驾驶人之间的碰撞关系。这些运动的能量应通过转向柱以机械的方式予以吸收，防止或减少其直接作用于驾驶人身上，造成人身伤害。因此，要求转向柱除了能满足转向功能外，在汽车发生正面碰撞时，还能有效地吸收碰撞能量，防止或减少碰撞能量伤害驾驶人的转向柱称为能量吸收式转向柱。

视频9
转向柱

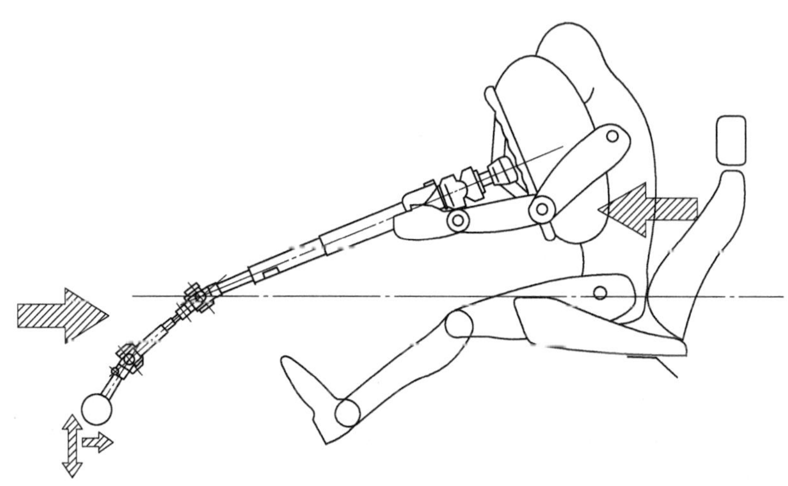

图3-32 汽车发生正面碰撞时转向柱与驾驶人之间的碰撞关系

1）首次碰撞。碰撞能量使汽车前部发生塑性变形，转向轴在碰撞力的作用下向后运动。

2）二次碰撞。碰撞继续发展，碰撞力作用在转向柱的下端，使转向柱向后移动，同时驾驶人在本身的惯性作用下冲向转向盘。尽管驾驶人本身有约束装置如安全带、安全气囊的约束，仍有一部分能量要传递给转向柱系统。吸收二次碰撞能量和驾驶人的部分惯性能量是能量吸收式转向柱设计要解决的额外问题。

能量吸收式转向柱有网状管柱式、波纹管式（图3-33）、弯曲托架式等多种形式。各种形式的能量吸收式转向柱所达到的目的是相同的，即有效地吸收汽车发生正面碰撞时转向柱与驾驶人之间的两次碰撞能量。其基本原理是，当转向轴受到巨大冲击时，转向轴产生轴向位移，使支架或某些支承件产生塑性变形，从而吸收冲击能量。

视频10
可溃式
转向柱

2. 减轻乘员伤害的安全装置

当汽车发生事故时，对乘员的伤害是瞬间发生的。为了防止在极短的时间内对乘员造成伤害，汽车必须安装安全设备。汽车被动安全设备主要包括安全带和安全气囊系统。安全带用于减轻二次碰撞的危险性，安全气囊系统则作为座椅安全带的辅助用具，为乘员提供更好的安全保障。

（1）安全带 安全带是重要的乘员保护约束设施，在减轻碰撞事故中乘员伤害程度方面起重要作用，是行车最有效的防护装置之一。安全带于1950年在福特轿车上作为选装件问世，现在是汽车的标准装备。安全带是将乘员身体约束在座椅上的安全装置，用以避免车辆

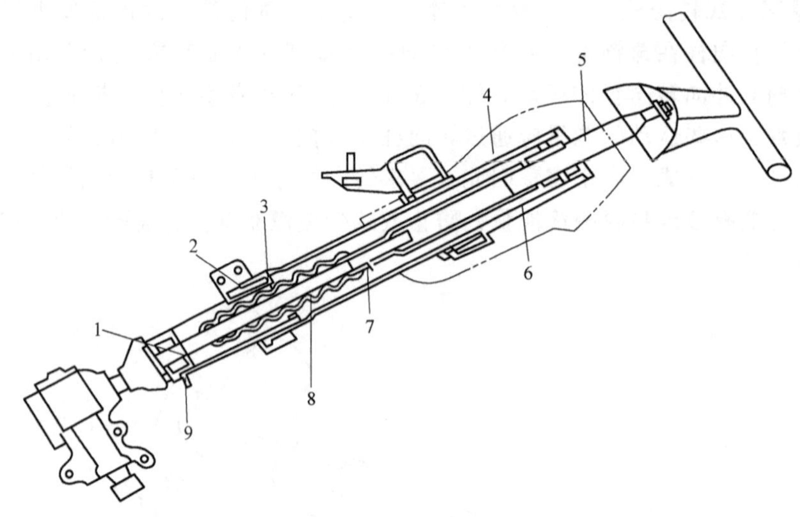

图 3-33　波纹管式缓冲转向操纵机构

1—下转向轴　2—转向管柱压圈　3—限位块　4—转向管柱护盖　5—上转向轴　6—上转向管柱　7—细齿花键　8—波纹管　9—下转向管柱

发生碰撞事故时，乘员身体冲出座椅发生二次碰撞，以降低发生碰撞事故的受伤率和死亡率。安全带的作用是约束正面碰撞、追尾碰撞及翻车事故中人体相对于车体的运动，尤其可以减少乘员头部和胸部的伤害。

安全带按固定点数分类，主要有两点式、三点式和四点式，如图 3-34 所示。

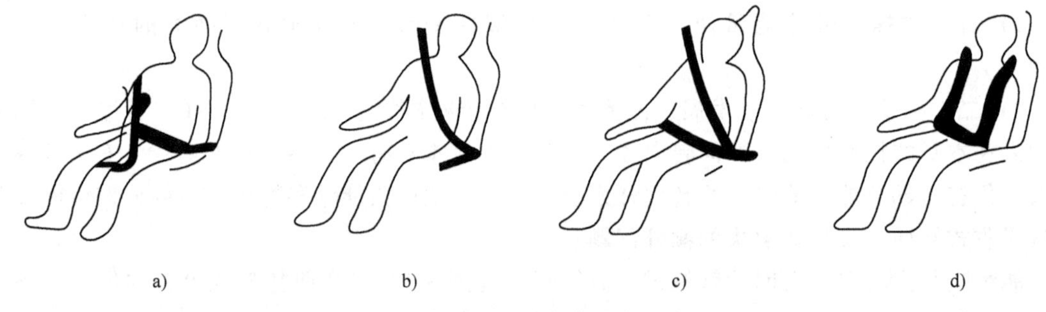

图 3-34　安全带形式

a）两点式安全带（腰带）　b）两点式安全带（肩带）　c）三点式安全带　d）四点式安全带

1）两点式安全带。包括腰带（图 3-34a）和肩带（图 3-34b）。腰带仅限制乘员的腰部，肩带仅限制乘员上躯体。一般后排座椅中间装用两点式安全带。

2）三点式安全带。是将腰带和肩带连接在一起，也称为腰肩连续带（图 3-34c）。三点式安全带可同时限制乘员的腰部和上躯体，安全性高。一般前排座椅和后排座椅两侧装用三点式安全带。

3）四点式安全带。是在两点式安全带上再装两根肩带而成（图 3-34d）。四点式安全带对乘员的保护性能最好，但实用方便性还存在一定问题，目前多用于赛车。

安全带按卷收器的类型分类，主要有无锁式（NLR）、手调式、自锁式（ALR）、紧急锁止式（ELR）、预紧式和限力式。紧急锁止式安全带是目前我国使用最广泛的一种安全带，

它要求安全带对织带的拉出加速度、汽车减速度及汽车的倾斜角度敏感。预紧式安全带是近年来发展起来的一种安全带，这种安全带是在普通安全带的基础上增加预紧器构成的，当碰撞达到一定强度时，预紧器起动，带动锁扣回缩，使安全带缩短。限力式安全带也是近年来发展起来的一种安全带，当发生碰撞时，安全带会发出很大的拉力限制乘员的运动，但有时可能达到伤害人体的程度，因此限力式安全带应增加限力机构，以防止拉力过大对人体造成伤害。

视频11 不带预紧式安全带

安全带对于减轻乘员在事故中的伤害效果显著。国外的一项研究表明，使用安全带后，驾驶人负伤率可降低 43%～52%，副驾驶人负伤率可降低 37%～45%，使用三点式安全带，在车速低于 95km/h 的情况下，可避免死亡事故，然而，在未使用安全带的情况下，即使在 20km/h 车速下发生的正面碰撞事故，也可能引起驾驶人死亡。

视频12 预紧式安全带

(2) 安全气囊 在汽车上除安全带已经广泛地用于乘员的安全保护外，许多轿车也装备了安全气囊系统（Supplemental Restraint System，SRS）作为乘员的安全保护装置。SRS 的原意是辅助约束系统，就是辅助保护乘员，它的基本前提是佩带安全带。统计资料表明，单独使用安全气囊可减少 18%的死亡事故，与安全带配合使用可减少 47%的死亡事故。

汽车前部因发生碰撞会产生很大的冲击力，即使佩带了安全带，驾驶人的脸部也可能会撞击在转向盘上，乘员的头部则可能会撞到风窗玻璃上，安全气囊系统可弥补佩带安全带后仍不能固定身体、保护不足的缺陷。

安全气囊系统主要由控制装置、气体发生器和气囊组成，如图 3-35 所示。其中控制装置又包括传感器、电子控制系统及触发装置。其工作原理为：安全气囊平时折叠收容于转向盘中央及仪表板下部；在汽车发生碰撞事故时，传感器感受汽车碰撞强度，电子控制系统接收并处理传感器的信号；当判断有必要打开气囊时，立即由触发装置发生点火信号触发气体发生器，气体发生器收到信号后迅速产生大量气体，并充满气囊，使得乘员能够与较柔软的吸能缓冲物件相接触，而不是与汽车的内饰件猛烈碰撞。安全气囊依靠气囊的排气孔节流阻尼来吸收碰撞能量，从而达到减少伤害保护乘员的目的。

视频13 安全气囊工作原理

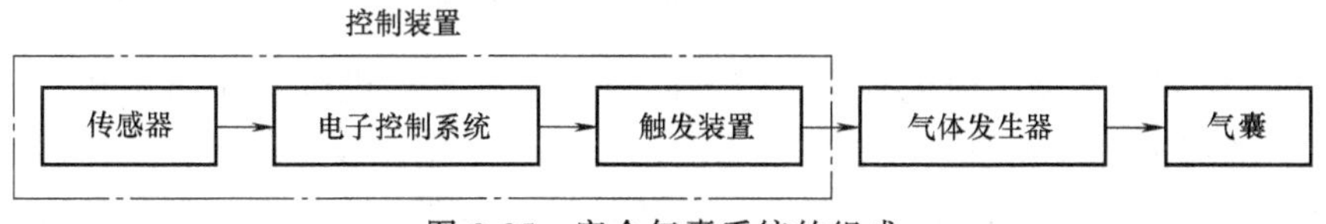

图 3-35 安全气囊系统的组成

根据受保护的乘员的位置不同可把安全气囊分为驾驶人安全气囊、副驾驶人安全气囊和其他乘员安全气囊等几种。根据保护碰撞的方式不同，又可将其分为正碰撞安全气囊、侧碰撞安全气囊及其他安全气囊等。目前驾驶人及副驾驶人的正碰撞安全气囊已经得到广泛应用，侧面碰撞安全气囊的应用也越来越广泛，装备对全车乘员进行各种碰撞保护的安全气囊系统将是乘员保护系统的发展趋势。

3. 减轻行人伤害的被动安全技术

汽车在行驶过程中，不仅要对车内的乘员进行保护，还必须保证车外的行人具有一定的安全性。

(1) 减轻行人伤害的结构措施

1) 保险杠及其改进措施。设计合理的保险杠不仅应该考虑内部被动安全性，也应该顾及外部被动安全性。为此，要求一切在公路上行驶的车辆前后均应装有保险杠。保险杠高度取 330~350mm 较为合适，可以保证大部分行人的碰撞部位发生在膝盖以下。

为了减轻保险杠对行人腿部造成的伤害，可以采取的措施是降低保险杠的刚度、改进保险杠的吸能性能、优化保险杠与汽车主梁的连接。如本田 Jazz 轿车在保险杠和保险杠梁之间安装了吸能结构。另外，研究表明，加大保险杠的界面高度、适当增加保险杠与发动机舱盖前端的距离、采用刚度在高度方向上变化的保险杠、保险杠下边缘比上边缘适当前移都将对行人腿部有较好的保护效果。

2）发动机舱盖的结构及其改进措施。从安全角度出发，发动机舱盖前端的圆角半径应大一些，高度低一些。降低发动机舱盖的刚度可以降低行人头部与发动机舱盖的撞击力。例如，减小发动机舱盖外板的厚度，改变发动机舱盖内、外板的截面形式等。但是发动机舱盖的整体刚度不能太低，否则在汽车行驶过程中发动机舱盖会产生振动。另外，仅仅降低发动机舱盖的刚度，会进一步增加行人头部撞击发动机舱盖下面硬物的可能性。为解决上述问题，一种较好的解决方案是采用可变形的发动机舱盖支撑结构，如图 3-36 所示。该结构可以在行人与发动机舱盖发生碰撞时产生一定的压溃变形，从而在不过分降低发动机舱盖整体刚度的情况下，减轻发动机舱盖对行人产生的伤害。

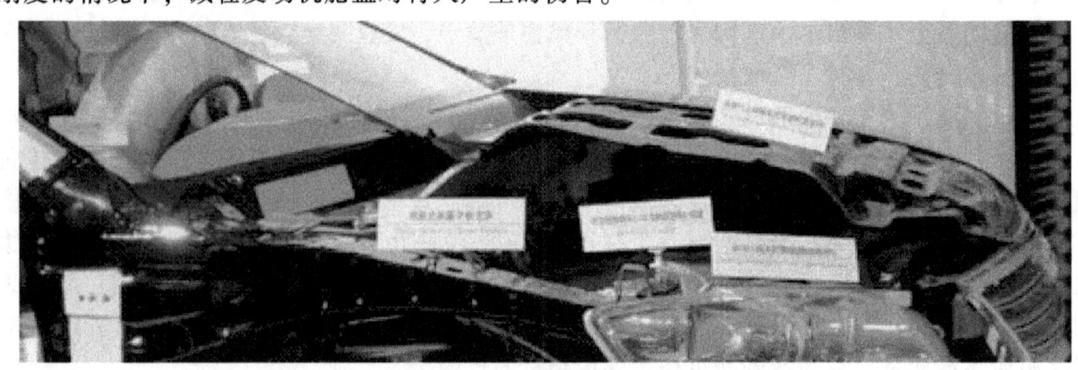

图 3-36　发动机舱盖支撑结构

3）改善汽车前端造型。研究表明，以前的老车型的发动机舱盖前端较高，边缘轮廓处较硬，对行人的保护效果较差。近年来推出的新车型多采用流线型造型，从而可以对行人的大腿、骨盆及腹部产生较好的保护效果。一份统计报告表明，在汽车与行人发生的交通事故中，1990 年以前的车型导致重伤的比例是 8%，而 1990 年以后的车型是 2%。由此可见，合理的汽车前端造型对提高汽车与行人碰撞安全性具有重要意义。

（2）行人安全防护的新技术

1）采用汽车前保险杠安全气囊和前风窗安全气囊。据统计，在 50%以上的汽车碰撞事故中，驾驶人在碰撞发生前均采取了紧急制动措施，但由于制动距离不够，导致事故发生。因此，如果利用传感器技术在汽车碰撞前检测到碰撞即将发生而将前保险杠安全气囊释放出来，则行人将不会直接与刚度很大的汽车前部结构发生碰撞，而是首先与安全气囊接触，从而有效地保护行人。汽车与行人发生碰撞时，行人头部极易撞击到前风窗玻璃上，很可能造成致命伤害。因此，也可以采用前风窗安全气囊，该装置需要控制系统及时正确地判断汽车与行人碰撞的发生，及时打开安全气囊来保护行人。

2）采用自动弹出式发动机舱盖。自动弹出式发动机舱盖是在汽车保险杠与行人碰撞的瞬间，由传感器检测到碰撞信号，迅速控制发动机舱盖后端向上开启一定距离（或前后同

时弹出一定距离)，从而有效地增加发动机舱盖与发动机舱中零部件之间的间隙，避免行人头部与硬物接触。该方法已在一些运动型轿车上得到应用。

3）采用电子行人发射器和接收器。为了使驾驶人能够尽早发现行人并采取相应的措施，研究人员研制了一套电子行人发射器和接收器，行人随身携带一个小型的发射器，在可能与汽车发生碰撞的情况下开启发射器，通过安装在汽车上的接收器提醒汽车驾驶人注意行人，尽量避免事故的发生。该方法的效果取决于行人和汽车是否能正确携带、安装和使用发射器与接收器，推广应用有一定困难。

三、道路及交通环境与事故成因

影响交通安全的道路交通因素包括道路几何线形、道路结构物、道路交通环境等。

（一）道路几何线形

道路几何线形指道路在空间的几何形状和尺寸。其中，平面描述的道路中心线形状称为平面线形，立体描述的道路中心线形状称为纵断面线形，还包括垂直于道路中心线的横断面线形。道路几何线形的好坏对交通流安全畅通具有极其重要的作用。如果道路几何线形不合理，不仅会造成道路使用者时间和经济上的损失、降低通行能力，而且可能诱发交通事故。道路几何线形的设计原则如下：一是从行驶力学角度考虑，汽车行驶时应安全、迅速、舒适；二是在地形及地质条件上应经济合理；三是驾驶人的视觉和驾驶心理应反应良好；四是与交通环境及沿途景观相协调；五是整体的线形应保持较好的连续性。

1. 平面线形

（1）直线线形 直线是最常用的线形，具有现场勘测简单、前进方向明确、距离短的优点。对于公路来说，直线部分景观单调，对驾驶人缺乏刺激，在选用直线线形时，一定要十分慎重。如果直线段过长，容易对驾驶人产生催眠作用，驾驶人感到单调、易瞌睡，并非理想的线形；同时直线长度也不宜过短。

由于长直线线形的安全性差，一些国家对直线的最大长度做了规定：德国规定不超过 $20v$（v 是设计车速，用 km/h 表示，$20v$ 相当于 72s 的行程），美国为 4.83km，我国目前尚无统一的规定。在运用直线线形并确定其长度时，必须持谨慎态度，总的原则是：公路线形应与地形相适应，与景观相协调，直线的最大长度应有所限制，当采用长直线时，为弥补景观单调的缺陷，应结合具体情况采取相应的技术措施。

我国规定最小直线长度为：当计算行车速度≥60km/h 时，同向曲线间最小直线长度（以 m 计）以不小于行车速度（以 km/h 计）的 6 倍为宜；反向曲线间最小直线长度（以 m 计）以不小于行车速度（以 km/h 计）的 2 倍为宜。

对于城市道路来说，由于城市道路网一般为方格状、放射环形等，设计车速较低且常有交通信号管制，使停车次数较多，因而城市道路采用通视良好的直线线形对驾驶人有利。

（2）圆曲线线形 圆曲线的使用频率仅次于直线，也是常选用的一种线形，其现场勘测比较简单，一定的曲率半径可以给驾驶人适当的紧张感。

圆曲线半径根据设计车速按下式计算：

$$R=\frac{v^2}{127(i+f)} \tag{3-6}$$

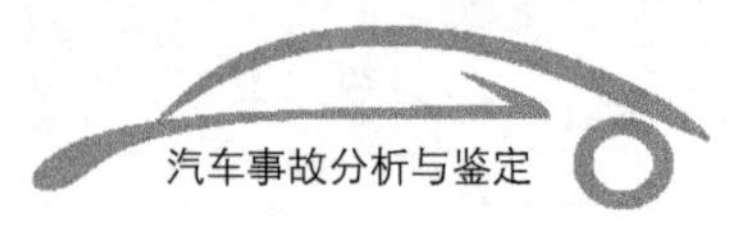

式中　R——圆曲线半径（m）；

v——设计车速（km/h）；

i——超高（%）；

f——横向摩擦系数。

式（3-6）中，在指定设计车速 v 的情况下，最小半径的绝对值取决于 $i+f$ 值。如果 $i+f$ 值过大，弯道上的车辆有沿着路面最大合成坡度向下滑动的危险。根据国内外的经验，最大 i 值考虑气候、地形等条件采用6%~8%。如果 f 值过大，车辆行驶则不稳定，在弯道上易发生事故，所以最大 f 值采用 0.10~0.15 较合适。

图 3-37 所示为美国公路事故次数与平曲线半径的关系。当平曲线半径较小时，交通安全状况较差；随着平曲线半径的增大，交通安全状况趋于良好。我国 JTG B01—2014《公路工程技术标准》中规定了各级公路的设计速度及主要技术指标，见表 3-1、表 3-2。其中包括圆曲线最小半径的设计要求。

圆曲线能较好地适应地形的变化，它在路线遇到障碍或地形需要改变方向时进行设置，适应范围较广而灵活。圆曲线半径选用得当，可获得圆滑通顺的平面线形。选用圆曲线半径时，应注意以下几点：

1）在地形、地物等条件许可时，优先选用大于或等于不设超高的最小半径。

2）一般情况下宜采用极限最小曲线半径的 4~8 倍或超高为 2%~4%的圆曲线半径。

3）当地形条件受限制时，应采用大于或接近一般最小半径的圆曲线半径。

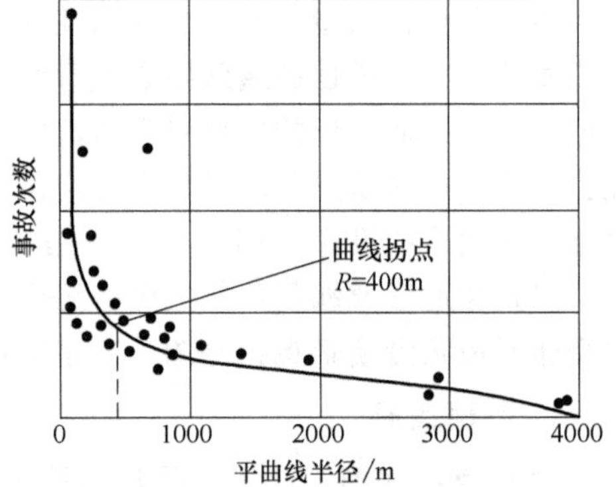

图 3-37　美国公路事故次数与平曲线半径的关系

4）在自然条件特殊困难或受其他条件严格限制而不能满足要求时，才能采用极限最小半径。

5）圆曲线最大半径不宜超过 10000m。

表 3-1　我国各级公路设计速度

公路等级	高速公路			一级公路			二级公路		三级公路		四级公路	
设计速度/(km/h)	120	100	80	100	80	60	80	60	40	30	30	20

表 3-2　主要技术指标汇总

设计速度/(km/h)			120	100	80	60	40	30	20
车道宽度/m			3.75	3.75	3.75	3.50	3.50	3.25	3.00
圆曲线最小半径/m	最大超高	10%	570	360	220	115	—	—	—
		8%	650	400	250	125	60	30	15
		6%	710	440	270	135	60	35	15
		4%	810	500	300	150	65	40	20
	不设超高最小半径	路拱≤2.0%	5500	4000	2500	1500	600	350	150
		路拱>2.0%	7500	5250	3350	1900	800	450	200

（续）

最大纵坡(%)	3	4	5	6	7	8	9
凸形竖曲线最小半径/m	11000	6500	3000	1400	450	250	100
凹形竖曲线最小半径/m	4000	3000	2000	1000	450	250	100
竖曲线最小长度/m	100	85	70	50	35	25	20

（3）缓和曲线线形 缓和曲线是设置在直线与圆曲线之间或圆曲线与圆曲线之间的一种曲率连续变化的曲线，如图 3-38 所示。设置缓和曲线一是有利于驾驶人操纵转向盘。汽车从直线驶入圆曲线，即从无限大的半径到一定值的半径或从大半径圆曲线驶入小半径圆曲线时，汽车前轮转向角一定要逐渐变化，其中间需要插入一个半径逐渐变化的缓和曲线，才能保持车速不变而使汽车前轮的转向角从 0 开始逐渐变化，从而有利于驾驶人操纵转向盘。二是可以消除离心力的突变，提高舒适性。为了使汽车能安全、迅速、平稳、舒适地从没有离心力的直线逐渐驶入离心力较大的圆曲线，或从离心力小的大半径圆曲线逐渐驶入到离心力大的小半径圆曲线，消除离心力的突变，必须在直线和圆曲线间，或大圆与小圆之间设置曲率半径逐渐变化的缓和曲线。三是便于完成超高和加宽的过渡。当圆曲线需要设置超高和加宽时，其超高缓和段和加宽缓和段一般应在缓和曲线长度内完成超高或加宽的过渡。四是增加线形美观。圆曲线与直线径相连接，而连接处曲率突变，在视觉上有不平顺的感觉。但在圆曲线与直线间设置了缓和曲线后，使线形连续圆滑，增加线形美观。

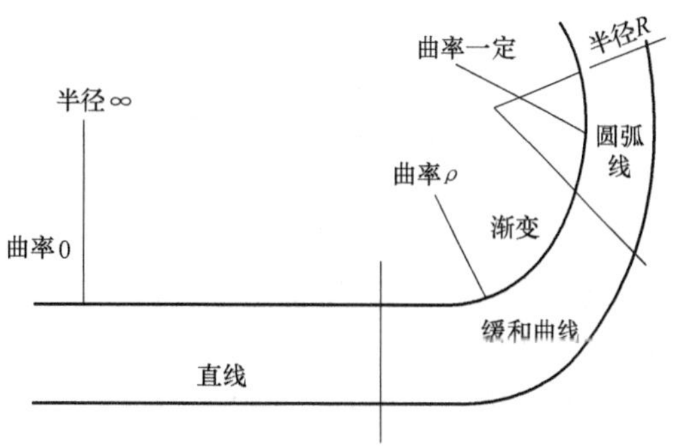

图 3-38 设置在直线与圆曲线之间的缓和曲线

图 3-39 所示为美国双车道公路的交通事故率在不同曲线半径设置缓和曲线前后的变化情况。由图可知，当曲线半径小于 200m 时，在直线与圆曲线之间添加缓和曲线，道路的安全性会大大提高，交通事故率会大幅降低；而对于曲线半径大于 200m 的路段，缓和曲线的设置与否对道路交通安全的影响并不明显。可见，在黑点改造时，只有在圆曲线半径较小

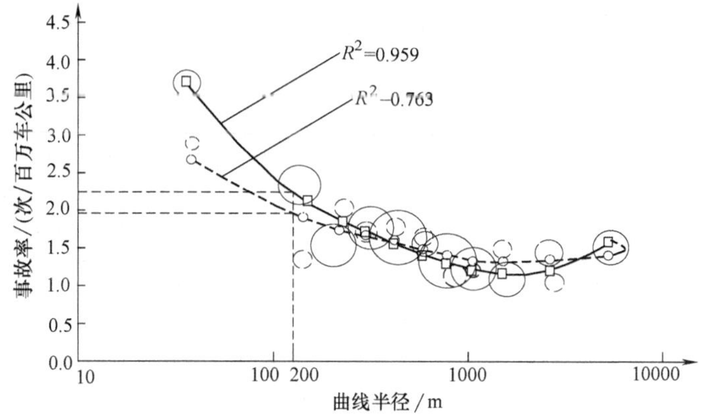

图 3-39 公路设置缓和曲线前后交通事故率的变化

（小于200m）时，考虑道路线形改造设计插入缓和曲线，才符合经济效益。

缓和曲线作为线形，有三次抛物线、双扭曲线、回旋曲线等，驾驶人按一定速度转动转向盘，按一定车速行驶时则曲率按曲线长度缓和地增大，轮迹顺滑的轨迹刚好符合回旋曲线，因而回旋曲线是适合汽车行驶的良好曲线形式，我国使用回旋曲线较多。按设计车速，最小缓和曲线长度见表3-3。考虑到驾驶人的视觉条件，设置回旋曲线时，应取大于表3-3所给的数值。

表3-3 最小缓和曲线长度

设计车速/(km/h)	120	100	80	60	50	40	30	20
缓和曲线长度/m	100	85	70	50	40	35	25	20

（4）曲线转角 曲线转角对道路交通安全也有影响。图3-40所示为某高速公路亿车事故率与路线转角的关系，从图3-40中可以看出，当曲线转角在0°~45°之间变化时，亿车事故率与转角的关系近似成抛物线形，即随着转角的增大，事故率先逐渐降低，当转角增大到某一数值时事故率降到最低值（即抛物线的极值点），然后随着转角的继续增大事故率又开始上升，变化规律明显。由图3-40可以看出，当路线转角小于或等于7°（即为小偏角）时，事故率明显高于样本点的平均值，这一统计结果证实了小偏角曲线容易导致驾驶人产生急弯错觉、不利于行车安全这一传统观点。当转角值在15°~25°之间时，事故率最低，交通安全状况最好。驾驶人在正常行车状态下，坐直、头正、目视前方，此时驾驶人的视点一般均集中在10cm×16cm（高×宽）的矩形范围内。曲线转角在20°左右时，驾驶人看到的曲线恰好落于上述矩形范围内，从而使驾驶人在不需要移动视线或转动头部的情况下即可充分了解交通情况，同时也提高了行车舒适性，减少了行车疲劳和紧张感。

图3-40所示的事故率与路线转角关系的统计结果表明，在公路设计中合理确定路线转角对保证行车安全、提高服务水平具有十分重要的意义。

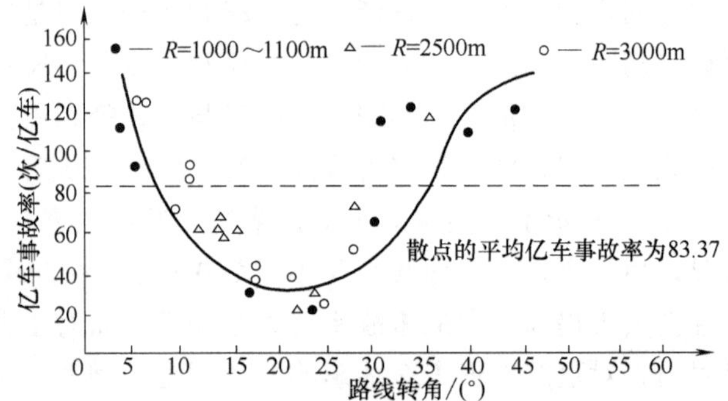

图3-40 某高速公路亿车事故率与路线转角的关系

2. 纵断面线形

纵断面线形主要指表示道路前进方向上坡、下坡的纵向坡度和在两个坡段的转折处插入的竖曲线两类。

（1）纵坡 最大纵坡是指在纵坡设计时各级道路允许使用的最大坡度值。纵坡大小的取值必须要在通过全面分析、综合考虑后合理确定。纵向坡度的标准值，要在经济允许的范围内，按尽可能较少地降低车辆速度的原则来确定，与其他路段一样，需要努力保证与设计车速一致的行驶状态。具体地说，纵向坡度的一般值，按小客车大致以平均行车速度可以爬坡，普通载货汽车大致按设计车速的1/2速度能够爬坡的原则来确定。但是，在由于地形状况及其他特殊理由而不能满足上述要求的情况下，可把在爬坡的终点能够保证上述行驶速度的纵向坡度值和确定的长度，作为特殊情况来处理。

1）坡度。最大纵坡度是公路纵断面设计的重要控制指标，特别是在山岭区，纵坡度的大小直接影响路线的长短、使用质量、运输成本和工程造价。

最大纵坡是各级公路的纵坡限制值，只有在山岭区路线特别困难时采用。我国JTG

B01—2014《公路工程技术标准》中对各级公路的最大纵坡进行了规定，见表 3-2。高速公路受地形条件或其他特殊情况限制时，经技术经济认证合理，最大纵坡可增加 1%。

2）坡长。连续上坡的路段，机动车在较长的坡道上行驶时，发动机容易过热，引起故障；在连续下坡时，车速越来越快，影响制动性，尤其在雨天或有冰雪时，更有滑溜的危险。表 3-4 列出了不同纵坡的最大坡长。

表 3-4 不同纵坡的最大坡长 （单位：m）

纵坡坡度(%)	设计速度/(km/h)						
	120	100	80	60	40	30	20
3	900	1000	1100	1200	—	—	—
4	700	800	900	1000	1100	1100	1200
5	—	600	700	800	900	900	1000
6	—	—	500	600	700	700	800
7	—	—	—	—	500	500	600
8	—	—	—	—	300	300	400
9						200	300
10	—	—	—	—	—	—	200

当高速公路、一级公路的连续陡坡由几个不同坡度值的坡段组合而成时，应对纵坡长度受限制的路段采用平均坡度法进行验算。

(2) 竖曲线 汽车在纵坡发生转折的地方行驶时，为了缓冲汽车在转为凹曲线时的冲击，保证在凸曲线的地方有一定的视距，必须在两个坡段之间插入一段曲线，这称为竖曲线，通常采用二次抛物线。

表示竖曲线大小的指标有长度、半径和曲率。竖曲线的曲率根据曲线长度和纵向坡度的变化量来决定。JTG B01—2014《公路工程技术标准》规定了竖曲线的最小半径和最小长度，见表 3-2。

一般说来，凸曲线的交通事故率要比水平路段高，小半径凸曲线的事故率要比经过改善设计后的竖曲线路段事故率高很多。竖曲线的频繁变换会影响行车视距，严重降低道路安全性能，尤其在凸曲线路段，视距受限会大大增加交通事故率，如在凸曲线后面存在一个急弯，由于凸曲线遮挡视线，驾驶人来不及反应极易造成交通事故。

在白天或夜晚照明充足的情况下，凹曲线的视距并不是影响交通安全的关键因素，但是在夜晚没有照明的道路上，凹曲线必须考虑视距问题，因为道路线形的水平曲率会使前照灯灯光不能沿路线线形的前进方向照射，仅能侧向照射路面，这种情况即使将凹曲线展平也不会有明显改善。

3. 横断面线形

道路横断面研究的主要内容包括路基高度与坡度，车辆分隔设施，路肩、车道数、车道宽、弯道加宽和弯道超高。这些都与行车安全有重大关系。

(1) 弯道超高 汽车在弯道上行进时，会受离心力的作用，向圆弧外侧推移。离心力的大小与行车速度的平方成正比，与平曲线的半径成反比。所以，车辆在较小半径的弯道上

开得越快，车身受离心力推向弯道外侧的危险就越大，为预防这种危险情况的发生，驾驶人必须小心谨慎，降低车速。同时，道路工程部门在设计与施工中，则把弯道的外侧提高，使路面在横向朝内一侧有一个横坡度（即横向倾斜程度），以此来抵挡离心力的作用，即道路超高，如图 3-41 所示，道路超高规定在 2%~6%之间。

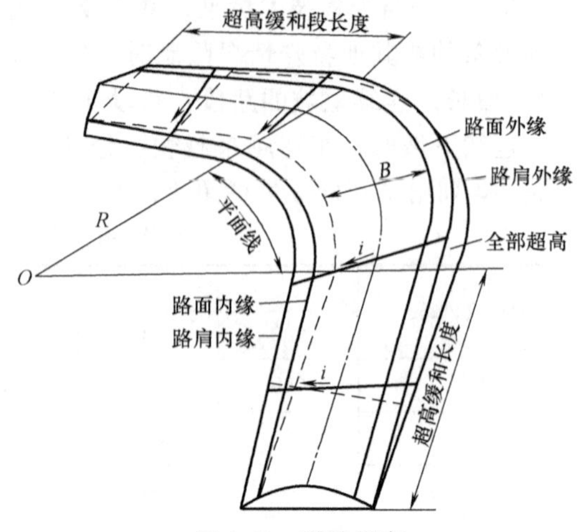

图 3-41　道路超高

(2) 弯道加宽　汽车在圆曲线上行驶时，各个车轮的轨迹半径是不相等的，后轴内侧车轮的行驶轨迹半径最小，前轴外侧车轮的行驶轨迹半径最大。因而在圆曲线半径较小时，车道内侧需要更宽一些的路面以满足后轴外侧车轮的行驶轨迹要求，故当曲线半径小时需要加宽曲线上的行车道宽度。另外，汽车在圆曲线上行驶时，驾驶人不可能将前轴中心的轨迹操纵得完全符合理论轨迹，而是有一定的摆幅（其摆幅值的大小与实际行车速度有关），汽车在圆曲线上行驶时的摆幅要比直线上大。所以，当圆曲线半径小时，要加宽曲线上的行车道宽度，以利于安全。

当平曲线半径小于或等于 250m 时，应在平曲线内侧设置加宽。

加宽值 w 是加在弯道的内侧边缘，并按抛物线处理。这样既符合汽车的行驶轨迹，有利于车辆平顺行驶，又改善了路容。

(3) 车道数　在相同的平均日交通量条件下，公路上车道数越多事故率越低。城市道路交通量大，交通组成复杂，因此交通事故的规律性不如公路上明显。但从宏观分析可知交通量越大，事故绝对次数越多，但车道数越多，通行能力越大，行车越畅通，事故率反而下降，道路状况相对安全。

(4) 车道宽　根据国外的研究结果，车道较宽时事故较少。但如果车道过宽，大于 4.5m 时，由于有些车辆试图利用富余的宽度超车，反而会增加事故。画有标线的公路车辆各行其道，事故率较低。

(5) 路肩　路肩是指行车道外缘到路基边缘具有一定宽度的带状部分。路肩的作用主要是增加路幅的富余宽度，保护和支撑路面结构，供临时停车使用，为公路其他设施提供设置场所，汇集路面排水等。路肩通常包括硬路肩和土路肩。一般来说，路肩是道路不可缺少的部分，但由于有路肩的存在，会诱发车辆停放而引起事故发生。

(6) 车辆分隔设施　车辆分隔设施包括道路中央分隔设施、机动车与非机动车分隔设施及车辆与行人分隔设施。中央分隔设施主要用解决由对向行驶交通流产生的矛盾，杜绝车辆随意掉头；减少夜间对向行车眩光；显示车道的位置，诱导视线；为其他设施提供场地。机动车与非机动车分隔设施及车辆与行人分隔设施主要是为解决同向行驶交通流中机动车、非机动车以及行人混行而带来的矛盾。

分隔设施对解决机动车与机动车和机动车与非机动车的分离，提高道路通行能力，保证交通安全具有十分重要的作用。但如果设计不科学，也会导致交通事故的发生。如有的公路单向有两条机动车道，中央设置了分隔设施，在分隔设施上设置了路灯杆。但由于分隔设施

没有设置路缘带，经常发生大型车挤上了中央分隔设施，小型车又撞在电线杆上，致使车毁人亡、路灯灯杆折断的重大交通事故。如“三块板”道路尽管有许多优越性，但若其隔离设施断口太多，自行车和行人会任意横穿，同时由于道路条件好，机动车车速很高，如遇突发情况往往来不及采取措施而发生交通事故。

(7) 路基高度及坡度 高路基对于行车安全十分不利，一是会使驾驶人产生恐惧感，处在一种过意识状态下，导致判断失误、行为能力下降而发生汽车事故。二是高路基路段发生的事故后果比较严重。路基边坡过陡也是导致事故严重增加的另一因素。车辆在坡度大的陡路基上发生意外时，事故类型接近于坠车。如果减小坡度，使路基边坡变缓，发生事故的车辆可以沿缓坡行驶一段距离，减小冲撞程度，从而减轻事故的严重性。如果采用矮路基或缓边坡，失去控制的车辆一般不会因驶出路外而翻车，事故的严重性将大大降低。

(二) 道路结构物

1. 路面

(1) 路面与交通安全 道路除应有强度足够的路面结构外，还应有路面行车质量，即路对驾驶人的便利程度。如汽车驾驶操纵是否自如，乘客是否舒适，行驶经济性高低，以及轮胎与路面间产生的抗滑性能等。

随着汽车行驶速度的不断提高，为了获得良好的舒适性与安全性，对路面的平整度、抗滑性的要求越来越高。路面平整度主要是车辆对路面质量的要求，路面抗滑性则是交通安全的迫切要求，抗滑性差常导致交通事故。尽管现代路面技术不断提高，但由于路面附着性差而产生的事故率仍较高。如英国调查表明因路滑造成的事故占全年事故次数的 24%，日本抽样调查显示因路滑造成的事故占全年事故次数的 25%。

(2) 路面质量 路面坎坷不平，即路面平整度差，则行车阻力大，车辆颠簸振动，机件、轮胎磨损就会加快，行车安全性和舒适性就会降低，甚至造成交通事故。评定路面质量的指标包括平整度标准、路面粗糙度、路面构造深度。

平整度是路面表面的平整程度，是路面质量的重要指标之一，它直接影响行车平稳性、乘客舒适性、路面寿命、轮胎磨损和运输成本。我国沥青路面平整度采用连续式路面平整度仪或 3m 直尺控制施工质量，其数据见表 3-5。用 3m 或 4m 直尺量测路面平整度是当前各国

表 3-5 施工中沥青路面面层平整度控制标准

路面种类	平整度	规定值或允许偏差		检查方法和频率
		高速公路 一级公路	其他公路	
沥青混凝土和沥青碎(砾)石面层	σ/mm	≤1.2	≤2.5	平整度仪:全线每车道连续检测,按每 100m 计算 IRI 或 σ
	IRI/(m/km)	≤2.0	≤4.2	
	最大间隙 h/mm	—	≤5	3m 直尺:每 200m 测 2 处×5 尺
沥青贯入式面层	σ/mm	≤3.5		平整度仪:全线每车道连续按每 100m 计算 IRI 或 σ
	IRI/(m/km)	≤5.8		
	最大间隙 h/mm	≤8		3m 直尺:每 200m 测 2 处×5 尺

注：表中 σ 为平整度仪测定的标准差，IRI 为国际平整度指数，h 为 3m 直尺与面层的最大间隙。

通常使用的简易方法，表 3-5 列出的允许偏差实际上是为验收或养护路面而定的，并非是汽车行驶的路面行车质量与理论的推导值。

我国水泥混凝土路面平整度，规定用 3m 直尺连续量测三次，取最大三点的平均值控制施工质量。高速公路和一级公路的允许偏差为 3mm，其他公路为 5mm。

路面粗糙度可用车辆纵向紧急制动距离、纵向摩擦系数和横向摩擦系数来表示，目前，常用摆动式摩擦系数测定仪测定路面的摩擦系数。

路面构造深度是用于评定路面表面的宏观粗糙度、路面表面的排水性能及抗滑性能的指标。路面构造深度越小表明路面越光滑，且在一般情况下，摩擦系数变小，会丧失渗水、排水的功能，容易产生汽车滑水现象，造成严重的交通事故，因而路面必须保持一定的粗糙度。目前国内新推广的等粒径石子沥青路面（SMA 路面）可以在一定程度上解决小雨时路面与车轮的排水问题，从而减少交通事故。

（3）路面抗滑性 当道路表面的抗滑能力小于要求的最小限度时，车辆行驶中稍一制动就可能产生侧滑而失去控制。特别是道路表面潮湿或覆盖冰雪时，发生侧滑的危险性增大，在弯道、坡路和环形交叉处，尤其容易发生滑溜事故。路面的表面结构对抗滑能力也有一定的影响，如果路面骨料已被车辆磨得非常光滑，道路抗滑能力降低，即使在干燥路面上，也会出现滑溜现象。另外，渣油路面不仅淋湿后会很滑，气温高时，路面变软，也会很滑，在这种情况下，可采用压力预涂沥青石屑、路面打槽、设置合适的排水系统、限制车速、设置警告标志等方法保障交通安全。

路面摩擦系数是衡量路面抗滑性的重要指标。为保证汽车安全行驶，路面必须有较大的摩擦系数。我国采用一定车速下的纵向摩擦系数或制动距离作为路面抗滑能力的指标。

考查事故原因，单纯因路滑造成的仅占一定比例，加大路面的摩擦系数虽可减少事故与损害程度，却不能根除事故。反之，若摩擦系数过大，则行驶阻力大、耗油量大、车速降低且舒适性差。因此，路面防滑也要综合地从安全、迅速、经济的角度考虑。

我国用摆式仪测定摩擦系数，它可以测定路面干燥或湿润条件下的纵向、横向的摩擦系数。沥青路面抗滑标准见表 3-6。

表 3-6 沥青路面抗滑标准

路段分类 / 公路等级	一般公路			环境不良路段		
	摩擦系数	构造深度/m	石料磨光值	摩擦系数	构造深度/m	石料磨光值
高速公路、一级公路	52~55	0.6~0.8	42~45	57~60	0.6~0.8(1.0~1.2)	47~50
二级公路	47~50	0.4~0.6	37~40	52~55	0.3~0.5(1.0~1.2)	40~45
三级公路、四级公路	≥45	0.2~0.4	≥35	≥50	0.2~0.4(1.0~1.2)	≥40

注：括号内的数值适用于易形成薄冰的路段。

表 3-6 的环境不良路段指高速公路的立交、加速与减速车道；其他各级公路指交叉口、急弯、陡坡或集镇附近。表 3-6 中所列的数值，对低级公路或年降雨量小于 500mm 的地区可用低值，反之用高值，年降雨量小于 100mm 的干旱地区可不考虑抗滑要求。

轮胎与路面间的摩擦系数随车速增高而减小。最大摩擦系数出现在汽车车轮与路面的滑移率为 15%时。干燥路面上车速增高，摩擦系数稍减小，潮湿路面上随着车速的增高，摩擦系数会明显减小。

2. 交叉口

道路与道路相交的部位称为道路交叉口。交叉口是道路网络的节点，是各种车辆和行人的汇集点。交叉口处车辆和车辆之间、车辆和横过道路的行人之间由于相互干扰，导致行车速度降低，造成交通阻滞，容易产生交通事故。

（1）平面交叉口 平面交叉口由于交通量大、冲突点多及视线盲区大，所发生的交通事故也多。在平面交叉口处，由于多个方向的交通流汇入，致使交通量大幅度增加，而且各方向行驶的车辆存在许多可能导致事故发生的潜在冲突点，在平面交叉口处，观察相交道路时视线因建筑物遮挡等原因而受到影响，形成视线盲区；同样，观察相交道路上的车辆时视线也受到阻碍，因此行车视距较低，这些原因都可能导致汽车事故的增加。

不同路数、不同类型的交叉口，其安全特性不同。表3-7列出了某市市区各类型交叉口的汽车事故数据。

表3-7 某市市区各类型交叉口的汽车事故数据

交叉口类型	事故数/次	事故数总计/次	所占比例(%)	交叉口数/个	每类交叉口事故率(%)
三路交叉口	261	545	47.89	52	5.02
四路交叉口	214		39.27	99	2.16
多路交叉口	28		5.14	11	2.55
环形交叉口	37		6.79	5	7.40
立体交叉口	5		0.92	13	0.38

根据表3-7的数据分析可知，环形交叉口事故率最高，危险性也最大，之后依次为三路交叉口、多路交叉口、四路交叉口和立体交叉口。由于环形交叉口存在交织段，车辆汇流和分流的机会最多、冲突点最多，因此行车危险性最高；畸形交叉口不良的几何设计也会造成视距不足、行车轨迹冲突点多、管理手段不够完善等诸多安全隐患；立体交叉口的分流量、分流向的几何设计，可以消除车辆间的大多数冲突点，行车最安全。

平面交叉的相交道路宜为4条，不宜超过5条，因交通流的冲突点、合流点、分流点会随道路条数增加而显著增加。在未设交通信号灯或无交通警察指挥的交叉口，车辆相撞的危险性大。

交叉口之间的距离受左转弯车道长度、交织长度和驾驶人注视限度所制约，尚无通用的计算式。作为参考，表3-8给出了英国城市道路平面交叉口间隔。

表3-8 英国城市道路平面交叉口间隔

道路分类	主干线道路	干线道路	地区分流道路	当地分流路
交叉口间隔/m	550	275	210	90

平面交叉口的交叉角应近于直角，主干线应近于直线，平面与纵断线形应缓和。错位交叉、斜向交叉等变形交叉应改善交叉状况，采取设置渠化岛等措施，增大相交道路车流方向的交角，以利于车辆安全行驶、提高通行能力。

提高平面交叉口交通安全和通行能力的手段主要是渠化平面交叉口，渠化的方法如下：一是利用分车线或分隔带、交通岛等，使道路上不同行驶方向和行驶速度的车辆以及交叉口左转、右转和直行方向的车辆按规定的车道行驶，使行人和驾驶人均容易辨明相互行驶的方

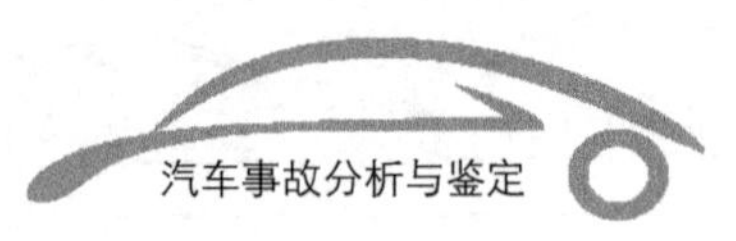

向，以利于有秩序地通过；二是利用交通岛的布置，限制车辆的行驶方向，使斜交对冲的车流变为直角或同方向的锐角交织；三是利用交通岛的布置，限制车道宽度，控制车速，防止超车，并在其上设置交通标志，以及作为行人过街时避车用的安全岛，四是利用交通岛的布置，防止车辆在交叉口转错车道；五是在交通量较大、车速较高的交叉口利用交通岛组织渠化交通时，还需要考虑设置变速车道和候驶车道，以利于左转弯车辆转向行驶和等候；六是在交叉口布置交通岛时，应使行车自然而方便，一般采用比较集中的大岛。

(2) 立体交叉口 尽管设置立体交叉口的目的是尽可能提高交通安全性及各交通流的运行效率，但是立体交叉口范围内出现的关于驾驶人、车辆、道路、交通和环境条件的任何突变都会造成交通安全隐患。使道路上原本未经干扰的交通流在立体交叉口范围内产生突变的原因有：驾驶人需要进行必要的决策、车辆组成发生变化、道路几何线形变化、车速变化以及行驶条件和环境的变化。

表 3-9 列出了某高速公路立体交叉口各组成部分的交通事故分布情况。由表 3-9 可知，驶出匝道的事故明显多于驶入匝道，其原因主要是进入匝道前后车速不同，高速公路干道上的行车速度一般高于从收费站进口至驶入匝道的连接道路上的行车速度。对驶出匝道而言，事故多发的原因除个别为匝道构筑条件不当（如超高不足、摩擦系数过低）外，多数是由于在减速车道上没有充分减速，因车速高于匝道的限制车速而在离心力的作用下发生翻车事故。高速公路的左转驶出匝道事故略多于右转驶出匝道的原因则主要取决于线形条件上的差异。左转匝道的转角及起终点高差较大，其总体线形指标一般低于右转匝道。

表 3-9 某高速公路立体交叉口各组成部分的交通事故分布情况

组成部分	驶出匝道			驶入匝道			加减速车道	驶出匝道与干道分岔口	其他
	左转匝道	右转匝道	合计	左转匝道	右转匝道	合计			
事故次数	23	20	43	4	2	6	42	37	3
占总数百分比(%)	17.6	15.2	32.8	3.1	1.5	4.6	32.1	28.2	2.3

（三）道路交通环境

道路交通环境包括自然环境和道路通行环境，这里主要介绍道路通行环境。研究道路通行环境与交通安全之间的关系主要从交通量、交通组成、车速等几方面入手。

1. 交通量

道路上交通量的大小对交通事故的发生有着直接的影响，交通量越大，发生事故的绝对数越多。而交通量与事故率的关系相对复杂一些。交通量与交通流饱和度直接相关，而交通流饱和度影响交通事故发生的频率和严重程度，因此交通事故与交通量的大小有密切关系。一般认为交通量越小，事故率越低；交通量越大，事故率越高。但实际情况并不完全符合这种规律，图 3-42 所示为交通事故与交通流饱和度的关系。从图中可以看出，交通量对事故率的影响分为以下几种情况：

1）图 3-42 中 a 点表示交通量很小时，车辆之间的间距较大，驾驶人基本上不受同向行驶车辆的干扰，可以根据个人习惯选择车速。绝大多数驾驶人都能保持符合车辆动力性、经济性、制动性和安全性的车速，只有当个别驾驶人忽视行驶安全而冒险高速行驶，遇到视距不足、车道狭窄或其他紧急情况时，来不及采取措施才会发生交通事故。

2）图 3-42 中 a 至 b 段表示当道路上的交通量逐渐增加时，驾驶人不再单凭个人习惯驾车，必须同时考虑与其他车辆的关系，由于对向来车增多，使驾驶人的驾驶行为开始变得谨慎，因而交通事故的相对数量有所下降。

3）图 3-42 中 b 至 c 段表示当道路上的交通量继续增大时，在道路上行驶的车辆大部分尾随前车行驶，形成稳定流。在这种情况下，超车变得比较困难，因而与超车有关的事故也有所增加。

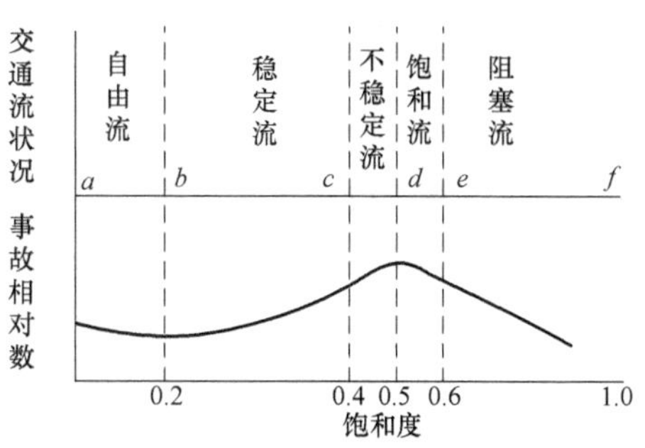

图 3-42　交通事故与交通流饱和度的关系

4）图 3-42 中 c 至 d 段表示当交通量进一步增大，交通流形成不稳定流。此时，超车的危险性越来越大，交通事故相对数量也随交通量的增加而增加。

5）图 3-42 中 d 至 e 段表示当交通量增加到使车辆间距已大大减小，车辆超车困难，交通流密度增大形成饱和流。由于饱和流的平均车速低，因此事故相对数量也降低。

6）图 3-42 中 e 至 f 段表示如果交通量进一步增加，则产生交通阻塞。这时，车辆只能尾随前车缓慢行驶，在道路的服务水平大幅度下降的同时，交通事故也大为减少。

2. 交通组成

混合交通的存在，致使交通流运行复杂化，尤其在城市道路中，交通信号多，机动车、非机动车及行人互相影响，车辆很难以最佳状态行驶，交通事故时有发生，因此混合交通的交通组成对道路交通安全的影响很大。城市道路的交通组成非常复杂，包括客车、货车和摩托车等，按照车辆的大小又可将其分为大、中、小等车型。对城市汽车事故数据的分析结果表明，大型车、货车和摩托车是城市道路中干扰交通流、影响交通安全的主要因素。

图 3-43 所示为某市路段事故率与各种车型比例的关系。从图中可以看出，虽然出现数值反复的现象，但总体趋势是事故率随大型车、货车和摩托车比例的增加而逐渐增大。

城市道路交通流中小型车居多，连续的小型车交通流在行驶过程中稳定性强，而且视距条件好，因此事故率较低；当交通组成中大型车比例增加时，干扰原来有序的交通流，影响紧随其后行驶的小型车的视距，容易导致交通事故的发生。

类似地，城市道路交通流中客车居多，当交通组成中货车比例增加时，由于客车与货车的动力性能存在差异，导致车速分布变得离散，车速方差变大，也容易导致交通事故的发生。

摩托车在城市道路中作为特殊的交通组成部分，当摩托车比例增加时，可能干扰原有稳定的交通流，导致车速分布离散，同时摩托车行驶的灵活性还可能导致其他车辆驾驶人措手不及，容易引发交通事故，因此随着摩托车比例的增加，事故率也逐渐增加。

由图 3-43 还可以看出，三种不同车型混入达到相同的事故率时，混入比例不同，即摩托车只需要混入较小的比例就可以达到一定的事故率；而大型车的混入比例要提高一些才能达到相同的事故率；而中型车要达到相同的事故率，混入比例会更高。这说明在不同的道路交通组成成分中，摩托车的危害性最大，其次是大型车，而后是中型车。这就是为什么许多大型城市禁止摩托车通行，有条件限制大中型车通行的原因。

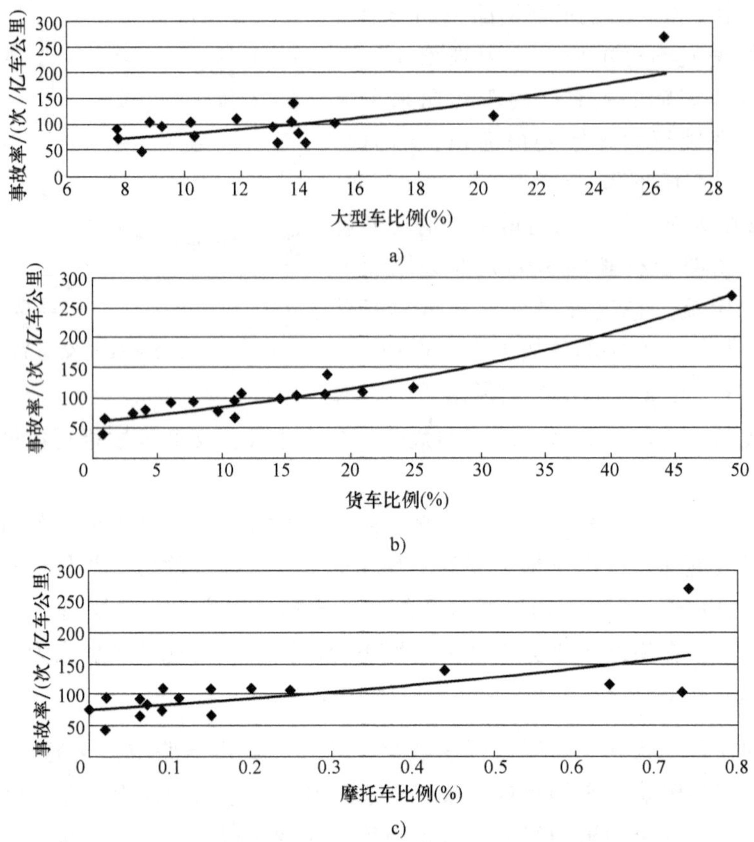

图 3-43 某市路段事故率与各种车型比例的关系

a）事故率与大型车比例 b）事故率与货车比例 c）事故率与摩托车比例

3. 车速

1）单车速度越大越容易引起事故，后果越严重。随着车速的提高，驾驶人可以支配的时间明显减少。当观察和判断的时间减少时，驾驶人做出错误决定的可能性就会相应增加，从而导致交通事故发生的可能性变大。而且，车速的提高会减少驾驶人采取避让措施（如制动或转弯）的时间和距离，汽车发生碰撞时的速度通常也比较高。

2）交通流速度的离散性决定事故率。交通流速度离散性越大，事故率越高；交通流速度离散性越小，事故率越低。

图 3-44 所示为德国某项研究获得的交通事故率与设计车速的关系。由图可知，当设计车速由 60km/h 增加到 80km/h 时，交通事故率呈下降趋势，当设计车速继续增加时，事故率趋于稳定。

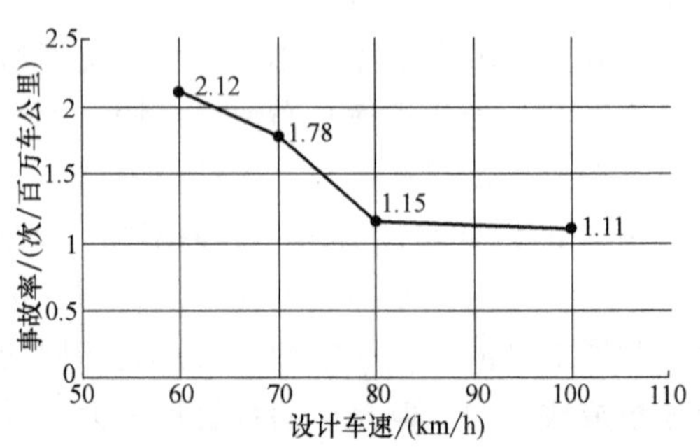

图 3-44 交通事故率与设计车速的关系

分析其原因，当设计车速较低，在 60km/h 时，遵章守法的驾驶人会驾驶车辆在 60km/h 的速度下行驶，而部分驾驶人则可能以 70km/h、80km/h、90km/h、100km/h 乃至更高的速度行

驶，这就导致在这条道路上车辆间行驶的速差较大，彼此之间的干扰变大，发生事故的概率较高。当设计车速提高到 70km/h 时，以 70km/h 的速度行驶的驾驶人变成了遵章守法的驾驶人，都在 70km/h 速度行驶，这条道路上车辆间行驶的速差变小，彼此之间的干扰变小，发生事故的概率有所降低。当设计车速提高到 80km/h、90km/h、100km/h 时，在这条道路上行驶的绝大部分驾驶人都会按照设计车速行驶，彼此之间的速差进一步减小，干扰减小，发生事故的概率减小。上述分析说明，对一条道路的速度设计要符合绝大多数驾驶人的行驶要求，以减小道路交通流行驶速度的离散性。因此，我国高速公路限速限值是通过调查而确定的，在 15%位车速和 85%位车速之间，即在 60~120km/h 之间。

四、特殊违法行为与事故成因

1. 疲劳驾驶

疲劳是许多重大交通事故的根源，交通事故统计资料表明，驾驶人疲劳影响反应速度，是造成致死事故的重要原因之一。

疲劳会使驾驶人的驾驶机能失调、下降，对安全行车有不利影响。

驾驶人的疲劳主要是神经系统和感觉器官的疲劳。由于驾驶人在行车中要连续用大脑、判断和处理情况，脑部比其他器官需要更多的氧。长时间驾驶车辆，脑部会感到供氧不充分而产生疲劳，出现意识水平下降，感觉迟钝等症状。若继续工作，感觉进一步钝化，注意力下降，注意范围缩小。这些症状是中枢神经系统在疲劳时出现的保护性反应。在这种状态下驾驶汽车容易出现观察、判断和动作上的失误，发生事故的危险性增加。

有关研究表明，工作一天后，不同年龄的驾驶人，对红色信号的反应时间都有不同程度的增加，见表 3-10。

表 3-10　不同年龄的驾驶人疲劳前后的反应时间

年龄/岁	疲劳前的反应时间/s	疲劳后的反应时间/s
18~22	0.48~0.56	0.60~0.63
22~45	0.58~0.75	0.53~0.82
45~60	0.78~0.80	0.64~0.89

表 3-10 中的数据为不同年龄的驾驶人的反应能力在一天内的波动情况，说明了长时间开车出现疲劳后会使感觉迟钝，反应时间延长，失误率增加。疲劳后对复杂刺激（同时存在红色和声音刺激）的反应时间也增加了，有的甚至增长 2 倍以上。

视频14
疲劳驾驶
事故

疲劳后，动作准确性下降，有时发生反常反应（对较强的刺激出现弱反应，对较弱的刺激出现强反应）。动作的协调性也受到破坏，以致反应不及时，有的动作过分急促，有的动作又过分迟缓。有时，做出的动作并非错误，但不合时机，在制动、转向方面表现最为明显。

同时，疲劳后，判断错误和驾驶错误都远比平时增多。判断错误多为对道路的畅通情况、对潜在事故的可能性及应付方法考虑不周到，驾驶错误多为控制转向盘、制动、换档不当。严重者可发生手足发抖、脚步不稳、动作失调、肌肉痉挛，对驾驶产生严重影响。不同疲劳状态对驾驶行为的影响见表 3-11。

表 3-11　不同疲劳状态对驾驶行为的影响

行为＼状态	正常状态	疲劳状态	瞌睡状态
控制车速	加速、减速敏捷	加速、减速时间较长，速度较慢	速度变换很慢甚至无变化
行车方向控制	能迅速、正确地做出判断，并不断地调节操作动作	不能及时迅速地做出调节性操作动作，甚至产生错误动作	停止操作
身体动作	操作姿势正常，无多余动作	较多的身体动作，如揉搓颈或头、伸懒腰、吸烟、眨眼	睡眠、身体摇晃

因此，现行的道路交通安全法律、法规中对驾驶人疲劳驾驶有严格限定：连续驾车超过4h确认为疲劳驾驶；连续驾车4h，中间休息时间不足20min的也被确认为疲劳驾驶。

2. 饮酒驾驶

饮酒影响人的中枢神经系统，导致感觉模糊、判断失误、反应不当，从而危及行车安全。

德国的一项研究表明，血液中酒精含量与交通事故之间存在一定的关系，见表3-12。

表 3-12　血液中酒精含量与交通事故之间的关系

血液中酒精含量(%)	交通事故(%)			血液中酒精含量(%)	交通事故(%)		
	死亡	受伤	财产损失		死亡	受伤	财产损失
0.00	1.00	1.00	1.00	0.08	4.42	3.33	1.77
0.01	1.20	1.16	1.07	0.09	5.32	3.87	1.90
0.02	1.45	1.35	1.15	0.10	6.40	4.50	2.04
0.03	1.75	1.57	1.24	0.11	7.71	5.23	2.19
0.04	2.10	1.83	1.33	0.12	9.29	6.08	2.35
0.05	2.53	2.12	1.43	0.13	11.18	7.07	2.52
0.06	3.05	2.47	1.53	0.14	13.46	8.21	2.71
0.07	3.67	2.87	1.65	0.15	16.21	9.55	2.91

视频15 酒驾交通事故

通过驾驶模拟器研究驾驶人饮酒后的驾驶操作情况发现，当血液中酒精含量为0.08%时，操作失误增加16%，血液中酒精含量进一步增加时，驾驶人已不能控制转向盘，判断力明显下降。当血液中酒精的含量超过0.1%时，驾驶能力下降15%，尤其在夜晚，车辆发生事故的机会显著增加。我国现行的道路交通安全法律、法规中，对饮酒、醉酒驾驶机动车有严格的限定标准。饮酒后驾车标准是血液酒精含量为20～80mg/100mL；醉酒后驾车标准是血液酒精含量大于或等于80mg/100mL。无论饮酒后驾车还是醉酒后驾车都会给道路交通安全带来严重危害，都是法律所严格禁止的。

视频16 分心驾驶事故

3. 盲驾

盲驾是指在驾驶中玩弄手机和手持终端。一份报告称，美国全国每年大约有5000多人死于因驾车时精力不集中引发的车祸。其中，驾车时发短信、打电话是最常见的不安全行为。美国国家公路交通安全管理局的报告指出，青少年驾驶人尤其容易在驾车时分心。20岁以下青少年发生车祸时，有16%是因为驾车时分心，这一比例是所有年龄组别中最高的。驾车时发短信尤为危险。驾驶人驾车时，平均每发一条短信需要眼睛离开路面4.6s，在车

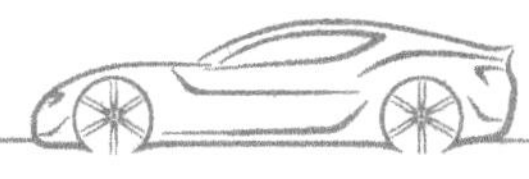

速约 88.5km/h 的情况下，这意味着他们将眼睛离地面驾车行驶一个足球场的长度。

研究表明，在驾驶中玩弄手机和手持终端造成“盲驾”，比醉驾和毒驾更具危险性，危害程度更大，如果将此类行为入刑，相信会降低驾驶风险。

本章小结

汽车事故成因多种多样，本章主要从事故成因心理学、统计学、人机工程学、交通工程学等几方面展开，重点分析了由此引出的减少交通事故的途径和方法。随着时代与科技的进步，汽车事故成因呈多样多方式变化，分析时侧重主动安全与被动安全相结合，从人、车、管理多方面协调，以减少汽车事故的发生。

习　题

1. 减少汽车事故发生的途径有哪些？
2. 简述特殊违法行为与汽车事故成因。
3. 简述从人机工程学角度减少汽车事故的途径。
4. 如何从交通工程学角度分析汽车事故？

第四章 汽车事故速度再现技术分析

学习目标

知识目标：

- 了解汽车事故速度再现的概念
- 理解汽车事故速度再现技术分类
- 掌握汽车事故速度再现技术鉴定的要求
- 掌握汽车事故速度再现鉴定方法

能力目标：

- 能解释汽车事故速度再现的意义及目的
- 能理解区分汽车事故速度再现的类型
- 能应用不同的方法再现汽车故事的速度
- 能独立处理具体的汽车事故速度再现鉴定案件

汽车事故再现是以与事故发生相关联的交通环境、驾驶人行为以及车辆为中心，限定在事故现场周围，对整个事故发生的过程实施再现。其目的是调查事故事实，厘清事故成因，准确认定事故责任，确保交通安全。而汽车事故速度再现则是整个事故再现中的最重要的环节，是汽车事故案件事实中的重要部分。我国近年来的道路交通事故数据表明，超速行驶是汽车道路交通事故发生的首要原因，也是加重事故后果的最直接原因。车辆发生事故时，准确地判断事故发生前后肇事车辆的行驶速度是汽车事故技术再现中最常见的，也是难度较大的再现技术。

汽车事故速度再现技术要求的主要依据是GB/T 33195—2016《道路交通事故车辆速度鉴定》通过动力学理论、运动学理论、经验公式、模拟试验、仿真再现软件、视频图像、车载记录设备信息等技术方法实施速度再现。而在实际速度再现中，由于汽车事故成因复杂，事故形态各异，车辆碰撞过程中的运动形式也非常复杂，有平动、转动、翻滚等形式，因此在研究时必须将问题简化，应视事故的具体情况，找出主要因素，略去次要因素，用某种理想的模型来代替实际事物。例如，在某些事故中，若车辆的大小、形状对运动

过程的结果影响极小，可考虑将车辆简化为质点；若车辆的变形对结果影响非常小，把变形因素考虑进去会使问题变得十分复杂，为简化问题，可以把变形因素略去，将车辆简化为刚体。这样，物理和数学中的经典定义、定理、定律和模型就可以有选择地应用到汽车事故速度鉴定中。另外，汽车事故中，车辆相互撞击本身就是一个力学问题，因此，要利用力学的思想结合国内外碰撞试验总结的经验公式去解决车辆碰撞时的速度问题。

第一节 相关物理、数学模型在汽车事故速度再现中的应用

一、直线运动公式在车速鉴定中的应用

直线运动包括匀速直线运动、匀变速直线运动和变速直线运动三种，其分析公式虽然简单，但在道路交通事故车速鉴定中可以解决很多问题。

匀速直线运动公式利用距离、速度、时间三者之间的函数关系，可以研究在一起事故中驾驶人没有采取任何措施而发生碰撞的原因，即用来确定驾驶人发现被撞物后，是否有反应时间来采取措施。

匀变速直线运动公式利用距离、速度、时间、加（减）速度四者之间的函数关系相互转换，利用速度与位移公式结合车辆拖痕印迹可求出车辆制动前的速度等。

变速直线运动中加速度不是常量，但在道路交通事故中加速度是时间的函数。可利用积分分别建立速度与时间的函数关系，位移与时间的函数关系，最后确定速度与位移的函数关系，见式（4-1），由此可以研究车辆原地急加速起步后发生事故时的速度。详见实例分析 4-1。

$$\left.\begin{cases} \mathrm{d}v = \int_{t_1}^{t_2} a\mathrm{d}t \Rightarrow v = f(t) \\ \mathrm{d}s = \int_{t_1}^{t_2} v\mathrm{d}t \Rightarrow s = f'(t) \end{cases}\right\} \Rightarrow v = g(s) \tag{4-1}$$

【实例分析 4-1】 车辆原地急加速起步肇事

1. 案件简要情况

2009 年 8 月 5 日 18 时 30 分许，赵某驾驶小型越野客车沿某街由北向南行驶。当行驶至某交叉口处时，将行人周某刮伤，又倒车将行人吴某轧伤。停车交涉后，突然起动车辆，急加速向前行驶，造成钱某当场死亡，孙某经抢救无效死亡，另有 24 人受伤的严重后果。

2. 送检材料及样本

1）事故现场图复印件 2 份。

2）现场照片 26 张（电子版）。

3）死者钱某、孙某尸体检验鉴定书各一份。

4）机动车行驶证复印件一份。

3. 鉴定要求

鉴定事故中小型越野客车肇事时的速度。

4. 鉴定时间

2009 年 8 月 8 日。

5. 检验鉴定的方法

依据 GA 41—2005《交通事故痕迹物证勘验》（案发时实施标准，现行标准为 GA/T 41—2019《道路交通事故现场痕迹物证勘查》）对这起事故的事故车辆及肇事现场进行勘验，同时依据交通事故现场特征，利用 MBK-01 便携式制动仪，在原事故现场对该车突然起动并急加速进行现场模拟试验。测试该车在原事故现场的最大加速度及达到最大加速度的时间。通过测量数据，建立速度与时间、位移与时间的积分方程，通过积分方程求解确立位移与速度关系的数学模型。利用被害人碰撞位置、停车位置，便可确定碰撞行人时、到达停车位置时的速度。

通过利用 MBK-01 便携式制动仪，在原事故现场对该车突然起动并急加速进行现场模拟试验，测试该车突然起动并急加速的最大加速度为 4.58m/s^2；达到最大加速度的时间为 0.6s。测试报告如图 4-1 所示。正常测试图应是达到最大加速度后，加速度曲线不随时间变化而变化，是一条平行于横坐标的直线。但实际测试曲线是达到最大加速度后却掉头向下，达到负的极限值，最后趋于零。这是由于测试受到现场尺寸限制，测试者急加速达到最大加速度后，立即急制动，直至停车。但测试结果并不影响最大加速度及达到最大加速度时间的获取。

6. 分析与鉴定

（1）**碰撞过程分析** 本起案件无法利用常规的速度再现方式求解。根据当事人口供和目击证人的证言，该小型越野客车是突然将加速踏板踩到底而急加速起动冲散行人并向前行驶，在 S 处撞倒钱某（致其死亡）后又前行一段距离后才受到各种阻力（撞击摊亭、骑压液化气罐等）最后撞击路缘石停车。可以认为车辆是以最大的加速度急加速并撞向行人的。因此，在原事故现场肇事车模拟试验测得的最大加速度及达到最大加速度的时间与事故发生时肇事车的运动状态等效。

（2）**建立速度与时间的积分方程** 根据小型越野客车加速性能测试报告可知，该车在急加速达到最大加速度 4.58m/s^2 时，用时为 0.6s，且加速度随时间在 0~0.6s 内呈线性变化，在 0.6s 以后达到最大。因此可建立速度与时间的积分方程，过程如下：

$$\begin{cases} a=\dfrac{4.58}{0.6}t=7.63t & 0\leqslant t<0.6\text{s} \\ a=4.58\text{m/s}^2 & t\geqslant 0.6\text{s} \end{cases}$$

$$v=\int_0^t a\mathrm{d}t=\int_0^{0.6} a\mathrm{d}t+\int_{0.6}^t a\mathrm{d}t$$

$$v=\int_0^{0.6} 7.63t\mathrm{d}t+\int_{0.6}^t 4.58\mathrm{d}t$$

$$v=\left[\frac{7.63t^2}{2}\right]_0^{0.6}+\left[4.58t\right]_{0.6}^{t}$$

$$v=4.58t-1.375 \tag{4-2}$$

(3) 建立位移与时间的积分方程　建立位移与时间的积分方程的过程如下：

$$s=\int_0^t v\mathrm{d}t=\int_0^{0.6} v\mathrm{d}t+\int_{0.6}^{t} v\mathrm{d}t$$

$$s=\int_0^{0.6}\frac{7.63t^2}{2}\mathrm{d}t+\int_{0.6}^{t}4.58t\mathrm{d}t$$

$$s=\left[\frac{7.63t^3}{6}\right]_0^{0.6}+\left[\frac{4.58t^2}{2}\right]_{0.6}^{t}$$

$$s=2.29t^2-0.550 \tag{4-3}$$

(4) 确立位移与速度关系的数学模型　将式（4-2）与式（4-3）联立可确立位移与速度关系的数学模型

$$9.16s=v^2+2.75v-3.15 \tag{4-4}$$

(5) 确定小型越野客车碰撞钱某时的速度　根据钱某尸体检验鉴定报告：钱某符合生前与运动钝性物体（机动车）作用致心脏损伤创伤性失血性休克死亡，即被车辆撞击死亡。

撞击位置的范围：最远应在死者头部血泊处，即距起动位置14.3m（图4-2）；近处应在死者头部血泊处前1.75m处（死者身高），即为（14.3−1.75）m=12.55m。小型越野客车前端高度约1.1m（图4-3）。死者重心约为0.9m，被撞击直接倒地，头部在血泊处。死者受车辆拖带，躯干、四肢绕头部翻滚（尸体检验鉴定书：死者头、背、四肢有多处擦伤及皮下出血）至事故现场图示所在位置。

将12.55m、14.3m分别代入式（4-4），解得小型越野客车碰撞钱某时的车辆速度在34.49~37.04km/h之间。该车起动后冲散行人所消耗的能量较小，可忽略不计。

(6) 确定小型越野客车碰撞路缘石时车辆速度　小型越野客车突然起动冲散行人向前行驶，撞倒钱某（致其死亡）后又前行一段距离后才受到各种阻力（撞击摊亭、骑压液化气罐等）最后撞击路缘石停车，共行进23.61m。其中包括：突然起动位置至死者头部血泊处14.3m、死者身高1.75m、死者脚部至车右后轮4.9m、车的轴距2.66m。

将23.61m代入式（4-4），由于该车撞倒钱某致其死亡后又前行一段距离，并受到骑压液化气罐、撞击摊亭、撞击路缘石、冲散行人等各种阻力，能量消耗较大。

解得小型越野客车碰撞路缘石时车辆速度应小于48.60km/h。

7. 鉴定意见

小型越野客车碰撞钱某时车辆速度在34.49~37.04km/h之间，碰撞路缘石时车辆速度应小于48.60km/h。

8. 证据信息

相关证据信息如图4-1~图4-8所示。

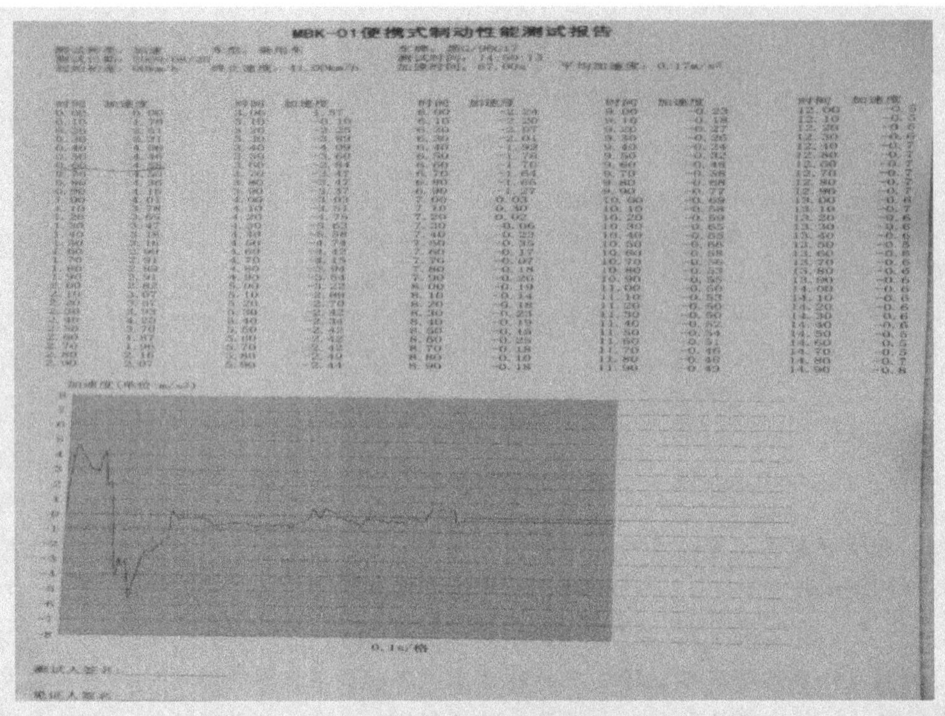

MBK-01便携式制动性能测试报告

图 4-1 小型越野客车加速性能测试报告

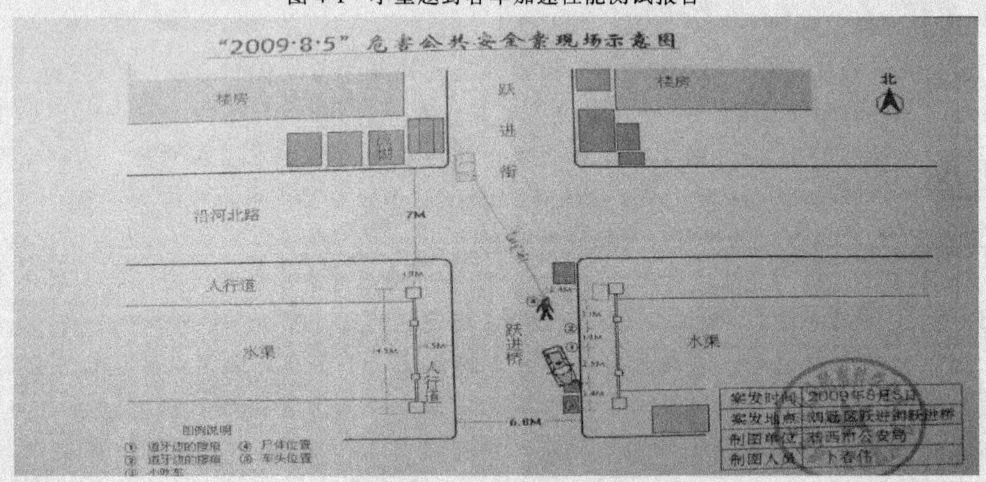

图 4-2 事故现场图

图 4-3 小型越野客车前端高度

图 4-4 事故现场全貌图（一）

图 4-5　事故现场全貌图（二）

图 4-6　车辆停放情况

图 4-7　被害人与车辆间距

图 4-8　现场急加速模拟试验

二、动能定理在车速鉴定中的应用

所谓动能定理，即合外力做功等于物体动能的增量。在道路交通事故中，利用动能定理结合肇事车的制动印迹长度可推算制动前车速。

汽车制动时，当车轮抱死时，汽车将沿着行驶方向在路面上滑移。此时，汽车所具有的动能将主要消耗于车轮与路面之间的摩擦，根据初动能转化为附着力做功：

$$mg\varphi L=\frac{1}{2}mv^2$$

得到

$$v=\sqrt{2g\varphi L} \tag{4-5}$$

考虑到道路纵坡坡度的影响，依据功能原理有

$$\frac{1}{2}mv^2=mg\varphi L\pm mgiL$$

式中　m——汽车质量（kg）；

v——汽车制动滑移前的车速，即制动车速（m/s，乘 3.6 转化为 km/h）；

L——制动印迹长度（m）；

φ——轮胎与路面的附着系数；

i——道路纵坡坡度，下坡取负值，上坡取正值；

g——重力加速度，$g=9.8\text{m/s}^2$。

由此可得根据制动印迹长度推算制动车速的基本公式为

$$v=\sqrt{2gL(\varphi\pm i)} \tag{4-6}$$

详见实例分析 4-3。

三、抛体运动模型在车速鉴定中的应用

1. 运用抛体公式借助抛落物体推算碰撞车速

车辆在碰撞瞬间，车体上的易碎构件或物体可能碎裂、松脱并受惯性力的作用向车辆行驶方向抛出。此时，如果测出抛落物体的飞行距离和它原来在车辆上的位置的高度，则可根据抛体的运动规律来推算车辆在碰撞瞬间的车速，即碰撞车速。

如图 4-9 所示，抛落物从车上高度 H 米处向车前飞出，飞行 L 米后落到地面，则碰撞车速可按下式计算：

$$v=L\sqrt{\frac{g}{2H}} \tag{4-7}$$

式中 v——碰撞车速（m/s，乘 3.6 转化为 km/h）；

H——抛落物原位置高度（m）；

L——抛落物飞行距离（m）；

g——重力加速度，$g=9.8\mathrm{m/s^2}$。

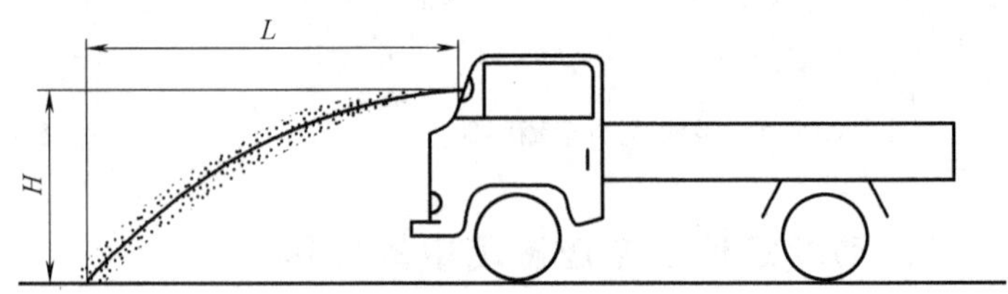

图 4-9　从车上碎裂的抛落物

现场测量飞行距离 L 时，应确定车辆碰撞接触点的位置和抛落物坠地位置。一般抛得越远的抛落物，其抛出速度越接近车辆碰撞前的速度。因此，在同类抛落物中，应以由抛得最远的抛落物计算的车速为准。但是，若为非塑性路面，抛落物落地之后还会向前滚动或滑动一段距离，而导致误差。解决办法是利用从汽车不同高度抛出的两个抛落物（如风窗玻璃和前照灯抛出的碎玻璃）来进行比较。同一辆车，两个抛落物抛出的速度相同，落地后滑出的距离也相同，设为 ΔL（m），风窗玻璃和前照灯玻璃在碰撞点的飞行距离分别为 L_1（m）和 L_2（m），破碎的风窗玻璃与前照灯玻璃在车上的原始高度分别为 h_1、h_2（m）。那么，两物体的平抛公式应写为

$$L_1-\Delta L=v\sqrt{\frac{2h_1}{g}}$$

$$L_2-\Delta L=v\sqrt{\frac{2h_2}{g}}$$

得

$$L_1-L_2=v\left(\sqrt{\frac{2h_1}{g}}-\sqrt{\frac{2h_2}{g}}\right)$$

解出

$$v=\frac{L_1-L_2}{\left(\sqrt{\frac{2h_1}{g}}-\sqrt{\frac{2h_2}{g}}\right)} \tag{4-8}$$

式中 v——碰撞车速（m/s，乘 3.6 转化为 km/h）；

ΔL——两个抛落物抛出落地后滑出的距离（m）；

h_1、h_2——分别为破碎的风窗玻璃与前照灯玻璃在车上的原始高度（m）。

2. 运用抛体公式推算单车坠崖（坠车）车速

行驶在山区公路上的长途汽车，常常因驾驶人疲劳驾驶或车辆出现机械故障等原因而驶出路外，坠落到山脚下，造成特大事故。对于这种情况，可以按两种情况来分析计算：

1）若能找到车轮坠落点 P（图 4-10），并测得其水平距离 x_1 和高差 h，就可按抛物线计算：

$$x_1 = v_{抛} t$$

$$h = \frac{1}{2}gt^2$$

消去时间 t 得到

$$v_{抛} = x_1\sqrt{\frac{g}{2h}} \tag{4-9}$$

2）若找不到坠落点 P 的位置，但能测得停车位置总的水平距离 x 和高差 h 及车辆落下后与地面间的滑动摩擦系数 μ，则有

$$x_2 = v_{抛}\sqrt{\frac{2h}{g}}$$

$$x_3 = \frac{v_{抛}^2}{2g\mu}$$

相加得

$$x = x_2 + x_3 = v_{抛}\sqrt{\frac{2h}{g}} + \frac{v_{抛}^2}{2g\mu} \tag{4-10}$$

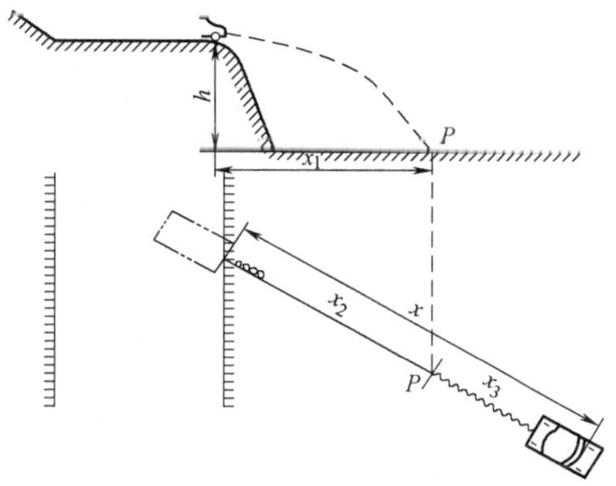

图 4-10　路外坠车示意图

式（4-10）是 $v_{抛}$ 的二次方程，有两个解，其中有用的一个解为

$$v_{抛} = \mu\sqrt{2g}\left(\sqrt{h+\frac{x}{\mu}} - \sqrt{h}\right) \tag{4-11}$$

式（4-11）也可以用于求解人被车辆撞击抛出落地后，因翻滚、滑行而找不到落地点时车辆的撞击速度。

3. 车辆制动拖滑一段距离后因碰撞物体跳跃抛出的车速推算

车辆在道路行驶遇到紧急情况采取制动措施，拖滑或侧滑一段距离后，碰撞比其质心低一些的坚固物体时，若速度足够大，则将在碰撞点处以一定角度跳跃抛出。

按抛物线计算公式：

$$s = v_{抛} t\cos\alpha$$

$$h = \frac{1}{2}gt^2 - vt\sin\alpha$$

消去时间 t 得到

$$v_{抛} = 3.6s\sqrt{\frac{g}{2(h+s\tan\alpha)\cos^2\alpha}} \tag{4-12}$$

又由抛体运动规律可知，对一定的抛出距离，抛射角为 45°时，所需速度最小。在道路

交通事故车速鉴定中，往往需要最小速度作为证据。因此，将 $\alpha=45°$代入式（4-12），求得在跳跃事故中车辆抛出时的最小速度为

$$v_{抛}=\frac{11.28s}{\sqrt{s+h}} \tag{4-13}$$

式中 $v_{抛}$——最低抛出速度（km/h）；

s——水平抛出距离（m）；

h——垂直升高或落下距离（m），升高时取负值，落下时取正值。

如果车辆离地和落地时的质心位置在同一水平面上，则式（4-13）可简化为

$$v_{抛}=11.28\sqrt{s} \tag{4-14}$$

设车辆跳跃抛出前的拖滑或侧滑距离为 L（m），则车辆制动前的初始速度 v 根据动能定理，得

$$\frac{1}{2}mv^2-\frac{1}{2}mv_{抛}^2=mg\varphi L\pm mgiL$$

有

$$v=3.6\times\sqrt{2gL(\varphi\pm i)+(v_{抛}/3.6)^2} \tag{4-15}$$

式中 v——车辆制动前的初始速度（km/h）；

L——车辆跳跃抛出前的拖滑或侧滑距离（m）；

φ——纵向拖滑时为纵向附着系数，侧滑时为横向附着系数；

i——道路坡度。

四、离心力在车速鉴定中的应用

当车辆在圆曲线线形的弯道处制动发生侧滑或侧翻时，可根据侧滑或侧翻时的制动轨迹估算制动初速度。只要能测出侧滑或侧翻时制动轨迹的曲率半径，就能估算出制动初速度。

1. 道路外侧不设超高时车辆侧滑的临界速度 $v_{滑}$ 的求解

图 4-11 所示为在弯道上行驶的车辆的横剖面，假定道路外侧未设超高。设整车重力为 G，弯道曲率半径为 R，那么作用在整车质心 C 上的惯性离心力 F_g 等于质量乘转弯时的向心加速度，即

$$F_g=ma_n=\frac{G}{g}\frac{v^2}{R}$$

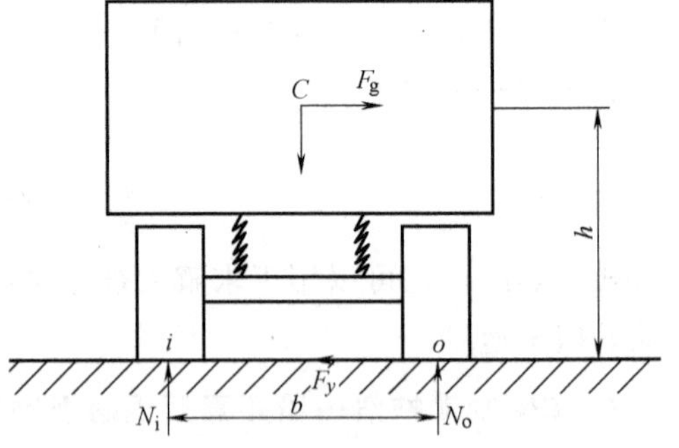

图 4-11 弯道外侧无超高时的车辆受力图

随着车速 v 的增加，惯性离心力迅速增加，当它达到轮胎与路面间横向最大摩擦力 F_y 时，路面上出现侧滑的印迹，此时的车速称为侧滑时的临界速度，用 $v_{滑}$ 表示，于是有

$$F_g=F_y=G\varphi_s$$

$$\frac{G}{g}\frac{v_{滑}^2}{R}=G\varphi_s$$

所以侧滑的临界速度为

$$v_{滑}=\sqrt{g\varphi_s R} \tag{4-16}$$

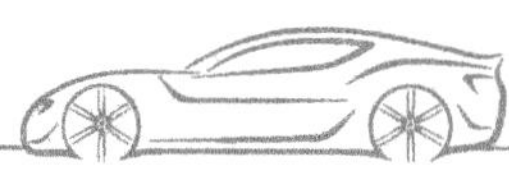

式中　φ_s——整车横向的附着系数。

横滑附着系数 φ_s 与纵滑附着系数 φ 的关系为

$$\varphi_s = 0.97\varphi + 0.08 \tag{4-17}$$

详见实例分析 4-2。

2. 道路外侧不设超高时车辆侧翻的临界速度 $v_{翻}$ 的求解

如图 4-11 所示，当整车质心高度 h 比较大，两轮间距 b 比较小时，随着车速 v 的增加，可能先发生侧翻，而不是先侧滑。侧翻的临界条件是惯性离心力引起的倾覆力矩 $F_g h$ 大于或等于重力的稳定力矩 $G(b/2)$，即

$$\frac{G}{g}\frac{v_{翻}^2}{R}h \geqslant G\frac{b}{2}$$

所以侧翻的临界速度为

$$v_{翻} = \sqrt{\frac{b}{2h}gR} \tag{4-18}$$

3. 道路外侧设超高时车辆侧滑与侧翻的临界速度求解

上述侧滑和侧翻临界速度公式中没有考虑道路外侧超高因素。假设弯道横断面有外侧超高，如图 4-12 所示，内倾角 β 的正切称为超高的横向坡度 i_y，即

$$i_y = \tan\beta$$

则车辆侧滑的临界速度为

$$v_{滑} = \sqrt{\frac{\varphi' + i_y}{1 - \varphi' i_y}gR} \tag{4-19}$$

车辆侧翻的临界速度为

$$v_{翻} = \sqrt{\frac{b + 2hi_y}{2h - bi_y}gR} \tag{4-20}$$

由式（4-19）和式（4-20）可知，路面横断面有外侧超高（$i_y>0$）时，两个临界速度都增大，车辆行驶的稳定性提高。但是，若某处路面有反超高（$i_y<0$），两个临界速度都减小，车辆行驶的稳定性降低。

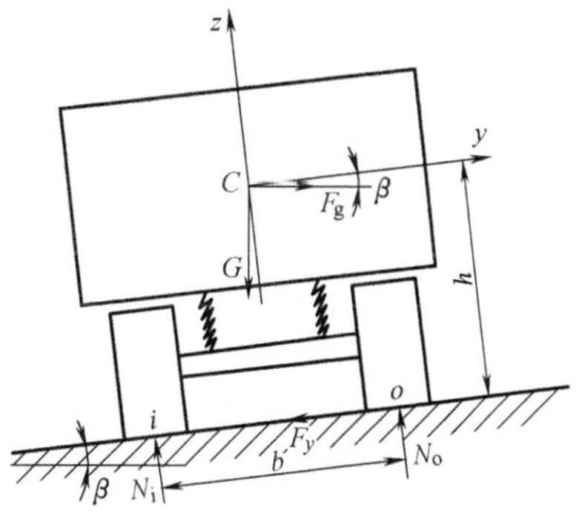

图 4-12　弯道外侧有超高时的车辆受力图

【实例分析 4-2】　车辆侧滑行驶速度确定

1. 案件简要情况

2018 年 6 月×日 7 时 43 分许，张某驾驶越野车高速行驶至某环城高速公路某服务区北 2000m 前约 100m 的弯道处，发生侧滑现象，沿原行驶方向的切线方向滑移。滑移后撞击路右侧波形防护栏及多根路边杆桩，并在撞击路外广告牌桩后反弹回路内，造成车内四人死亡的道路交通事故。

2. 送检材料及样本

1）事故现场图、现场勘查笔录。

2）现场照片 32 张（电子版）。

3）车辆信息、乘员信息。

3. 鉴定要求

鉴定事故发生前越野车的初速度。

4. 鉴定时间

2018 年 6 月×日。

5. 检验鉴定的方法

依据 GA 41—2014《道路交通事故痕迹物证勘验》（案发时实行标准）及 GA/T 1087—2013《道路交通事故痕迹鉴定》对这起事故的事故车辆及肇事现场进行勘验，同时依据交通事故现场特征，如车辆损坏程度、路面情况、路边防护隔离设施的损坏程度等，运用力学的基本理论对这起事故中事故车辆运行的轨迹进行推理与验证，并根据 GB/T 33195—2016《道路交通事故车辆速度鉴定》推算事故发生前越野车的初速度。

6. 分析与鉴定

根据事故现场图、现场勘查笔录、事故现场图片及车辆破损情况综合分析，越野车突然失控发生侧滑的原因是，在弯道处行驶速度过快，加之雨后路面湿滑，车辆轮胎与路面发生“水滑”现象，致使路面与越野车轮胎之间的附着力过小，失去对侧向离心力的抵御能力而发生侧滑现象，进而沿原行驶方向的切线方向滑移。滑移后撞击道路右侧波形防护栏及多根路边杆桩，并撞击路外广告牌桩。

该越野车在到达弯道时，由于行驶速度达到侧滑的临界速度而沿着原行驶速度的切线方向向右前方滑移，侧滑的临界速度 v 为

$$v=\sqrt{gr\varphi_s}$$

式中 r——圆曲线的半径。距事故现场碰撞路段前方约 100m 处有弯道，根据 JT GB 01—2014《公路工程技术标准》有关圆曲线的半径设计规定值，这里取 $r=1000\text{m}$；

φ_s——横滑附着系数。根据 GB/T 33195—2016《道路交通事故车辆速度鉴定》中汽车滑动附着系数参考值表，汽车在冰路面的纵滑附着系数 φ 取 0.1~0.25，湿水路面参考取其最小值 0.1。侧滑时取横滑附着系数，横滑附着系数 φ_s 与纵滑附着系数 φ 的关系为 $0.97\times0.1+0.08=0.177$。

解得

$$v=149.93\text{km/h}$$

7. 鉴定意见

该越野车行驶的最小速度为 149.93km/h。

8. 证据信息

相关证据信息如图 4-13~图 4-16 所示。

图 4-13 事故路段前方弯道近景

图 4-14 事故路段前方 100m 处弯道

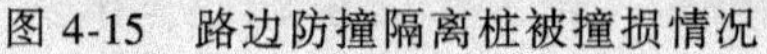

图 4-15　路边防撞隔离桩被撞损情况

图 4-16　事故现场全貌图片

五、根据汽车车体塑性变形的经验公式计算碰撞前速度

据相关资料介绍，由多种轿车碰撞固定壁试验结果归纳出塑性变形量 x 与碰撞速度存在线性比例关系，原则上可分两种情况：

1）当轿车正面碰撞固定壁时，有

$$v_0 = 105.3x \tag{4-21}$$

2）当轿车头部碰撞树、杆、柱等固定物时，有

$$v_0 = 67x \tag{4-22}$$

式中　x——轿车头部塑性变形深度（m），可在肇事车辆破损平面上多取一些测量点，测量到前保险杠立面的距离取平均值；

v_0——碰撞初瞬时轿车的速度（km/h）。

被撞车尾部的塑性变形平均深度与有效冲突速度的经验公式的关系，在后续内容介绍。

六、弹性恢复系数在车速鉴定中的应用

肇事车斜向碰撞防护栏，当车辆方向失控时，斜向撞击防护栏或其他障壁，并且经过折射反弹停下。如图 4-17 所示，设碰撞前车速为 v_0，其方向与防护栏的夹角为 θ_0（称为入射角）。碰撞后反弹的速度为 v，其方向与防护栏的夹角为 θ（称为反射角）。由于不是正向碰撞，用车头塑性变形计算车速的经验公式不适用。可以采用法向弹性恢复系数法。

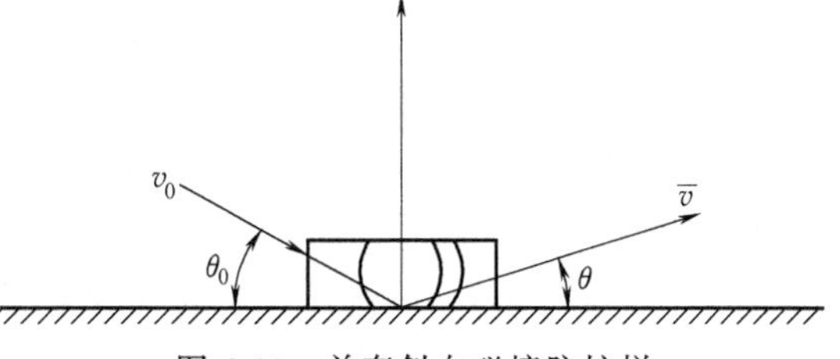

图 4-17　单车斜向碰撞防护栏

法向弹性恢复系数 k，为碰撞后速度的法向分量 v_n 与碰撞前速度的法向分量 v_{on} 之比，即

$$k = \frac{v_n}{v_{on}} = \frac{v\sin\theta}{v_0\sin\theta_0} \tag{4-23}$$

所以

$$v_0 = \frac{\sin\theta}{\sin\theta_0}\frac{v}{k} \tag{4-24}$$

当防护栏的刚度不大时，弹性恢复系数 k 可以达到 0.5 以上，一般取 0.5 或 0.5~1 的中值 0.75。通常情况下反射角 θ 小于入射角 θ_0，但也可能出现相反的情况，这是因为防护栏切向摩擦力冲量比较大，使切向速度分量因摩擦而减小的程度超过法向速度分量减小的程度。

在此种事故中，式（4-24）中入射角 θ_0、反射角 θ 的确定，可根据事故现场路面印迹结合车辆和防护栏的撞击部位，还原、再现车辆撞击防护栏前、中、后的位置，利用 CAD 技术绘制道路交通事故再现图，并量出入射角 θ_0、反射角 θ 的角度。

反弹速度 v 可根据肇事车辆撞击防护栏后，折射反弹时在路面留下的印迹长度，根据动能定理利用式（4-5）求出。

详见实例分析 4-3。

【实例分析 4-3】 车辆二次碰撞行驶速度确定

1. 案件简要情况

2017 年 9 月 18 日 11 时 10 分许，刘某驾驶吉普车（B 车）高速行驶至 G221 国道 520km+44m 处，与同向行驶的轿车（A 车）发生追尾碰撞。A 车被撞向右前侧边沟，又滑动一定距离并旋转停车。B 车碰撞后向右前方抛出一段距离落地翻车，并滑向右前侧路缘石，撞击路缘石及路边防护栏后反弹滑向左前方停车。造成 A 车内 5 人死亡、车辆严重损毁的特大道路交通事故。

2. 送检材料及样本

1）事故现场图、现场勘查笔录。

2）现场照片 39 张（电子版）。

3）车辆信息、乘员质量信息。

3. 鉴定要求

鉴定事故发生前吉普车（B 车）的初速度。

4. 鉴定时间

2017 年 9 月 21 日。

5. 检验鉴定的方法

依据 GA 41—2014《道路交通事故痕迹物证勘验》（案发时实行标准）及 GA/T 1087—2013《道路交通事故痕迹鉴定》对这起事故的事故车辆及肇事现场进行勘验，同时依据交通事故现场特征，如车辆损坏程度、路面情况、路边防护隔离设施的损坏程度等运用力学的基本理论对这起事故中事故车辆运行的轨迹进行推理与验证。利用 CAD 技术对本起事故进行再现，获取速度鉴定所需的不确定参数，并根据国家标准 GB/T 33195—2016《道路交通事故车辆速度鉴定》推算事故发生前吉普车（B 车）的初速度。

6. 分析与鉴定

根据事故现场图、现场勘查笔录、事故现场图片及车辆破损情况综合分析，B 车由西向东以 v_{20} 速度、θ_{20}（根据 B 车碰撞前初始印记与东西方向实际测量角度，如图 4-18 所示）与右前方以速度 v_{10} 行驶的 A 车的左后轮中心处相撞。A 车在被撞后以 v_1、θ_1 向自身右前方滑动 l_1 距离后，又以 v'_1、θ'_1（图 4-19）水平抛出 4.2m，落到深度为 0.70m 的边沟另一侧（图 4-20），又滑动 l''_1 的距离旋转后停车。B 车在与 A 车碰撞后以 v_2、θ_2 抛出 l_2 距离（此段距离没有印迹），落地后发生翻车（根据机械能守恒，落地时的速度就是 B 车碰撞后的速度），滑动 l'_2 的距离后以速度 $v_入$、$\theta_入$（即 θ_2）与路缘石碰撞摩擦，之后以 $\theta_反$、$v_反$ 反射出去，与地面摩擦 l''_2 的距离后停下。

(1) 碰撞点确定 根据事故现场图、事故现场勘查笔录及现场照片分析，碰撞点的位置应在散落泥土的初始点及轮胎印迹之前。原因有两点：

1）碰撞瞬间轮胎和地面不会马上产生印迹，故接触点应该在印迹形成之前。

2）碰撞发生瞬间车辆底盘上的泥土会随撞击的产生而脱落，但仍具有向前的速度，故接触点位置也应提前。

因此综合分析，再根据两车碰撞变形，利用 CAD 实车摆放确定上述碰撞点位置。

(2) 确定 A 车碰后速度 v_1

1）首先确定 A 车在滑行到路边沟时被抛出去的速度 v_1'。

根据抛体规律可知
$$v_1'=s\sqrt{\frac{g}{2H}}$$

式中 s——A 车水平抛入边沟中运动的水平距离，取 4.2m（由现场图及现场照片可知）；

H——A 车在边沟中运动的高度，取 0.70m（由现场图及现场照片可知）。

解得 A 车滑到沟边的速度 $v_1'=11.1\text{m/s}=40.0\text{km/h}$。

2）确定 A 车在碰撞后，质心的滑移速度 v_1。

根据动能定理可得
$$\frac{1}{2}m_1v_1^2-\frac{1}{2}m_1v_1'^2=m_1gl_1\varphi_1$$

式中 l_1——A 车在路面上摩擦的距离（m），取 21.3 m（CAD 实车测量）；

φ_1——滑动附着系数。根据 GB/T 33195—2016《道路交通事故车辆速度鉴定》中汽车滑动附着系数参考值表，汽车在天气晴朗新沥青路面（新铺装）的滑动附着系数值可取 0.7~0.85，这里取 0.8。

解得 A 车碰撞后的速度 $v_1=21.46\text{m/s}=77.3\text{km/h}$。

(3) 确定 B 车碰后速度

1）首先确定 B 车被路缘石反射之后的速度 $v_{反}$。

B 车停止之前的动能完全由摩擦消耗，根据动能定理可得
$$\frac{1}{2}m_2v_{反}=m_2gl_2''\varphi_2$$

式中 l_2''——B 车反射后直至停下的摩擦距离（m），取 64.5m（由现场图可知）；

φ_2——滑动摩擦系数。根据 GB/T 33195—2016《道路交通事故车辆速度鉴定》中汽车翻车时车身滑动摩擦系数参考值表，汽车翻车时车身外板对沥青路面的滑动摩擦系数取 0.4。

解得 B 车反射后的速度 $v_{反}=22.5\text{m/s}=81\text{km/h}$。

2）B 车与路缘石摩擦的入射速度与反射之后的速度有如下关系：
$$v_{入}=\frac{\sin\theta_{反}}{\sin\theta_{入}}\frac{v_{反}}{k}$$

式中 $\theta_{入}$——B 车与路缘石摩擦的入射角，取 4.3°（CAD 实车测量）；

$\theta_{反}$——B 车与路缘石摩擦的反射角，取 3°（CAD 实车测量）；

k——恢复系数，取 0.5。

解得 B 车与路缘石摩擦的入射速度 $v_{入}=31.39\text{m/s}=113\text{km/h}$。

3）确定 B 车落地后速度 v_2。

根据动能定理可得 $$\frac{1}{2}m_2v_2^2-\frac{1}{2}m_2v_入=m_2gl'_2\varphi_2$$

式中 l'_2——B车翻车后至与路缘石接触前的摩擦距离（m），取53.4 m（由现场图可知）；

φ_2——滑动摩擦系数。根据GB/T 33195—2016《道路交通事故车辆速度鉴定》中汽车翻车时车身滑动摩擦系数参考值表，汽车翻车时车身外板对沥青路面的滑动摩擦系数取0.4。

解得B车落地后（即碰撞后抛出）的速度 $v_2=34.56\text{m/s}=124.42\text{km/h}$。

（4）确定A、B两车在碰撞前的速度 A、B两车在碰撞的瞬间，在垂直道路方向（即南北方向）动量守恒：

$$m_2v_{20}\sin\theta_{20}=m_2v_2\sin\theta_2+m_1v_1\sin\theta_1$$

式中 θ_1——A车碰撞后的角度，取18.4°（如图4-19所示，$\theta_1=\arctan\frac{1}{3}=18.4°$）；

θ_{20}——B车碰撞前的角度，取6.5°（根据图4-18所示的吉普车初始痕迹实际测量）；

θ_2——B车碰撞后的角度，取4.3°（根据质心运动定理，与$\theta_入$相等）。

解得B车碰撞时的速度 $v_{20}=181.54\text{km/h}$。

7. 鉴定意见

吉普车（B车）碰撞时的速度约为181.54km/h（可以取±3%的误差）。

8. 证据信息

相关证据信息如图4-18~图4-25所示。

图4-18 吉普车初始痕迹

图4-19 轿车碰后角度

图4-20 轿车落沟的深度

图4-21 事故现场图片

图 4-22　吉普车入射及反射角度

图 4-23　吉普车车身外板与沥青路面摩擦

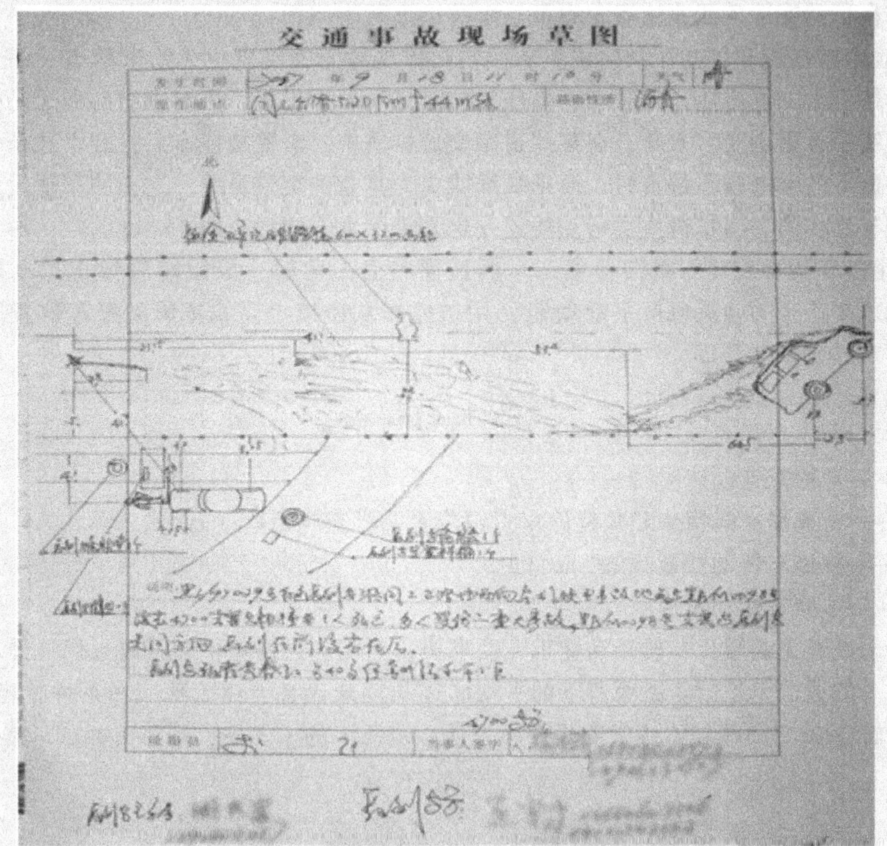

交通事故现场草图

图 4-24　事故现场图

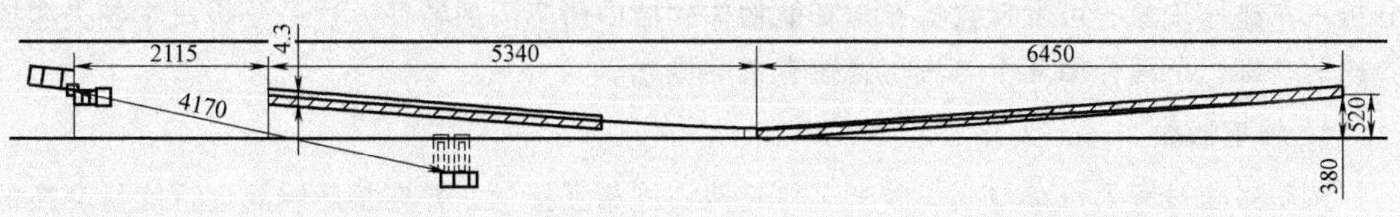

图 4-25　CAD 实车比例图

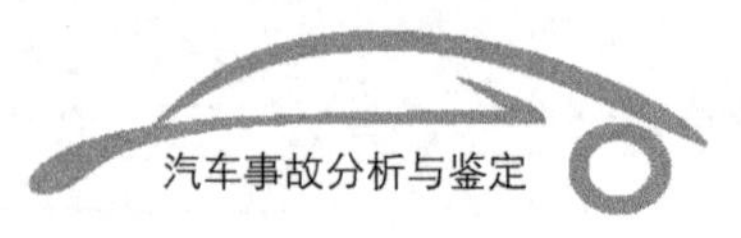

第二节　汽车事故力学分析

一、被撞击车辆的一般运动描述

在碰撞过程中，汽车的损坏仅限于相撞部位，而其他大部分仍然完好，故可将汽车视为刚体。将汽车作为刚体处理，可简化分析和计算。

用刚体的质心运动定理来描述车辆的运动规律。刚体的质心运动定理，即刚体在受到外力作用时，不管形状、结构如何复杂，也不管外力作用点在刚体的什么位置，刚体质心的运动就像是刚体的全部质量都集中于质心，而所有的外力也都作用于这一点一样。刚体的质心运动定理在道路交通事故速度鉴定中可以解决以下两个问题：

1）确定被撞击车辆的运动轨迹。若车辆被撞击后，处于自由无约束状态，即不与其他车辆或物体发生二次碰撞，驾驶人不操作转向盘且无外力干扰，则车辆质心的运动轨迹一定是一条直线，且沿着受力方向。在某些道路交通事故中，车辆被撞击后符合上述条件，但车辆在路面留下的印迹却不是直线，而是弧线或更为复杂的交错弧线。这说明车辆运动中，围绕质心是有旋转的，但车辆质心运动轨迹一定是沿受力方向的直线。

2）求解车辆有旋转的碰撞速度。车辆被撞击后，运动一段距离后停止，根据动能定理，碰撞速度产生的动能包括平动动能（用被撞车从碰撞点直线拖滑到停车位置摩擦力做功表示）和转动动能，即

$$\frac{1}{2}mv^2=mg\varphi L+\frac{1}{2}J\omega^2 \tag{4-25}$$

式中　v——被撞车运动速度（m/s）；

L——被撞车在碰撞点和最终停车点两位置质心连线距离（m）；

J——被撞车转动惯量（$kg\cdot m^2$）；

ω——被撞车转动角速度（rad/s）。

因转动惯量无法量化，转动动能也无法求出，只能通过修正平动距离来保证计算结果的准确性。一般取四个轮胎在路面留下的平均印迹长度来代替上述 L 值。在某种特定情况下，如车辆旋转 180°实测平均印迹长度是两位置质心连线 L 的 1.3 倍，则式（4-25）修正为

$$v=\sqrt{2g\varphi\times1.3L} \tag{4-26}$$

二、汽车碰撞事故力学特征描述

道路交通事故大部分是由汽车与汽车或汽车与其他物体发生碰撞而引起的。从力学观点分析汽车碰撞现象，可发现它具有与其他物体碰撞中所不同的特征，这是分析汽车各类碰撞事故的基础。下面介绍几个与汽车碰撞有关的概念。

1. 恢复系数

汽车碰撞过程是汽车与汽车或汽车与其他物体相互接触，并在接触瞬间进行能量交换的过程。在这个过程中，碰撞车辆发生变形，变形量像弹簧一样有恢复的趋势，但又不同于弹簧而无法完全恢复。这属于“非完全弹性碰撞”。为解决此问题，牛顿引入了一个称为“恢

复系数”的量。

牛顿这样定义恢复系数：两个相互碰撞的物体碰撞前后相对速度的比值，如图 4-26 所示，即碰撞后两车分离的速度比上碰撞前两车接近的速度。

$$k=\frac{v_2-v_1}{v_{10}-v_{20}} \tag{4-27}$$

式中 k——恢复系数；

v_1、v_2——物体 1 和物体 2 在碰撞刚结束后的速度；

v_{10}、v_{20}——物体 1 和物体 2 在碰撞前的速度。

显然，弹性碰撞（如橡皮球碰撞墙壁），其碰撞前后相对速度不变，恢复系数 $k=1$；塑性碰撞（如泥巴球碰撞墙壁），碰撞后速度为零，恢复系数 $k=0$。

当汽车以较低的速度互撞或撞刚性固定物时，恢复系数 k 较大，接近于弹性碰撞；当汽车以较高的速度碰撞时，恢复系数 k 趋向于零，接近于塑性碰撞。由于在实际的交通事故中，车辆的速度均较高，故可认为汽车碰撞近似于塑性碰撞。

2. 有效冲突速度

如图 4-26 所示，两车相互接近，1 车为正方向，2 车为负方向。两车接触后，相互的撞击力使两车相互挤压，变形不断加深，两车的速度不断减小，直至 1 车的速度为零。随撞击的进行，1 车被 2 车加速，并向负方向行驶。当两车都达到最大变形量时，两车达到共同速度 v_c 向负方向行驶。两车在自身力图恢复变形的弹性力的作用下逐渐分离，以 v_1、v_2 的速度向负方向运动。分析上述碰撞过程，两车的变形发生在开始接触的零时刻到最大变形的 t_0 时刻之间，形变的大小取决于撞击力，根据动量原理，平均撞击力与动量的改变成正比。在这段时间内，1 车的动量改变为 $m_1v_{10}-m_1v_c$，2 车的动量改变为 $m_2v_c-m_2v_{20}$。可以看出：决定 1 车碰撞形变大小的速度是 $v_{10}-v_c$；决定 2 车碰撞形变大小的速度是 v_c-v_{20}。将 $v_{10}-v_c$ 和 v_c-v_{20} 分别定义为 1 车和 2 车的有效冲突速度，用 v_e 表示，即

$$\begin{cases}v_{e1}=v_{10}-v_c\\ v_{e2}=v_c-v_{20}\end{cases} \tag{4-28}$$

式（4-28）是碰撞中机动车的有效冲突速度定义，虽是由正面碰撞导出的，但对于追尾碰撞同样适用。为获取有效冲突速度，必须确定 v_c 的大小。可根据动量守恒，利用两车碰撞开始时系统的总动量等于两车达到最大形变量时（即达到共同速度 v_c 时）系统的总动量，即

$$m_1v_{10}+m_2v_{20}=(m_1+m_2)v_c$$

由此得出

$$v_c=\frac{m_1v_{10}+m_2v_{20}}{m_1+m_2} \tag{4-29}$$

将式（4-29）代入式（4-28），得到

$$\begin{cases}v_{e1}=v_{10}-v_c=\dfrac{m_2(v_{10}-v_{20})}{m_1+m_2}\\ v_{e2}=v_c-v_{20}=\dfrac{m_1(v_{10}-v_{20})}{m_1+m_2}\end{cases} \tag{4-30}$$

3. 恢复系数与有效冲突速度的关系

在力学上，恢复系数作为衡量车辆冲突弹塑性的参数，与有效冲突速度存在着某种关

系。大量的实车碰撞试验表明，当有效冲突速度小时，车辆碰撞接近弹性碰撞；随着冲突速度加大，车辆碰撞接近塑性碰撞，如图 4-27 所示。

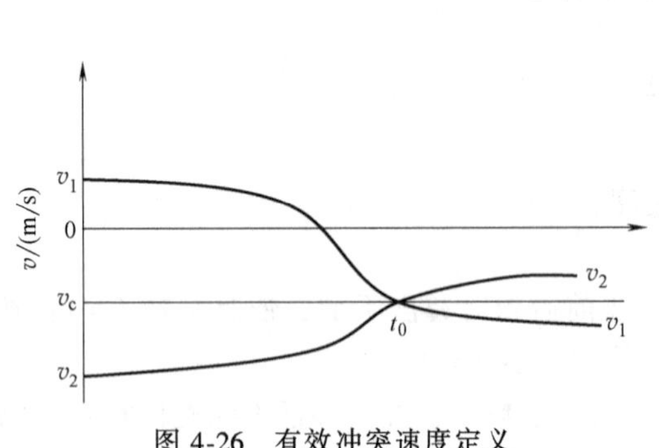

图 4-26　有效冲突速度定义

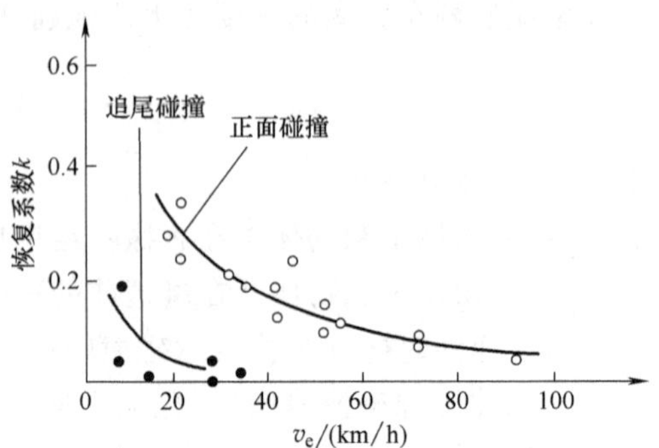

图 4-27　恢复系数与有效冲突速度的关系

4. 车辆冲突中的能量吸收与变形

车辆碰撞过程中，两车的能量吸收及变形量大小与车辆的质量有关。究竟存在何种关系，要利用车辆碰撞的恢复系数和有效冲突速度与汽车质量之间的关系进行确定。

如图 4-26 所示，两车碰撞前后动量守恒，根据动量守恒定律有

$$m_1v_1+m_2v_2=m_1v_{10}+m_2v_{20}$$

同时，再根据恢复系数定义有

$$k=\frac{v_2-v_1}{v_{10}-v_{20}}$$

解得

$$v_1=v_{10}-\frac{m_2}{m_1+m_2}(1+k)(v_{10}-v_{20}) \tag{4-31}$$

$$v_2=v_{20}+\frac{m_1}{m_1+m_2}(1+k)(v_{10}-v_{20}) \tag{4-32}$$

式（4-31）和式（4-32）表明，在同一冲突中，恢复系数越大，或者是对方的质量越大，本车的速度变化也越大；在不同冲突中，即使冲突前的速度差完全一样，速度的变化也将随两辆车的质量和恢复系数的不同而不同。

在实际的正面交通冲突中，除车辆速度大小会发生变化外，车辆的速度方向通常也会发生变化，使质量小的车沿着质量大的车的前进方向后退。除完全弹性碰撞外，一般的碰撞过程都伴有能量损失，它转化为热能或其他形式能。因此对于两车正面碰撞，能量损失有以下三种不同的表示方法：

1）两车碰撞能量损失等于撞击力做功。

由

$$w=\frac{1}{2}m_1v_{10}^2+\frac{1}{2}m_2v_{20}^2-\frac{1}{2}m_1v_1^2-\frac{1}{2}m_2v_2^2$$

并结合式（4-31）和式（4-32）得

$$w=\frac{1}{2}\frac{m_1m_2}{m_1+m_2}(1-k^2)(v_{10}-v_{20})^2$$

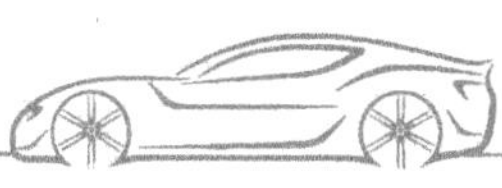

显然，完全弹性碰撞时，$k=1$，$w=0$；完全塑性碰撞时，$k=0$，能量损失表达为

$$w=\frac{1}{2}\frac{m_1m_2}{m_1+m_2}(v_{10}-v_{20})^2 \tag{4-33}$$

2）把两车碰撞简化为塑性弹簧碰撞。如图4-28所示，把两车简化为塑性弹簧，x_1、x_2 为两弹簧的变形量，K_1、K_2 为两塑性弹簧的弹簧系数，早期国外对不同品牌的小轿车进行大量模拟碰撞试验发现，不同品牌轿车"K 虽不同"，但"单位汽车质量"的弹性系数 K' 都接近一个常量，且为车辆碰撞时的减速度 a 与变形量 x 之比，近似等于 $41.0g/\text{m}$。对于 K' 的值，不同时期，汽车结构设计理念不同、汽车材质不同，K' 的值也不同，现在一般使用 $855.56/\text{s}^2$。

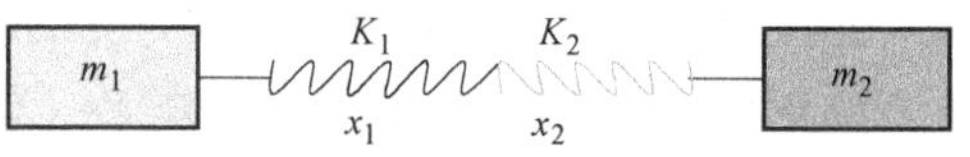

图 4-28 两物体正面冲突力学模型

下面研究弹簧系数 K 与"单位汽车质量"的弹性系数 K' 之间的关系。

由

$$a=K'x$$

$$F=Kx$$

$$F=ma$$

解得

$$K=m\ K' \tag{4-34}$$

若两弹簧串联，有

$$x=x_1+x_2 \tag{4-35}$$

$$K=\frac{K_1K_2}{K_1+K_2}=\frac{K'm_1K'm_2}{K'm_1+K'm_2}=K'\frac{m_1m_2}{m_1+m_2} \tag{4-36}$$

将式（4-34）、式（4-35）、式（4-36）联立，得到能量损失的第二种表现形式：

$$w=\frac{1}{2}K'\frac{m_1m_2}{m_1+m_2}(x_1-x_2)^2 \tag{4-37}$$

3）若两车碰撞为塑性变形，撞击力做功分别等于两塑性弹簧做功之和。

$$w=\frac{1}{2}K'm_1x_1^2+\frac{1}{2}K'm_2x_2^2 \tag{4-38}$$

将车辆碰撞能量损失的三种表示形式，即式（4-33）、式（4-37）、式（4-38）与式（4-30）联立得出两个重要结论：

1）两车碰撞时，变形量与质量成反比，即 $\frac{x_1}{x_2}=\frac{m_2}{m_1}$；有效碰撞速度 v_{e1} 和 v_{e2} 与质量 m_1 和 m_2 成反比，所以能量吸收与质量的二次方成反比，即 $\frac{E_1}{E_2}=\left(\frac{m_2}{m_1}\right)^2$。可见在碰撞事故中，质量小的车受到的伤害大。

2）同样的有效冲突速度下，正面冲突和对墙冲突中的车体变形是完全相同的，即汽车对墙的有效冲突公式在两车正面碰撞中也完全适用。

详见实例分析 4-4。

【实例分析 4-4】

1. 案件简要情况

2018 年 11 月 1 日 19 时 20 分许，边某驾驶小型轿车（A 车），沿某路由南向北行驶至某路段时，遇张某驾驶的小型轿车（B 车）由北向南行驶，结果两车发生碰撞，造成车内 2 人死亡的道路交通事故。

2. 送检材料及样本

1）现场图复印件 1 份。

2）现场照片（电子版）。

3）事故车辆小型轿车（A 车）及小型轿车（B 车）的检验照片。

4）车辆信息及乘员信息各 1 份。

3. 鉴定要求

鉴定事故发生前小型轿车（A 车）的行驶速度。

4. 鉴定时间

2018 年 11 月 4 日。

5. 检验鉴定的方法

依据 GA 41—2014《道路交通事故痕迹物证勘验》（案发时实行标准）及 GA/T 1087—2013《道路交通事故痕迹鉴定》对这起事故的事故车辆及肇事现场进行勘验，同时依据交通事故现场特征，如车辆损坏程度、路面情况、路边防护隔离设施的损坏程度等运用力学的基本理论对这起事故中的事故车辆运行的轨迹进行推理与验证，并根据 GB/T 33195—2016《道路交通事故车辆速度鉴定》推算事故发生前小型轿车（A 车）的行驶速度。

6. 分析与鉴定

根据案件简要情况、现场图、现场照片及车辆撞击破损情况对发生事故的过程进行简要分析：A 车由南向北行驶至事故地点时，车体前部与由北向南行驶的 B 车前部碰撞，事故后两车啮合一起向北运动，后分开停止于现场图所示停止位置。A 车碰撞后的运行距离为 $l_{a1}=5.50\text{m}$，B 车碰撞后的运行距离为 $l_{b1}=8.40\text{m}$。A 车碰撞前制动距离为 $l_{a0}=10.70\text{m}$。

（1）确定 A、B 两车碰撞后的共同速度 根据 A、B 两车碰撞后的运行距离及运行情况，确定 A、B 两车碰撞后的共同速度：

$$\frac{1}{2}(m_a+m_b)\left(\frac{v_{ab}}{3.6}\right)^2=\varphi_s k m_a g l_{a1}+\varphi_s k m_b g l_{b1}$$

式中 v_{ab}——A、B 两车碰撞后的共同速度（km/h）；

m_a——A 车质量（kg）；

m_b——B 车质量（kg）；

l_{a1}——A 车碰撞后的运行距离（m），$l_{a1}=5.50\text{m}$；

l_{b1}——B 车碰撞后的运行距离（m），$l_{b1}=8.40\text{m}$；

φ_s——车辆在该段路面的横滑附着系数，参照 GB/T 33195—2016《道路交通事故车辆速度鉴定》的相关规定，结合运行路面为干燥沥青路面，确定车辆在该段路面的纵滑附着系数为 $\varphi=0.7$，依据横滑附着系数与纵滑附着系数的关系式确定 $\varphi_s=0.97\varphi+0.08=0.759$；

k——A、B 两车碰撞后的附着系数修正值，结合两车碰撞后右前轮均撞击破损，根据参数不确定选取原则取 $k=0.75$；

3.6——单位换算产生的系数；

g——重力加速度，取 9.8m/s^2。

经计算得：$v_{ab}=31.58\text{km/h}$。

(2) 确定 A 车碰撞前的瞬时速度 根据 A 车前部塑性变形量及 A、B 两车碰撞后的共同速度，确定 A 车碰撞前的瞬时速度：

$$v_{a0}=105.3\Delta x_a+v_{ab}$$

式中 v_{a0}——A 车碰撞时的瞬时速度（km/h）；

v_{ab}——A、B 两车碰撞后的共同速度（km/h）；

Δx_a——A 车塑性变形量，根据 A 车右前部变形情况（右前部变形宽度 1.40m，变形深度 0.90m），确定 $\Delta x_a=\frac{1.40}{1.773}\times\frac{0.9}{2}\text{m}=0.355\text{m}$。

经计算得：$v_{a0}=69.00\text{km/h}$。

(3) 确定 A 车的行驶速度 根据 A 车碰撞前的制动距离，确定 A 车在痕迹起点的瞬时速度：

$$\frac{1}{2}m_a\left(\frac{v_a}{3.6}\right)^2=\varphi m_a g l_{a0}+\frac{1}{2}m_a\left(\frac{v_{a0}}{3.6}\right)^2$$

式中 v_a——A 车在痕迹起点的瞬时速度（km/h）；

m_a——A 车质量（kg）；

l_{a0}——A 车在碰撞前的制动距离（m），$l_{a0}=10.70\text{m}$；

φ——车辆在该段路面的纵滑附着系数，参照 GB/T 33195—2016《道路交通事故车辆速度鉴定》的相关规定，结合路面为干燥沥青路面，确定车辆在该段路面的纵滑附着系数为 $\varphi=0.7$；

3.6——单位换算产生的系数；

g——重力加速度，取 9.8m/s^2。

经计算得：$v_a=81.08\text{km/h}$。

将 A 车在痕迹起点的瞬时速度作为 A 车的行驶速度。经估算误差在3%以内，即 A 车的行驶速度在 79~84km/h 之间。

7. 鉴定意见

小型轿车（A 车）碰撞前的速度在 79~84km/h 之间。

8. 证据信息

相关证据信息如图 4-29~图 4-36 所示。

图 4-29　证据信息（一）

图 4-30　证据信息（二）

图 4-31　证据信息（三）

图 4-32　证据信息（四）

图 4-33　证据信息（五）

图 4-34　证据信息（六）

图 4-35　证据信息（七）

图 4-36　证据信息（八）

第三节　汽车一维碰撞事故速度再现

两车一维碰撞也称为直线碰撞，是指碰撞前后两车质心始终保持在同一直线上。只要用一个坐标轴就能描述两车一维碰撞的碰撞过程。一维碰撞一定是对心碰撞，而不是偏心碰撞，一定与碰撞面正交，而不是斜交，也不能与车辆侧面相撞，而只能是正面对正面或正面对后面（追尾）碰撞。因此一维碰撞包含两车正面碰撞和追尾碰撞两种。

一、一维正面碰撞

两车一维正面碰撞过程中，碰撞前有两个速度 v_{10} 和 v_{20}，碰撞后也有两个速度 v_1 和 v_2。可以通过碰撞后两车在路面留下的印迹运用动能定理算出碰撞后两车速度 v_1 和 v_2，结合车辆变形与有效冲突速度的关系，反过来推算碰撞前速度。为了使推导的公式具有一般性，假定碰撞前后两车速度 v_{10}、v_{20}、v_1、v_2 的方向都沿 x 轴正向，于是把动量守恒定理投影在 x 轴上得到

$$m_1v_1+m_2v_2=m_1v_{10}+m_2v_{20} \tag{4-39}$$

据相关资料介绍，由多种轿车碰撞固定壁试验结果归纳出塑性变形量 x 与碰撞速度存在线性比例关系，即 $v_0=105.3x$。有研究表明，同样的有效冲突速度下，正面冲突和对墙冲突中的车体变形是完全相同的，即汽车对墙的有效冲突公式在两车正面碰撞中，也完全适用。轿车头部塑性变形的平均深度，与该车的有效冲突速度 v_e 的关系如下：

$$v_{e1}=105.3x_1 \tag{4-40}$$

$$v_{e2}=105.3x_2 \tag{4-41}$$

车辆 1 和车辆 2 的有效冲突速度 v_{e1} 和 v_{e2} 定义见式（4-30）。

两车在路面留下的印迹运用动能定理算出碰撞后两车的速度 v_1 和 v_2：

$$v_1=\sqrt{2gL_1k_1(\varphi_1\pm i_1)} \tag{4-42}$$

$$v_2=\sqrt{2gL_2k_2(\varphi_2\pm i_2)} \tag{4-43}$$

将上述公式整合后即可求解一维碰撞初始速度 v_{10} 和 v_{20} 的值：

$$\begin{cases}\dfrac{m_2(v_{10}-v_{20})}{m_1+m_2}=105.3x_1 & ①\\ m_1v_1+m_2v_2=m_1v_{10}+m_2v_{20} & ②\\ v_1=\sqrt{2gL_1k_1(\varphi_1+i_1)} & ③\\ v_2=\sqrt{2gL_2k_2(\varphi_2+i_2)} & ④\\ \dfrac{m_1(v_{10}-v_{20})}{m_1+m_2}=105.3x_2 & ⑤\end{cases}$$

式中　m_1、m_2——车辆 1 和车辆 2 质量（kg）；

L_1、L_2——车辆 1 和车辆 2 冲突后滑移的距离（m）；

φ_1、φ_2——车辆 1 和车辆 2 滑移时的纵滑附着系数；

i_1、i_2——车辆 1 和车辆 2 行驶路段的纵坡坡度，下坡取负值，上坡取正值；

k_1、k_2——附着系数修正值，全轮制动时取值为 1，只有单轴制动时取值为轴数分之一；

x_1、x_2——车辆 1 和车辆 2 冲突后变形量（m）。

可见，在两车正面冲突中，只要量出两车碰撞后各自的变形量，按上述方程组联立①、②、③、④和联立②、③、④、⑤可分别求出一组碰撞初速度。两车正面碰撞时的初速度真值应在两组计算值之间。

二、一维追尾碰撞

追尾碰撞与前述正面碰撞都是一维碰撞，正面碰撞中求解的方法一样适用于追尾碰撞，但追尾碰撞与正面碰撞相比有以下不同：

1）被撞的轿车尾部刚度较小，碰撞时塑性变形很大，弹性变形可以忽略不计，恢复系数 $k \to 0$。如图 4-27 所示，对于追尾碰撞，当有效冲突速度 $v_e > 20\text{km/h}$ 时，恢复系数几乎等于零。

2）两车追尾碰撞时，后面的冲撞车在碰撞前后一般都有制动拖印，但前面的被撞车的印迹形成比较复杂。有因被快速推动而来不及滚动，拖滑形成的；还有因急制动被追尾形成的；也有被撞后，滚动一段距离停车，没有形成印迹的。计算形式比较复杂。

3）被撞车尾部的塑性变形平均深度 x_2 与有效碰撞速度 v_{e2} 之间，在有效冲突速度小于 32km/h 时，存在下述关系：

$$v_{e2} = 17.9x_2' + 4.6 \tag{4-44}$$

$$x_2' = \frac{2m_1}{m_1 + m_2}x_2 \tag{4-45}$$

式（4-45）为被撞车尾部塑性变形平均深度因两车质量不等而引进的换算公式。m_1 为冲撞车质量，m_2 为被撞车质量。当 $m_1 = m_2$ 时，$x_2' = x_2$，不用换算，因为式（4-44）是按照质量相等的两轿车进行追尾碰撞试验结果总结出来的，把它推广到质量不等的两轿车追尾碰撞中，应该按式（4-45）进行换算。

车辆追尾碰撞的求解方式有两种：

1）完全塑性碰撞时，碰撞后两车结合成一体向前滑移，直至停车。可按下列方程组求解：

$$\begin{cases} v_{e2} = \dfrac{m_2(v_{10} - v_{20})}{m_1 + m_2} \\ v_{e2} = 17.9x_2' + 4.6 \\ m_1 v_{10} + m_2 v_{20} = (m_1 + m_2) v_c \\ v_1 = \sqrt{2gLk(\varphi_{综} \pm i_1)} \\ x_2' = \dfrac{2m_1}{m_1 + m_2}x_2 \end{cases}$$

2）非完全塑性碰撞时，碰撞后两车经过能量交换，分别向前拖滑或滚动一段距离后停车。在计算两车碰撞后的速度时，有印迹的按附着力做功计算，无印迹的按滚动阻力做功计

算。可按下列方程组求解：

$$\begin{cases} v_{e2}=\dfrac{m_2(v_{10}-v_{20})}{m_1+m_2} \\ v_{e2}=17.9x_2'+4.6 \\ m_1v_{10}+m_2v_{20}=m_1v_1+m_2v_2 \\ v_1=\sqrt{2gL_1k_1(\varphi_1\pm i_1)} \\ v_2=\sqrt{2gL_2k_2(\varphi_2\pm i_2)}\text{或}\sqrt{2gL_2(f_2\pm i_2)} \\ x_2'=\dfrac{2m_1}{m_1+m_2}x_2 \end{cases}$$

式中　m_1、m_2——车辆 1 和车辆 2 质量（kg）；

L_1、L_2——车辆 1 和车辆 2 冲突后的滑移距离（m）；

φ_1、φ_2——车辆 1 和车辆 2 滑移时的纵滑附着系数；

i_1、i_2——车辆 1 和车辆 2 行驶路段的纵坡坡度，下坡取负值，上坡取正值；

k_1、k_2——附着系数修正值，全轮制动时取值为 1，只有单轴制动时取值为轴数分之一；

f_2——车辆 2 的滚动阻力系数；

x_2'、x_2——车辆 2 等价变形量和实际测量变形量（m）。

以上分析和计算中涉及的经验公式基于小轿车碰撞试验，因此只适用于轿车之间的追尾碰撞，不适用于货车之间。大车低速冲撞轿车时，经修正可勉强使用；小车钻到大车底部的情况不能使用。

第四节　汽车二维碰撞事故速度再现

两车碰撞事故中，除了少量属于对心碰撞，碰撞后滑行过程中车体没有转动，或者转动不大，可以不予考虑之外，绝大部分都是非对心碰撞，碰撞后车体既平动又转动，平动和转动都消耗动能，两者同样重要。

一、汽车二维对心碰撞

当两车之间的碰撞冲力通过各自的质心时，称为对心碰撞。如何判断是不是对心碰撞，主要根据碰撞后车体是否转动，如果车体只平动不转动就是对心碰撞。有时虽有一些转动，但转动不大，不予考虑，也就可以按对心碰撞处理。

如图 4-37 所示，车辆 1 和车辆 2 碰撞前的行驶速度分别为 v_{10} 和 v_{20}，速度的方向角分别为 α_{10} 和 α_{20}；碰撞后滑行速度分别为 v_1 和 v_2，速度的方向角分别为 α_1 和 α_2。那么将动量守恒方程：$m_1v_1+m_2v_2=m_1v_{10}+m_2v_{20}$，分别投影在 x 轴、y 轴上得到：

x 轴：
$$m_1v_{10}\cos\alpha_{10}+m_2v_{20}\cos\alpha_{20}=m_1v_1\cos\alpha_1+m_2v_2\cos\alpha_2 \tag{4-46}$$

y 轴：
$$m_1v_{10}\sin\alpha_{10}+m_2v_{20}\sin\alpha_{20}=m_1v_1\sin\alpha_1+m_2v_2\sin\alpha_2 \tag{4-47}$$

式（4-46）和式（4-47）中，除两车质量、碰撞角度外，还有四个未知数。若要求解还需确定两车碰撞后的滑行距离，利用动能定理算出碰撞后两车的速度，即

$$v_1=\sqrt{2gL_1k_1(\varphi_1\pm i_1)} \quad (4\text{-}48)$$

$$v_2=\sqrt{2gL_2k_2(\varphi_2\pm i_2)} \quad (4\text{-}49)$$

然后才能计算出碰撞前的速度。

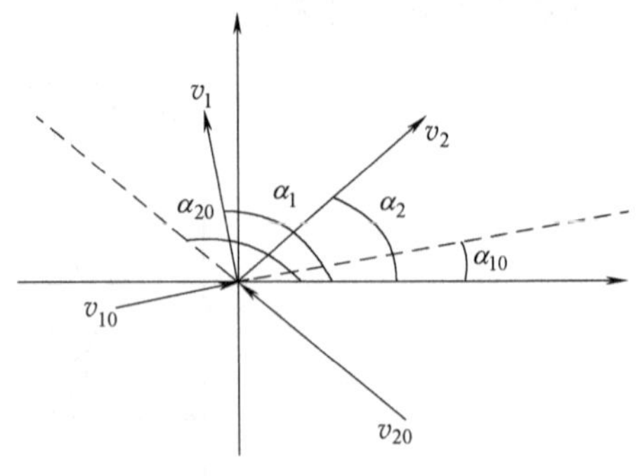

图 4-37　二维对心碰撞

两车二维对心碰撞的求解方式比较简单，关键是如何确定各车速度的方向，即两车碰撞前方向角 α_{10}、α_{20} 及碰撞后滑行速度的方向角 α_1、α_2。碰撞后的角度可以根据事故现场路面印迹、车辆撞击部位，碰撞点位置结合车辆尺寸和停车位置再现车辆撞击后的运动轨迹，并利用 CAD 技术绘制道路交通事故再现图，量出碰撞后滑行速度的方向角 α_1、α_2。两车碰撞前速度的方向角 α_{10}、α_{20}较难确定，一般根据道路交通事故现场的路面印迹、道路线形、交通标线位置、碰撞点、车辆的破损部位及破损尺寸，结合驾驶人驾车的心理特征，根据道路交通事故速度鉴定中不确定参数的选取原则进行确定。碰撞前速度方向的获取有不确定性，导致鉴定结果具有不确定性，这就要求鉴定人依据不确定参数的确定原则结合事故特点运用自身实际经验，尽可能使鉴定结果符合实际情况，使鉴定意见具有法律意义。

二、汽车二维非对心（偏心）碰撞

非对心碰撞的主要特点是碰撞后车辆滑行时，不仅发生平动，而且发生转动。转动的大小取决于碰撞冲力与其偏离质心的距离（偏心距）的乘积。偏心距越大，转动越剧烈。求解方式一般还是利用二维对心碰撞的求解方法，但要对转动动能予以补偿。一般通过修正平动距离来保证计算结果的准确性。通常取四个轮胎在路面留下的平均印迹长度，来代替上述 L 值，或直接利用经验公式计算 L 值，同时要采用横滑附着系数计算最终值。详见实例分析 4-5。

还有学者研究采用三套直角坐标，建立车体平面运动动力学方程的方法，但所需要的不确定参数太多，有的甚至根本无法获取，计算过程复杂。

【实例分析 4-5】 二维碰撞行驶速度确定

1. 案件简要情况

2007 年 8 月 6 日 9 时 15 分许，某军车（A 车）在某市某交叉口处由东向西行驶，与由北向南行驶的某客车（B 车）在上述事故地点发生碰撞，造成三人死亡、两车不同程度损坏的特大交通事故。

2. 送检材料及样本

1）事故现场图、现场勘查笔录。

2）现场照片 36 张（电子版）。

3）车辆信息、乘员质量信息。

3. 鉴定要求

鉴定事故发生前某军车、某客车的初速度。

4. 鉴定时间2007 年 10 月 1 日。

5. 检验鉴定的方法

依据 GA 41—2005《交通事故痕迹物证勘验》（案发时实施标准）对这起事故的事故车辆及肇事现场进行勘验，同时依据交通事故现场特征，如车辆碰撞部位、损坏程度、路面痕迹等运用力学的基本理论对这起事故中的事故车辆运行的轨迹进行推理与验证。利用 CAD 技术对本起事故进行再现，获取速度鉴定所需的不确定参数，并根据 GA/T 643—2006《典型交通事故形态车辆行驶速度技术鉴定》（案发时实施标准）推算事故发生前某军车、某客车的初速度。

6. 分析与鉴定

A 车以 v_{10} 速度由东向西行驶至某路口被由北向南以 v_{20} 速度行驶的 B 车碰撞，碰撞后两车深度啮合以共同速度 v_c、与南北方向成 θ 角度向西南方向滑移至事故现场图（图 4-38）所示的位置。

碰撞时 A 车没有任何规避行为，右侧面直接被 B 车正面撞击，致使在路面上留有较为明显的挤压痕迹。B 车碰撞时采取了紧急制动措施，碰撞后在路面上留下了向东南方向的印迹，这个印迹与 A 车被撞后与路面挤压形成的印迹部分相连形成折线印迹，如图 4-39 所示。

这是一起典型的路口二维碰撞，鉴定本起事故速度要解决以下问题：一是确定两车碰撞前后角度，二是确定碰撞点，三是揭示路面折线印迹的形成原因。

（1）确定两车碰撞前后角度　A 车从东侧入口道驶入，碰撞前无任何规避行为，其被撞时行驶方向应垂直于南北轴方向；被撞后与 B 车共同向与南北轴方向成 θ 角度向西南方向滑移。θ 角度确定：两车碰撞后以共同速度运动，即将停止前一段时间内，B 车两后轮印迹是直的，两车的运动轨迹也是直的（图 4-40），说明两车在此段时间内的运动状态只有平动没有转动，因此两车此段轨迹方向与质心运动方向是相同的，即此段印迹与南北轴的夹角就是质心运动方向与 y 轴的夹角。因为只平动不转动，可以把两车上的任意一点在两个时刻的连线与南北轴的夹角作为 θ 角。取 B 车的右后轮为此参考点，根据现场勘查笔录描述，碰撞停止时右后轮距基线 190cm（图 4-41），施救后车辆向后移动 180cm 后右后轮仍然在此前形成的印迹上（图 4-42），此时右后轮距基线 220cm。由此确定 θ 角为 9.46°。

B 车碰撞角度确定前应先确定碰撞点，利用 CAD 实车再现。将 B 车摆放在碰撞点位置和南侧入口道位置，确定车辆在两位置的质心连线与南北轴的夹角即为 B 车碰撞前角度。

（2）确定碰撞点　由现场图片和现场勘查笔录记录的数据可知，A、B 两车碰撞啮合后共同向西南方向运行，且与南北方向连线成 9.46°夹角。根据质心运动定理，A、B 两车在碰撞后都应按照这个角度方向运动。通过 A 车碰撞后停放位置的质心画平行于 9.46°夹角的直线，与 A 车碰撞前质心运动轨迹相交，交点为 A 车在碰撞位置的质心所在。通过 B 车碰撞后停放位置的质心画平行于 9.46°夹角的直线，理论上讲，B 车在碰撞时质心应在这条直线上。再根据 A 车碰撞后右侧表面从前至后有明显金属划痕（图 4-43），可以确定 A 车与 B 车的碰撞接触点在划痕起始处，即右前轮中心处（图 4-44）。通过以上分析结合两车各自的实际尺寸，利用 CAD 按照这个角度实车恢复再现，即可确定碰撞时两车的准确位置，碰撞点可定。另外，还有两个佐证：一是 A 车在上述确定碰撞点被碰撞时，印迹的起始点在A车左侧两轮西南方向1m左右，由于印迹不可能在碰撞的一瞬间产生，这正说明碰撞点确定的准确性；二是路面上有金属坠落物，此金属坠落物距印迹起始点大约2m（图4-45），金属坠落物在脱落时由于惯性还会向西南方向运动，因此确定碰撞点应该在坠落物金属片的东北方向上述位置。

利用CAD，将B车在碰撞瞬间的质心位置与B车在东进口道停止线位置时质心相连，连线与南北方向连线的夹角约为1°，角度极小接近于零。因此可以认为B车碰撞前的速度方向是由北向南且平行于南北轴，两车是垂直碰撞。

(3) 揭示路面折线印迹的形成原因 既然A、B两车垂直碰撞，那么B车碰撞时采取了紧急制动措施，碰撞后在路面上留下的实测与南北轴之间成25°夹角且向东南方向的印迹是如何形成的？折线印迹是如何形成的？

B车在碰撞前采取制动措施，但并没有在路面上形成印迹，路面印迹是在碰撞过程中形成的。B车在碰撞瞬间，由于左前下部受阻，会围绕受阻点产生一个向上的翻转力矩，同时B车左侧与A车碰撞，而右侧没有受力，因此B车产生了一个向右的旋转力矩。B车在两个力矩的共同作用下，后轮悬空后围绕碰撞点向右旋转，整车的原方向与行进方向形成一个偏左的角度。

当两车深度撞击，A车左侧前、后轮受到来自地面的强阻力，形成印迹约100cm（A车轮距宽度170cm加上B车前部到后轴的距离760cm减去A车左前轮印迹距B车右后轮印迹830cm约为100cm）后，B车的后轮落地，形成偏左的印迹（图4-44，约25°左右），此印迹不是车辆碰撞前形成的，因此不能作为碰撞前的角度。由于A车仍然具有向西的惯性，带动B车前部向西运动，故B车的印迹产生了突变，方向偏右。随着两车的完全啮合，共同向西南方向运动，与南北方向连线夹角约为9.46°。

(4) 确定A、B两车碰撞后共同的速度 v_c 两车在碰撞后以共同的速度行驶，在这个过程中的动能完全由摩擦消耗，即

$$\frac{1}{2}(m_1+m_2)v_c^2=(m_1+m_2)g\varphi l$$

式中 l——A车在混凝土路面上的滑动摩擦距离，约为27.0m（其产生印迹处至印迹终止处的长度与A车轮距宽的长度之和，即25.3m+1.7m=27.0 m）。

φ——滑动附着系数。事故路段为平直的混凝土路面，且路面质量良好、干燥，路面坡度 $i=0$。在碰撞发生后，A车在路面进行的是横向滑动，根据GB/T 33195—2016《道路交通事故车辆速度鉴定》中汽车滑动附着系数参考值表，当车辆在干燥的磨耗较小的混凝土路面，车速在48km/h以上时，汽车纵滑附着系数在0.60~0.75之间，φ_1 取0.6（最小值），故横滑附着系数 $\varphi_{s1}=0.6\times0.97+0.08=0.662$。B车在路面进行的是纵向滑动，且轮胎花纹清晰（图4-42），纵滑附着系数在0.60~0.75之间，φ_2 取0.6（最小值）。

事故发生后A、B两车以共同的速度与路面摩擦，故其总附着系数 φ 可应用权重取得：

$$\varphi=\frac{m_1}{m_1+m_2}\varphi_{s1}+\frac{m_2}{m_1+m_2}\varphi_2=0.61$$

(5) 确定 A、B 两车碰撞前的速度 v_{10}、v_{20} 根据对事故现场图、现场勘查笔录和事故照片进行分析，两车碰撞属于完全非弹性碰撞，且两车碰撞后以共同速度运动，与南北方向连线夹角为 $\theta=9.46°$，故由动量守恒定理可得

$$m_1 v_{10}=(m_1+m_2)v_c\sin\theta$$

$$m_2 v_{20}=(m_1+m_2)v_c\cos\theta$$

解得

$$v_{10}\approx 65.6\text{km/h},\ v_{20}\approx 76.2\text{km/h}$$

7. 鉴定意见

某军车碰撞前的初速度约为 65.7km/h（可以取±3%的误差）。

某客车碰撞前的初速度约为 76.3km/h（可以取±3%的误差）。

8. 证据材料

相关证据材料如图 4-38～图 4-45 所示。

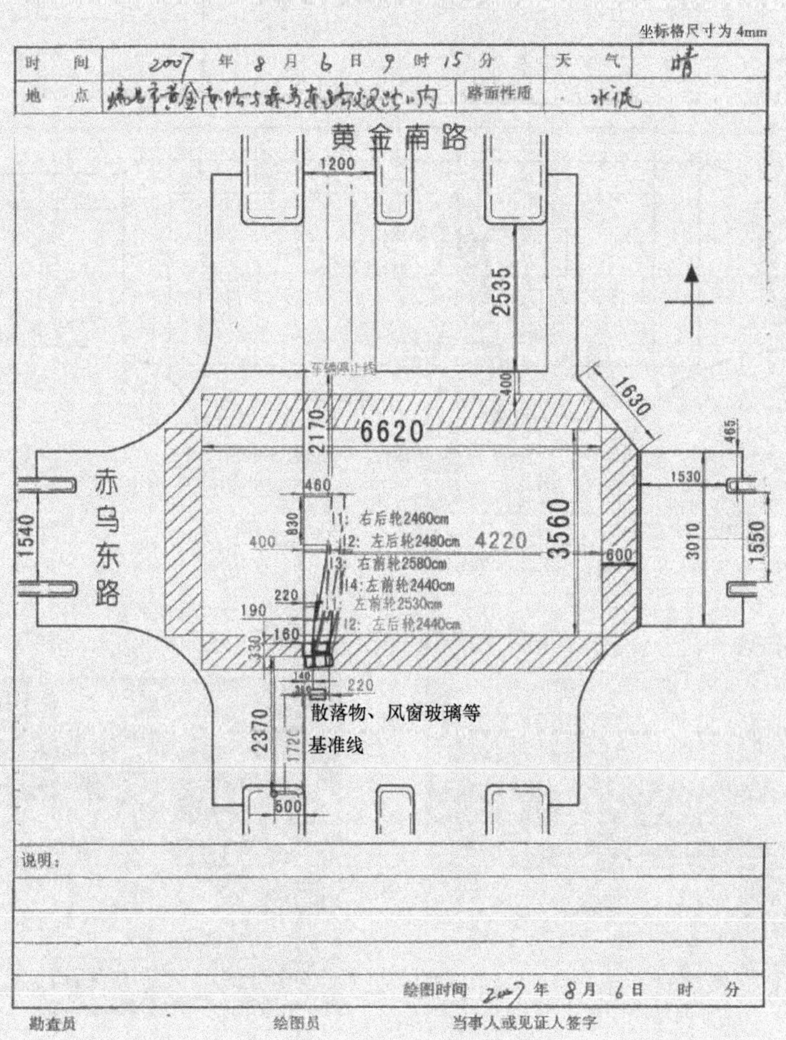

图 4-38 交通事故现场图

图 4-39　事故现场轮胎印迹

图 4-40　碰撞后 B 车未移动时照片

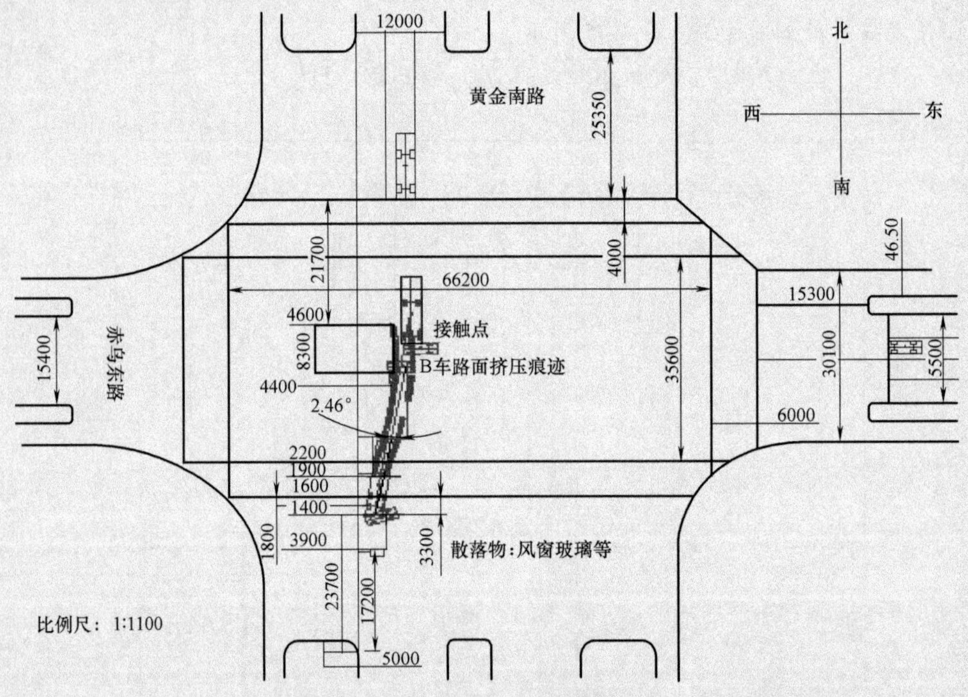

图 4-41　CAD 实车比例图

图 4-42　B 车现场施救移动后照片

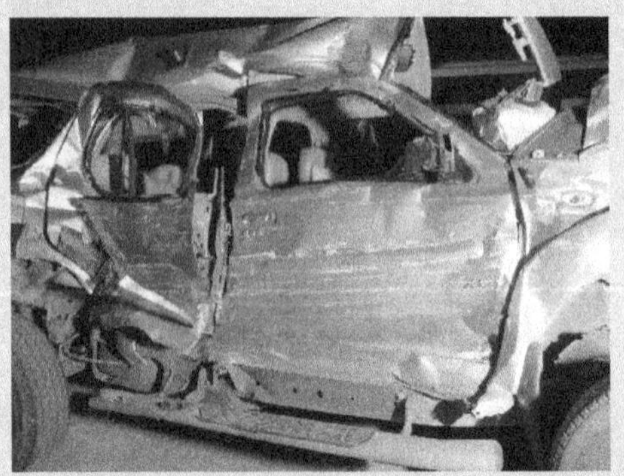

图 4-43　A 车撞击变形情况（右侧面）

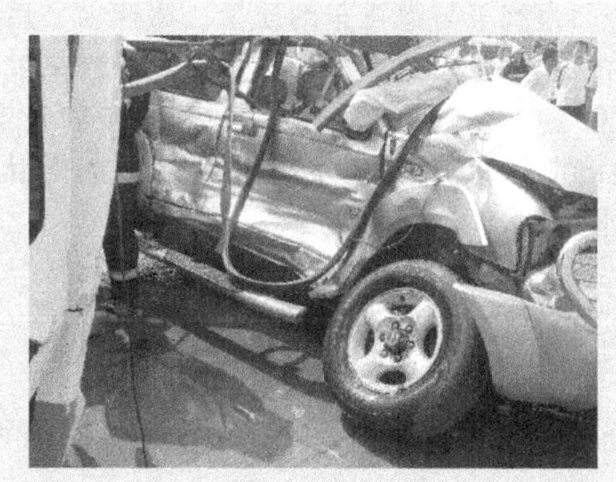

图 4-44　A 车撞击变形情况（右侧面）

图 4-45　金属坠落物

第五节　汽车与两轮车的碰撞事故速度再现

汽车与两轮车碰撞时只考虑平动不考虑转动，因为汽车质量大，碰撞过程中基本上不发生转动，即使有一点转动，也不予考虑。两轮车及行人虽有转动，甚至转动很大，但因为质量小，转动惯量小，转动部分的能量可以忽略不计。这样汽车和两轮车都不考虑转动，都按对心碰撞处理。

一、汽车与摩托车的碰撞

汽车与摩托车的碰撞多数发生在交叉口，碰撞类型主要分两种情况：一种是摩托车正面撞击汽车侧面，另一种是汽车正面撞击摩托车。

1. 摩托车正面撞击汽车侧面

根据摩托车正面撞击汽车后，汽车行驶的方向有没有明显的变化又可分两种情况。

（1）情况一　如图 4-46 所示，摩托车正面撞击汽车的侧面后，使汽车的行驶方向发生明显变化。这种情况往往发生在摩托车质量较大且速度较高，而汽车的质量又比较小时。

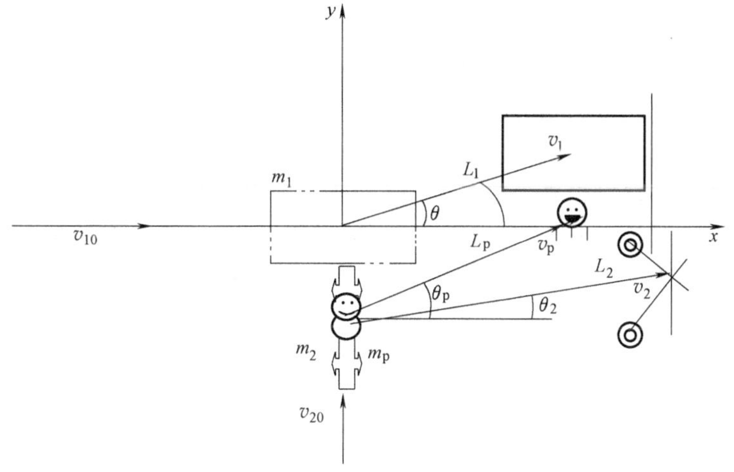

图 4-46　摩托车正面撞击汽车侧面

如图 4-46 所示，m_1、v_{10}、v_1、m_2、v_{20}、v_2 分别为汽车与摩托车的质量，碰撞前、后的速度；m_p、v_p 为摩托车驾驶人的质量、碰撞后抛出的速度。双点画线长方形表示汽车被撞击的位置，实线长方形为汽车被撞后制动停止的位置，L_1 为汽车碰撞后制动拖印的长度，L_2 为摩托车倒地滑移距离，L_p 为摩托车驾驶人抛出滑移距离。θ 为汽车被撞后制动侧滑角度，θ_p 为摩托车驾驶人抛出角度，θ_2 为摩托车侧滑角度。

于是可应用动量守恒定理：

$$m_1 v_{10}+(m_2+m_p)v_{20}=m_1 v_1+m_2 v_2+m_p v_p$$

在 x 轴上投影得到：

$$m_1 v_{10}=m_1 v_1\cos\theta+m_2 v_2\cos\theta_2+m_p v_p\cos\theta_p \tag{4-50}$$

在 y 轴上投影得到：

$$(m_2+m_p)v_{20}=m_1 v_1\sin\theta+m_2 v_2\sin\theta_2+m_p v_p\sin\theta_p \tag{4-51}$$

解得

$$v_1=\sqrt{2gL_1 k_1(\varphi_1 \pm i_1)} \tag{4-52}$$

$$v_2=\sqrt{2gL_2(\varphi_2 \pm i_1)} \tag{4-53}$$

$$v_p=\mu\sqrt{2g}\left(\sqrt{h+\frac{L_p}{\mu}}-\sqrt{h}\right) \tag{4-54}$$

式中 h——摩托车驾驶人乘坐位置与落地位置质心高度差（m）；

μ——摩托车驾驶人落到地面后与路面间的滑动摩擦系数；

φ_1、φ_2——分别为汽车的纵滑附着系数、摩托车倒地滑移时的摩擦系数。

（2）情况二 摩托车正面撞击汽车的侧面后，汽车的行驶方向没有明显的变化。这种情况往往发生在汽车质量远远大于摩托车和人的质量，即 $m_1 \gg (m_2+m_p)$ 时。

当汽车的质量比较大，或者摩托车的速度不太高时，虽然汽车的侧面受到摩托车正面的撞击，但汽车的行驶方向不会有明显的变化，也就是偏斜角 θ 很小，很难准确测定。有时碰撞位置也很难确定，因为制动印迹没有明显的转折点。在这种情况下，汽车的行驶速度只需根据制动拖印长度计算即可，不需区分碰撞前和碰撞后。但是摩托车碰撞前的速度无法应用动量守恒方程进行求解。为了解决这类问题，一些研究者做了大量的模拟试验，得到经验公式为

$$v=1.5D+12 \tag{4-55}$$

式中 v——摩托车的碰撞速度（km/h）；

D——摩托车驾驶人因碰撞造成的前后轴间距离的减少量（cm）。

试验时，摩托车的质量为 90~218kg 不等，被撞标准汽车的质量为 1950kg，获得了经验公式（4-55）。可见不论摩托车的质量如何变化，上述关系都成立，可以把上述关系推广到任意品牌型号摩托车。但对于其他质量的汽车，就需要进行质量换算。

假设事故汽车的质量为 m_1，摩托车与人的质量共为 m_2，摩托车的轴距减少量为 D，那么先按式（4-55）计算碰撞标准车时的速度 v，再按式（4-56）换算成碰撞事故车时，摩托车碰撞前的速度：

$$v_{20}=\frac{1+\frac{m_2}{m_1}}{1+\frac{m_2}{1950}}v=\frac{1+\frac{m_2}{m_1}}{1+\frac{m_2}{1950}}(1.5D+12) \tag{4-56}$$

2. 汽车正面撞击摩托车

在汽车与摩托车碰撞的交通事故中，绝大部分属于这种类型。汽车是冲撞车，所以碰撞发生在汽车的头部，可以在头部的中央，也可以在左前角或右前角。对被撞的摩托车而言，可以撞在其侧面中央，也可以撞在其头部或尾部。不仅如此，摩托车行驶的方向与汽车行驶的方向不一定正好垂直（正交），也可以斜交任何角度，甚至正面碰撞或追尾碰撞都可以，这是因为不考虑汽车和摩托车的转动，属于对心碰撞，不管碰撞冲力作用在哪里，都如同作用在质心一样。

如图 4-47 所示，双点画线长方形表示碰撞时汽车的位置，实线长方形为碰撞后制动停止的汽车位置。

设 m_1、v_{10}、v_1 为汽车的质量，碰撞前、后的速度，m_2、v_{20}、v_2 为摩托车的质量，碰撞前、后的速度，m_p、v_p 为摩托车驾驶人的质量及碰撞后的速度。

再设 L_1、L_2、L_p 分别为碰撞后汽车、摩托车及摩托车驾驶人滑行的距离，θ_1、θ_2、θ_p 分别为碰撞后汽车、摩托车及摩托车驾驶人滑行方向的偏角。

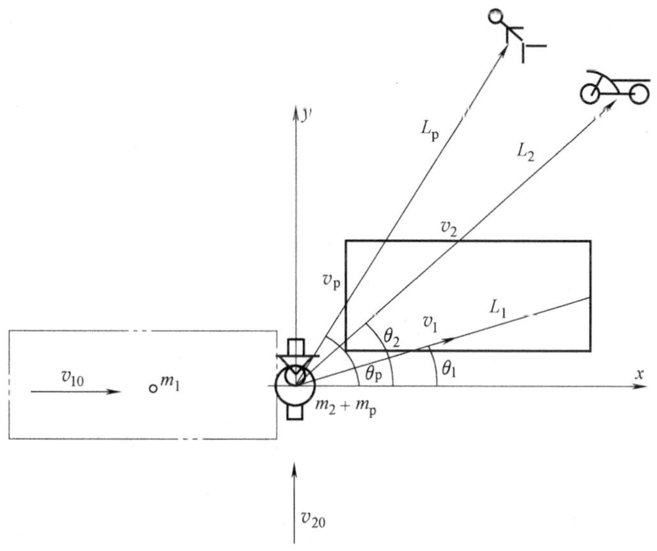

图 4-47 汽车正面撞击摩托车侧面

于是可应用动量守恒定理：

$$m_1v_{10}+(m_2+m_p)v_{20}=m_1v_1+m_2v_2+m_pv_p$$

在 x 轴上投影得到：

$$m_1v_{10}=m_1v_1\cos\theta+m_2v_2\cos\theta_2+m_pv_p\cos\theta_p \tag{4-57}$$

在 y 轴上投影得到：

$$(m_2+m_p)v_{20}=m_1v_1\sin\theta+m_2v_2\sin\theta_2+m_pv_p\sin\theta_p \tag{4-58}$$

解得

$$v_1=\sqrt{2gL_1k_1(\varphi_1\pm i_1)} \tag{4-59}$$

$$v_2=\sqrt{2gL_2(\varphi_2\pm i_1)} \tag{4-60}$$

$$v_p=\mu\sqrt{2g}\left(\sqrt{h+\frac{L_p}{\mu}}-\sqrt{h}\right) \tag{4-61}$$

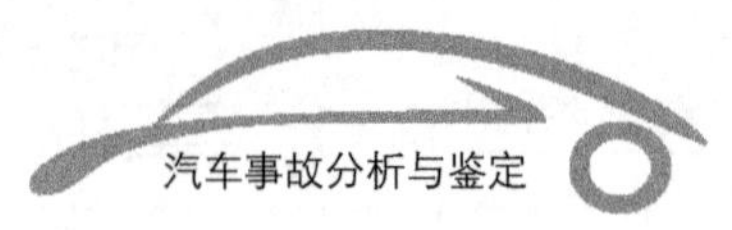

式中　h——摩托车驾驶人乘坐位置与落地位置质心高度差（m）；

μ——摩托车驾驶人落到地面后与路面间的滑动摩擦系数；

φ_1、φ_2——分别为汽车的纵滑附着系数、摩托车倒地滑移时的摩擦系数。

二、汽车与自行车的碰撞

汽车与自行车的碰撞和汽车与摩托车的碰撞在理论上是完全一样的，汽车与摩托车碰撞的各计算公式对汽车与自行车的碰撞也都是成立的。但是，结合自行车的特点又可进行一些简化。首先，自行车没有车速限制，不需要计算自行车速度 v_{20}，只需要计算汽车速度 v_{10}。其次，自行车质量一般为 10~20kg，与汽车相比很小，即使连同骑车人与汽车碰撞时，对汽车动量的影响也可忽略不计，也就是认为碰撞前后车速没有变化：$v_{10}=v_1$。因此，动量守恒方程在这里已经自动满足，不能求解具体问题，只能通过能量的途径。对于汽车行驶速度的计算，有三种方法可供选择。

1）用制动拖印总长度直接计算汽车的行驶速度。不管在碰撞前开始制动，还是碰撞后才开始制动，只要已知制动拖印的总长度，就可直接计算汽车的行驶速度，而不必先计算碰撞前后的车速 v_{10} 和 v_1，再反推行驶速度。

2）用骑车人被抛出的速度推算汽车的行驶速度。如果能从事故现场图中得知骑车人被抛出的距离 L_p 和方向 θ_{p}，便可按式（4-61）计算碰撞后人体的抛出速度 v_p，并计算汽车碰撞前后的速度：

$$v_{10}=v_1=v_{\mathrm{p}}\cos\theta_{\mathrm{p}}$$

如果汽车碰撞前还有制动拖印，当然还要在 v_{10} 的基础上反推行驶速度。

3）用自行车在路面上留下的划印推算汽车的行驶速度。与假定人体与汽车的碰撞属于完全塑性碰撞相类似，也可假定自行车与汽车的碰撞为完全塑性碰撞，也有相似的公式：

$$v_{10}=v_1=v_2\cos\theta_2$$

并且进一步进行相似的计算。当然第 3 种方法的可靠性要差一些，仅供参考。

第六节　汽车与行人的碰撞事故速度再现

汽车与行人的交通事故中，汽车行驶速度的计算有以下三种途径：

一、根据汽车制动拖印长度直接计算行驶速度

若在碰撞行人的前后，汽车采取了紧急制动措施，路面上留下了明显的制动拖印，则汽车行驶速度 v 为

$$v=\sqrt{2gLk(\varphi\pm i)} \tag{4-62}$$

式中　L——制动印迹长度（m）；

φ——轮胎与路面的附着系数；

i——道路纵坡坡度，下坡取负值，上坡取正值。

这里的 L 为碰撞行人前后总的制动拖印长度。

因为被撞行人的质量远远小于撞击车辆的质量，行人行走的速度也远小于撞击车辆，因此行人能量可忽略不计。若被撞行人质量与撞击车辆质量相差不是特别悬殊，可根据人体抛距确定行

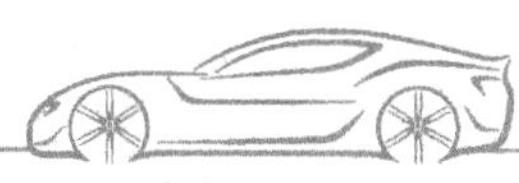

人被撞后的速度，结合行人被撞前行走速度较低，用动量守恒转化确定车辆撞人前的速度。

二、根据行人被抛出的距离计算汽车撞人时的速度

根据行人被抛出的距离计算汽车撞人时的速度，首先假定汽车和行人间的碰撞是完全的塑性碰撞（即没有弹性恢复），碰撞后人和车具有相同的速度。行人被撞后，往往先倒向发动机舱盖，之后从发动机舱盖或风窗玻璃上大致沿水平方向抛出，呈抛物线轨迹落在地面上，落地后在路面上滑行，最后停止。与单车坠崖计算式（4-11）完全一样，可由图 4-48 推导得出。

$$v=\mu\sqrt{2g}\left(\sqrt{h+\frac{L}{\mu}}-\sqrt{h}\right) \tag{4-63}$$

式中　v——汽车的碰撞速度（m/s）；

h——行人撞飞高度（飞出时行人的重心高度）（m）；

L——抛距（m），包括飞行距离和滑行距离；

μ——人体在路面上滑行的摩擦系数。

三、按车头变形估算行驶速度

据相关资料介绍，轿车前围板或发动机舱盖上因撞人留下的凹陷深度 x（cm）与车速呈线性关系（图 4-49），其范围可表示为

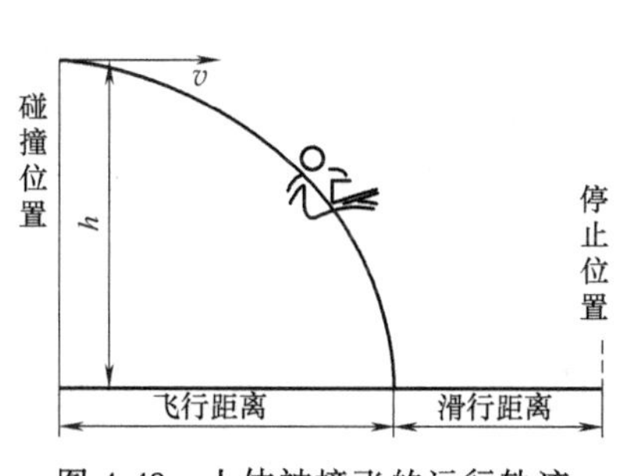

图 4-48　人体被撞飞的运行轨迹

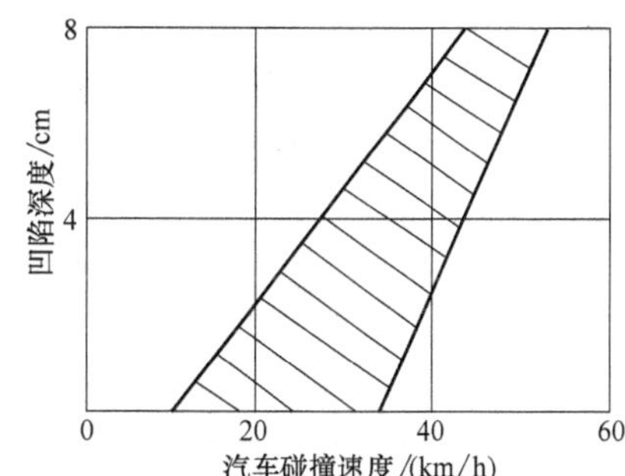

图 4-49　行人撞车前部凹陷深度与车速的关系

$$v_{min}=3.92x+13.6 \tag{4-64}$$

$$v_{max}=2.55x+33.0 \tag{4-65}$$

式（4-64）和式（4-65）中，v_{min} 和 v_{max} 的单位为 km/h。

第七节　汽车事故不确定参数选取

一、汽车事故不确定性

道路交通事故速度再现中的参数具有不确定性。在实际交通事故再现中，许多现场参数不可能是唯一的准确值。例如，现场制动拖痕长度、二维碰撞中的角度、地面附着系数、滚动阻力系数、轮轴制动附着系数修正系数、旋转长度修正系数、车体变形量等都是根据不同情况有不同的取值。导致这种不确定性的因素很多，主要有重复测量、不同的路面状况、不同的轮胎气压、不同的车速、不同的装载条件、不同的车辆技术状况等。这些都直接影响再

现结果的准确性。不同的不确定参数选取要遵循一定的原则和方法。

二、现场制动拖痕长度

现场制动拖痕长度一般以实际测量为准，若各轮制动拖痕近似相等，可根据边界值法、偏差法、数理统计法等常规方法确定。

若各轮制动拖痕不尽相等，可根据不同的车辆制动系统配置及技术状况对实测值进行修正。例如，当制动系统有 ABS、EBD 等主动安全配置且技术状况良好时，可使用各轮拖痕中最长的作为计算值，因为配有上述设施的制动系统制动时在车轮没有抱死形成拖痕时会产生更大的地面制动力，消耗更多的能量。

若非对心碰撞车辆运行过程中既有滑移，又有旋转，考虑到旋转消耗的能量，可对各轮的实际拖滑轨迹曲线测量求平均值。若不具备现场实际曲线测量条件，可对现场图中直线距离修正，该修正系数与运行距离及车辆旋转角度均有关，具体修正情况可根据车辆各轮旋转横滑时运行轨迹与车辆质心运行轨迹之间的比例关系确定。例如，一般旋转 180°系数为 1.3，同时对附着系数加以修正。

三、地面附着系数及滚动阻力系数

地面附着系数在众多不确定参数中对速度鉴定的结果影响较大，因此取值的科学与否是研究的主要内容。

在事故鉴定中，地面附着系数的获取，若有条件可进行实测，确定多个实测值之后可根据边界值法、偏差法、数理统计法等常规方法进行数据处理获取所需值；若无法实测，可按 GB/T 33195—2016《道路交通事故车辆速度鉴定》中汽车滑动附着系数参考值（表 4-1）的规定，按下限选取；若翻车时车身滑动、人体或摩托车与地面摩擦也可参照表 4-2、表 4-3、表 4-4 的规定选取。

表 4-1 汽车滑动附着系数参考值

路面状况 \ 初速度 \ 路面的干湿		干燥		潮湿	
		48km/h 以下	48km/h 以上	48km/h 以下	48km/h 以上
混凝土路面	新铺装	0.80~1.00	0.70~0.85	0.50~0.80	0.40~0.75
	路面磨耗较小	0.60~0.80	0.60~0.75	0.45~0.70	0.45~0.65
	路面磨耗较大	0.55~0.75	0.50~0.65	0.45~0.65	0.45~0.60
沥青路面	新铺装	0.80~1.00	0.60~0.70	0.50~0.80	0.45~0.75
	路面磨耗较小	0.60~0.80	0.55~0.70	0.45~0.70	0.40~0.65
	路面磨耗较大	0.55~0.75	0.45~0.65	0.45~0.65	0.40~0.60
	焦油过多	0.50~0.60	0.35~0.60	0.30~0.60	0.25~0.55
砂石路面		0.40~0.70	0.40~0.70	0.45~0.75	0.45~0.75
灰渣路面		0.50~0.70	0.50~0.70	0.65~0.75	0.65~0.75
冰路面		0.10~0.25	0.07~0.20	0.05~0.10	0.05~0.10
雪路面		0.30~0.55	0.35~0.55	0.30~0.60	0.30~0.60

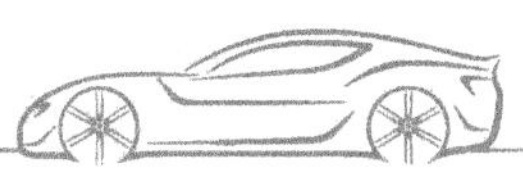

表 4-2　翻车时车身滑动摩擦系数参考值

滑行条件	摩擦系数
货车的侧面车身在混凝土路面上滑行	0.3~0.4
翻车的轿车在混凝土路面上滑行	0.3
翻车的轿车在粗沥青路面上滑行	0.4
翻车的轿车在石子路面上滑行	0.5~0.7
翻车的轿车在干燥的草丛上滑行	0.5
车身外板对沥青路面	0.4
车身外板对泥土路面	0.2
车身外板对车身外板	0.6
翻倒摩托车的滑行	0.55~0.7

表 4-3　着装人体与地面摩擦系数参考值

路面状况	男(体重 71kg)	女(体重 44kg)
沥青路面	约 0.52	约 0.44
混凝土路面	约 0.42	约 0.44
水泥路面	约 0.32	约 0.26
铺石路	约 0.57	约 0.5
黏土路面	约 0.52	约 0.48
海岸干燥沙地	约 0.44	约 0.5
海岸湿润沙地	约 0.52	约 0.56
碎石路面	约 0.46	约 0.5
修整过的草坪	约 0.35	约 0.36
未修整过的草坪	约 0.46	约 0.52
较高的草丛	约 0.54	约 0.56
较低的草丛	约 0.56	约 0.65
旱田	约 0.58	约 0.59

表 4-4　摩托车滑动附着系数参考值

摩托车名	只后轮制动	前后轮都制动
本田 SL125	0.31~0.40	0.53~0.67
丰田 3.50	0.36~0.43	0.62~0.72
丰田 XAS00R	0.35~0.42	0.65~0.76
BMW R900	0.31~0.42	0.72~0.87
Harley DavidsonFLH	0.36~0.51	0.63~0.88

若车辆有横向滑移，可按纵滑附着系数进行修正：$\varphi_s=0.97\varphi+0.08$。

滚动阻力系数与附着系数相比相差几十倍，一般情况下对鉴定结果的影响不大，可忽略；但在一些特殊情况下，如泥泞、积雪（未压实）路面或重型载货汽车爆胎时滚动阻力

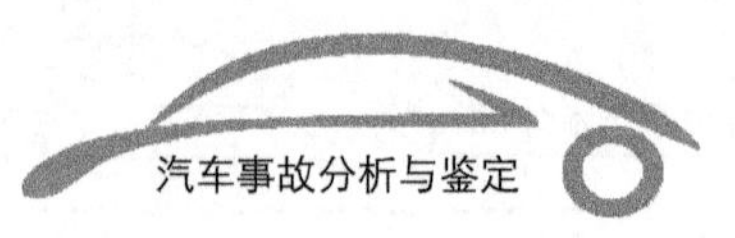

所消耗的能量是不可忽略的，在计算过程中要加以考虑，系数的选取可参照表 4-5 选取或更大一些。

表 4-5　汽车滚动阻力系数参考值

路面状况	滚动阻力系数 f
良好的平滑沥青铺装路	约 0.01
良好的平滑混凝土铺装路	约 0.011
良好的粗石混凝土铺装路	约 0.014
良好的石块铺装路	约 0.02
修正好的平坦无铺装路	约 0.04
修正不良的石块铺装路	约 0.08
新的砂路	约 0.12
砂或石质路	约 0.16
松散的砂石或黏土道路	0.2~0.3

超载货车在地面的附着系数选取目前在国家标准中是没有规定的。道路交通安全公安部重点实验室开放课题《货车制动附着系数与制动印迹修正值研究》中对超载货车附着性进行了详细研究，课题通过试验获取了大量的有效数据，通过数据分析确定了货车附着性与轴数、制动初速度没有明显相关性，与货车的载重率有明显线性关系。该课题建立了货车附着系数与载重率之间的函数模型，确定出货车在不同载重率下几种特殊路面的附着系数的置信区间。经专家评审，获得了填补国内空白、国内领先的综合评价，见表 4-6。

表 4-6　干燥沥青路面货车载重率附着系数取值表

载重率	附着系数	附着系数下限	附着系数上限
空载	0.61157	0.60532	0.61781
载重 20%	0.58655	0.58076	0.59216
载重 40%	0.56176	0.55652	0.56682
载重 60%	0.53366	0.53198	0.54134
载重 80%	0.51176	0.50754	0.51600
满载	0.48682	0.48295	0.50983
超载 20%	0.46187	0.45825	0.46549
超载 40%	0.43692	0.43344	0.44041
超载 60%	0.41197	0.40849	0.41546
超载 80%	0.38703	0.38341	0.39065
超载 100%	0.36208	0.3582	0.36595
超载 120%	0.33713	0.33289	0.34136
超载 140%	0.31218	0.30751	0.31684
超载 160%	0.28723	0.28207	0.29239
超载 180%	0.26228	0.25659	0.26797
超载 200%	0.23733	0.23108	0.24358

大型货车在制动时与路面间的附着系数 φ 大小只与货车的载重率 w 有关，随着载重量的增大，货车制动减速度逐渐减小，附着系数减小。构建回归模型如下：

$$\hat{\varphi}=0.486-0.125w+\varepsilon$$

其中 $\varepsilon\sim N(0,1)$。若货车载重率不在表 4-6 中标定范围，可利用回归模型或利用表 4-6 用插值法获取。

其他路面如潮湿沥青路面、干燥混凝土路面、潮湿混凝土路面、干燥砂石路面和潮湿砂石路面在不同载重情况下的附着系数置信区间利用国家标准比值求取，见表 4-7~表 4-11。

表 4-7 潮湿沥青路面货车载重率附着系数取值

载重率	预测值	预测值下限	预测值上限
空载	0.51561	0.51035	0.52088
载重 20%	0.49452	0.48964	0.49925
载重 40%	0.47362	0.46920	0.47789
载重 60%	0.44993	0.44851	0.45640
载重 80%	0.43146	0.42791	0.43504
满载	0.41044	0.40718	0.42163
超载 20%	0.38940	0.38635	0.39245
超载 40%	0.36837	0.36543	0.37131
超载 60%	0.34733	0.34440	0.35027
超载 80%	0.32630	0.32325	0.32936
超载 100%	0.30527	0.30200	0.30853
超载 120%	0.28423	0.28066	0.28780
超载 140%	0.26320	0.25926	0.26713
超载 160%	0.24216	0.23781	0.24651
超载 180%	0.22113	0.21633	0.22593
超载 200%	0.20009	0.19482	0.20536

表 4-8 干燥混凝土路面货车载重率附着系数取值

载重率	预测值	预测值下限	预测值上限
空载	0.68349	0.67651	0.69046
载重 20%	0.65553	0.64906	0.66180
载重 40%	0.62782	0.62197	0.63348
载重 60%	0.59642	0.59454	0.60500
载重 80%	0.57194	0.56723	0.57668
满载	0.54407	0.53974	0.55891
超载 20%	0.51619	0.51214	0.52023
超载 40%	0.48830	0.48441	0.49220
超载 60%	0.46042	0.45653	0.46432
超载 80%	0.43254	0.42850	0.43659
超载 100%	0.40466	0.40032	0.40899

（续）

载重率	预测值	预测值下限	预测值上限
超载 120%	0. 37678	0. 37204	0. 38150
超载 140%	0. 34889	0. 34367	0. 35410
超载 160%	0. 32101	0. 31524	0. 32678
超载 180%	0. 29312	0. 28676	0. 29948
超载 200%	0. 26524	0. 25826	0. 27223

表 4-9　潮湿混凝土路面货车载重率附着系数取值

载重率	预测值	预测值下限	预测值上限
空载	0. 54729	0. 54170	0. 55288
载重 20%	0. 52490	0. 51972	0. 52992
载重 40%	0. 50272	0. 49803	0. 50725
载重 60%	0. 47757	0. 47607	0. 48445
载重 80%	0. 45797	0. 45420	0. 46177
满载	0. 43566	0. 43219	0. 44754
超载 20%	0. 41333	0. 41009	0. 41657
超载 40%	0. 39100	0. 38789	0. 39412
超载 60%	0. 36867	0. 36556	0. 37180
超载 80%	0. 34635	0. 34311	0. 34959
超载 100%	0. 32403	0. 32055	0. 32749
超载 120%	0. 30170	0. 29790	0. 30548
超载 140%	0. 27937	0. 27519	0. 28354
超载 160%	0. 25704	0. 25242	0. 26166
超载 180%	0. 23471	0. 22962	0. 23981
超载 200%	0. 21239	0. 20679	0. 21798

表 4-10　干燥砂石路面货车载重率附着系数取值

载重率	预测值	预测值下限	预测值上限
空载	0. 52760	0. 52221	0. 53298
载重 20%	0. 50602	0. 50102	0. 51086
载重 40%	0. 48463	0. 48011	0. 48900
载重 60%	0. 46039	0. 45894	0. 46701
载重 80%	0. 44150	0. 43785	0. 44515
满载	0. 41998	0. 41664	0. 43144
超载 20%	0. 39846	0. 39533	0. 40158
超载 40%	0. 37693	0. 37393	0. 37994
超载 60%	0. 35541	0. 35240	0. 35842
超载 80%	0. 33389	0. 33077	0. 33701

（续）

载重率	预测值	预测值下限	预测值上限
超载 100%	0.31237	0.30902	0.31571
超载 120%	0.29084	0.28718	0.29449
超载 140%	0.26932	0.26529	0.27334
超载 160%	0.24779	0.24334	0.25224
超载 180%	0.22627	0.22136	0.23118
超载 200%	0.20474	0.19935	0.21014

表 4-11　潮湿砂石路面货车载重率附着系数取值

载重率	预测值	预测值下限	预测值上限
空载	0.57561	0.56973	0.58148
载重 20%	0.55206	0.54661	0.55734
载重 40%	0.52873	0.52380	0.53349
载重 60%	0.50228	0.50070	0.50951
载重 80%	0.48167	0.47770	0.48566
满载	0.45819	0.45455	0.47069
超载 20%	0.43471	0.43130	0.43812
超载 40%	0.41123	0.40795	0.41451
超载 60%	0.38775	0.38447	0.39103
超载 80%	0.36427	0.36087	0.36768
超载 100%	0.34079	0.33714	0.34443
超载 120%	0.31731	0.31332	0.32129
超载 140%	0.29382	0.28943	0.29821
超载 160%	0.27034	0.26548	0.27520
超载 180%	0.24686	0.24150	0.25221
超载 200%	0.22337	0.21749	0.22926

四、轮轴制动附着系数修正值

汽车碰撞事故中，当汽车发生制动时，由于机械故障或者其他某种原因，造成汽车只有前轴或者后轴实施了有效制动。此时，汽车制动产生的附着力与汽车全轮制动时产生的附着力的比值称为轮轴制动附着系数修正值。

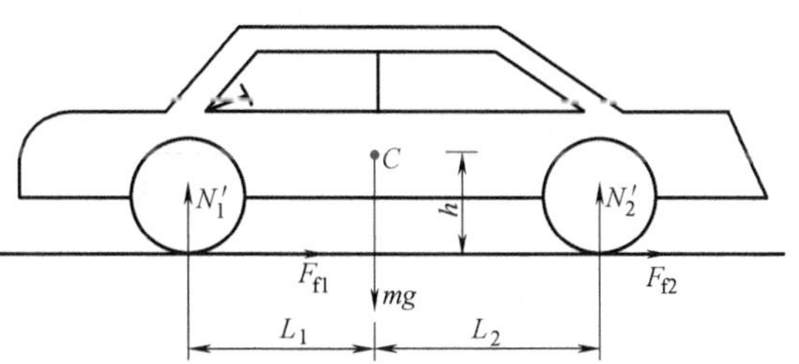

图 4-50　汽车只有前轴制动时的受力图

假设汽车制动时，只有前轴实施了有效制动，其受力如图 4-50 所示。

作用于汽车的力有重力 mg，前轮和后轮所受的地面支持力 N_1' 和 N_2'，还有前轮的摩擦阻力 F_{f1} 和后轮的滚动阻力 F_{f2}。则以过质心 C 垂直于纸面的轴为转轴，并取顺时针方向为

正方向，根据力矩平衡有

$$N_1'L_1-N_2'L_2-(F_{f1}+F_{f2})h=0$$

$$N_1'+N_2'=mg$$

$$F_{f1}=\varphi N_1'$$

$$F_{f2}=fN_2'$$

得到

$$N_1'L_1=(mg-N_1')L_2+\varphi N_1'h+f(mg-N_1')h$$

又因为

$$L_1+L_2=b$$

得

$$N_1'=mg\frac{L_2-fh}{b-(\varphi-f)h} \tag{4-66}$$

式中 φ——汽车附着系数；

f——汽车滚动阻力系数；

b——汽车前后轴的轴距；

h——汽车质心高度；

L_1——汽车前轴与质心之间的距离；

L_2——汽车后轴与质心之间的距离。

因此，根据附着系数修正值的定义，只有前轴制动时有

$$k=\frac{F_{f1}}{F_f}=\frac{\varphi N_1'}{\varphi mg}=\frac{L_2-fh}{b-(\varphi-f)h} \tag{4-67}$$

设汽车初速度为 v_0，经过前轴制动一段距离 S 后停了下来，则根据能量守恒定律有

$$\frac{1}{2}mv_0^2=\varphi N_1'S+fN_2'S$$

则只有前轴制动的初速度为

$$v_0=\sqrt{\varphi gSk+fgS(1-k)} \tag{4-68}$$

只有后轴制动时，式（4-68）同样有效。下面，举例验证一下只有前轴或只有后轴制动时，速度的变化情况。行驶在良好水泥路面上的某微型汽车 $b=2.9\text{m}$，$L_2=1.5\text{m}$，$h=0.7\text{m}$，碰撞后的制动距离 $S=20.0\text{m}$。设 $\varphi=0.8$，$f=0.020$。

1）若只有前轴制动，则前轴的附着系数修正值为

$$k=\frac{L_2-fh}{b-(\varphi-f)h}=\frac{1.5-0.020\times0.7}{2.9-(0.8-0.020)\times0.7}=0.63$$

只有前轴制动的初速度为 $v_0=\sqrt{\varphi gSk+fgS(1-k)}=10.01\text{m/s}$

2）同法可以推导证明，若只有后轴制动，则附着系数修正值为

$$k=\frac{F_{f2}}{F_f}=\frac{\varphi N_2'}{\varphi mg}=\frac{L_1-fh}{b+(\varphi-f)h} \tag{4-69}$$

$$k=\frac{L_1-fh}{b+(\varphi-f)h}=\frac{1.4-0.020\times0.7}{2.9+(0.8-0.020)\times0.7}=0.40$$

只有后轴制动的初速度为： $v_0=\sqrt{\varphi gSk+fgS(1-k)}=8.07\text{m/s}$

而该车全轮制动时的初速度为：

$$v_0=\sqrt{\varphi g S}=\sqrt{0.8\times9.8\times20.0}\,\mathrm{m/s}=12.52\mathrm{m/s}$$

相比之下，说明只单轴制动比四轮制动效率要低一些。后轴制动效率比前轴制动效率更低。从实际出发，这个结论也是合理的。这是因为当汽车制动时，重心前移，致使后轮对地面的正压力减小，后轮摩擦力随之减小，其制动效率比前轴制动效率要低。

3）当只有单轮制动时，由于汽车左右两侧质量分布较为均匀，因此汽车单轮制动时，其制动修正值取前轴或者后轴制动修正值的一半。单一前轮加单一后轮制动时，修正值 $k=0.5$；多轴的大型货车，可按轴荷、轴数，按比例分配修正值。

由上述研究结果可知，准确确定全轴制动、单轴制动，对鉴定结果影响非常大。如何确定是单轴制动还是全轴制动呢？可根据地面拖痕印迹结合制动器鉴定意见综合分析，若前后轴都有印迹可确定为全轴制动；若只有单轴制动印迹，可检验鉴定制动器或根据汽车理论相关知识确定。如某案件中，一辆小轿车以 80km/h 的速度追尾停在路边的一辆大货车并嵌入其尾部 2m 后起火燃烧，碰撞前小轿车实施了制动，但现场只留有后轴 8.9m 长的制动印迹，且前轴全部损毁无法对制动器鉴定确定有效性。这时可根据汽车理论知识确定：当只有后轴制动且速度大于 48.5km/h 时，制动车辆将发生 180°跑偏，而该案小轿车在碰撞前制动且无任何跑偏现象，说明是全轴制动。至于没有印迹可能是前轴印迹在起火燃烧后灭失。

五、车体变形量

如图 4-51 所示，车辆塑性变形量的近似计算方法为

$$x=\frac{y_1}{y_0}\frac{x_1+x_2}{2} \tag{4-70}$$

式中　x——车辆塑性变形量（m）；

x_1——车辆塑性变形量最小值（m）；

x_2——车辆塑性变形量最大值（m）；

y_1——车辆塑性变形量最小值处距最大值处长度（m）；

y_0——车辆被撞变形一侧的宽度（m）。

但在实际道路交通事故速度鉴定中，运用上述方法测量计算出的变形量误差较大，正面碰撞车辆，一般采用在肇事车辆破损面上均匀选取多点作为测量点，测量到前保险杠立面的距离取平均值。若前部撞击消失，可采取各变形部位到车身后部立面的距离，通过车长换算取平均值获得。

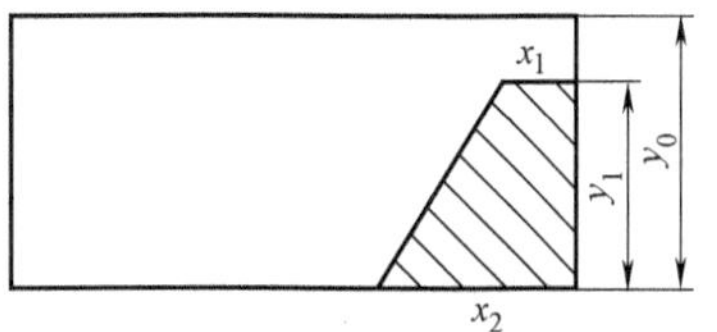

图 4-51　车辆各处变形量在地面上的垂直投影

六、二维碰撞中的角度确定

在二维碰撞事故中碰撞前后的角度确定较为复杂，直接影响鉴定结果准确性。

1. 碰撞前的角度确定

首先确定碰撞点，然后利用道路交通事故现场的路面印迹、道路线形、交通标线位置、车辆的破损部位及破损尺寸结合驾驶人驾车的心理特征，根据道路交通事故速度鉴定中不确定参数的选取原则进行确定。如下面某案例：根据事故现场图、事故现场勘查笔录、现场痕

迹、车辆撞击痕迹分析，在碰撞时，A 车已完成左转弯向东路口行驶，与 x 轴夹角为 0。当发现左转弯行驶的 A 车时，B 车驾驶人本能向右转动转向盘进行躲避。因此，碰撞发生时，B 车的速度方向与南北方向有一定的夹角，与 x 轴成 θ_2 角，如图 4-52 所示。事故前 B 车沿龙金大道内侧车道正常行驶，当 B 车驾驶人的视距能够发现左转弯的 A 车时，必须到达图 4-52 所示位置。B 车在龙金大道内侧车道、距 A 车在碰撞点位置 20m 左右的位置，可近似取 20m。利用 CAD 量出碰撞前角度 θ_2。

2. 碰撞后的角度确定

车辆碰撞后，若无外力作用，车辆运动符合质心运动定理。根据 CAD 实车比例事故现场图，连接各车在碰撞点位置到各自最终停放位置的质心，确定各车碰撞后的角度，如图 4-52 所示。

车辆碰撞后，若受到外力干扰，如碰撞后驾驶人转动转向盘或前轮胎爆裂导致运行方向不符合质心运动定理，则上述方法就不适用。这时可考虑用碰撞后瞬间各车产生的印迹方向确定碰撞后的角度。

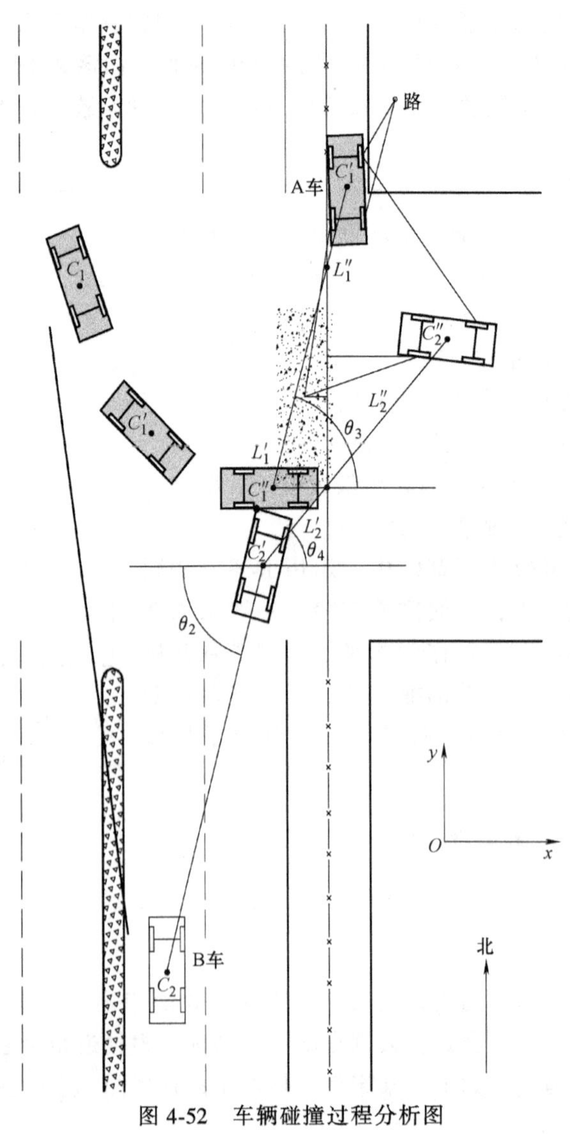

图 4-52　车辆碰撞过程分析图

第八节　基于视频图像技术的汽车事故速度再现

现阶段我国汽车普及率较高，车载行车记录仪几乎成为每个家庭购车的标配，而且我国基础设施建设水平不断提高，交通摄像头的普及也很高，因此，基于交通视频以及车载行车记录仪的视频图像进行车辆速度再现的技术方法不断发展，该方法的应用越来越普及。交通视频图像主要分为固定式视频图像和车载式视频图像，车载式又分为本车载录和他车载录。目前基于视频技术的速度再现鉴定主要是依据 GA/T 1133—2014《基于视频图像的车辆行驶速度技术鉴定》的相关规定。

一、固定式视频图像的车辆行驶速度计算方法

1. 直线行驶的速度

(1) 利用道路环境参照距离计算车辆行驶速度　利用道路环境参照距离计算车辆行驶速度的步骤如下：

1）逐帧检测视频图像，观测视频图像的帧率 f，计算相邻两帧图像之间的间隔时间 $t=1/f$。

2）选取两个道路环境参照物和一个目标车辆特征点。

3）记录目标车辆特征点或其路面投影位置通过两个道路环境参照物所用图像帧数 $n=(n_1, n_2)$，其中 $n_1<n_2$。

4）测量视频图像中两个道路环境参照物之间的距离 S'。

5）确定目标车辆特征点通过两个道路环境参照物时的行驶速度。

$$\begin{cases} v<\dfrac{S'}{tn_1}=\dfrac{S'f}{n_1} \\ v>\dfrac{S'}{tn_2}=\dfrac{S'f}{n_2} \end{cases} \tag{4-71}$$

6）采用摄影测量等技术能够精确测量目标车辆在 N 帧内的行驶距离 S 时，目标车辆的行驶速度为

$$v=\frac{S}{tN}=\frac{Sf}{N} \tag{4-72}$$

(2) 利用目标车辆参照距离计算车辆行驶速度　利用目标车辆参照距离计算车辆行驶速度的步骤如下：

1）逐帧检测视频图像，观测视频图像的帧率 f，计算相邻两帧图像之间的间隔时间 $t=1/f$。

2）在目标车辆同侧车身表面距地面等高位置上选取两个至车辆纵向对称面等距离的特征点。

3）选取一个道路环境参照物或设定一个虚拟参照物。

4）记录目标车辆两个特征点通过该参照物所用图像帧数 $n=(n_1,n_2)$，其中 $n_1<n_2$。

5）测量目标车辆两个特征点之间的距离 S'。

6）用式（4-71）或式（4-72）计算目标车辆两个特征点通过该参照物时的行驶速度。

2. 转弯或沿曲线路行驶的速度

车辆转弯或沿曲率半径较大的道路行驶时一般速度较低，限速值也较低，为确保速度再现值在交通警察认定责任时具有实用性，一般要确定速度的极限值。

(1) 两轴汽车的行驶速度 两轴汽车转弯或沿曲线路行驶时的速度见表4-12。

表4-12 两轴汽车转弯或沿曲线路行驶时的速度

目标车辆行驶状态	视频摄录设备位置	目标车辆的行驶速度	极限速度	极限值
左转弯	视频摄录设备拍摄到目标车辆左侧	$v=\frac{\sqrt{s_1^2-s_2^2}}{Ln}f\sqrt{\left(\frac{s_2L}{\sqrt{s_1^2-s_2^2}}+Q\right)^2+P^2}$	左后轮的行驶速度为下限值	$v_{\min}=\frac{s_2}{n_2}f$
	视频摄录设备拍摄到目标车辆右侧	$v=\frac{\sqrt{s_3^2-s_4^2}}{Ln}f\sqrt{\left(\frac{s_4L}{\sqrt{s_3^2-s_4^2}}-B+Q\right)^2+P^2}$	右前轮的行驶速度为上限值	$v_{\max}=\frac{s_3}{n_1}f$
右转弯	视频摄录设备拍摄到目标车辆左侧	$v=\frac{\sqrt{s_1^2-s_2^2}}{Ln}f\sqrt{\left(\frac{s_2L}{\sqrt{s_1^2-s_2^2}}-Q\right)^2+P^2}$	左前轮的行驶速度为上限值	$v_{\max}=\frac{s_1}{n_1}f$
	视频摄录设备拍摄到目标车辆右侧	$v=\frac{\sqrt{s_3^2-s_4^2}}{Ln}f\sqrt{\left(\frac{s_4L}{\sqrt{s_3^2-s_4^2}}+B-Q\right)^2+P^2}$	右后轮的行驶速度为下限值	$v_{\min}=\frac{s_4}{n_2}f$

注：表：v—目标车辆的行驶速度；
$v_{\min}$—目标车辆行驶速度的下限值；
$v_{\max}$—目标车辆行驶速度的上限值；
f—视频图像的帧率；
$n=(n_1,n_2)$—目标车辆同侧前轮至同侧后轮通过某一参照物时所用图像帧数，其中$n_1<n_2$；
L—目标车辆的轴距；
B—目标车辆的轮距；
P—目标车辆的质心沿车身纵轴方向距左后轮轮心的距离；
Q—目标车辆的质心垂直于车身纵轴方向距左后轮轮心的距离；
s_1—目标车辆左前轮胎与地面接触点移动的距离；
s_2—目标车辆左后轮胎与地面接触点移动的距离；
s_3—目标车辆右前轮胎与地面接触点移动的距离；
s_4—目标车辆右后轮胎与地面接触点移动的距离。

(2) 多轴汽车的行驶速度 对于多轴汽车的行驶速度，应先将多轴汽车等效为两轴汽车，再按两轴汽车行驶速度的计算方法进行计算。等效方法应符合以下原则：

1）对于只用前桥转向的三轴汽车，用一根与中、后轮轴线等距离的平行线作为与原三轴汽车相当的双轴汽车的后轮轴线，根据目标车辆车轮间的相互位置关系求出目标车辆质心的角速度和转弯半径，参照上述方法计算目标车辆的行驶速度。

2）对于利用第一、第二两车桥转向的四轴汽车，用一根与第三、第四两轴轴线等距离的平行线作为与原四轴汽车相当的双轴汽车的后轮轴线，并以第三、第四两桥轴线之间的中间平行线为基线，根据目标车辆车轮间的相互位置关系求出目标车辆质心的角速度和转弯半径，参照上述方法计算目标车辆的行驶速度。

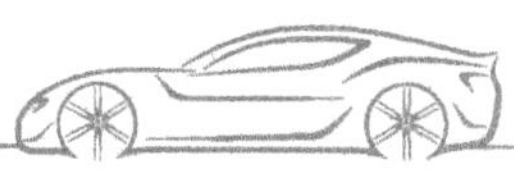

（3）多刚体汽车的行驶速度界定　对于多刚体汽车即汽车列车、拖拉机运输机组等多刚体车辆，以牵引车或第一节车体的行驶速度作为目标车辆的行驶速度。

二、车载式视频图像的车辆行驶速度计算方法

1. 安装车载式视频摄录设备车辆的行驶速度

（1）直线行驶的速度　如图 4-53 所示，沿道路方向选取视频图像中两个道路环境参照物，并测量参照距离 S'；选取视频图像的某一视角方向，确定该视角与车身的交点 O，以该交点作为虚拟参照物；沿同一视角方向观测虚拟参照物通过两个道路环境参照物的时间间隔 T，计算目标车辆的行驶速度 v。具体计算步骤如下：

1）逐帧检测视频图像，观测视频图像的帧率 f，计算相邻两帧图像之间的间隔时间 $t=1/f$。

2）选取两个道路环境参照物作为参照物 1 和参照物 2。

3）选取视频图像的某一视角方向，确定该视角与车身的交点 O 并作为虚拟参照物。

4）记录交点 O 沿视角方向通过两个道路环境参照物之间的图像帧数 $n=(n_1,n_2)$，其中 $n_1<n_2$。

5）测量参照距离 S'。

6）用式（4-71）或式（4-72）计算目标车辆的视频图像同一视野位置通过两个参照物时的行驶速度。

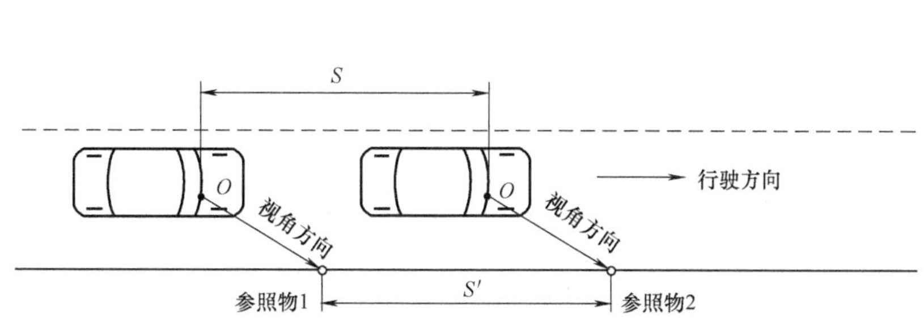

图 4-53　目标车辆直线行驶示意图

（2）沿曲线路行驶的速度　如图 4-54 所示，沿道路方向测量视频图像中两个道路环境参照物之间的距离 S'或 S''，选取视频图像的某一视角方向，确定该视角与车身的交点 O，记录交点沿视角方向通过两个参照物之间的时间间隔 T，确定交点在路面垂直投影点 O'的移动距离 s，确定目标车辆质心的角速度 ω 和转弯半径 R，确定目标车辆的行驶速度 v。具体计算步骤如下：

1）逐帧检测视频图像，观测视频图像的帧率 f，计算相邻两帧图像之间的间隔时间 $t=1/f$。

2）沿车辆行驶方向向右前方选取视角方向 1，确定该视角方向与车身的交点 O 并作为虚拟参照点。

3）选取两个道路环境参照物作为参照物 1 和参照物 2。

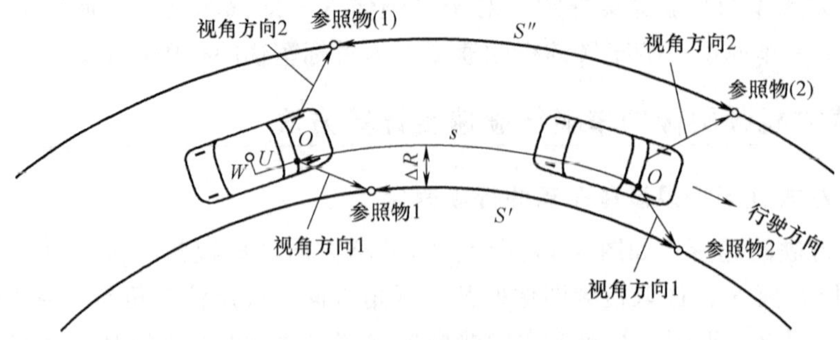

图 4-54　目标车辆沿曲线路行驶示意图

4）记录交点 O 沿视角方向 1 通过参照物 1 和参照物 2 的图像帧数 $n=(n_1, n_2)$，其中 $n_1<n_2$。

5）测量两个道路环境参照物之间的距离 S'。

6）测量交点 O 在路面垂直投影点 O'的移动距离 s。

7）测量投影点 O'的运动轨迹与两个道路环境参照物间的垂直距离 ΔR。

8）确定目标车辆质心的角速度 ω 和车身交点 O 的转弯半径 R_1：

$$\omega=\frac{s-S'}{\Delta RT}=\frac{s-S'}{\Delta Rn}f$$

$$R_1=\frac{s\Delta R}{s-S'}$$

9）测量目标车辆质心距车身交点 O 沿车身纵轴方向的距离 U 和垂直于车身纵轴方向的距离 W。

10）计算目标车辆质心的转弯半径：

$$R=R_1+W=\frac{s\Delta R}{s-S'}+W$$

11）计算目标车辆的车载监控录像同一视野位置通过两个道路环境参照物时的行驶速度：

$$v=\omega R=\frac{s-S'}{\Delta Rn}f\left(\frac{s\Delta R}{s-S'}+W\right)$$

12）根据实际情况给出目标车辆行驶速度的上限值或下限值，见表 4-13。

表 4-13　目标车辆沿曲线路行驶的速度

行驶方向	视角选取的位置	目标车辆质心行驶速度	极限速度	极限值
靠近道路内径行驶	车辆右前方	$v=\frac{s-S'}{\Delta Rn}f\left(\frac{s\Delta R}{s-S'}+W\right)$	下限值	$v_{\min}=\frac{S'}{n_2}f$
	车辆左前方	$v=\frac{S''-s}{\Delta Rn}f\left(\frac{s\Delta R}{S''-s}+W\right)$	上限值	$v_{\max}=\frac{S''}{n_1}f$

（续）

行驶方向	视角选取的位置	目标车辆质心行驶速度	极限速度	极限值
靠近道路外径行驶	车辆右前方	$v=\frac{S'-s}{\Delta Rn}f\left(\frac{s\Delta R}{S'-s}-W\right)$	上限值	$v_{max}=\frac{S'}{n_1}f$
	车辆左前方	$v=\frac{s-S''}{\Delta Rn}f\left(\frac{s\Delta R}{s-S''}-W\right)$	下限值	$v_{min}=\frac{S''}{n_2}f$

注：表：v—目标车辆的行驶速度；

v_{min}—目标车辆行驶速度的下限值；

v_{max}—目标车辆行驶速度的上限值；

s—目标车辆某一视角与车身交点 O 在路面垂直投影点 O' 的移动距离；

S'—车辆右侧两固定参照物间的距离；

S''—车辆左侧两固定参照物间的距离；

ΔR—投影点 O' 运动轨迹与参照物间的垂直距离；

$n=(n_1,n_2)$—交点 O 通过两个道路环境参照物时的图像帧数；

W—目标车辆质心距车身交点 O 垂直于车身纵轴方向的距离。

(3) 转弯的行驶速度　目标车辆左转弯示意图如图 4-55 所示，目标车辆的行驶速度范围可按以下方法计算：

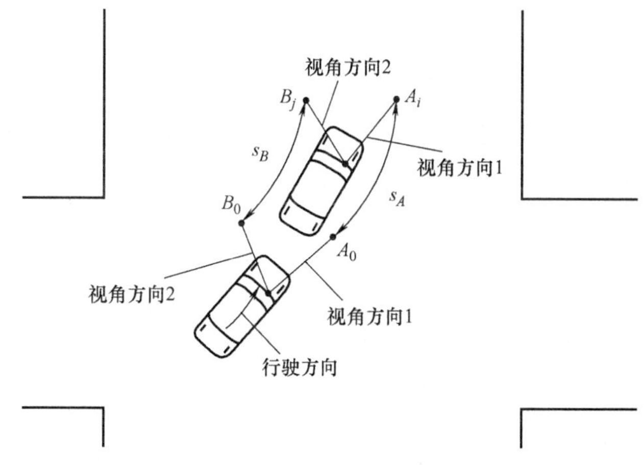

图 4-55　目标车辆左转弯示意图

1）求上限值。沿车辆行驶方向的右前方选取视频图像的视角方向 1，以视角方向 1 与路面的交点 A 作为虚拟参照物。采用逐帧播放的方法，观测并记录视角方向 1 与路面的交点 A_0，A_1，…，A_i。采用描点法或曲线拟合法确定交点 A 的运动轨迹，测量交点 A 的运动距离 s_A 并记录所用帧数 N_i，计算目标车辆行驶速度的上限值：

$$v_{max}=\frac{s_A}{N_i}f$$

2）求下限值。沿车辆行驶方向的左前方选取视频图像的视角方向 2，以视角方向 2 与路面的交点 B 作为虚拟参照物。采用逐帧播放的方法，观测并记录视角方向 2 与路面的交点 B_0，B_1，…，B_j。采用描点法或曲线拟合法确定交点 B 的运动轨迹，测量交点 B 的运动距离 s_B 并记录所用帧数 N_j，计算目标车辆行驶速度的下限值：

$$v_{\min}=\frac{s_B}{N_j}f$$

目标车辆左、右转弯时，目标车辆行驶速度的极限值计算式见表 4-14。

表 4-14　目标车辆转弯的速度

行驶状态	视角选取的位置	极限速度	极限值
右转弯	车辆右前方	下限值	$v_{\min}=\frac{s_A}{N_i}f$
	车辆左前方	上限值	$v_{\max}=\frac{s_B}{N_j}f$
左转弯	车辆右前方	上限值	$v_{\max}=\frac{s_A}{N_i}f$
	车辆左前方	下限值	$v_{\min}=\frac{s_B}{N_j}f$

注：表：$v_{\min}$—目标车辆行驶速度的下限值；

$v_{\max}$—目标车辆行驶速度的上限值；

s_A—车辆右前方视角方向与路面交点 A 的运动距离；

s_B—车辆左前方视角方向与路面交点 B 的运动距离；

N_i—交点 A 运动距离 s_A 所用帧数；

N_j—交点 B 运动距离 s_B 所用帧数。

2. 车载式视频图像中拍摄到的其他车辆的行驶速度

直线转弯和沿曲线行驶的速度计算方法同固定式视频图像的车辆行驶速度计算方法。因各车相互运动，选择参照点的视角方向可能存在相对变化，要注意适用性。

三、基于视频图像技术的汽车事故速度再现误差控制

基于视频图像技术的汽车事故速度再现准确性相对于利用相关物理、数学模型和力学分析方法求取的速度值要准确很多，但由于利用视频摄像设备对道路现场进行监控时，帧速率可能存在着不稳定的因素，每秒钟的帧速率可能会有一定的不同，另外图像中参照点的选择、观测视角的确定及距离测量方面都存在不确定因素，因此还会存在一定的误差。在实际司法鉴定实践中利用视频图像技术实施速度再现时为满足交管部门事故认定需要，一般采取以下方法控制误差范围。

1）记录目标车辆两个特征点中，前一个通过参照线时记为 $T=0$ 帧，后一个通过该参照线不是整帧数时，如图 4-56 所示：后轮轴心通过参照线的时刻为第 4 帧至第 5 帧之间，则确定速度范围值，见式（4-71）。

此种方法在车速高时误差较大，只适合车辆速度较低时使用。

2）可取车辆整帧通过一、二两个特征点，利用相关技术获取两个整帧特征点的距离，实施再现。如图 4-57～图 4-60 所示。

根据 CAD 绘图技术同等大小编辑视频图像，确定 A 车车厢前边缘抵达监控右侧虚拟红线位置（一特征点）处（17∶01∶45 第 7 帧，如图 4-57 所示）至 A 车车厢前边缘抵达监控左侧虚拟线位置（二特征点）处（17∶01∶46 第 15 帧，如图 4-58 所示），运行间隔帧数为 8 帧。截取段在 CAD 中参照运行距离为 1088.80 比例单位（图 4-59），A 车车厢长度在 CAD

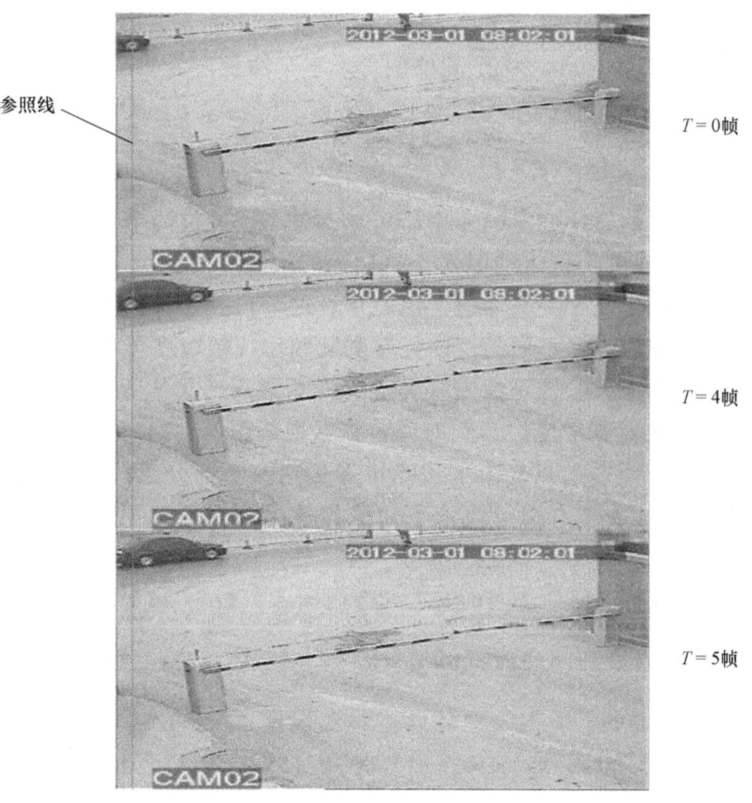

图 4-56　特征点通过参照线时不是整帧数的情况

图 4-57　实施再现过程（一）

图 4-58　实施再现过程（二）

图 4-59　实施再现过程（三）

图 4-60　实施再现过程（四）

中参照距离为 1017.09 比例单位（图 4-60）。经测量 A 车车厢长度为 14.10m，根据截取段在 CAD 中参照运行距离为 1088.80 比例单位，A 车车厢长度在 CAD 中参照距离为 1017.09 比例单位，确定 A 车在截取段内的实际运行距离：

$$s_a = 14.10 \times \frac{1088.80}{1017.09} m = 15.10m$$

再根据本视频文件的属性确定帧速率即可算出该车辆通过两个特征点时刻的速度值。

3）帧速率可能存在着不稳定的因素，每秒钟的帧速率可能会有一定的不同。一段视频资料属性中体现的帧速率是一个平均值，也就是说这个视频中每秒钟的帧速率有可能是不一样的，与属性给定的帧速率是不同的。因此在实际利用视频速度再现司法鉴定实践中要特殊对待，以控制误差。如根据监控录像内容确定 A 车截取段信息如下：

截取 A 车运行距离及其对应的运行时间：根据视频图像，确定将 16：27：57 第 11 帧时记为第 0 帧，此时在 A 车右前灯光束下边缘位置抵达左下部分道线下端点位置，向后数 20 帧 16：27：58 第 7 帧时 A 车右前灯光束下边缘位置抵达左下部第二段分道线下端点位置，运行间隔帧数为 20 帧。

经对该视频逐帧播放查证，其 16：27：57 内图像帧数为 24 帧，其 16：27：58 内图像帧数为 25 帧，确定截取段的间隔时间为 $t_a = \left(\frac{13}{24}+\frac{7}{25}\right) s = 0.822s$；经测量确定分道线长度为 6.00m，间隔距离为 9.00m，由视频图像确定观测误差小于±0.15m，由此确定 A 车在上述 20 帧时运行距离为 $(15.00+0.15)m > s_a > (15.00-0.15)m$。

根据速度-位移-时间关系式 $v=\frac{s}{t}$，可确定 A 车通过参照线时的行驶速度 v_a。

观测误差是不可避免的，建议取测量值的 1%。

利用视频再现速度详见实例分析 4-6。

【实例分析 4-6】 利用视频确定行驶速度

1. 案件简要情况

2019 年 1 月 16 日 6 时 15 分许，关某驾驶某牌号轿车（A 车）沿某路由西向东行驶至该路 648km 加 518.60m 处，与前方同向行驶的齐某驾驶的无牌照装载机（B 车）发生追尾相撞，造成双方车辆受损，关某、齐某、潘某、田某受伤的道路交通事故。

2. 送检材料及样本

1）现场图复印件 1 份。

2）现场照片及现场监控录像（电子版）。

3）事故车辆 A 车检验照片。

4）车辆信息各一份。

3. 鉴定要求

鉴定事故发生前 A 车的行驶速度。

4. 鉴定时间

2019 年 1 月 19 日。

5. 检验鉴定的方法

由于在本次事故过程中有现场监控录像，因此依据 GA/T 1133—2014《基于视频图

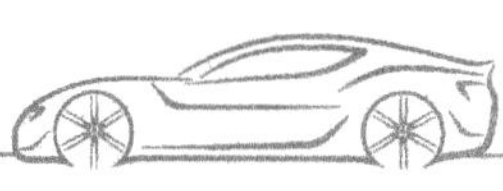

像的车辆行驶速度技术鉴定》，根据现场监控录像确定事故车辆在进入录像范围内截取段内的实际运行距离及运行时间，由此鉴定事故车辆A车在事故发生前的行驶速度。

6. 分析与鉴定

（1）视频信息　如图4-61和图4-62所示，根据现场监控录像“MOVA7660.MOV”的文件属性可知，所提供的现场监控视频资料文件的大小为450.00MB，文件时长为00：00：25，哈希值MD5为FCB17C921F5A806CEDE5E1577AC67684。

截取A车运行距离及其对应的运行时间：根据视频图像，确定将06：02：32第1帧时记为第0帧，此时在右侧桥头后端位置确定一条虚拟红线位置（图4-63中虚拟红线），向后数15帧06：02：32第16帧时虚拟红线位置尚未抵达桥头前端位置（图4-64中虚拟红线），向后数16帧06：02：32第17帧时虚拟红线位置越过桥头前端位置（图4-65中虚拟红线），运行间隔帧数为15~16帧。

（2）根据监控信息确定A车的行驶速度　经现场测量确定桥全长为$s_a=18.50\text{m}$，经对该视频逐帧播放查证，其06：02：32内图像帧数为17帧，确定截取段的间隔时间为$\frac{16}{17}\text{s}>t_a>\frac{15}{17}\text{s}$，此时间为A车运行桥长距离的时间。

根据速度-位移-时间关系式$v=\frac{s}{t}$，确定A车在截取段的行驶速度v_a：

$$v_a=\frac{s_a}{t_a}\times 3.6$$

式中　$s_a=18.50\text{m}$、$\frac{16}{17}\text{s}>t_a>\frac{15}{17}\text{s}$。

计算得$75\text{km/h}>v_a>71\text{km/h}$。

7. 鉴定意见

事故车辆A车在视频截取段的行驶速度在71~75km/h之间。

8. 证据信息

相关证据信息如图4-61~图4-71所示。

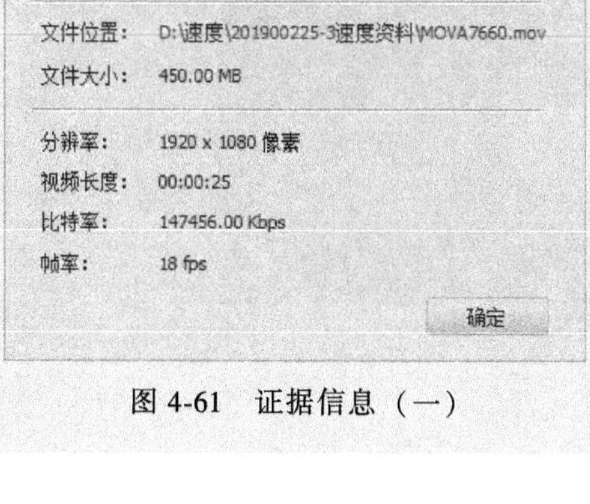

文件属性

文件名称：MOVA7660.mov
文件位置：D:\速度\20190225-3速度资料\MOVA7660.mov
文件大小：450.00 MB
分辨率：1920 x 1080 像素
视频长度：00:00:25
比特率：147456.00 Kbps
帧率：18 fps
确定

图4-61　证据信息（一）

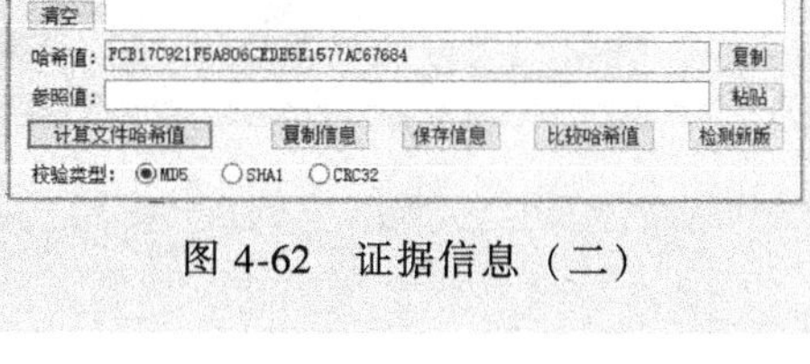

MD5-Hash哈希值计算工具1.9

字符串：D:\速度\20190225-3速度资料\MOVA7660.mov
文件大小：471859200字节
创建日期：2019年01月22日 09:10:59
清空
哈希值：FCB17C921F5A806CEDE5E1577AC67684　复制
参照值：　粘贴
计算文件哈希值　复制信息　保存信息　比较哈希值　检测新版
校验类型：MD5　SHA1　CRC32

图4-62　证据信息（二）

图 4-63　证据信息（三）

图 4-64　证据信息（四）

图 4-65　证据信息（五）

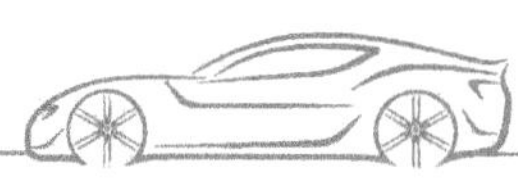

图 4-66 证据信息（六）

图 4-67 证据信息（七）

图 4-68 证据信息（八）

图 4-69 证据信息（九）

图 4-70 证据信息（十）

图 4-71 证据信息（十一）

第九节 利用汽车控制器存储数据获取汽车碰撞过程速度变化值

汽车事件数据记录系统（EDR）对于复现事故状况和分析事故成因有重要意义。EDR所记录的有效数据能直接、客观地说明事故发生时的具体状态，在事故鉴定中起到辅助作用。目前 EDR 装置还不是所有车型出厂标配，但随着 EDR 的作用逐渐被认可，GB 7258—2017《机动车运行安全技术条件》中做了相应规定：乘用车应配备能记录碰撞等特定事件发生时的车辆行驶速度、制动状态等数据信息的事件数据记录系统（EDR）；若配备了符合标准规定的车载视频行驶记录装置，应视为满足要求。为加强对汽车事件的成因分析及取

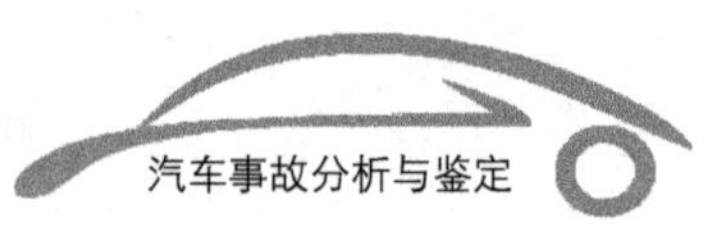

证，建立完整、可信的车辆事件数据记录系统以记录事件发生时车辆和驾驶人的相关数据，工业和信息化部装备工业司组织行业机构、重点企业等单位研究开展了强制性国家标准《汽车事件数据记录系统》的制定，并公开征求社会各界意见，征求意见已经于2018年7月20日完成。以后利用汽车控制器存储数据获取汽车碰撞过程的速度变化值将是常规技术手段。

一、车载事件数据记录系统工作原理

一般的事件数据记录系统包括车载采集和离线读取两部分，车载采集部分与安全气囊数据采集和控制系统结合，在安全气囊ECU中EDR整合于汽车安全气囊控制模块内部，用于记录汽车碰撞前、碰撞过程中、碰撞后动态时间序列数据变化。它可以记录汽车在发生事故碰撞前一段时间（一般为5s）的速度变化、加速度变化、安全带使用、发动机转速、加速踏板位置（或节气门开度）、制动踏板操作情况、转向输入、安全带状态、变速杆档位、驾驶模式、轮胎气压、警告信号及安全气囊展开的记录以及车辆碰撞后200ms内的速度变化情况等共计十几项数据内容。有效的EDR数据可以准确反映事故车辆碰撞前的运行状态，以及驾驶人采取的各种驾驶操作行为，不仅对道路交通事故分析鉴定具有重要作用，还可以此来开展关于道路交通事故再现技术的研究工作。这些数据对汽车事故速度再现意义十分重大。

二、车载事件数据记录系统的使用及案例

利用EDR存储数据确定汽车事故发生时的行驶速度、碰撞速度精度较高，不确定性小，公信力强。现在只有丰田、通用、克莱斯勒、沃尔沃等相关厂家的EDR数据是公开的。另外，EDR数据的读取设备接口不同也制约着汽车事故后的EDR数据提取。随着各汽车生产厂家和汽车安全气囊配套厂家的数据公开及读取设备接口的标准化，利用汽车控制器存储数据获取汽车碰撞过程速度，将是未来汽车事故速度再现的主要方式。下面针对具体案例描述车载事件数据记录系统的使用方法。

【实例分析4-7】 车载事件数据记录系统应用

1. 案件简要情况

2017年7月28日19时许，张某驾驶小型普通客车，行驶至某处时，将行人李某撞倒后驾车逃逸，造成李某死亡、车辆受损的汽车事故。

2. 委托鉴定事项

委托鉴定事项一：汽车碰撞时的行驶速度。

委托鉴定事项二：汽车撞人前的运行状态。

3. 鉴定过程

根据委托方提供的检验鉴定小型普通客车，车身颜色为白色（图4-72），车辆识别代码为LFMGSE725F××××××的安全气囊控制模块（图4-73），应用博世公司的CDR软件读出数据，并对委托事项做出分析意见。

4. 数据读取

博世拥有世界领先的事件数据记录（EDR）信息系统和成像技术。自2000年以来，博世碰撞数据检索（CDR）产品得到了国际执法部门、碰撞研究人员、汽车制造商和政

府机构的信任，可以访问各种乘用车、轻型货车和运动型多用途汽车（SUV）的 EDR 信息。CDR DLC 基本套件用于从车辆的一个或多个控制单元中读取 EDR 数据。CDR 工具适用于多种车辆类型。CDR 软件的帮助文件包含支持的车辆类型的列表。CDR DLC 基本套件由连接到车辆和控制单元的 CDR 工具、CDR 软件及硬件组件组成。CDR 软件在计算机上运行。借助 CDR 软件可以读取 EDR 数据并查看 CDR 报告。

图 4-72　事故车

图 4-73　安全气囊控制模块

纵向撞击脉冲

记录状态,时间系列数据	完成
最大纵向 Δv/(km/h)	-1.8[-2.9]

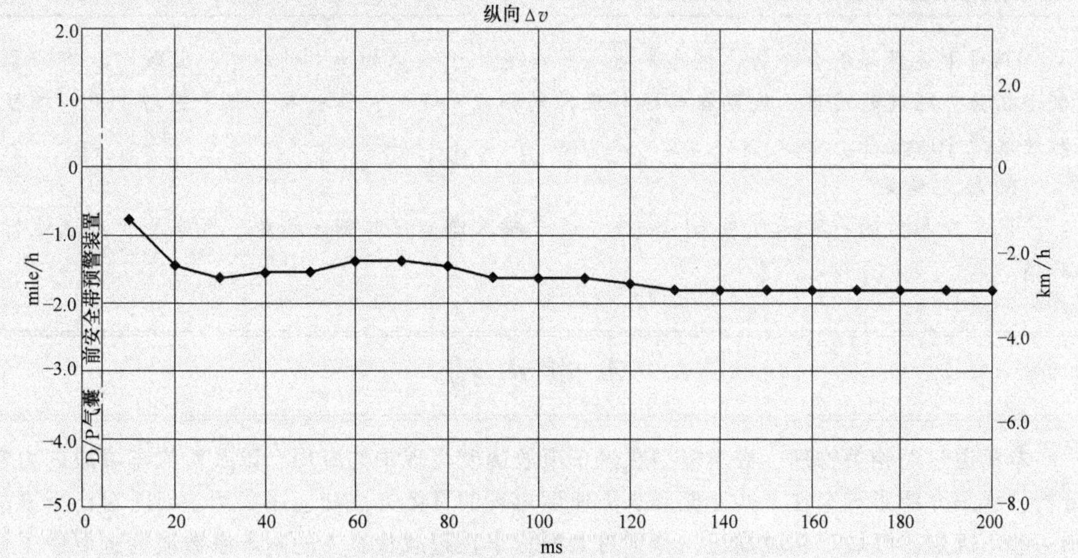

纵向 Δv

图 4-74　纵向碰撞速度变化图

5. 分析说明

由图 4-74 可知，本次碰撞为汽车正面纵向碰撞，碰撞前速度变化较小。表 4-15～表 4-17 列出了碰撞前的数据信息变化情况。其中表 4-15 列出了碰撞前后数据传递与控制系统的自诊断过程；表 4-16 列出了记录事故前 0.4s 汽车处于正常驾驶且左前座椅安全带工作状态；表 4-17 列出了碰撞前 5s 内速度、制动开关、加速度及发动机转速的信息情况。

碰撞前 4.4s、3.4s、2.4s、1.4s、0.4s、0s 速度变化略有上升；加速度变化较为平稳；制动器开关碰撞前始终处于关闭状态，碰撞时开启；发动机转速始终处于 3200r/min。

表 4-15 事件发生时数据传递与控制系统

记录诊断状态	完成
点火循环(从 DTC 设定开始)(次)	0
气囊报警灯闪亮(从 DTC 设定开始)/min	0
故障诊断码	无

表 4-16 撞击前的数据（样本 1）

记录撞击前乘坐人状态	完成
撞击前到触发时间/ms	400
左侧座椅搭扣开关	扣位
位置改变	起动

表 4-17 撞击前的数据（-5~0s）

时间/s	-4.4	-3.4	-2.4	-1.4	-0.4	0(触发)
车速/(mile/h)(km/h)	60.9(98)	62.1(100)	63.4(102)	64.6(104)	65.9(106)	65.0(106)
制动	OFF	OFF	OFF	OFF	OFF	ON
加速率	1.99	2.03	2.07	2.03	1.99	1.25
发动机转速/(r/min)	3200	3200	3200	3200	3200	3200

经对上述数据综合分析，该车辆碰撞前车速处于平稳加速上升状态，驾驶人没有采取制动措施；碰撞时速度、发动机转速与碰撞前相比无变化，驾驶人采取了制动措施。碰撞时速度为 106km/h。

6. 鉴定意见

汽车碰撞时的行驶速度为 106km/h；汽车撞人前未采取制动措施，汽车处于加速运行状态。

本章小结

本章通过对相关物理、数学模型在汽车事故速度再现中的应用，以及对汽车事故的力学分析，详细介绍了汽车在不同碰撞形态下速度再现的具体方法和应用案例。同时对汽车事故中一些不确定参数做了相应描述，特别对大型货车在超载状态下的附着系数值的选取做了详细说明。本章还对利用视频图像技术和利用汽车控制器存储数据获取汽车碰撞过程数据变化及分析来实现汽车事故速度再现的方法和案例做了详细说明，同时对实施速度再现的相关标准进行了介绍。通过对本章内容的学习，可以进一步了解和掌握速度再现的具体方法。

习　题

1. 汽车事故速度再现依据的相关标准有哪些？
2. 相关物理、数学模型在汽车事故速度再现中如何应用？

3. 如何从力学角度分析汽车碰撞事故？
4. 简述汽车一维碰撞事故速度再现的求解过程。
5. 简述汽车二维碰撞事故速度再现的求解过程。
6. 简述汽车与两轮车的碰撞事故速度再现的求解过程。
7. 简述汽车与行人的碰撞事故速度再现的求解过程。
8. 简述汽车事故不确定参数的选取。
9. 简述基于视频图像技术的汽车事故速度再现方法。
10. 如何利用汽车控制器存储数据获取汽车碰撞过程的速度变化值？

第五章　汽车事故现场及痕迹物证勘验

学习目标

知识目标：

● 了解汽车事故现场的定义、分类及特点

● 了解汽车事故现场勘查记录的种类、特点和相关要求

● 掌握汽车事故现场图的相关要求、绘制方法，以及勘查笔录的填写、注意事项与照相和摄像技术

● 掌握汽车事故现场勘查的相关要求以及典型交通事故现场的重点勘查方式

● 理解汽车事故受警立案程序及赶赴现场的相关要求

● 了解汽车事故现场勘查相关新技术

● 理解汽车事故痕迹勘验的定义及主要痕迹

● 掌握汽车事故痕迹勘验要求及相关鉴定标准

能力目标：

● 能解释各种汽车事故现场勘查记录工作的特点、理解工作内容和制作要求

● 能运用所学知识完成汽车事故现场勘查记录工作，处理勘查记录工作中的疑难问题，并运用所学知识对汽车事故现场进行勘查

● 能解释汽车事故现场的定义、分类及特点，并理解现场勘查的内容和要求的程序

● 能使用汽车事故痕迹勘验要求对具体案例进行分析

第一节　汽车事故现场勘查

一、典型汽车事故现场的重点勘查方式

（一）汽车事故现场的定义及分类

1. 汽车事故现场的概念

汽车事故现场是指一定时间范围内，发生汽车事故的空间场所以及该场所在事故发生时

的具体状况，包括车辆、人、畜、物体以及和事故有关的痕迹、物证所在的地点。

汽车事故现场既包含时间和空间要素，又包含事故形态以及损害后果等相关要素。它是汽车事故调查最基本、最直接的着眼点，也是汽车事故调查中最主要的事故信息来源。汽车事故现场是判定事故发生过程的依据和分析事故原因的基础，对依法、公正、及时地处理汽车事故，具有十分重要的意义。

2. 汽车事故现场的分类

根据现场的完整真实程度及是否发生变动，汽车事故现场可以分为两大类：原始现场和变动现场。

(1) 原始现场 原始现场是指事故发生后，现场的车辆、人、畜以及遗留下来的物体、痕迹等交通事故元素依然保持事故后的原始状态，没有发生改变和遭到破坏的现场。原始现场完整保留着事故发生后的时间、空间的变化状态，对汽车事故成因分析、汽车事故检验鉴定和汽车事故责任认定具有重要意义。

因为抢救伤者或其他原因，原始现场在汽车事故现场中所占比例较小。

(2) 变动现场 变动现场指汽车事故发生后，由于自然因素或者人为原因，致使现场的原始状态有了部分或全部改变的事故现场。汽车事故现场变动的原因很多，可分为正常变动的现场、伪造现场、逃逸现场，还有特殊的恢复现场。

1）正常变动的现场。一般情况下，正常改变事故现场即在自然条件下非人为地改变了原始状态或者不得已而在不影响调查结果的前提下有限度地改变原始状态的交通事故现场。交通事故现场正常变动有以下几种情况：

① 为抢救伤者而移动车辆、散落物和伤者的位置。

② 由于风、雨、雪、雹、洪水、塌方、地震等自然条件的影响，导致现场痕迹、物证的消失和破坏。

③ 执行任务的军警车、消防车、救护车、工程救险车等发生事故后，因继续执行任务的需要，在现场处理之前离开现场的。

④ 处置险情导致现场痕迹、物证的变动和灭失。如扑灭交通事故火灾，处置事故现场易燃、易爆、剧毒、放射性等危险品。

⑤ 由于保护不善，围观群众和事故当事人以及其他车辆的不慎，非有意识地造成了现场状态的改变。

⑥ 一些主要交通街道以及繁华区域发生汽车事故后，造成严重的交通堵塞，需要立即排除而移动了车辆和其他物体的。

⑦ 无意驶离。发生事故以后，驾驶人没有察觉事故发生，继续行驶离开现场，造成事故现场发生变动。

对于变动的现场，必须注意识别和查明变动的原因以及具体情况，做必要的记录，以利于辨别事故的发生过程，正确分析事故的形成原因和确定事故责任。

2）伪造现场。伪造现场指当事人为了逃避事故责任，故意毁灭证据或达到嫁祸于人的目的，有意改变或特意布置的现场。

伪造现场虽然在形式上跟正常变动现场一样，原始的状态发生改变，但性质上完全不同，这种对现场的故意变动行为是一种严重的违法行为，直接影响现场调查和事故处理工作，会造成十分恶劣的社会影响。因此《中华人民共和国道路交通安全法实施条例》规定，当事人故意破坏、伪造现场、毁灭证据的，承担全部责任。

伪造现场的特征：事故现场中诸元素的表象不符合事故发生的客观规律，互相矛盾。伪造现场无论经过多么用心的伪装，总会露出破绽，只要对其进行深入而细致的调查研究和分析，总会发现其漏洞，识别其真伪。

3）逃逸现场。逃逸现场也是一种变动现场。肇事人为了逃避责任驾车驶离而导致现场变动，其性质与伪造现场相同。《中华人民共和国道路交通安全法实施条例》规定，发生事故后当事人逃逸的，逃逸的当事人承担全部责任。但是，有证据证明对方当事人也有过错的，可以减轻责任。逃逸现场一般都会留下与事故有关的痕迹、物证，可以经过细致调查侦破，最后确定肇事逃逸者。

4）恢复现场。恢复现场又称再现现场，指在现场撤除后，根据事故现场图、现场勘查笔录、现场图片及视频资料、当事人和现场目击证人的讯问、询问笔录等材料重新布置，恢复再现的现场。恢复现场一般都是根据事故分析或复查案件的需要而重新布置的，对这种重新恢复原始状态的现场，称为原始恢复现场。与真正的原始现场不同，恢复现场不具有勘查价值。

（二）汽车事故现场的特点

1. 事故现场客观性和状态可变性

任何一起交通事故，都存在一个客观的事故现场，事故现场各元素的原始分布形式和状态都必须符合事故发生的客观规律，具有客观性，能够真实地反映出事故客观存在的实际情况，即便当事人为了逃避法律追究，故意改变或者毁灭事故现场，也只能改变交通事故的某些表面特征，终不能掩盖事实的本来面目，这些都是由事故现场存在的客观性所决定的。

交通事故现场的某些现象、状态会随着时间和自然环境的变化而变化，交通事故成因、形态、后果的多样性和复杂性，决定了事故现场很容易受到自然因素和人为因素的影响而发生各种变化，这就是事故现场状态的可变性。

2. 事故现场的暴露性和因果关系的隐蔽性

汽车事故发生过程中和发生之后，在事故现场一定会遗留下与本起事故有关的痕迹和物证，并毫无遮挡地呈现在人们的面前。例如，'在某一路段上两车碰撞，事故发生后在该路段路面上可能会留下碰撞前两车相互规避的痕迹、碰撞过程中两车破损散落物的痕迹、碰撞后两车相互分离的运动痕迹等。通过对这些痕迹的现场勘查，可以使没有亲眼看见事故发生过程的汽车事故办案人员准确地了解事故发生的原因、碰撞的过程造成的后果，以便科学合理地处理本起汽车事故。事故发生后留下的痕迹都是可查的，即使是细微的痕迹物证，通过耐心细致的勘查，也是完全可以发现的，这就是道路事故现场的暴露性。

交通事故现场包含事故发生发展过程中的本质联系及因果关系的内部联系，但有时这种因果关系并不是表面化的形式，而是事物客观发展的内在本质的联系，是非常复杂的。如由南向北行驶的质量较大车，被对向由西北向东南行驶且与自己速度相同的质量较小车正面冲撞，在整个碰撞过程中质量较大车的驾驶人无任何规避行为（即未制动也未转向）。根据力学原理，质量较大车受冲撞后运动轨迹应该向自己原行进方向的右前方，即东北方向运动。

但实际上，质量较大车在事故现场图上停车的位置却是在原行进方向的左前方，即西北方向，车轮的运动轨迹也是向西北方向的。难道本起事故违背了车辆碰撞事故力学规律？事实并不是这样，上述现象的出现是两车碰撞时，质量较大车左前轮胎被撞破，车辆运动时质心会围绕左前轮产生一个逆时针向左的力矩所致。但在两车碰撞之初，撞击力还未波及质量较大车左前轮胎时，质量较大车有向自己原行进方向的右前方，即东北方向运动的趋势，向该方向运动并在路面上留下滚动痕迹，直到质量较大车左前轮胎被撞破，运动轨迹随之改变。可见，只有通过对现场的现象进行认真科学的分析，才能发现事故现场本质，事故现场包含的这种因果关系是隐蔽的，不易被察觉。

3. 事故现场的共同性和特殊性

汽车事故现场尤其是同类事故现场具有许多相同的特征。例如，都有类似的具有交通性质的事故形态和类似的损害后果等这些外化的相同点，这构成了事故现场的共同性。但是汽车事故现场具有时空性，同时又是千变万化的，没有完全相同的两个事故现场，每一个汽车事故现场都存在着自身的特征，即具有特殊性。在实际工作中，既要善于应用汽车事故现场的普遍规律（共同性）来指导事故现场勘查工作，又要注意利用每一起交通事故的特殊性来认定和处理本起汽车事故。

4. 事故现场的整体性和形成过程的阶段性

每一个汽车事故现场都是一个有机结合的整体，虽然事故是瞬间发生的，但是交通事故并不是突然形成的，它要经过一系列的过程演变，才会最终形成静态的表现形式。每一起汽车事故现场的形成都有发生、发展、静止的过程。尽管有些汽车事故的发生过程比较复杂，如经历多次碰撞、形成多种事故形态才最终静止，但事故现场形成的每一个阶段都会留下各自的特征，各阶段的形成特征的总和，就构成了事故现场的整体。这就是汽车事故现场的整体性和形成过程的阶段性。在实际的现场勘查和成因分析中，必须利用终结的静止阶段的特征反推事故的发展过程，进而再现本起汽车事故发生过程。

（三）汽车事故受案与赶赴现场

单一汽车事故属于小概率随机事件，具有偶然性和突发性，汽车事故发生的时间、地点、形态、损害后果等不能预测。因此，为了保证能够尽快赶赴现场，《道路交通事故处理工作规范》第十三条规定：“设区的市、县级公安机关交通管理部门事故处理机构实行二十四小时值班备勤制度，根据辖区道路交通事故情况确定值班备勤人数，值班备勤民警不得少于二人。”

1. 受理报警

《道路交通事故处理工作规范》第十六条规定：“指挥中心处置道路交通事故警情时，应当记录下列内容：（一）处警指令发出的时间；（二）接受处警指令的人员姓名；（三）处警指令的内容；（四）通知联动单位的时间；（五）向单位领导或上级部门报告的时间、方式以及批示和指示情况；（六）处警人员到达现场以及现场处置结束后，向指挥中心报告的时间及内容。”第十七条规定 ：“交通警察接到处警指令后，白天应当在五分钟内出警，夜间应当在十分钟内出警。”

(1) 报警形式 汽车事故发生后，报警形式分为两种：第一种形式为当场报警，是指

发生汽车事故后，事故当事人或其他车辆驾驶人、过往行人、乘客等其他人员在汽车事故现场立即向公安机关交通管理部门报警；第二种形式为事后报警，是指交通事故发生后，当事人没有在交通事故现场及时向公安机关交通管理部门报警，而是隔了一段时间之后再报警。

(2) 报警方式 现在的报警方式主要是电话报警，报警人用电话向公安机关交通管理部门报警。还有当面报警，报警人当面向公安机关交通管理部门报警。接警人员接到事故报警后，都应当登记备查，认真做好记录。

(3) 受警内容 《道路交通事故处理程序规定》第十六条规定："公安机关及其交通管理部门接到报警的，应当受理，制作受案登记表并记录下列内容：（一）报警方式、时间，报警人姓名、联系方式，电话报警的，还应当记录报警电话；（二）发生或者发现道路交通事故的时间、地点；（三）人员伤亡情况；（四）车辆类型、车辆号牌号码，是否载有危险物品以及危险物品的种类、是否发生泄漏等；（五）涉嫌交通肇事逃逸的，还应当询问并记录肇事车辆的车型、颜色、特征及其逃逸方向、逃逸驾驶人的体貌特征等有关情况。报警人不报姓名的，应当记录在案。报警人不愿意公开姓名的，应当为其保密。"

(4) 处理方法 《道路交通事故处理工作规范》第十五条规定："指挥中心接到道路交通事故报警的，应当按照《道路交通事故处理程序规定》第十六条规定的内容进行询问并做记录，制作《受案登记表》。需要派员到现场处置的，指派就近执勤的交通警察立即赶赴现场进行先期处置，并根据情况进行以下处理：（一）需要适用一般程序处理的，通知事故处理民警赶赴现场，并调派支援警力赶赴现场维护交通安全和交通秩序；（二）需要现场救援的，立即通知相关单位救援人员、车辆赶赴现场；（三）属于上报范围的，立即报告上一级公安机关交通管理部门，并通过本级公安机关报告当地人民政府；（四）需要堵截、查缉交通肇事逃逸车辆的，通知相关路段执勤民警堵截或查缉过往车辆，通报相邻的公安机关交通管理部门布控、协查；（五）载运爆炸性、易燃性、毒害性、放射性、腐蚀性、传染病病原体等危险物品车辆发生事故的，立即通过本级公安机关报告当地人民政府，通报有关部门及时赶赴事故现场；（六）营运车辆、校车发生人员死亡事故的，通知当地人民政府有关行政管理部门；（七）造成道路、供电、供水、燃气、通信等设施损毁的，通报有关部门及时处理。属于应急处置范围的，指挥中心应当立即报告公安机关有关负责人，并启动相应的应急处置预案。"

《道路交通事故处理工作规范》中，对一些影响大、危害性强和特殊的汽车事故，除按上述方式处理外，还有特别规定。

《道路交通事故处理工作规范》第二十二条第一款规定，发生道路交通事故后当事人未报警，在事故现场撤除后，当事人又报警请求公安机关交通管理部门处理的，公安机关交通管理部门应当按照《道路交通事故处理程序规定》第十六条规定的记录内容予以记录，并在三日内根据当事人提供的证据或案件线索，对事故发生地点的道路情况、事故车辆情况等进行核查，查找并询问事故当事人和证人。

2. 立案

(1) 立案 立案是指公安机关交通管理部门的事故办案人员在受理案件以后，经现场勘查，将案件确立为应当适用一般程序处理的汽车事故案件的过程。

立案是确立汽车事故案件的简称，是汽车事故处理的法定程序。《道路交通事故处理工

作规范》第二十二第二款规定："经核查道路交通事故事实存在的，公安机关交通管理部门应当受理，制作《受案登记表》，并告知当事人；经核查无法证明道路交通事故事实存在或者不属于公安机关交通管理部门管辖的，应当制作《不予受理告知书》，注明理由，送达当事人；经核查不属于道路交通事故但属于公安机关管辖范围的案件，应当移送公安机关相关部门，并书面告知当事人，说明理由；经核查不属于公安机关管辖的案件，应当告知当事人向相关部门报案，并通知相关部门。"根据该规定，适用简易程序处理的交通事故不用履行"填写《交通事故立案登记表》"的书面立案程序。而适用一般程序处理汽车事故则需要履行书面立案程序。所以，这里说的立案是指书面立案。虽然为防止出现错案，适用简易程序处理交通事故同样不能缺少立案这一步骤，但是立案可由办案人员在事故现场一人确定，不必履行书面手续。

(2) 立案的意义　立案的意义是准确地认定案件的性质，防止将其他性质的案件、时间作为汽车事故案件处理，出现错案。

(3) 立案的基础　立案的基础是受理案件和现场勘查。

1）受理案件。汽车事故立案必须建立在受理案件的基础上，并须经审查，以确定是否属于自己大队处理管辖范围。填写立案登记表，其中关于报警的内容应当以受理案件的"报警记录"为材料基础。

2）现场勘查。只有经过现场勘查，初步查清事故发生过程、当事人的违法行为、事故原因和事故后果之后，才可能依照《中华人民共和国道路交通安全法》第一百一十九条的规定，以事故构成要素为标准，判定一起事故是否属于交通事故；判断其是否适用一般程序；根据立案标准，确定其是否应当立案处理。因此，立案的时机是在现场勘查以后。

① 承办人。受理案件的承办人是值班人员。立案的承办人是事故办案人员。

为了准确地立案，要求办案人员必须熟练掌握交通事故基本概念及其相关的专业理论知识，掌握交通事故发生规律和其他性质的案件，特别是伪造交通事故的识别规律。

② 立案文书与立案时限。交通事故立案文书分为两种："交通事故立案登记表"和"交通事故处理通知书"。

a. 交通事故立案登记表。一起事故经审查，属于汽车事故的，事故办案人员应当自勘查现场之时起 24 小时以内办理立案手续，填写"交通事故立案登记表"，报大队事故科长审批予以立案，然后存档。案件按照交通事故进行处理。

b. 交通事故处理通知书。根据《道路交通事故处理工作规范》第二十二条第二款规定："经核查无法证明道路交通事故事实存在或者不属于公安机关交通管理部门管辖的，应当制作《不予受理告知书》，注明理由，送达当事人；经核查不属于道路交通事故但属于公安机关管辖范围的案件，应当移送公安机关相关部门，并书面告知当事人，说明理由；经核查不属于公安机关管辖的案件，应当告知当事人向相关部门报案，并通知相关部门。"

故意杀人案、故意伤害案、以危险方法危害公共安全案、过失致人死亡案、诈骗案，应移交刑侦部门。重大责任事故案、重大劳动安全事故案应移交治安部门。保险诈骗案移交经济犯罪侦查部门。

3. 赶赴现场

《中华人民共和国道路交通安全法实施条例》第八十九条第一款规定："公安机关交通

管理部门或者交通警察接到交通事故报警，应当及时赶赴现场，对未造成人身伤亡，事实清楚，并且机动车可以移动的，应当在记录事故情况后责令当事人撤离现场，恢复交通。对拒不撤离现场的，予以强制撤离。”《道路交通事故处理程序规定》第十七条规定：“接到道路交通事故报警后，需要派员到现场处置，或者接到出警指令的，公安机关交通管理部门应当立即派交通警察赶赴现场。”尽快赶赴现场是现场勘查的基本要求，是减少事故现场造成的交通阻塞，提高现场勘查质量的基础条件。赶赴现场要做好现场勘查组织工作并携带必要的现场勘查工具与装备。

(1) 现场勘查组织 建立一支指挥有力、人员精干的现场勘查队伍是提高现场勘查质量的关键。现场勘查组织实施人员包括现场勘查指挥人员、现场保护人员、现场勘查检验人员、现场调查访问人员等。

(2) 现场勘查工具与装备 《道路交通事故处理工作规范》第三十二条规定：“交通警察赶赴现场处理道路交通事故，应当按照规定穿着现场防护服或者专门的现场勘查服，夜间佩戴发光或者反光器具，配备必要警用装备，携带道路交通事故现场勘查器材和现场防护装备。”

(四) 现场勘查的内容和要求

1. 现场勘查的内容

交通事故现场勘查一般包括实地勘查、现场访问和现场分析三方面。

(1) 实地勘查 实地勘查以查明事故过程，发现和提取物证为主要目的，对汽车事故现场进行勘验、检查、摄影、摄像、测量、绘图、记录等的专项调查活动。具体包括：一是勘验发生汽车事故的肇事车辆、人员和有关物体的状态与位置以及痕迹特征；二是勘验肇事车辆、人员和有关物体的接触部位、受力方向，重点要勘验第一次接触的痕迹和物证，并在接触部位及周围寻找附着物等；三是勘验肇事车辆的安全技术状况、装载情况以及勘验道路和交通环境等情况。

(2) 现场访问 现场访问是以查明汽车事故发生前后当事人、车辆、道路、交通环境等基本情况，以寻找线索来源为目的而进行的询（讯）问证人及当事人的活动。通过访问了解的内容通常包括汽车事故发生的基本过程、当事人的基本情况和其他与事故有关的情况等。现场访问也是侦破汽车交通肇事逃逸案件的主要手段。

(3) 现场分析 现场分析是在汽车事故现场勘查基本结束时，对现场勘查的全部材料进行全面、综合分析研究，初步做出符合实际的推理判断，揭示汽车事故现场各种现象的本质及其内在联系。初步分析汽车事故当事人在发生事故时的心理状态情况及其行为与汽车事故发生的因果关系，进而判断案件性质以及汽车事故的成因。

汽车事故现场勘查的具体内容包括：一是时间调查，即要确定汽车事故发生的准确时间以及与交通事故有关事件发生的时间，以便分析交通事故发生的基本过程，确定其合理性；二是空间调查，即调查汽车事故发生的空间场所以及交通事故现场中车辆、人体、物品、痕迹、散落物、道路设施等所在位置及其相互关系，以便分析汽车事故发生前当事各方运动的路线、速度、交通事故接触点等；三是生理及心理调查，即调查交通事故当事人心理状态、精神状况以及生理方面与汽车事故的成因关系；四是环境条件调查，即调查道路状况、交通

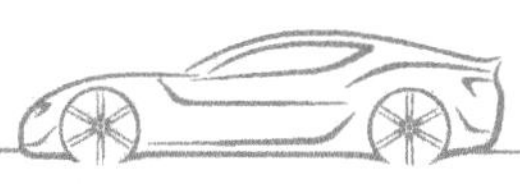

状况以及自然条件对汽车事故成因及后果的影响；五是汽车事故后果调查，即调查事故造成的人员伤亡、财产损失情况以及导致损失变化的原因；六是其他调查，即调查与事故成因有关的其他内容，如事故发生地的风俗习惯等。

2. 现场勘查的要求

(1) 对汽车事故勘查人员的要求　对汽车事故勘查人员的要求包括从业资格要求和工作要求两个方面。

1）从业资格要求。汽车事故现场勘查工作是汽车事故处理工作的一个重要组成部分，也是为汽车事故认定进行证据采集的主要环节。只有公安机关交通管理部门的办案人员和具有资质的专业汽车事故司法鉴定机构的鉴定人员才有资格进行汽车事故现场勘查工作。对于汽车事故情况复杂，某些物证勘查涉及一些专门知识的案件，汽车事故处理部门无法独立完成勘查工作的情况，可以从具有资质的专业汽车事故司法鉴定机构聘请具有专门知识的专业人员参加勘查工作。

2）工作要求。一是现场勘查人员要努力学习有关法律、法规、科学技术知识和专业知识，提高业务水平，做好现场勘查工作。二是尊重当地群众的风俗习惯，做好现场勘查准备。要熟悉辖区内的车辆、道路情况，做好勘查工具与车辆的保管、维护工作。三是坚持实事求是的科学态度，具有良好的心理素质和敏锐的思考判断能力，现场勘查工作认真、细致。严格保密，未经允许，不准泄露现场情况和擅自发表意见。四是具备吃苦耐劳的工作精神，只要接到报警，不管白天、黑夜、刮风、下雨，都要尽快赶赴现场，不怕苦、不怕累、不怕脏，克服一切困难，做好现场勘查工作。五是现场勘查人员应遵守纪律，服从领导，听从指挥，各尽其责，密切配合，保护公共财产，不得私拿、擅自动用和破坏现场物品，不准借现场勘查吃、拿、卡、要。

(2) 确保勘查人员人身安全　经常会发生在交通警察勘查汽车事故现场时，被其他车辆碰撞，造成伤亡的事故。为避免次生事故发生，指挥勘查、救护等车辆停放在便于抢救和勘查的位置，开启警灯，夜间还应当开启危险报警闪光灯和示廓灯；现场应设置警示标志；交通警察应穿反光背心，夜间佩戴发光或反光器具，遇有载运危险物品车辆发生交通事故的，还应当根据需要穿防护服，佩戴防护用具。为了切实保障交通警察在勘查交通事故现场时的人身安全，应该加强交通警察查处交通违法行为和勘查交通事故现场的安全防护装备配备。

(3) 及时迅速　及时迅速是要求办案人员接到报警后，尽快赶赴现场，迅速勘查，尽可能减少现场保留时间。及时赶赴、迅速勘查现场意义重大，可减小现场变动概率，利于保持现场的原始状态和寻找证人，同时可减少因汽车事故现场勘查而造成的交通堵塞，降低因汽车事故造成的不良社会影响。

(4) 全面细致客观真实　《道路交通事故处理工作规范》第四十九条规定：“交通警察应当按照有关法律法规和《道路交通事故痕迹物证勘验》等标准的规定，客观、全面勘查现场，及时发现、提取痕迹物证，通过照相、摄像、标记、绘图、制作现场勘查笔录等方式固定现场证据。必要时，可以聘请具有专门知识的人员参加现场勘验、检查。”在现场勘查中，不轻易放过任何与事故有关的细微情节，力求把现场一切可疑的痕迹、物证都发现记录下来，使每个细节问题都查对清楚或得到正确的解释。同时，现场勘查人员必须以实事求是

的科学态度，按照事故的本来面目去认识现场，勘查现场，不能先入为主，主观臆断，偏听偏信。对于变动或伪造现场，要分析了解变动情况，有根据地甄别其反常和矛盾所在，合理地解释和鉴定真相。

(5) 依法勘查 汽车事故现场勘查人员应具有法律意识。现场勘查的一切工作都应严格按照相关法律、法规的要求和程序进行。如《道路交通事故处理工作规范》第五十三条规定："对需要进一步核查、检验、鉴定的车辆、证件、物品等，交通警察应当依法扣留或者扣押，并出具行政强制措施凭证或者扣押决定书、扣押清单等法律文书，当场送达当事人；当事人已经死亡或者不在现场的，应当在法律文书中注明。"另外，现场勘查还应尊重当事人和证人的合法权益，但对于有意破坏现场、无理取闹者也应依法予以处罚。

(6) 记录完整 《道路交通事故处理工作规范》第五十二条规定："交通警察应当及时制作道路交通事故现场勘查笔录。"现场勘查笔录应当与现场图、现场照片相互补充、印证，主要载明下列内容：

1）相关部门和人员到达现场时间、现场勘查开始时间、现场勘查结束时间。

2）事故现场具体位置、天气、照明以及道路、设施和周围环境情况。

3）现场监控设备情况。

4）现场伤亡人员基本情况（人员位置在现场图中已有标注的，可不再记录）及救援简要过程。

5）现场事故车辆车型、牌号及车辆档位、转向、灯光、仪表指针位置，汽车行驶记录仪、车载事件数据记录仪、卫星定位装置等安装及使用情况。

6）现场痕迹物证的种类、形态、尺寸、位置以及固定或者提取情况。

7）对车辆驾驶人进行酒精含量、国家管制的精神药品和麻醉药品测试的结果以及提取血样、尿样情况。

8）肇事车辆不在现场的，应当记录初步调查认定的肇事车辆驶离的方向、车型、牌号、车身颜色等情况。

9）勘查现场的交通警察认为应当记录的其他情况。

现场勘查笔录经核对无误后，由勘查现场的交通警察、当事人和见证人签名；当事人不在现场、无见证人或者当事人、见证人拒绝签名、无法签名的，应当在现场勘查笔录中注明。

补充勘查道路交通事故现场的，应当制作道路交通事故现场补充勘查笔录，记录补充勘查发现、提取的痕迹、物证，经核对无误后，由勘查现场的交通警察、当事人和见证人签名。当事人不在现场、无见证人或者当事人、见证人拒绝或者无法签名的，应当在补充勘查笔录中注明。

（五）现场勘查程序

交通事故现场勘查的程序包括前期准备、赶赴现场后所采取的紧急措施、现场勘验调查分析、撤出现场恢复交通等几个部分。在前期准备工作中首先要保证有关现场勘查的工具、车辆完好，保证其随时能投入使用。在此基础之上要做好接处警工作，并尽快赶赴现场。赶赴现场后应立即采取抢救伤者、保护现场和其他紧急措施。在汽车事故现场勘验调查阶段，应遵守有关法律程序，做到依法、迅速、准确、有效。若有必要可现场试验，现场勘查，分

析工作完成后应进行复核，确认无误后要相关人员签名。汽车事故现场勘查全部结束后，迅速撤出现场，恢复交通。图 5-1 所示为汽车事故现场勘查的程序框图。

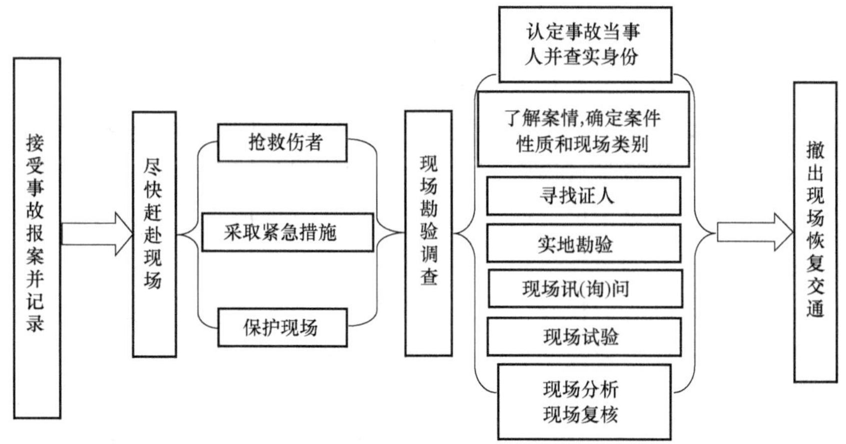

图 5-1 汽车事故现场勘查的程序框图

（六）现场实地勘验及现场试验

1. 实地勘验

实地勘验是勘查人员运用自身感官和科学技术方法，对与事故有关的场所、车辆、物品、痕迹、尸体等进行的实地观察、研究、勘测、检查、照相、制图和记录。目的是查明事故过程，发现和收集与汽车事故有关的痕迹、物证。

实地勘验是现场勘查的重要工作内容，为避免勘验内容重复或遗漏，提高勘验质量，应采取先整体勘验再局部勘验后个体勘验的步骤。

（1）整体勘验

1）整体勘验的方法。在高处或现场周围对现场总体环境、现场构成要素进行勘验。主要是了解现场环境，判明现场的范围、方位，确定与本起事故有关的痕迹和物品。

2）整体勘验的具体内容。一是确定勘验范围，进行现场范围和方位照相，并在现场图上绘制道路基本情况以及车辆、散落物、物品、尸体等；用现场勘查笔录记录现场全貌。二是根据事故的形态和类型，确定勘验重点。三是勘验起点，现场不大且接触点明显时，应从中心向外勘查；反之应从外围向中心勘查；沿道路方向的细长现场，沿车辆行进方向和行驶路线勘查；若现场的痕迹和物证有被破坏的趋势，先勘查易遭到破坏的部分。四是初步判断事故发生过程，分析事故发生原因。

（2）局部勘验

1）局部勘验的方法。根据汽车事故的具体情况，将事故现场分为肇事车辆、自行车、人体、物品等部分，在不改变现场状态的情况下，进入现场内部，对每个局部进行全面的观察、研究和记录。

2）局部勘验的具体内容。一是通过每个局部的变化情况，判断事故发生过程。如通过汽车轮胎印迹研究确定汽车的运动轨迹和行驶速度以及确定碰撞点；通过对车体和被冲撞客体痕迹的检验可以确定接触部位和接触方式。二是研究各个部分之间的位置关系，并详细记

录。主要是进行现场中心照相和摄像，绘制现场图，制作现场勘查笔录等。三是根据事故演变过程，确定重要的个体勘验重点，如车辆印迹的起始点、碰撞点以及各种痕迹等。

(3) 个体勘验

1）个体勘验的方法。对与事故有关的物体和痕迹进行逐个勘验。采取先静观后动手、先固定后提取、先表面后内部、先目视后镜（显微镜）观、先重点后一般的方法进行勘查。

2）个体勘验的具体内容。一是发现并固定每一个细小隐蔽的痕迹和物证，并分析其与事故的关系。二是对个体进行细目摄影，并按先后顺序制作勘查笔录，绘制完成现场图。三是审核痕迹物证，确定其证据价值。四是根据细微的痕迹和物证寻找逃逸事故的线索。

2. 现场试验

如果在汽车事故现场勘查分析时，对认定痕迹或事故事实存在争议，意见无法统一，或对某些事故现象解释不清，可通过现场试验获取相应的数据，以正确判断事故事实。

(1) 试验要求

1）待查问题，通过试验可以获得答案，且要由专业技术人员主持进行。

2）进行汽车事故现场试验，应事先明确试验目的，进而确定试验方法步骤。

3）试验时，应尽量使试验场地、试验时间、天气条件等与事故发生时的实际情况相符。如果肇事车损坏无法行驶，则使用同一类型、性能尽可能相近的车辆进行试验。按当事人、证人陈述的过程进行试验，并用被碰撞碾压物体进行对比验证，以便确定某个痕迹的形成是否符合事故发生的实际情况。

4）试验应反复进行多次，也可按不同的推断，以不同的方式进行反复试验，以求得到较准确的结论。

5）注意安全，不做冒险的试验和不人道的试验（重新碾压尸体等），并做好现场试验情况和结论意见文字记录，由组织者和被邀请参加的当事人、见证人、办案单位领导签名。

(2) 现场试验验证的内容

1）按照现场遗留下的车轮痕迹，进行车辆运动、制动和停止状态的试验，确认车辆肇事时的运动过程和肇事车辆的车速与制动距离。

2）用试验再现交通事故过程。

3）试验测定肇事车辆的有关技术性能，如加速性、制动性、操作性、通过性等。

4）用模拟试验观察比较各种印迹形成的原因，如车身、路面、衣着等痕迹的形成等。

5）试验测定驾驶人视野盲区，核定驾驶人发现点、危险点、措施点和有关条件对其操作的影响。

6）试验测定车辆接触部位与方向。

（七）寻找证人及现场讯（询）问

1. 寻找证人

《道路交通事故处理工作规范》第五十四条规定：“交通警察在现场勘查过程中，应当注意查找现场证人，记录证人的姓名、家庭住址、联系方式等信息。

交通警察可以在现场对道路交通事故当事人、证人针对事故现场需要确认的问题分别进行询问，并制作询问笔录，交由当事人、证人核对无误后签字确认，不具备制作询问笔录条

件的，可以通过录音、录像记录询问过程。”

在汽车事故现场调查过程中，公安机关交通管理部门根据汽车事故的情况向交通事故当事人、证人等了解事故的情况。道路交通事故办案人员到达现场除抢救伤者和保护现场外应立即寻找证人，否则，证人走失很难寻找。

2. 现场讯（询）问

汽车事故讯问、询问的根本任务是查明汽车事故案情、收集事故证据、揭露汽车事故当事人违反汽车交通安全法律法规的行为。

在汽车事故现场，找到证人后，为避免各种外来干扰，保证证言的全面性和可靠性，应当场询问取得证人证言。询问证人时，不准有无关人员旁听，更要忌讳在现场有围观群众的情况下询问。若在现场确实无条件对证人进行询问，应记录证人的姓名、性别、年龄、工作单位和电话号码，现场勘查完毕后，再进行询问。

对于当事人的讯问，如果在现场有条件，应立即进行。因为在事故现场取得的讯问笔录，内容比较真实可靠。

（1）讯问当事人的内容　要讯问当事人事故发生的时间、地点和简要经过；事故现场是否为原始状况，在现场采取了哪些保护措施，现场是否变动的情况和原因；在事故发生前后，耳闻目睹的有关情况；车辆行驶的方向、路线和速度；事故驾驶人采取的有关措施；事故造成的人员伤害和财产损失情况；逃逸车辆的牌号、车辆类型、颜色及其他特征，驾驶逃逸车辆人员的特征，肇事车辆在现场是否停留，有无其他行为；驾驶人在事故发生前后的有关言行，驾驶人有无疲劳驾驶、酒后驾驶、无证驾驶等行为。

（2）询问证人的主要内容　事故证人询问的内容比较繁杂，应该针对不同的情况以及被询问对象的情况具体对待。但是基本包括以下几部分内容：与事故当事人的关系；事故发生的时间、地点、原因、经过和结果；事故发生时的交通环境、肇事车辆的牌号、车辆类型及其特征、车辆行驶状况；属于交通肇事逃逸案件的，还应记录逃逸者的外貌特征等；车辆接触、碰撞、翻覆、轧人和物的具体情形；目击事故时证人所处的位置、自身活动及视觉程度；证词的来源，其他知情人的基本情况；事故发生后的现场状况，有哪些保护或抢救措施、交通事故当事人的情况和人们对交通事故的有关讨论。

（八）现场分析与复核

汽车事故现场在勘查完毕后，为避免影响交通，应及时撤除。现场撤除前勘查工作的完整性显得极为重要。汽车事故的现场分析与复核工作正是实现这一目标的重要保证。

1. 汽车事故现场分析

汽车事故现场分析是指在汽车事故现场勘查结束之后清理现场之前，由现场勘查指挥员召集所有汽车事故勘查人员，根据现场勘查所获得的各项信息对现场及与汽车事故有关的问题，就地进行认真细致的分析研究工作。它是现场勘查工作的重要组成部分，是对现场勘查活动的综合评价，直接关系到办案工作的质量。

汽车事故现场是交通肇事行为的客观记录场所，大量的交通事故信息存在于事故现场中。汽车事故现场分析就是归纳、分析处理现场勘查中所获得的各种信息，对已发生的汽车事故进行综合分析，并力求使分析最接近于事实本身，使结论最优化。而对一时难以确定的问题，可用现场试验等方法进行论证解决，不可草率下结论，要把现场分析建立在客观事实和科学的基础之上。

2. 汽车事故现场复核

汽车事故现场复核是指在现场勘查和分析的基础上，对汽车事故现场勘查记录进行系统实地复查核对工作。

汽车事故现场勘查记录是现场勘查工作和勘查情况的如实记载。它是由交通事故现场勘查笔录、现场图、现场照片和现场视频资料几个部分组成的，并相互补充、相互印证、互相说明，是汽车事故处理工作的重要证据。

对汽车事故现场提取的物证，要填写提取清单；对收集的痕迹、物品要妥善地包装、运送和进行必要的技术处置，及时送检。

对汽车事故现场遗留的受害人的财物，要由 2 人以上进行收集、清理、核对、登记并妥善保管，对贵重物品、机密文件更应慎重。在交给死者亲属或有关单位时，接收人应在《死者遗物登记表》上签名。

一切复核无误后，由负责现场勘查的领导宣布撤除现场，要及时安排人员联系吊车、拖车对现场损坏的车辆、设施进行清理、恢复。

（九）汽车事故现场的重点勘查方式

汽车事故现场的共同性以及具体事故现场的特殊性共存的特点，要求现场勘查人员不仅需要掌握现场勘查的一般方法，还要掌握各种典型的汽车事故现场的勘查方法和勘查重点，防止千篇一律，浪费社会资源。

1. 机动车相撞现场的勘查重点

（1）事故形态及特点 机动车与机动车之间的事故形态主要有碰撞和刮擦，碰撞分为正面碰撞、侧面碰撞、追尾碰撞；刮擦分为对向刮擦和同向刮擦。正面碰撞多在直线路段和弯道处由于逆向行驶或超速行驶造成；侧面碰撞多在平面交叉口由于争道抢行违反让行规定造成；刮擦碰撞多在直线路段由于违法超会车造成。

机动车与机动车之间发生的碰撞事故，因碰撞能量较大，会影响车辆的运行状态。当碰撞瞬间汽车的运行方向发生突然变化时，轮胎印迹会出现方向突变点。若质量相差悬殊的两车相撞，质量小的车运动状态改变更大。因此，勘查的重点应根据此类事故的形态和特点确定。

（2）现场的勘查重点

1）勘查路面上轮胎印迹的长度、位置、形状，用来判断车辆的运动轨迹，判断是否逆行；计算车辆碰撞时是否有超速行为和确定接触点。同时勘查发现和提取路面上车辆碰撞时掉落的散落物和车辆漆片等，用来确定碰撞点和两车最先接触部位。

2）勘查车辆接触部位，测量车体痕迹长度、宽度、凹陷深度和位置，用来比对碰撞位置。

3）勘查路面结构尺寸和状况、确定视距、确定汽车交通安全设施是否齐全，如有无隔离设施、标志、标线等。

4）交叉口事故应测量停车位置距停止线距离、制动拖痕起始点到停止线和路缘边线的

距离、制动拖痕长度，用于判断车辆进入路口时采取措施的时刻、进入路口的车速、进入路口运行的时间等。

5）检验机动车的安全技术状况是否符合国家规定的安全技术标准。

6）检验驾驶人有无驾驶证，是否有酒后驾驶、疲劳驾驶，是否有服用国家明令禁止的违禁药品和吸毒行为等。

2. 翻车事故现场的勘查重点

车辆在行驶中未与其他车辆接触而发生自身翻坠，属于单车事故，主要从驾驶人、车辆或者道路上找问题。

（1）事故的一般特点和原因 机动车翻车事故常见于大型货车、大型客车、小型车辆和拖拉机等，倾翻在路边沟内、山道坡下，坠入山涧或桥下。这类事故往往将乘车人摔、砸或扣在车下窒息死亡，特别是大客车在山区危险路段，一旦发生翻车事故，很容易造成群死群伤的恶性事故。发生翻车事故的原因一般有以下几方面：

1）在急弯路或路口转弯，车辆超速行驶，由于离心力过大而发生侧滑，导致翻车。其中包括车辆装载超高，重心高度加大，遇情况急转弯，在离心力作用下翻车；或车辆装载偏向一侧，重心外移，转弯时在离心力的作用下翻车；或车辆侧滑时，车轮受阻而翻车，这种情况下会发生路内翻车。

2）在长陡坡下坡行驶时，脱档或熄火滑行，车辆超速行驶遇到紧急情况，驾驶人急速转动转向盘绕躲，导致车辆失控翻车。或高速行驶时，因躲避突然横穿道路的行人、自行车或出现其他情况，急速转动转向盘而驶下路沟翻车。

3）车辆技术状况不良或发生机件失灵，如转向失灵、轮胎爆破、制动跑偏等，在车辆高速行驶的情况下，因失去控制而翻车。

4）路面滑溜，遇雨雪天气，高速行驶时发生侧滑，车辆失控导致翻车。

5）驾驶人过度疲劳，行车时打瞌睡，方向走偏而翻下路沟。

（2）现场勘查重点 到达现场以后，首先应根据道路情况和路面是否有轮胎痕迹初步判断翻车的原因。如果道路上无轮胎痕迹，并排除车辆装用防抱死制动系统，事故的原因可能是驾驶人行车中瞌睡，或遇紧急情况急速转动转向盘躲绕未踩制动踏板，或制动失灵；如果道路上有轮胎痕迹，事故的发生大多数情况下与超速行驶有关。然后再根据事故原因决定现场勘查重点。

1）在急弯路翻车，应注意勘查道路的弯道半径，弯道加宽、超高，路面摩擦系数；路面上的轮胎痕迹（制动拖印、侧滑痕迹）；车辆转弯半径、急弯标志等。翻车事故现场应根据遗留的痕迹勘查清楚车辆翻出路面的地点、车辆停止的地点与路面的位置关系。如翻入河中，应测量水深。

2）在坡道上翻车，应注意勘测道路坡度、坡长、路宽、变速杆的位置、是否熄火滑行、轮胎痕迹、行驶速度、车辆轨迹等。如果轨迹发生突然变化，应考虑是否遇到紧急情况，注意调查紧急情况，调查车辆失控的原因（如制动失灵、驾驶人惊慌失措等）。

3）因路面滑溜而翻车，应勘查道路的摩擦系数、车辆的行驶速度、轮胎的侧滑痕迹。

4）因驾驶人紧急避险下沟翻车，应注意调查引起险情的行人和自行车，勘查驾驶人紧急避险是否过当（转向过大、车辆超速行驶等）和是否存在其他交通安全违法行为。

5）根据道路上的轮胎痕迹判断车辆行驶轨迹，判断事故过程，分析事故原因。如果车辆在道路情况良好的条件下翻车，且路面上无轮胎痕迹，应考虑驾驶人是否为疲劳驾车，应调查驾驶人出车以前的休息情况和驾车经过的时间。

6）因车辆技术状况不良或机件失灵翻车，应做好车辆技术鉴定，包括检验机动车转向系统、制动系统的性能等。

7）路内翻车，主要勘查装载高度、装载质量、装载的货物、重心位置、是否偏载。如果装载没有问题，应当检查轮胎是否有受阻情况。

3. 机动车与行人事故现场的勘查重点

机动车与行人发生的交通事故，最常见的是行人横穿道路时，被机动车碰撞、碾压。根据汽车事故调查统计分析，因行人违法穿行车行道造成的汽车事故占非驾驶人责任事故比例的 90%左右。

（1）事故形式与特点

1）轿车碰撞成年行人。首先是行人的膝盖以下撞到保险杠上，发生第一次碰撞。然后骨盆与发动机舱盖前端接触，行人的上身向发动机舱盖上翻倒，最后头部撞到发动机舱盖上，发生第二次碰撞。轿车行驶速度越高头部撞击点越靠近风窗玻璃，然后身体向风窗玻璃滑移，头部与风窗玻璃碰撞，车速越快，头部与风窗玻璃碰撞的能量越大。身体被风窗玻璃阻挡，这时被撞行人的速度被加速到与车速相同。随后，由于轿车制动，行人身体沿发动机舱盖向前滑移，最后行人与轿车分离，身体向前抛出，撞到路面上，发生第三次碰撞。轿车碰撞行人的过程如图 5-2 所示。有时还会发生行人再被轿车碾压的现象。如果轿车撞人时的车速超过 40km/h，则往往会导致行人死亡。如果轿车高速碰撞行人，则可能出现行人顺风窗玻璃被抛起，越过车顶落在轿车后方路面上的情况。

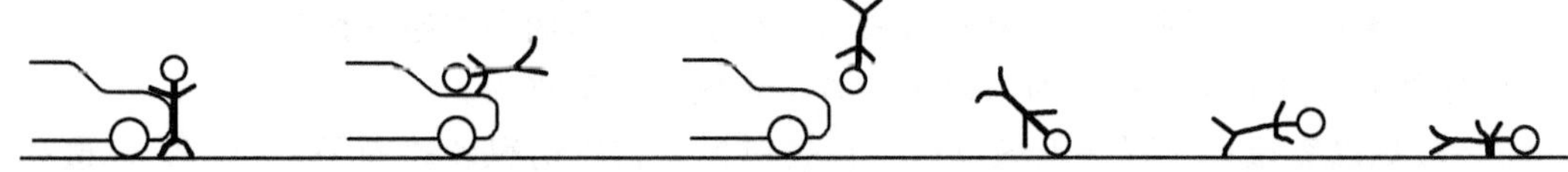
图 5-2　轿车碰撞行人过程

2）货车或平头客车碰撞行人。货车或平头客车碰撞行人造成的伤亡远比轿车严重，当碰撞速度超过 20km/h 时，可能会使行人头部受到致命伤害。因为这时不存在行人身体在发动机舱盖上翻转的过程，在碰撞的瞬间行人即被加速到与货车同速，接触能量大，容易造成死亡。碰撞以后，行人被抛出，头部碰在路面上，此时若车辆仍不能停止，则可能发生碾压。货车或平头客车碰撞行人的过程如图 5-3 所示。

图 5-3　货车或平头客车碰撞行人过程

3）机动车与行人碰撞特点。机动车与行人碰撞时一般具有以下特点：

① 机动车运动状态。机动车与行人碰撞基本上不影响机动车的运动状态。

② 机动车紧急避险措施。机动车碰撞行人时，驾驶人一般情况下可能采取转向避让和紧急制动的避险措施，从而在路面上留下轮胎痕迹。

③ 现场发生变动。行人受伤在道路上会留有血迹，因抢救伤员而变动现场。

(2) 现场勘查重点

1）查清现场变动情况。勘查现场是否变动，是否因抢救伤员而变动。调查伤员被抢救移动前，人、车、物的位置。

2）勘验轮胎痕迹。测量制动拖印的长度，用以判断车速；勘验轮胎痕迹的始点、终点在道路上的位置，用以判断车辆行驶轨迹和采取制动措施是否及时。

3）勘验人体在道路上留下的痕迹。勘验人体在道路上留下的各种痕迹，包括人体在道路上滑动、滚动形成的痕迹和鞋底在道路上形成的划痕。测量人体、血迹、人体留在道路上的痕迹与车辆、道路、其他痕迹之间的位置关系，注意测量人体与汽车保险杠之间的距离，用以判断接触点和车速。

4）勘验人体与汽车的接触部位和痕迹。勘验人体与汽车的接触部位和接触痕迹，提取留在车上的血迹、毛发、皮肉、衣服纤维、手印等微量物证和痕迹，进行比对检验。

5）尸检或伤情检验。进行尸体检验或伤情检验，确定损伤部位及受伤或致命的原因。

6）碰撞过程分析。确定行人横穿道路的起始位置、行进路线、运动状态；确定行人开始横穿道路时，车辆与行人的距离，判断行人是否在制动非安全区内横穿。着重勘查彼此发现对方的地点、采取措施的地点和碰撞接触点，来分析事故发生过程及形成原因。

7）驾驶人调查。对驾驶人的心理和生理状况调查，如调查驾驶人的视认性、听力、反应能力、精神状况等；调查驾驶人是否有其他可能妨碍安全行车的生理疾病，如突发性生理疾病、肢体功能障碍等；还要调查驾驶人是否疲劳驾驶、酒后驾驶、服用违禁药品等。

8）检验汽车的制动性能。

4. 机动车与自行车事故现场的勘查重点

(1) 事故形式与特点 机动车与自行车的主要事故形式是机动车碰撞、刮擦自行车或被机动车碰撞、刮擦以后，自行车摇晃摔倒被机动车碾压。主要事故特点是在机动车和自行车车身上都留有明显的碰撞、刮擦或碾压痕迹。

(2) 现场勘查重点

1）勘验机动车和自行车在路面上的轮胎痕迹、沟槽痕迹的长度、位置，以及相互间的关系，用以判断车速、车辆运动轨迹、接触点、横向间距等。用以查明机动车的行驶速度是否超速，骑车人横穿道路时，自行车与机动车之间的距离。

2）勘验机动车和自行车车身上痕迹的形状、大小和所在部位，用以确定机动车和自行车接触的部位。

3）尸检或伤情检验。进行尸体检验或伤情检验，确定人体损伤部位及受伤或致命的原因。对车辆进行制动性能检验。

4）发现和提取机动车与自行车的接触部位和接触痕迹，如油漆、血迹、毛发、衣服纤维等微量物证，进行比对检验。

5）查清彼此发现对方的地点、采取措施的地点及碰撞或刮擦接触点。以此判断自行车是否在制动非安全区内突然转向及是否存在其他交通安全违法行为。还用来判断机动车驾驶

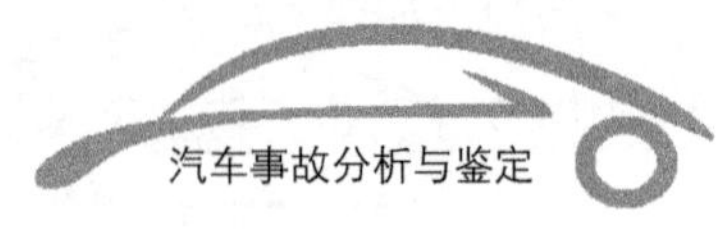

人采取措施的早晚。

6）检查自行车是否有装载违法行为。

7）驾驶人与骑车人调查。对驾驶人与骑车人的心理和生理状况进行调查，如调查驾驶人的视认性、听力、反应能力、精神状况等；调查驾驶人与骑车人是否有其他可能妨碍安全行车的生理疾病，如突发性生理疾病、肢体功能障碍等；还要调查驾驶人与骑车人是否疲劳驾驶、酒后驾驶、服用违禁药品等。

5. 高速公路事故的勘查重点

（1）高速公路事故特点 高速公路的特点是封闭式交通，车辆高速行驶且来自外界的干扰小。这就导致长时间高速行车会使驾驶人的生理和心理状态朝着不利于行车安全的方向发展，稍有险情或违法行为的干扰，就可能引发汽车事故。

（2）高速公路事故的勘查重点

1）调查违法行为。要详细调查事故发生时，有无车辆违章停放、随意违章变更车道、肆意飙车，是否有行人横穿及路面是否管理不善留有障碍物等；还要调查驾驶人是否有疲劳驾驶、酒后驾驶、服用违禁药品等严重违法行为。

2）路面痕迹勘验。勘查路面前后车有无制动拖印，制动拖印的形态及长度，判断车辆的行车间距、行驶路线及速度；路面散落物的形态及车辆的接触部位及破损程度，判断驾驶人的操作措施，若是多车相撞交通事故，还应判断车辆接触的先后顺序等。

3）检验车辆的制动性、转向性及行驶稳定性等使用性能。

（十）现场撤除

根据《道路交通事故处理工作规范》第五十七条规定："现场勘查结束后，交通警察应当组织清理事故现场，清点、登记并按规定处理现场遗留物品。通知殡葬服务单位或者有停尸条件的医疗机构将尸体运走存放。事故车辆能移动的，应当立即撤离；无法移动的，应当开启事故车辆的危险报警灯并按规定在来车方向设置危险警告标志。除公安机关交通管理部门依法扣留车辆的情形外，当事人可以自行联系施救单位将车辆移至不妨碍交通的地点，当事人无法及时移动车辆且影响通行和交通安全的，交通警察可以通知施救单位将车辆移至不妨碍交通的地点。现场清理完毕后，应当及时向指挥中心报告。现场交通并恢复正常后，负责维护现场秩序的交通警察方可撤离现场。"第五十八条规定：" 因条件限制或者案情复杂，现场勘查有困难的，经县级以上公安机关交通管理部门负责人批准，可以保留部分或者全部事故现场，待条件具备后再继续勘查。保留全部现场的，原警戒线不得撤除；保留部分现场的，只对所保留部分进行警戒。"

二、汽车事故现场勘查新技术

现场勘查是交通事故现场处理程序中承上启下的重要环节。为了尽快恢复交通并为后续处理环节提供精确、公证、客观的数据，勘查现场要及时迅速、细致完备、客观全面。因此研究快速勘查事故现场并获取高精度现场图的技术手段和方法对汽车交通安全具有重要的意义。在传统的交通事故现场勘查方式的基础上，很多新技术应运而生，可以有效地弥补传统勘查方法的缺点，并能更加及时、全面、准确地收集事故现场证据。

1. 用于现场勘查的激光三维扫描技术

事故勘查中，将激光三维扫描技术应用于现场勘查，可以实现全景立体照片生成、车辆碰撞形态比对、现场记录图绘制、事故过程模拟再现、事故现场动量报告和车辆速度报告生成等功能。激光扫描仪的使用大大提高了汽车事故现场勘查的完整性和交通事故成因、过程分析的科学性，提高了交通事故处理的质量。图 5-4 所示为激光三维扫描事故全景勘查立体图，图 5-5 所示为事故现场车辆碰撞形态图，图 5-6 所示为事故现场动量报告。

图 5-4　激光三维扫描事故全景勘查立体图

图 5-5　事故现场车辆碰撞形态图

2. 基于差分 GPS 勘查汽车事故现场测距技术

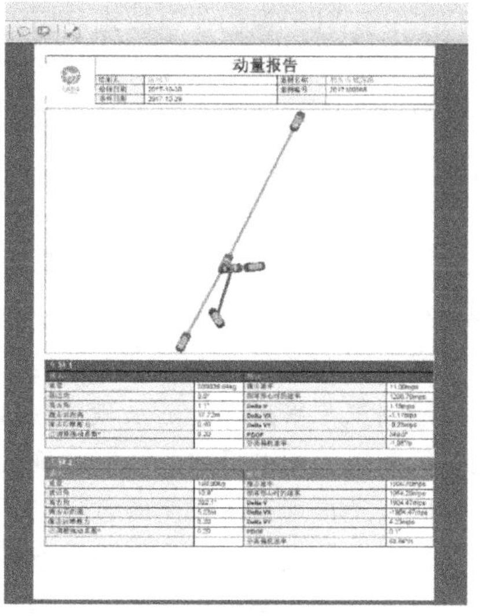

动量报告

图 5-6　事故现场动量报告

差分 GPS 勘查汽车事故现场测距技术是通过分析差分 GPS 的点位测量速度进行测距，其测距精度较大并且具有便携性。该技术有两种交通事故勘查系统软硬件集成方案模式。模式一由事故勘查车、差分 GPS 设备和现场绘图软件组成，它的特点是系统以绘图软件为中心，差分 GPS 设备根据绘图需求使用蓝牙无线传输技术完成与绘图软件之间的指令和数据交互。模式二由事故勘查车、差分 GPS 设备、摄影设备和测量绘图软件组成，应用差分 GPS 设备快速获取空间数据，使用图像同步记录现场元素属性，勘查完成后绘制现场图，勘查和绘图两个环节分离，大大减少了封锁现场的时间。同时，模式二在一定条件下支持补测勘误。

差分 GPS 的测量精度达到规范要求，勘查结果准确客观，差分 GPS 的测点速度快，可以大大减少现场勘查所需要的时间，提高事故勘查的效率，减少因事故原因堵塞而造成的经济损失；差分 GPS 可以为现场快速绘图系统提供准确的距离和点位坐标，由计算机快捷绘出规范、准确的交通事故现场比例图。两种工作模式下的数据采集软件运行于 Windows CE 操作系统，内置处理流程符合交通警察的传统测量习惯，在软件设计上充分体现交通事故现场处理的顺序流程及交通警察的测量习惯，易学易用。

3. 基于摄像机标定的汽车事故现场图自动绘制技术

近年来摄影测量技术在交通事故现场的快速处理中的应用是一个很有研究前景的领域，

汽车事故现场图自动回执技术是一种新颖的平面模板摄像机标定方法，可以完成定量的汽车事故现场的数据测量。该软件功能完备，绘图准确，操作简单，同时可以降低现场图绘制系统造价，使其能够在基层中队推广。

4. 基于双目立体视觉原理的便携式交通事故现场快速勘查技术

基于双目立体视觉原理的便携式无标尺交通事故现场快速勘查系统，采用分步预标定双目普通定焦数码相机内外部参数的方式，无须对交通事故现场进行预处理（摆放标志物或标定物等），即可实现通过双目图像同步采集获取现场目标点三维坐标数据的勘查取证作业，并通过配套开发的现场图绘制软件输出符合国家标准的交通事故现场图。现场处理数据输出现场图，测量误差小于1%。系统勘测数据为目标点的三维坐标，可直接用于事故现场的三维重建。该系统工作时间短，可缓解现场勘查引起的交通拥堵，可实现补测、勘误等二次处理，适用于重特大交通事故现场的勘查取证工作。

5. 基于无人机的交通事故现场快速制图及归档技术

以交通事故现场为研究对象，基于无人机拍摄的高分辨率正射影像，在软件中处理绘制交通事故现场记录图和现场图，并在勘查时间、精度等方面与传统方法进行对比，验证无人机在交通事故现场勘查的巨大优势。同时设计交通事故现场勘查数据的管理系统，对事故发生位置、正射影像图、事故现场图等大量现场勘查数据进行分类管理及分析查询。无人机应用于交通事故现场的方法及归档系统的构建，不仅可进行交通事故现场快速勘查制图、缩短勘查时间，还便于勘查数据的管理查询，为国内外交通事故现场快速勘查及数据归档提供可借鉴的经验。

第二节　汽车事故现场勘查记录

汽车事故现场勘查记录主要包括现场图绘制、现场勘查笔录、现场照相、现场摄像等。

绘制汽车事故现场图是现场勘查工作的一项重要内容，是汽车事故办案人员必备的技能。绘制现场图的目的是能够准确、永久地记录现场情况，为恢复现场、研究汽车事故发生的原因以及再现事故发生的过程打下基础。

汽车事故现场图是根据投影原理，用一定比例的标准图形符号记录现场的地形地物及车辆、痕迹（现场路面痕迹、车体痕迹、人体痕迹等其他痕迹）、散落物的位置等情况的一种现场记录的最基本方式。

一、汽车事故现场图

（一）交通事故现场定位

绘制汽车事故现场图，首先要做的就是汽车事故现场定位，即确定基准点和基准线，然后才能确定汽车事故现场中各个元素的位置及各个元素之间的相互位置关系和关联性。

汽车事故现场定位是在事故现场周边或者中心寻找一个固定点（基准点），用来永久确定、描述该事故现场的位置及各个相关元素的位置，目的是为汽车事故事实认定、原因分析、责任确认提供重要依据，同时也作为必要时恢复现场的必要条件。

1. 现场方向确定

汽车事故现场一般是在道路和道路周围的地面上，确定汽车事故现场方向就是确定事故地点的道路方向。现场方向用汽车事故现场图右上角的方向标与道路中心线或中心线切线的夹角来表示。

2. 确定基准点

研究物体的运动状态和确定其位置必须设置参考系。在这个参考系中，用来固定汽车事故现场位置而选定的某个参考点称为基准点。基准点的选取应遵循一定原则：一是选取事故现场原来就有的固定物体作为基准点，如里程碑、电线杆、建筑物等；二是选取的基准点距肇事车辆和重要痕迹要近，便于测量；三是基准点应选择不易移动和消失及不易人为破坏的永久性建筑物，树木、临时建筑、路边堆料等不能作为基准点；四是基准点要小，保证测量准确，若选取较大建筑物，应选其某一棱角作为基准点。

3. 现场图的定位方法

现场图的定位包含两个方面：一是事故现场的定位；二是各个元素之间关联性（车辆、人体或物体、痕迹等实体）在现场中的定位。

（1）事故现场的定位　所谓事故现场的定位是指汽车事故在确定时间坐标后，应将事故现场确定在一个固定的空间位置，通常称为现场定位。

（2）交通事故现场物体的定位方法　在汽车事故现场图上，定位方法有直角坐标定位法、三角定位法和极坐标定位法三种。

1）直角坐标定位法又称为垂直定位法，即将定位点作为坐标原点，平行于道路走向为 X 轴，垂直于道路走向为 Y 轴，构成直角坐标系。直角坐标定位法中只要测量被定位点到坐标原点、X 轴、Y 轴的距离便可准确定位该点，其具有测量方便、定位准确等优点。但在使用中应灵活运用，部分事故不必确定完整的直角坐标系，只要能够准确定位即可，如以下两种情况：

① 在直角坐标定位法中要求测量被定位点到坐标原点、X 轴、Y 轴的距离来定位该点，而在实际汽车事故勘查中，只需确定上述距离中的两个即可定位该点。所以在实际现场图中往往不使用 Y 轴定位，只使用被定位点到坐标原点（基准点）、X 轴（基准线）的距离定位。

② X 轴（基准线）也不必穿过原点（基准点）。因为一般情况下，往往选择道路边缘线、道路中心线、车道线作为基准线，选择路肩上或人行道上的里程碑、电线杆、建筑物上某点作为基准点。

图 5-7 所示为利用直角坐标定位法定位。

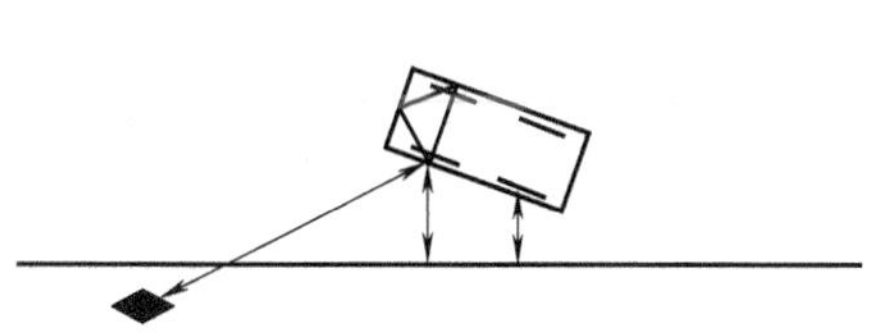

图 5-7　利用直角坐标定位法定位

2）三角定位法是应用三角形的稳定性原理进行定位的，三个点中有两个点是基准点，一个是定位点，又称三点定位法。通过测量待定位点到两个基准点的距离，可达到确定定位点的目的。三角定位法不受道路限行影响，应用广泛，使用三角定位法要注意以下几点要求：

① 为提高定位精度，三点构成的三角形最好是锐角三角形，避免使用钝角三角形。

② 为便于测量，两个基准点最好在车辆的同一侧。

③ 一个物体必须同时对两个点进行定位才能确定其位置时，一般情况这两个点不宜采取同一种定位方法，可一点采用三角定位法，另一点采用直角坐标定位法，如图 5-8 所示。

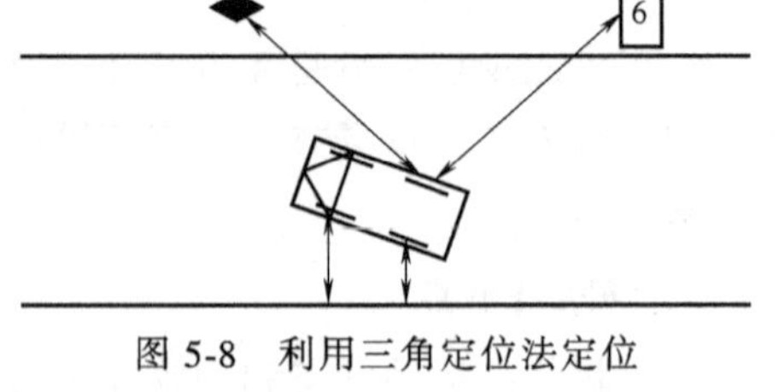

图 5-8　利用三角定位法定位

3）极坐标定位法。以某一取定的物点作为极坐标的极点，以过该点的指北线或其他直线为基线，测量由极点到定位点的距离（极径）以及极径与基线构成的夹角（极角）来确定该点在平面的位置，如图 5-9 所示。

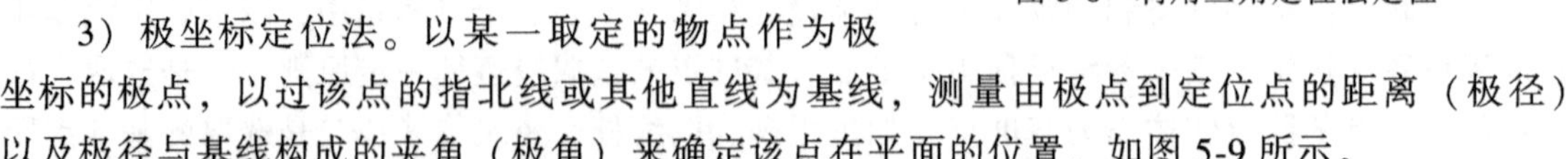

极坐标定位法与直角坐标定位法相比，可以永久性固定被定位点，不必考虑直角坐标定位法中基准线因道路改造而改变或灭失而带来的影响，也不会像三角定位法因现场基准点数目受限而无法使用。

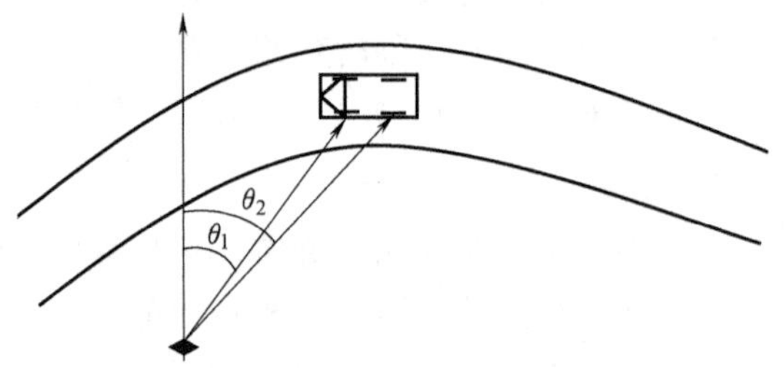

图 5-9　利用极坐标定位法定位

现场图必须记录车辆、物体、痕迹等实体在现场的确切位置，确定其关联性。实体或者各元素在现场的位置体现在现场图上，不但具有直观地了解现场状况的效果，而且可作为研究事故发生的原因、再现事故过程的依据。现场图上所表现的物体原则上是该物体在地面上的正投影，因此物体在现场图上成平面图形。对于平面图形的物体而言，如果该物体是一个刚体，只要确定该物体平面图形上两个点的位置，实际上即可确定点在平面上的位置，就解决了实体或元素的定位问题。

在绘制交通事故现场图各元素之间的关联性时，除了要标明它们之间的关系外，也要标明现场的地理位置和现场道路的走向，还要标注道路路面的性质、天气情况等。

（二）交通事故现场测量

1. 测量尺寸

（1）尺寸分类　现场图上的尺寸主要有以下四种：

1）定位尺寸。定位尺寸是确定交通事故现场确切位置的尺寸。一般现场仅确定肇事车辆在道路上的确切位置，然后以车辆为基准，就可确定其他物品、痕迹的位置。因此定位尺寸是基准点、基准线与肇事车辆之间的尺寸。一般情况下，一个物体要测量两个点，至少有三个以上的尺寸，其位置才能固定下来。

2）道路尺寸。道路是汽车事故发生的场所，所以现场图上道路尺寸是必不可少的。道路尺寸是表示道路的几何特征和安全特性的尺寸。道路尺寸包括道路全宽、各车道宽度、路肩宽度、3%以上的道路坡度、弯道半径、弯道加宽、弯道超高、超车视距、停车视距、路口各向位的宽度及视线区等。可根据现场道路的形式、认定事故事实和分析事故成因的要求，选择需要测量的道路尺寸。

3）相关尺寸。相关尺寸是表示道路、车辆、散落物、人体、痕迹之间相关位置的尺寸，包括车辆、散落物、人体、痕迹到道路边缘或中心线的距离，散落物、人体到车辆的距

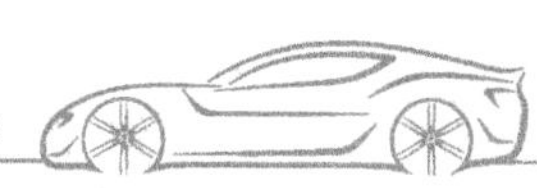

离，痕迹与车辆、人体之间的距离等。

4）痕迹尺寸。痕迹尺寸是表示痕迹的长度、深度、宽度、位置、形状等几何特征的尺寸，如轮胎拖印的长度、拖印始点到道路边缘的距离等。

（2）现场图的尺寸标注

1）现场数据以图上标注的尺寸数值和文字说明为准，与图形符号选用的比例、准确度无关。

2）现场图中的尺寸，以厘米（cm）为单位时可以不标注计量单位。若采用其他计量单位时，必须注明计量单位的名称或代号。

3）现场测量的尺寸一般只标注一次。需要更改时，应做好记录。

4）标注文字说明应当准确简练，一般可直接标注在图形符号上方或尺寸线上方，也可引出标注。

2. 测量点的确定

汽车事故现场测量的实质是对各现场元素点的定位。而汽车事故现场各元素不可能是一个质点，所以如何在事故现场元素上确定测量位置就成为汽车事故现场测量工作的关键。如果不规范测量位置，则可能会出现因人而异的现象，甚至在同一事故现场的测量中因出现随意性而形成人为的误差，导致汽车事故现场图的不规范，进而可能对道路交通事故的认识产生分歧，影响事故的认定及原因的分析。因此，规范汽车事故现场元素测量点，是保证准确处理汽车事故的前提。

测量点的确定就是对各现场元素的定位点位置的选择。交通事故现场元素是指车辆、道路、物体、痕迹、人、畜等，这些现场元素大小不一，形状各异，有的分散，有的集中，选择哪一部位作为测量点必须有统一的规定，才能使测量准确，图面真实，避免误差。

（1）机动车的测量点 机动车发生事故后，在事故现场停放形态不同所确定的测量固定点也不同。

1）机动车碰撞后正常停放的，距基准点和基准线较近一侧的前（中）后轮胎着地点为测量点。

2）机动车侧翻停放的，车辆侧翻时近地一侧的前（中）后轴倒地侧轮胎轴心的投影点为测量点。

3）机动车仰翻停放的，仰翻机动车近地、靠近基准点和基准线一侧车身的两个角为测量点。

（2）非机动车的测量点 非机动车前、后轮轴心的投影点为测量点。

（3）人的测量点 人体的头顶部、足心部为测量点。

（4）牲畜的测量点 牲畜的头顶部、尾根部为测量点。

（5）路面障碍的测量点 路面障碍两头的端点、占路最外端点（最凸出点）的投影点为测量点。

（6）安全设施的测量点或测量线 安全设施的基部中心或边缘线为测量点或测量线。

（7）血迹的测量点 血迹的中心点为测量点。

（8）线状痕迹的测量点或测量线 线状痕迹的起点、终点、中心点、变化点为测量点，如图 5-10 所示。

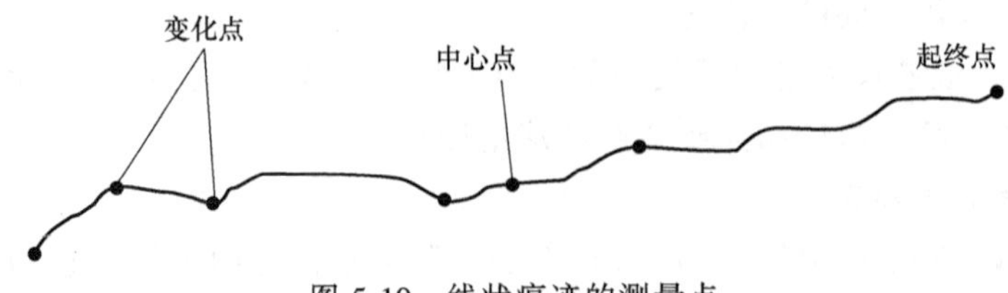

图 5-10　线状痕迹的测量点

（9）其他物体　物体的中心点为测量点。

3. 交通事故现场测量内容

（1）道路的测量　道路的测量除确定道路的走向外，对道路的线形、交叉形式、行车视距、安全设施及路面结构、宽度等，都应分别进行认真的勘测和测量。

1）路段的测量包括以下内容：

① 规则的平直路段测量。测量有效路面及路肩宽度，路堤坡高和边沟形状尺寸。对于划分车道的道路应分别测量每条车道的宽度。

② 不规则路段测量。如果事故车辆通过不规则的路段，应详细描绘该路段的变化情况，包括车道的宽度变化、弯度变化和坡度变化等。

③ 有隔离带设施的城市道路测量。同侧行驶发生的汽车事故，只需测量该侧的道路宽度、车道宽度等即可；对向行驶发生事故的，对双向车道均应进行测量，且需测量隔离带的宽度。

2）道路线形的测量包括以下内容：

① 纵断面道路坡度测量。路面上两点的高度差与两点间水平距离之比为坡度（以百分数来表示）。因此，只要测出其高度差和水平距离即可算出其坡度值。或用坡度仪测量。与道路中心线相平行的线上两点高度差与水平距离的比值为纵坡（上坡为+，下坡为-）；与道路中心线垂直的线上两点高度差和水平距离之比为横坡；若两点所在直线与道路中心线斜交，测算出的坡度称为合成坡度。

② 纵断面坡长的测量。坡长即连续坡道的总长度，它不是坡道始终点间的水平距离，而是这两点间路程的长度。连续坡道的坡度一般采用平均坡度，即坡道始终点之间的高度差与两点间水平距离之比。坡长的测量一般可采用皮尺直接量取，测量道路中心线或一侧边缘线均可，弯曲的道路也用同样的测量方法。

③ 纵断面竖曲线的测量。竖曲线即上坡后接着下坡时，两条坡道之间的连接转换曲线，又称凸曲线。相反，下坡后接着上坡的两个坡道间的转换曲线称反竖曲线或凹曲线。凸形竖曲线和凹形竖曲线也用其弯曲半径 R 来表示，其测量方法与平曲线半径基本相同。还要测量凸形竖曲线和凹形竖曲线的长度。

④ 平面线形弯道转弯半径测量。弯道测量主要是通过测算求出道路的转弯半径。测算方法主要是在弯道外侧边缘选取两点 A、B，以皮尺连接 A、B 两点拉直取弦长为 S，通过 A、B 的中点 D 作垂直平分线交弧 AB 于 C，量取 CD 值为线高 h。这样，弯道的转弯半径可计算为

$$R=S\times S/8h+h/2$$

⑤ 横断面测量弯道超高。所谓超高是指弯道处向内倾斜的坡面。汽车在弯道上行进时，为抵抗离心力的作用把弯道的外侧提高，使路面在横向朝内一侧有横坡度（即横向倾斜程

度），即为弯道超高。若不设置超高，就需要成倍加大转弯半径。超高的测量方法与测量坡道相同。

3）路面质量观测包括以下内容：

① 路面平整度观测。应观测路面凸凹不平程度，测量路面破损深度和破损面积，确定其是否是导致事故发生的原因。

② 路面抗滑性鉴定。当道路表面的抗滑能力小于要求的最小限度时，车辆行驶制动或受到外力干扰时，就可能产生侧滑而失去控制。特别是道路表面潮湿或覆盖冰雪时，尤其容易发生此类事故。应测量路面的附着系数，确定其附着性是否为事故成因。

4）道路结构物测量内容包括以下内容：

① 确定事故路段上的交通标志、标线及其他交通设施的设置位置、形状尺寸，并检查其完好程度。

② 对路面障碍观测，包括违章搭建、占道经营、车辆停放及堆料、施工作业等。观测中，对上述障碍占用应具体说明其长度、宽度、高度及侵占路面的宽度等。是否按规定设置明显标志等。

③ 交叉口测量。对“十”字形路口的测量，除测量路口内对称四个拐角顶点间的距离外，还应测量平行切线间的距离来确定十字路口是否规则。对“Y”形路口的测量，则应分别确定路口的三条道路的走向；测出三条道路的宽度；确定路口中各路缘线圆弧顶点所在的位置，测量出各路边切线交点到相应顶点间的距离。绘图操作方法是：先根据道路走向绘制出任意两条相邻路边切线，依切线交点到对应圆弧顶点的距离确定路缘线圆弧顶点位置，再绘制路口对应路缘线。依此方法绘制各路缘线即可构成路口轮廓。

（2）车辆终止的位置测量

1）机动车的测量。测量机动车固定测量点至基准点及基准线的距离，以及固定点之间沿基准线方向的距离。

2）二轮摩托车和二轮自行车的测量。测量二轮摩托车和二轮自行车固定测量点至基准点及基准线的距离，以及固定点之间沿基准线方向的距离。

3）人力车、畜力车的测量，测量方法同机动车。

（3）人体倒卧位置测量　测量人体固定点至基准点及基准线的距离。

（4）事故现场主要痕迹测量　汽车事故现场主要痕迹测量包括地面轮胎痕迹的测量和路面损伤痕迹的测量。

1）地面轮胎痕迹是指车辆轮胎相对于路面做滚动、滑移而形成的痕迹，包括断续拖压印迹的测量、直行拖滑印迹的测量、多方向拖压印迹的测量等。地面轮胎痕迹测量一般选择每条轮胎痕迹的起点、终点作为固定测量点，并测量其至基准线的距离，以及固定点之间沿基准线方向的距离，同时还应测量每条痕迹的长度。当地面轮胎痕迹为有一定弧度的曲线状时，除选择轮胎痕迹的起点、终点作为固定点外，还应均匀地选择弧线的能够代表弧度变化的三个或更多的点作为固定点，并测量这些点至基准线的距离以及各点沿基准线方向的距离。同时，还应沿曲线测量其实际长度。对于折线状轮胎痕迹的测量，选择轮胎痕迹的起点、终点、突变点、中间点作为固定点，测量这些点至基准线的距离以及各点沿基准线方向的距离。同时，还应以突变点作为分界点分别测量各段轮胎痕迹的实际长度。对于多车造成的轮胎印迹，还应测量每个印迹的宽度，来确定每个轮胎印迹的归属；若利用轮胎宽度无法确定归属，则考虑提取路面印迹和各车轮橡胶，做成分比对分析确定归属。对于肇事逃逸现场和破坏现场的地面轮胎痕迹的测量，除了以上介绍的测量步骤之外，还应该测量两侧轮胎痕迹之间的轮距，通过分析确认还应该测定车辆的轴距。

2）路面损伤痕迹的测量包括：

① 线条状路面损伤痕迹的测量。测量线条状路面损伤痕迹时，一般选择痕迹的两个端点，中间部位的变化点作为固定点，测量其至基准线的距离以及各点沿基准线方向的距离，同时还应测量痕迹的实际长度。

② 片状路面损伤痕迹的测量。片状路面损伤痕迹的测量应以片状痕迹的几何中心，沿基准线方向的两个端点，以及垂直于基准线方向的两个端点作为固定点，测量其几何中心至基准线的距离。同时，测量其他两对固定点沿基准线方向及垂直于基准线方向的距离，并利用这两个距离描述片状痕迹的面积。

③ 路面血迹、障碍物和散落物的测量。测量路面血迹、障碍物和散落物的固定点至基准线的距离以及固定点之间沿基准线方向的距离。必要时，还应测量路面血迹、障碍物和散落物的面积，通常选取沿基准线方向以及与基准线垂直方向构成的长方形，用该长方形的长、宽来表示路面血迹、障碍物和散落物的面积。

（5）车体痕迹测量 汽车事故的发生一般都会在肇事车上留下痕迹，测量的顺序通常为由前到后、从上向下、从有关一侧到无关一侧。

对于车体前部，如机动车前部的保险杠、车牌、前照灯和翼子板、风窗玻璃框、发动机舱盖等处，多有片状的凹陷痕迹，在测量时，应记录其遗留部位、面积及痕迹上下端距地面和左右端有关一侧的距离。这对于推断肇事瞬间双方车辆接触状态及接触点等有重要价值。

对于车体侧面，如机动车侧面的翼子板、后视镜、车门、脚踏板、货车主厢角和栏板、轮胎壁、后轮挡泥板等处是最易留下痕迹的部位。这些痕迹多为片状或条状刮擦痕，应测量车辆片状痕迹的部位、面积及距地面的高度和痕迹始点至前保险杠、碾压人车轮的距离。横向条状痕迹还应测量其长度和前后端至前保险杠、有关车轮的距离。这些数据能推测人能否避免被轧，并能据此反映车与人接触后的状态。

机动车底盘上多在转向横拉杆、前后轴、主减速器壳、排气管、车裙下沿和其他凸出部位留下片状或条状痕迹。对片状痕迹，应测量面积及痕迹中心距地面的高度和距前保险杠的距离；条状痕迹应测量痕迹两端至前保险杠和某一端至有关一侧车轮的距离。测量痕迹与地面的高度，有助于判断人、物高度以及刮擦过程的状态；测量痕迹至碾压车轮的距离，有助于认定人、物与底盘从接触至脱离时机动车的走向。

对于轮胎胎体痕迹的测量，机动车轮胎刮擦，碾压人体、物品时，在胎壁、胎肩、胎面上常出现与物或人体接触过的物体表面的纹迹。如反映衣料的印纹，附着的血迹、铁屑、木屑、漆皮、纺织品纤维，或轮胎与金属等硬物件接触时造成的胶面剥脱等。对这些痕迹，都必须测量、固定其所在位置及形状面积。

4. 测量方法

目前，我国汽车事故现场测量主要采用尺测的方法。尺测时应注意以下要求：

1）超过 2m 的尺寸用皮尺测量；不足 2m 的尺寸用钢卷尺测量。

2）测量时尺身要拉紧、拉直且不能扭花，用力要均匀，两人要协调一致。测量一点到

一条直线的距离时，注意尺要与直线垂直，读数读至厘米。收尺时尺身要干净。

3）有专人记录时，要回读数字，认真核对，防止记录错误。

（三）交通事故现场图绘制

1. 绘制现场图的具体步骤

（1）图面构思 绘制交通事故现场图前，首先要先观察现场的车辆、人体、物品及痕迹的散布情况，并观察道路、地形地物、建筑物等现场环境，判断事故所涉及的范围，弄清事故发生的原因及过程。根据上述情况构思现场图画面，并按图纸大小选择恰当的比例。

（2）确定中心 确定中心包括两个方面，一是确定图纸的中心，二是确定现场的中心。确定图纸的中心是为了绘图时便于安排画面。确定现场中心是为了绘图时突出重点，绘图时一般要将现场中心放在突出部位。

（3）确定道路走向 用指北针确定道路走向，按比例宽度画出道路边线，标注路宽并画出道路中心线。在图线左上方画出指北标（一般情况下，绘制现场图时绘制人员要朝向北侧），标注道路中心线与指北线夹角，并画出道路。

（4）选择基准 选择基准点、基准线并确定定位方法。

（5）画出现场物体 用图形符号画出汽车事故现场物体在现场中的实际位置。一般是先画出事故车辆，再以车辆为核心绘制人体、物件、痕迹等，最后画出地形地物。

（6）测量并标注尺寸 在未测量以前，按照定位尺寸、道路尺寸、相关尺寸、痕迹尺寸，先将尺寸画好，可防止尺寸漏量。根据已经画好的尺寸线，按照顺序、依次测量并标注在尺寸线上。测量时，读尺、记录应准确无误。为使图面简洁，尽量做到一个尺寸多种用途，如人体以车辆为基准测量，这个尺寸既是定位尺寸又是人体与汽车的相关尺寸。图上采用的尺寸单位（m 或 cm）要统一。

（7）绘制现场的副图 根据需要绘制现场的副图，如立面图、剖面图或局部放大图。

（8）文字说明 对现场图上需要说明的事项，可用文字进行必要的说明。文字说明要简明扼要。

（9）复核签名 核对现场图，确认无误后，由现场勘查的交通警察、当事人或证人签字。

需要注意的是，在没有弄清事故发生的原因及过程前，最好先不要草率绘制现场图，也不要轻易拆除现场。汽车事故现场不同于其他刑事案件，拆除后，现场痕迹及其他重要物证极易灭失，不可恢复。

2. 汽车事故现场图绘制要求

（1）基本要求

1）现场图是记载和固定汽车事故现场客观事实的证据材料，应全面、形象地表现交通事故现场的客观情况，反映现场全貌，范围较大的事故现场使用双折线压缩无关道路的画面。现场图以正投影俯视图形式表示。

2）现场图应在事故现场绘制完成。现场图是在事故现场徒手或借助于简易工具绘制的，不要求工整，只要求所绘物体的位置、形状、尺寸大约成比例即可。

3）绘图速度要快、时间要短。尺寸必须齐全、准确。图面力求简洁、美观、清晰。

4）满足证据材料的要求。使用墨水笔或绘图笔绘制；绘图人、勘查人、当事人或见证人应签名；不准随意涂改，若有涂改应做好记录。

5）图纸要求。汽车事故现场图应使用统一印制的图纸绘制。图纸幅面尺寸有两种，一种是竖排图纸，采用国际通用的 A4 型纸的尺寸（即 297mm×210mm），另一种是横排图纸，采用国际通用的 A3 型纸的尺寸（即 420mm×297mm）。

（2）图形符号要求 国家标准 GB/T 11797—2005《道路交通事故现场图形符号》中对交通元素图形符号进行了规定。

1）机动车图形符号见表 5-1。

表 5-1 机动车图形符号

序号	名称	图形符号	说明
1	客车平面	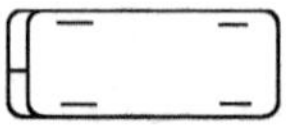	大、中、小、微(除轿车、越野外)
2	客车侧面	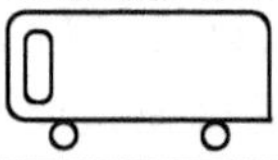	大、中、小、微(除轿车、越野外)
3	轿车平面	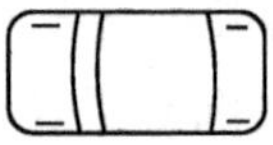	包括越野
4	轿车侧面	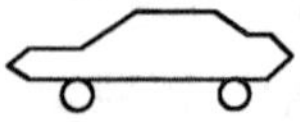	包括越野
5	货车平面	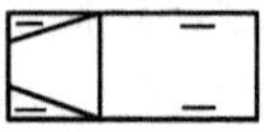	包括重型货车、中型货车、轻型货车、低速载货、专项作业车
6	货车侧面	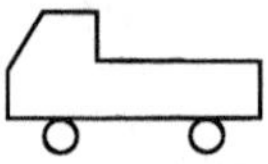	按车头外形选择(平头货车)
7	货车侧面		按车头外形选择(长头货车)
8	牵引车平面	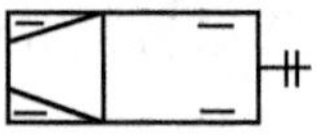	
9	牵引车侧面	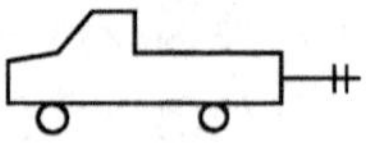	
10	挂车平面	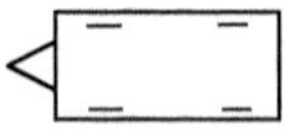	含全挂车、半挂车
11	挂车侧面	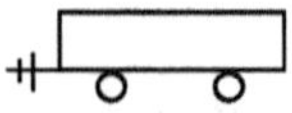	
12	电车平面	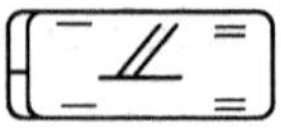	包括有轨电车、无轨电车
13	电车侧面		

（续）

序号	名称	图形符号	说明
14	正三轮机动车平面		包括三轮汽车和三轮摩托车
15	正三轮机动车侧面		
16	侧三轮摩托车平面		
17	普通二轮摩托车		包括轻便摩托车
18	轮式拖拉机平面		
19	轮式拖拉机侧面		
20	手扶拖拉机平面		
21	手扶拖拉机侧面		
22	轮式自行机械平面		

2）非机动车图形符号见表 5-2。

表 5-2　非机动车图形符号

序号	名称	图形符号	说明
1	自行车		
2	残疾人用车平面		
3	残疾人用车侧面		
4	三轮车		
5	人力车		
6	畜力车		

3）人体图形符号见表 5-3。

表 5-3　人体图形符号

序号	名称	图形符号	说明
1	人体		
2	伤体		
3	尸体		

4）牲畜图形符号见表 5-4。

表 5-4　牲畜图形符号

序号	名称	图形符号	说明
1	牲畜		
2	伤畜		
3	死畜		

5）道路结构、功能图形符号见表 5-5。

表 5-5　道路结构、功能图形符号

序号	名称	图形符号	说明
1	道路		路面类型、路面情况用文字说明，文字内容按 GA 17.4、GA 17.5 的代码名称标注，道路线形按实绘制
2	上坡道	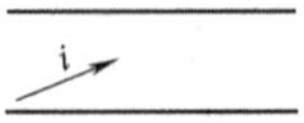 i	i 为坡度
3	下坡道	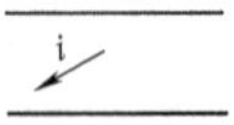 i	i 为坡度
4	人行道	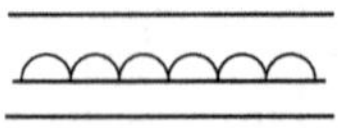	
5	道路平交口	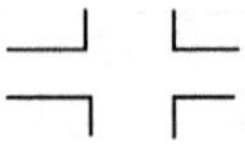	

（续）

序号	名称	图形符号	说明
6	道路与铁路平交口		
7	施工路段		
8	桥		
9	漫水桥		
10	路肩		
11	涵洞		
12	隧道		
13	路面凸出部分		
14	路面凹坑		
15	路面积水		
16	雨水口		
17	消火栓井		
18	路旁水沟		
19	路旁干涸水沟		

6）安全设施图形符号见表 5-6。

表 5-6 安全设施图形符号

序号	名称	图形符号	说明
1	信号灯		包括车道信号灯、方向指示信号灯。可水平或垂直放置

（续）

序号	名称	图形符号	说明
2	人行横道灯		包括非机动车信号灯，灯色自左向右为红、绿
3	黄闪灯		
4	计时牌		
5	隔离桩（墩、栏）	—×—×—	
6	隔离带（或花坛）		
7	安全岛		
8	禁令标志		
9	警告标志		
10	指示标志		
11	指路标志		
12	安全镜		
13	汽车停靠站		
14	岗台（亭）		

7）土地利用、植被和地物图形符号见表 5-7。

表 5-7　土地利用、植被和地物图形符号

序号	名称	图形符号	说明
1	树木侧面		
2	树木平面		

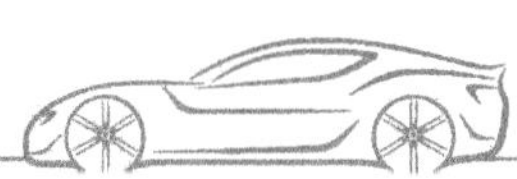

（续）

序号	名称	图形符号	说明
3	建筑物		
4	围墙及大门		
5	停车场	P	
6	加油站		
7	电话亭		
8	电杆		
9	路灯		
10	里程碑	K	
11	窨井	井	
12	邮筒		
13	消防栓		
14	碎石、沙土等堆积物		外形根据现场实际情况绘制
15	高速公路服务区		
16	其他物品		中间填写物品名称

8）动态痕迹图形符号见表 5-8。

表 5-8 动态痕迹图形符号

序号	名称	图形符号	说明
1	轮胎滚印		
2	轮胎拖印	L	L 为拖印长，双胎则为：
3	轮胎压印		
4	轮胎侧滑印		
5	挫划印		
6	自行车压印		
7	血迹	血	
8	其他洒落物		画出范围图形，填写名称

9）交通现象图形符号见表 5-9。

表 5-9 交通现象图形符号

序号	名称	图形符号	说明
1	接触点		
2	机动车行驶方向		
3	非机动车行驶方向		
4	人员运动方向		

10）其他图形符号见表 5-10。

表 5-10 其他图形符号

序号	名称	图形符号	说明
1	方向标		方向箭头指向北方
2	风向标	X	X 为风力级数

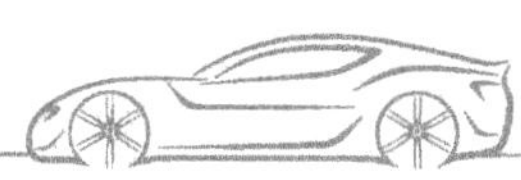

11）使用说明。

① 本标准中各类图形符号，可以单独使用或合并使用。

② 绘制图形符号时，应按本标准中图形符号的各部位近似比例绘制，避免图形符号失真。

③ 实际使用时，将机动车平面图形中的两侧轮胎连接作为车轴后，即为机动车仰翻后的底面图形。

④ 道路标志标线可按实际道路情况绘制。

⑤ 道路以外情况，根据实际情况绘制，并用文字简要说明。

（3）绘制比例要求　汽车事故现场图的比例是指现场平面图中各要素及其相互关系的线性尺寸与现场实际相应尺寸之比。比例应根据事故现场的大小和图纸的规格来选择，使现场图中的图幅大小合适。绘图时可优先采用 1：200 的比例，也可根据需要选择其他合适的比例。一张现场平面图中应采用同一比例，有特殊情况的需要另外注明。使用的比例应标注在图中比例栏内。

现场平面图中某些图形符号必须按比例绘制，某些图形符号可以不按比例绘制。

1）必须按比例绘制的图形符号。

① 机动车、非机动车图形符号。

② 道路形式、结构。

③ 动态痕迹的长度、道路隔离带（桩）。

④ 图中各主要元素间的图形符号。

2）可不按比例绘制的图形符号。

① 人体、牲畜。

② 交通安全设施。

③ 动态痕迹的宽度。

④ 其他图形符号。

二、汽车事故现场勘查笔录

（一）现场勘查笔录格式

《道路交通事故现场勘查笔录》是交通警察勘查汽车事故现场时，对勘验过程、勘验方法、勘验结果所做的文字记录，其内容要反映现场勘查过程中，现场图和现场照片中无法反映的各种汽车事故情况。

《道路交通事故现场勘查笔录》的格式如图 5-11 所示。

（二）道路交通事故现场勘查笔录的填写与注意事项

道路交通事故现场勘查笔录（图 5-11）中上栏位信息主要描述汽车事故的自然情况，应认真填写。“事故地点”栏准确填写规范的地名称谓、道路路名及里程数，要求精确到米，如××公路××公里加××米。“天气”栏按照气象部门的规范用语标记天气情况。“勘查时间”栏填写勘查时间，应实事求是地记录，用 24 小时制填写，要求精确到分钟。“勘查单位”栏主要填写大队级办案机关名称。

<table>
<tr><td colspan="6">□现场勘查　　□补充勘查</td></tr>
<tr><td>勘查单位</td><td colspan="5"></td></tr>
<tr><td>勘查时间</td><td colspan="5">年　月　日　时　分至　年　月　日　时　分</td></tr>
<tr><td>事故时间</td><td colspan="5">年　月　日　时　分</td></tr>
<tr><td rowspan="8">事故地点</td><td rowspan="3">道路类型</td><td rowspan="2">公路</td><td>技术等级</td><td colspan="2">□高速　□一级　□二级　□三级　□四级　□等外</td></tr>
<tr><td>行政等级</td><td colspan="2">□国道　□省道　□县道　□乡村道　□其他________</td></tr>
<tr><td colspan="2">城市道路</td><td colspan="2">□城市快速路　□一般城市道路　□单位小区自建路　□公共停车场
□公共广场　□其他路</td></tr>
<tr><td rowspan="2">路口路段类型</td><td colspan="2">路口</td><td colspan="2">□三枝分叉口　□四枝分叉口　□多枝分叉口　□环形交叉口
□匝道口</td></tr>
<tr><td colspan="2">路段</td><td colspan="2">□普通路段　□高架路段　□变窄路段　□窄路　□桥梁　□隧道
□路段进出处　□路侧险要路段　□其他特殊路段</td></tr>
<tr><td>路名</td><td colspan="2"></td><td>路号(公路)</td><td></td></tr>
<tr><td rowspan="2">位置</td><td>卫星定位</td><td>经度：</td><td colspan="2">纬度：</td></tr>
<tr><td>地点描述</td><td colspan="3"></td></tr>
<tr><td>天气</td><td colspan="5">□晴　□阴　□多云　□雨　□雪　□雾　□冰雹　□沙尘　□霾　□其他________</td></tr>
<tr><td colspan="6">一、事故现场道路环境
影响视线或行驶的障碍物：□无　□有：________
道路交通标志：□无　□有：________
道路交通标线：□无　□有：________
中央隔离设施：□无　□有：________
路侧防护设施：□无　□有：________
路面材料：□沥青　□水泥　□砂石　□土路　□其他________
路面状况：□路面完好　□施工　□凹凸　□塌陷　□路障　□其他________
路表情况：□干燥　□潮湿　□积水　□漫水　□冰雪　□泥泞　□其他________
照明情况：□白天　夜间路灯照明　□有　□无________
其他需要记录的情况：</td></tr>
<tr><td colspan="6">现场勘查人员签名：　　　　记录人签名：</td></tr>
<tr><td colspan="6">当事人签名：　　　　见证人签名：</td></tr>
</table>

共　肆　页　　　　　　　　第　壹　页

图 5-11　道路交通事故现场勘查笔录

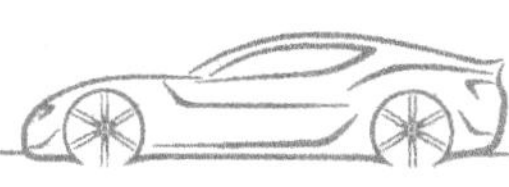

二、现场监控设备情况

□未发现

□发　现＿＿＿＿＿＿＿＿＿＿＿＿＿＿＿＿＿＿＿＿＿＿＿＿＿＿＿＿＿＿

三、现场伤亡人员基本情况及救援

(一)伤亡人员基本情况：

当场死亡：(　　)人；急救，医疗人员签名确认：＿＿＿＿＿＿＿＿＿＿＿＿＿＿＿＿＿＿＿＿

受伤：(　　)人。

伤亡人员去向：

其他需要说明的情况：

(二)救援简要情况：

是否涉及危险物品：□否　　□是　　名称：＿＿＿＿＿＿＿＿＿＿＿＿＿＿＿＿＿＿＿＿

相关部门和人员到达情况：

□医疗　　年　月　日　时　分　　□消防　　年　月　日　时　分

□清障　　年　月　日　时　分　　□其他　　年　月　日　时　分

四、现场事故车辆车型、牌号及车辆档位、转向、灯光、仪表指针位置，汽车行驶记录仪、车载事件数据记录仪、卫星定位装置等安装及使用情况

编号	牌号	车辆类型	车辆档位	灯光开启情况	车速仪表指针位置	车载设备安装使用情况(有，无)		
						汽车行驶记录仪	车载事件数据记录仪	卫星定位装置

现场勘查人员签名：　　　　　　　　记录人签名：

当事人签名：　　　　　　　　　　　见证人签名：

共　肆　页　　　　　　　　　　　　第　贰　页

图 5-11　道路交通事故现场勘查笔录（续）

五、现场痕迹物证的种类、形态、尺寸、位置以及固定或者提取情况 （一）地面痕迹： （二）车体痕迹： （三）人体痕迹： （四）物证： （五）其他：	
现场勘查人员签名：	记录人签名：
当事人签名：	见证人签名：

共 肆 页　　　　第 叁 页

图 5-11　道路交通事故现场勘查笔录（续）

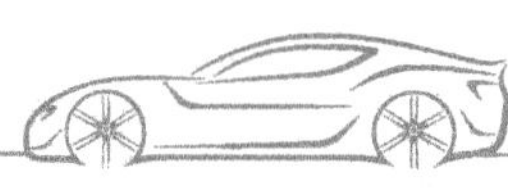

六、对车辆驾驶人进行酒精含量、国家管制的精神药品和麻醉药品测试的结果以及提取血样、尿样情况

端号	姓名	身份证号码	联系电话	交通方式	酒精、国家管制精神药品和麻醉药品测试结果	是否抽血或提取尿样	备注

七、肇事车辆驶离的方向、车型、车号、车身颜色等情况

编号	牌号	车型	车身颜色	驶离路线、方向	驾乘人员情况	具他信息

八、现场采取强制措施情况

九、勘查现场的交通警察认为应当记录的其他情况

现场勘查人员签名：　　　　　　记录人签名：

当事人签名：　　　　　　见证人签名：

共　肆　页　　　　　　第　肆　页

图 5-11　道路交通事故现场勘查笔录（续）

勘查记录内容为现场勘查笔录的主体部分，要严格按照 GA 40—2018《道路交通事故案卷文书》中《道路交通事故现场勘查笔录》的格式和内容要求填写。如果需要勘查记录的内容在“选择和填空”项目中没有体现，应记录在“勘查现场的交通警察认为应当记录的其他情况”处。记录内容要全面、客观、准确，能够清楚地反映汽车事故现场的全貌和基本情况。

在现场记录时应当使用钢笔或签字笔，字迹要工整。单独对某一客体勘验或检查时，可以单独制作勘验、检查或检验笔录。

三、汽车事故影像资料

（一）现场勘查照相

汽车事故现场照相是指在汽车事故发生的地点以及与交通事故有关的一切场所，用摄影纪实的方法，将现场的状况、痕迹物证、物与物之间的位置和相互之间的关系，按照汽车事故现场勘验的要求和规定，迅速、准确、真实无误地拍摄固定下来，为研究事故现场、分析事故发生原因提供可靠的资料。汽车事故现场勘查照相技术是事故办案人员和鉴定人员必备的技能。

1. 汽车事故现场照相的任务

汽车事故现场照相的任务，概括起来有两个方面：一是记录现场，二是提取痕迹。

（1）记录现场 照相技术最大的特性是纪实性。它能在很短的时间内将被摄客体记录下来。汽车事故发生后，需要在尽量短的时间内完成现场勘查取证工作，尽快恢复交通，照相机则是记录现场很好的工具。另外，照相具有真实性和可信性的特点，它能将事故发生地点的概貌、现场环境以及事故现场元素的种类、数量、位置、形态和相互之间的关系真实无误地记录下来，这为分析和研究事故现场提供了可靠的资料。

（2）提取痕迹 现场勘验中，提取现场痕迹的方法很多，就照相来讲，它是提取和固定各种痕迹、物证的有效方法。利用现场照片与现场勘查笔录及现场图相互印证、相互补充，可有力证明事故事实，为汽车事故处理提供有力证据。用照相来提取痕迹是现场勘查中较为复杂而细致的任务。无论是什么类型的现场，都要求现场照相人员认真细致地把这些痕迹的形状、大小、颜色及细微特征等无遗漏、清晰而完整地拍照记录下来。

2. 汽车事故现场照相的方式

按照相所记录的现场范围大小和拍摄距离的不同，根据 GA/T 50—2019《道路交通事故现场勘查照相》的规定，汽车事故现场照相分为方位照相、概览照相、局部照相、元素照相、细目照相、比对照相，现介绍其中几个。

（1）方位照相 方位照相是反映道路交通事故现场的地理位置及现场与周围环境相互关系的专门照相，如图 5-12、图 5-13 所示。视角应覆盖整个现场范围，一张照片无法涵盖的，可以使用回转连续拍摄法或者直线连续拍摄法拍摄。方位照相是勘查照相中拍摄范围最大的一种照相方式，目的是反映事故现场所处的位置、现场状况和现场周围地形、地物等环境情况。要求拍摄时应注意突出一些永久性的建筑物、交通标志、里程碑、电线杆、街道名牌、门牌等标志物，使没有到过现场的人通过照片能认出或明确事故的发生地点。方位照相

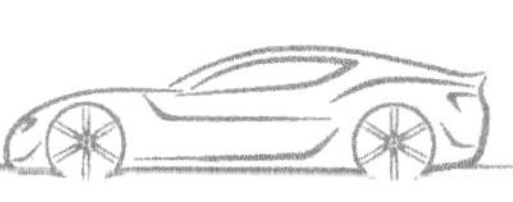

图 5-12 方位照相（前）

图 5-13 方位照相（后）

也是研究交通事故、恢复现场时寻找事故地点的重要依据。有时，现场方位照相也能为事故的原因分析提供资料。

(2) 概览照相 概览照相是反映道路交通事故现场全貌及道路交通事故现场元素宏观相互关系的专门照相，如图 5-14、图 5-15 所示。以现场中心物体为基点，沿现场道路走向的相对两向位或者多向位分别拍摄。各向位拍摄的概览照相，其成像中各物体间的相对位置应当基本一致，上一个视角结束部分与下一个视角开始部分应有联系。

图 5-14 概览照相（一）

图 5-15 概览照相（二）

概览照相的目的是反映现场的整个情况，所以也称为全貌照相。概览照相的拍摄范围小于方位照相，是以整个现场为拍摄内容，需要反映出整个现场的事故形态，物体的概况，痕迹、物品的分布和现场中各物体间的位置等关系。拍摄时要注意拍摄位置，防止景物相互遮挡，避免物与物重叠；为防止拍摄内容遗漏，概览照相的拍摄内容宁多勿少。

(3) 细目照相 细目照相是反映道路交通事故现场元素局部细节、物证及表面痕迹特征的专门照相，如图 5-16、图 5-17 所示。照相机镜头主光轴与被摄痕迹面相垂直。视角应当覆盖整个痕迹，一张照片无法覆盖的，可以分段拍摄。细目照相的目的是反映细小痕迹或物证的特征，在拍摄中要反映痕迹的形状、尺寸、深浅、受力方向特征；反映细小物证的形态、大小等特征。

细目照相用来反映某些方位照相、概览照相等无法详细记载的有关物体的特征，包括车辆与其他物体接触部位的痕迹、路面痕迹、人体痕迹、现场散落物、毛发或油漆等微小物证、轮胎花纹特征、车辆号牌、车门上的文字、尸体等。

图 5-16　细目照相（一）

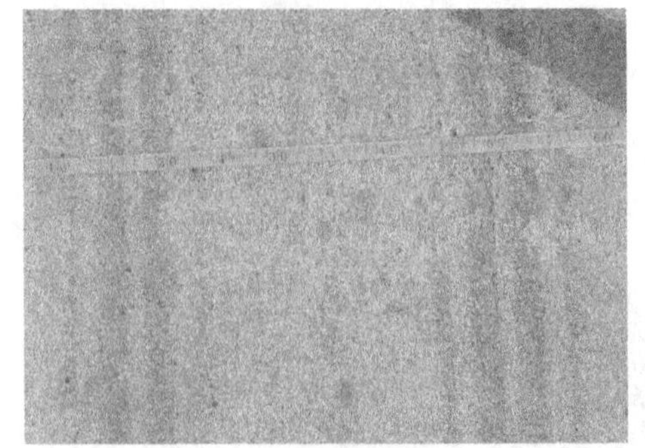

图 5-17　细目照相（二）

现场勘查照相是通过拍摄一组照片来反映整个现场的情况，所拍的照片要求全面、系统连贯、主次分明，使没有到过现场的人，通过现场照片也能对现场有比较清楚的了解。现场照相人员首先应对汽车事故的发生经过和事故性质有一个大体的了解；对现场环境及现场中车辆、物体等的位置有清楚的认识；应根据实际情况确定拍摄内容、拍摄范围和拍摄重点。对重大以上的汽车事故现场，不但要拍摄现场情况，还要注意拍摄勘查内容。

3. 汽车事故现场照相的方法

（1）平行连续拍照法　平行连续拍照法又称直线分段拍照法，是在同一物距的平行线上移动相机的位置，进行分段拍摄，然后将所摄的几张照片进行拼接，从而反映出现场环境的全景，如图 5-18 所示。

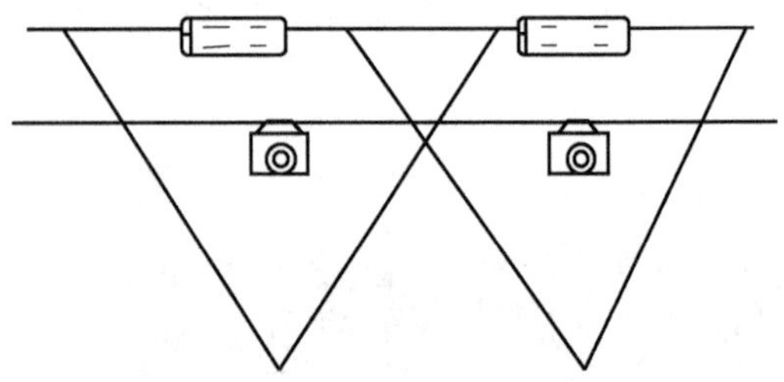

图 5-18　平行连续拍照法

（2）回转连续拍照法　回转连续拍照法是将照相机固定在三脚架上，只转动相机的角度，不改变拍摄位置，从左至右，或从右至左，连续拍摄几张照片，然后对所拍照片进行拼接，从而反映出现场环境的全景，如图 5-19 所示。

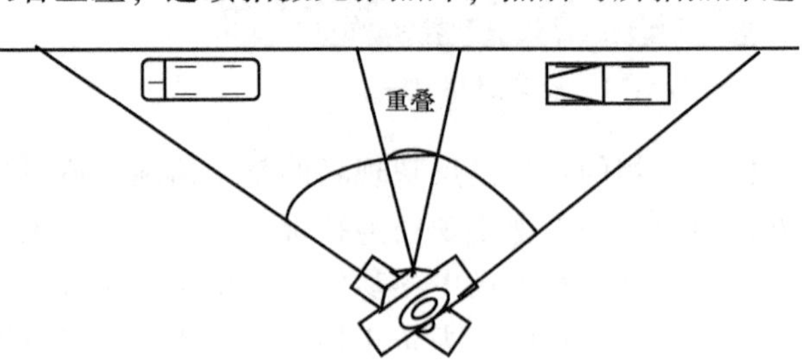

图 5-19　回转连续拍照法

在运用连续拍照的方法时，应注意以下事项：

1）前后两次拍照的取景中，在衔接处必要时可略有重叠，并且要尽量避免在重要部位衔接。

2）前后各张照片，应处于同样的光照条件下，应使用同样的光圈、速度拍照，以保证各张照片的色调统一。

3）尽量使用小光圈，以增加景深范围。

4）使用相同的显像技术，以保证各张照片的反差近似。

（3）相向拍照法　相向拍照法是从相对的两个方向对准现场中心对现场进行拍照，这样就可以把整个现场的情况记录在两张照片中，如图 5-20 所示。通过相向拍照，可以把现场中心部位或某一目标物的状况及前后景物的相互关系反映在两张照片中。在拍摄时，多是

沿道路走向进行拍摄，也可以根据实际情况，选择其他的两个相对方向进行拍摄。若是拍摄尸体，切忌从尸体的头脚部方向进行拍摄，以免人体摄影变形。

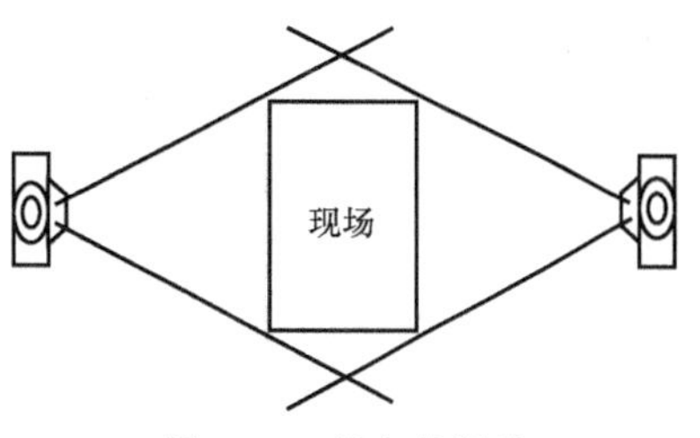

图 5-20 相向拍照法

（4）多向拍照法 多向拍照法是以现场中心物体为基点，多向位分别拍照的一种拍照方法。根据现场的不同情况及拍摄对象的特点和勘查照相的要求，多向拍照法一般选择三向位或四向位。四向位拍照又称十字交叉照相，是从现场的四个方向对准现场成“十字交叉”形状进行拍照，把整个现场情况记录在四个方向的四张照片中，如图 5-21 所示。现场比较复杂或范围较宽，且用相对方向的两张照片难以记录时，可以考虑采用十字交叉法进行拍照。在拍照时，多是沿道路走向及道路垂直方向进行拍照，也可以根据实际情况和需要，考虑从其他方向进行拍照。在进行多向位拍照时，各向位的拍照距离应基本一致，使各向位照片所反映的客体大小相等，其成像中各物体的相对位置应当基本一致；上一个视角结束部分与下一个视角开始部分应有联系，以便于拼接。

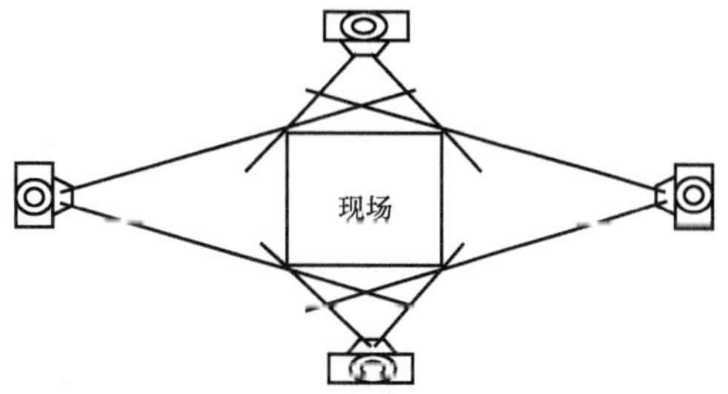

图 5-21 多向（十字交叉）拍照法

上述四种拍照法中平行连续拍照法和回转连续拍照法主要用于方位照相；相向拍照法和多向拍照法主要用于概览照相。

4. 汽车事故现场照相的一般要求

根据 GA/T 50—2019《道路交通事故现场勘查照相》的规定，汽车事故现场照相应符合下列一般要求：

1）道路交通事故现场应由交通警察或公安机关交通管理部门组织的有关专业技术人员进行勘查照相。

2）道路交通事故现场勘查照相应合法、安全、及时、客观、全面、科学。

3）照相设备的配备，可参照 GA/T 591 的要求。使用多旋翼无人驾驶航空器进行航拍的，航拍设备应符合 GA/T 1382 的要求。

4）道路交通事故痕迹物证勘查应符合 GA/T 41 的要求。

5）采用照相制作现场实景图的，应符合 GA/T 49 的要求。

6）应根据道路交通事故现场特点，采用相向拍照法、多向拍照法、回转连续拍照法、直线连续拍照法。

7）拍摄前应根据道路交通事故现场情况制定拍摄计划，清除现场无关人员和车辆，在不污染、破坏痕迹、物证的前提下，可放置标识物，标示地面痕迹起止点、突变点及痕迹、物证的位置、形状、方向。

8）在确保痕迹物证完好的情况下，车辆内部勘查照相、人（尸）体体表勘查照相和比对照相可在撤离现场后，于其他地点拍摄完成。人（尸）体体表勘查照相的拍摄应符合 GA/T 223 的相关要求，车辆内部勘查照相和比对照相拍摄应符合 GA/T 50—2019 中

5.4.1.2、5.5.1.2 和 5.6 的要求。

9）现场地面痕迹物证被其他物体覆盖时，在不妨碍其他勘查项目的前提下，可以照相固定证据，待清除覆盖物后，再进行勘查照相。

10）受环境条件限制在现场无法勘查的，应及时补充勘查，对发现、提取的痕迹、物证进行补拍，并在制作交通事故照片卷时用文字注明。

11）拍摄前应检查并正确设置相机的日期和时间，宜将拍摄的时间信息记录在现场照片上。

12）现场照片应与现场图、现场勘查笔录相互补充、相互印证。

（二）现场勘查摄影

汽车事故现场摄影技术是利用摄影设备、器材以及理论方法，获取交通事故现场有关图像信息，从而达到对交通事故现场记录的目的，随着现代电子科学技术、磁记录技术的综合发展，摄影技术已逐渐成为记录汽车事故的一种重要方法。根据《道路交通事故处理程序规定》第 33 条的规定，发生一次死亡三人以上事故的，应当进行现场摄像。

1. 汽车事故现场摄影的意义

汽车事故现场摄影与事故现场勘查照相一样，是固定和记录汽车事故证据资料的重要手段，具有更重要的意义。

（1）能够客观、迅速、连续地固定和记录现场　现场摄像为汽车事故现场提供的是客观、完整、形象的记录，从而为现场的进一步勘查打下基础。现场勘查人员在现场勘查中，由于主观认识的局限性和客观因素的影响，难免会忽略一些与案件相关的事物。但通过现场摄影能详尽地记录，可以查验到现场勘查中忽略掉的细节，能够弥补现场勘查中的某些遗漏或不足。

（2）能够记录现场勘查的全过程　摄像系统可以连续不断地对信息进行记录，能够拍摄现场勘查的全过程，这种现场摄影在某种程度上起到“现场勘查见证人”的作用。摄像系统不但可以记录连续活动的图像，还可以记录现场中的声音，所以它比现场照片所记录的内容要更形象、更生动，它可以从不同的位置、不同的距离、不同的角度来观察，对事物的记录会更清楚、更细致。

（3）能够作为汽车事故处理的证据　汽车事故现场摄像记录的是现场中的客观存在，记录的内容具有客观性，可以作为汽车事故处理中的确凿证据，为分析汽车事故成因，认定汽车事故责任，处罚事故责任人提供了客观的证据。

（4）能够提高对痕迹物证的分辨能力　在物证检验中常常遇到一些细致的痕迹物证，此时可以用显微摄像方式精确地显现出被检的细微结构特征；利用摄像特技可以把被检物的两个客体显示到同一个大屏幕上进行比对；还可以利用红外、紫外摄像设备将已经刷洗、掩盖、涂抹或涂改的字迹、图形等痕迹物证清晰地显现记录下来。

（5）在特殊情况下能为现场指挥提供方便　上级公安机关交通管理部门认为有必要时，应当派员到下级公安机关交通管理部门辖区内发生的汽车事故现场指挥或指导现场勘查工作，但往往由于路远或交通不便而无法及时到达。在这种情况下，有条件的地方，可以使用现场摄像系统把现场勘查的情景通过摄像机摄取的电视信号，用传输电缆传输到现场外，有

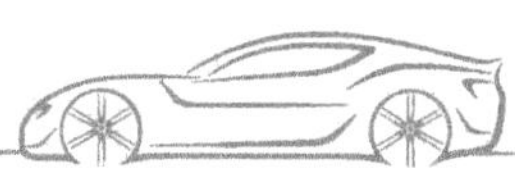

关领导或技术人员通过观看监视器随时了解现场勘查情况，随时指挥、指导现场勘查工作。有条件的，还可以通过现场摄像传播系统，把现场实况摄像转播到指挥中心，有关领导就可以在指挥中心进行遥控指挥。

(6) 为交通安全宣传工作储存资料 汽车事故现场摄像所记录的内容是事故的真实记录，具有极强的说服力，所以从汽车事故现场所反映出的事故的因果关系为制定交通管理、事故预防措施提供了有说服效果的教育素材；录像中所记录的现场勘查手段也为公安机关交通管理部门积累汽车事故现场勘查经验，学习勘查技巧提供了很好的资料。

2. 汽车事故现场摄像的内容和方法

(1) 现场方位摄像 现场方位摄像是反映汽车事故现场周围的环境，并表现它所处的方向位置及与其他事物联系的摄像。

1）现场方位摄像的内容。现场方位摄像要把发生汽车事故路段的具体地点、现场的环境条件等信息摄录下来。这些信息包括现场的地点、地形、地貌，具体地址方位，是农村还是城市范围内的道路，是凹凸路还是平路，是直路还是弯路。还包括现场及其周围的环境、天气情况等方面的信息。

2）现场方位摄像的方法。现场方位摄像由于需要反映的面积范围广，需要反映的信息多，所以要把摄像机位选得远一些、高一些，以俯角远镜拍摄，有些情况下还需要用空中拍摄方式。能反映现场具体地址的，要把明显标志物（如公路里程碑、现场旁建筑物、门牌等）用近镜或特写镜头拍摄下来，以确定现场的具体位置。

拍摄现场周围环境用摇镜头比较合适，然后用推拉镜头将现场具体地址与周围环境的位置关系表现出来。为明确现场方位，在后期制作中可以在画面中加上批示现场具体地点的闪烁箭头或加上现场方位图。

(2) 现场概览摄像 现场概览摄像又称为概貌摄像。它是以整个汽车事故现场作为拍摄对象，反映现场全貌及现场中各元素位置等关系的一种摄像。

1）现场概览摄像的内容。现场概览摄像要用摇头镜把整个现场状况拍摄下来，包括现场的整个范围和现场的全貌状况，要反映现场中有关车辆、痕迹、物品等位置和形态等特征，还要反应各事物的相互关系。通过现场概览摄像使观看者对现场的范围、现场的全貌、现场的整个状况、现场的特点等有比较完整的概念。

2）现场概览摄像的方法。现场概览摄像要用摇头镜把整个现场范围和现场概况拍摄下来，再用推拉镜头反映物品和环境，痕迹物证与周围物品的位置关系。也可以采用跟镜头的方式随勘查人员的走动，拍摄现场中不同部位现场物的分布情况。现场概览摄像多是选用全景镜头来进行拍摄，因为全景镜头可以较全面地反映现场物的相互空间位置关系。

(3) 现场中心摄像 现场中心摄像也称为现场重点部位摄像，它是反映汽车事故现场中关键部位或重点部位与事故有关情况的摄像。这些重要部位的状态特征对事故分析起着重要作用。

1）现场中心摄像的内容。现场的重点部位随汽车事故的具体情况不同而不同，但重点部位总是能反映汽车事故的性质、类型或事故原因。重点部位的状态特征会对汽车事故分析工作产生重大影响。所以汽车事故现场中心摄像的内容要反映重点部位的状态特征及重点部位与周围现场物的空间位置的相关关系。如在现场中，事故车的型号、碰撞形态、损毁状况

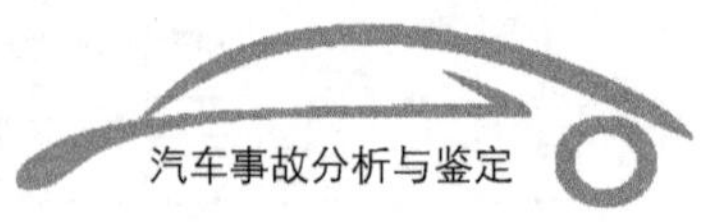

等原始状态，以及事故车与周围空间的位置关系。

2）现场中心摄像的方法。现场中心摄像不仅要反映现场重点部位自身状况，还要反映出它与周围事物的联系，所以在拍摄时要先用全景用摇镜头反映重点地段、重点部位的状况，再用中景用推拉镜头反映重点物体、主要痕迹物证与周围环境的联系，拍摄摇、推、拉镜头，为使被摄物不变形，要灵活选择机位拍摄。为保证重点部位摄像的质量，要认真、系统、全面地拍摄好现场的每个重点部位及其重要物品。现场拍摄中常用中景镜头反映现场重点部位特征及其与周围物体的位置关系。

（4）现场细目摄像 现场细目摄像是把现场发现的具体有检验鉴定价值和能起证据作用的各种物证和痕迹的大小、形状等特征拍摄下来的一种摄像。

1）现场细目摄像的内容。现场凡是具有检验鉴定价值或能起证据作用的一些痕迹和物证都可以成为现场细目摄像记录的内容。细目摄像主要反映细小痕迹和物证的尺寸、形态等特征，借以分析其形成原因和事故的发生过程。例如，细目摄像要记录车辆制动痕迹、轮胎花纹、血迹、细小散落物、现场残留纤维、车体划擦痕迹等痕迹和物证的尺寸、形态等特征。

2）现场细目摄像的方法。现场细目摄像一般在详细勘查阶段进行。摄像时，首先要把痕迹物证的原始状态及与其周围物体的相互联系拍摄下来，用全景镜头、中景镜头固定痕迹物证所在位置，再用推、拉镜头拍摄与周围物体的联系，之后再移动拍摄，用近景或特写镜头、显微镜头反映痕迹、物证的细微特征。为满足后期的鉴定、比对需要，拍摄时要加比例尺，比例尺色调要与被拍摄物保持一致，放置要平、正，并与被拍摄物处于同一平面上，保证精度。细目摄像多采用近景特写或显微镜头拍摄。细目摄像要着重反映痕迹物证所在的部位、形态、大小、细节、质地等特征。

3. 汽车事故现场录像的剪辑

现场录像的剪辑就是对摄像内容进行“编辑”，是指将在现场拍摄中记录的不同的录像素材镜头和声音信号按一定要求和顺序进行汇编，使其成为内容完整的一个现场摄像记录。这种对录像的编辑，也是对录像片的后期制作。

在具体编辑时，要充分考虑不同汽车事故的具体特点，要充分反映出事故的特殊性和关键情况，应当注意内容全面、重点突出、避免重复、系统一致。

第三节 汽车事故痕迹物证勘验与鉴定

汽车事故是个复杂的过程，涉及人、车、道路及相关现场其他客体物，由于受现场环境的诸多限制，现场勘验往往需要快速完成，以确保道路的畅通，这难免会发生遗漏，给汽车事故事实的认定带来麻烦，所以对车辆及现场搜集的相关物证的检验至关重要，而汽车事故技术鉴定中痕迹鉴定为还原事故碰撞过程中的事实提供支持，为汽车事故责任认定及法庭审判提供了依据。

一、汽车事故痕迹鉴定

（一）定义

汽车事故痕迹鉴定是依据案情，对与事故相关的现场、车辆、伤亡人员进行勘查和检验

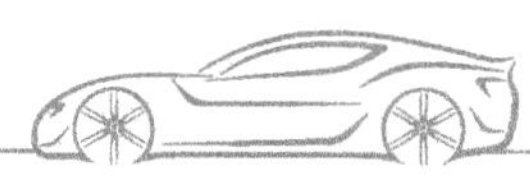

后，依据勘查和检验的材料进行综合分析，并做出涉嫌事故车辆与其他客体物（指人体、车辆、路面或其他固定物，下同）相互关系判断书面结论的过程。汽车事故痕迹鉴定是对汽车事故发生过程的重建和还原，如对涉嫌事故车辆与其他客体物是否发生过碰撞、发生过何种形态碰撞，以及由此衍生的涉案者交通行为方式的鉴定和建立在汽车事故痕迹鉴定基础上的车速鉴定、车架钢印号或者发动机钢印号真伪鉴定，涉嫌事故人员事发时是否行走在人行横道线上、事发时路口信号灯情况鉴定及轮胎检验鉴定等。

（二）主要痕迹介绍

1. 地面痕迹

地面痕迹是汽车事故发生过程中，事故车辆轮胎或车体及相关部件、人体以及与事故有关的物件等与地面接触而遗留在汽车事故现场的印迹。包括地面轮胎痕迹，车体零部件因撞击落地与地面接触产生的挫划痕迹，翻车与地面产生的划痕，人体倒地与地面接触形成的拖痕、擦痕、血迹等以及人体鞋底痕迹和沟槽痕迹等。以上痕迹在现场中都是极易灭失的，因此要求现场勘查人员要及时、准确地发现、收集物证，及时固定、保全物证，提取物证。而有些现场因天气原因或勘查条件的影响，要求必须保护现场，等待条件允许时再进行勘查。如事故发生在雨天，路面上的挫划痕迹、轮胎制动印迹均被雨水淹没覆盖，地面痕迹无法用肉眼观察到，用相关的仪器也无法勘测。此类痕迹物证要求公安交通管理机关只能保护好现场，等待晴天路面干燥后再进行勘查，发生这种情况时，保护现场，防止其他车辆、行人进入现场破坏现场痕迹很重要。图 5-22 所示为被掩盖的路面痕迹现场；图 5-23 所示为路面未完全干燥，因气温较低有少量结冰的现场；图 5-24 所示为道路完全干燥后的现场。封闭现场道路会带来交通拥堵，但对于特别重大的事故也是不得已而为之。一般情况下封闭现场交通时，都会指定替代道路。

图 5-22　被掩盖的路面痕迹现场

图 5-23　路面结冰的现场

图 5-24　干燥后的现场

（1）地面轮胎痕迹　地面轮胎痕迹是以轮胎为造痕客体，与地面相互作用时留在地面上的结构痕迹。地面轮胎痕迹的特征主要与轮胎的外部结构特征、作用方式及作用力大小有关。

1）轮胎花纹。不同的车辆，其轮胎花纹不同。轿车轮胎花纹应适应高速行驶，对花纹的耐磨性、排水性、牵引性以及噪声等均有较高的要求。一般有纵沟花纹、混合花纹和冰雪花纹，以及为适应各种道路条件和气候条件的全天候花纹。轮胎花纹的基本作用是传递牵引力和制动力，使轮胎对路面具有一定的附着性能，防止车轮空转和打滑。

2）轮胎花纹的深度和宽度。花纹深度取决于轮胎的规格、用途和使用条件。大规格轮胎选取较深的花纹；路面粗糙和山区路面使用的轮胎，胎面磨损较快，因此采用较深的花纹；混合花纹和越野花纹轮胎采用较深的花纹；牵引性能较好的轮胎采用特别加深的花纹；而在道路条件好、行驶速度较快的条件下，花纹较浅。根据轮胎的使用条件确定花纹沟的宽度。公路行驶轮胎要求具有较好的耐磨性和平顺性能，因此，花纹沟较窄，而在不良路面行驶的轮胎，则需要较宽的花纹沟，以利于提高对地面的抓着性能和自洁性能。

3）轮胎痕迹。轮胎痕迹可分为滚印、压印、拖印、侧滑印。

① 轮胎滚印。滚印是指轮胎相对于地面做纯滚动时，轮胎胎面留在地面上的印迹。滚印痕迹的特征是：能够清晰地反映轮胎胎面花纹形态特征、花纹组合特征及胎面磨损和机械损伤特征；在正常情况下，滚印痕迹的宽度与轮胎胎面的宽度基本一致。根据滚印可以确认车辆的行驶方向、路线、轮胎种类及规格。根据同一车辆的两条滚印，可以判断车辆轮距，从而判定事故车辆的大小类别。车辆的装载情况、路面状况、轮胎气压等因素，都将影响所形成的滚印特征。

② 轮胎压印。压印是指车轮轮胎相对于地面同时做滚轮、滑移的复合运动时留在地面上的痕迹。其特征是：痕迹显示的轮胎花纹沿着车辆运动方向有所延长，其宽度和胎面宽度一致。压印多是车辆在制动过程中产生的制动压印，如图 5-25 所示。但有时也会出现其他情况，如轮胎泄气压印、加速压印、转弯压印和碰撞压印等，如图 5-26 所示，不同的压印，其体现的痕迹特征是不同的，各有其特点，需要在实践工作中去摸索体会。根据压印可以确定车辆有无制动过程，还可以判断车辆的运动状态及驾驶人的心理。

图 5-25　车辆制动轮胎压印

图 5-26　轮胎加速转弯压印

③ 轮胎拖印。拖印是指车轮轮胎受制动力作用而抱死时，沿行进方向相对于地面做滑动而留在地面上的印痕，如图 5-27 所示。拖印痕迹的影响因素有轮胎气压、车辆装载、载荷转移、路面状况及车辆运动状态等。其痕迹特征为：痕迹呈黑色线条状，一般不能显示胎面花纹形状，痕迹宽度和胎面宽度基本一致。痕迹的宽度和形状与轮胎胎面花纹类型、轮胎气压的高低、车辆是否超载以及车辆的运动状态有关。其作用除了与滚印、压印相同之外，还可以根据制动拖印

图 5-27　车辆制动轮胎拖印

的长度推断车辆碰撞前的行驶速度。

④ 轮胎侧滑印。侧滑印是指车辆轮胎在受到侧向力的作用后，偏离原行进方向相对于地面做斜向滑移运动时，留在地面上的痕迹，如图5-28所示。制动侧滑印的宽度一般大于轮胎胎面的宽度，不能显示和胎面的宽度和轮胎花纹。一般情况下，车辆在制动时受到侧向力作用后容易产生侧滑。侧滑印的种类较多，即使车辆没有制动，在车速、转向、车辆装载、轮胎及道路状况等因素的影响下，车辆轮胎作用于路面的横向力大于路面附着力时，车辆轮胎也将相对于地面发生横向滑移，形成侧滑印。根据形成侧滑的原因的不同，可将侧滑印划分为转向侧滑印、制动侧滑印、驱动侧滑印、碰撞侧滑印等。

图 5-28 车辆制动轮胎侧滑印

a. 转向侧滑印。转向侧滑印是急转弯时留在路面上的轮胎印迹。轮胎虽然自由转动，但它具有向左转向的侧偏角，在此滚动状态下，轮胎以痕迹的方向前进。这时，由于胎面向着轮胎外侧滑动，故滑动印痕内的花纹形式是倾斜的。因此，横沟花纹轮胎，沟的痕迹非常明显。当车辆急转弯时，在侧滑的轮胎上由于侧偏力（侧向力）的作用，路面上的侧滑印发生扭曲，印痕的外侧变黑。另外，由于转向离心力的作用，使得外侧车轮的侧滑印比内侧车轮的印痕更重、更清晰。可以利用侧滑印的特征，判断车辆的行驶方向。

b. 制动侧滑印与驱动侧滑印。在制动时发生侧滑或侧滑时制动，地面上留下的痕迹称为制动侧滑印。在驱动时发生侧滑或侧滑时驱动，地面上留下的痕迹称为驱动侧滑印。

c. 碰撞侧滑印。碰撞侧滑印是指车辆在运动中，与另一车辆或其他物体相撞，车轮在地面上留下的印迹。碰撞侧滑印的形态与碰撞的类型、部位、速度等因素有关。在追尾碰撞中，当前车处于正常的行驶状态时，前车一般不形成明显的碰撞侧滑印；当前车正处于制动过程中，由于后车的偏心撞击作用，前车也会出现制动印迹的突然转折，形成侧滑印。在追尾碰撞中，后车的行驶速度会大于前车，碰撞前后车驾驶人一般情况下会用力踩下制动踏板，采取紧急制动，但驾驶人睡着或者醉酒、服用精神类药品除外。因此，后车常常在路面上留有轮胎的侧滑印。在正面碰撞、侧面碰撞和追尾碰撞的过程中，均会形成碰撞侧滑印。碰撞侧滑印的特征是：轮胎印痕突然转折，转折后的痕迹宽度比原来的宽，轮胎痕迹转折点的方向和角度可以通过对碰撞痕迹分析确定。碰撞侧滑印如图5-29所示。

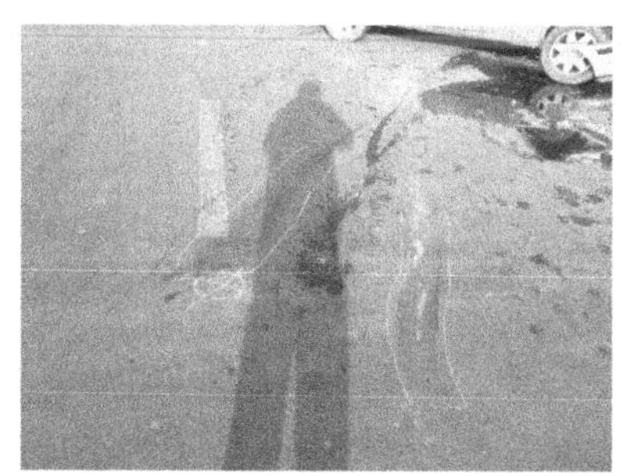

图 5-29 碰撞侧滑印

⑤ 装有 ABS 装置的汽车轮胎痕迹特征。ABS 装置是指汽车防抱死制动装置。装有 ABS 装置时制动痕迹为压印，这是由 ABS 控制原理所决定的。ABS 实质上是控制车轮在制动过程中的滑移程度。当车轮滑移率为 0 时，呈现的是滚印；当车轮滑移率为 100%时，呈现的是拖印。当汽车在紧急情况下制动时，ABS 发挥作用，车轮的滑移率保持在 15%~20%的范围内，车轮相对于地面做边滚边滑的运动，呈现的必然是压印，且制动痕迹清淡不易发现。

4）地面轮胎痕迹的提取。地面轮胎痕迹是汽车事故处理中运用最多的一种证据。在现场勘查工作中，应注意地面轮胎痕迹的正确提取，提高其证据效力。常用的提取方法有照相和绘制现场图。

5）地面轮胎痕迹的利用。事故的发生是一个复杂的过程，地面轮胎痕迹是事故发生过程中，车辆运行状态的客观反映。因此有效地利用地面轮胎痕迹，对于判断事故发生过程、分析事故原因具有重要意义。

① 判断接触点。接触点是事故双方在接触瞬间最初的接触部位在地面上的投影点。接触点是认定事故责任的重要依据，现场勘查的主要内容就是利用路面轮胎痕迹准确地找出接触点，从而反映出双方接触瞬时的空间位置。

路面上的汽车轮胎痕迹主要用于判断机动车与机动车之间的碰撞接触点。机动车之间的碰撞无论是正面碰撞还是侧面碰撞，在碰撞力的作用下，碰撞后两车都可能不同程度的偏离原行驶路线，使行驶方向突然发生变化，轮胎痕迹产生突变点。一般情况下，痕迹突变非常明显。这时可根据两车的接触部位和痕迹突变点判断接触点。汽车碰撞行人或自行车时，由于双方的质量和速度相差悬殊，因此碰撞后的汽车速度和方向不会发生明显变化，而行人和自行车则明显地改变其运动速度、方向和状态，所以汽车碰撞行人、自行车事故的接触点一般是利用行人的鞋底挫滑痕迹和自行车轮胎痕迹来判断的。

② 判断肇事车车速。车辆的制动初速度越高，所具有的动能越大，产生的轮胎痕迹就越长。因此，可以利用车辆制动拖印的长度推算制动初速度。

③ 判断车辆的行驶轨迹。判断车辆在事故前、事故中、事故后的行驶轨迹，是判断事故发生过程，分析事故原因的重要内容。轮胎痕迹是车辆在道路上行驶的真实反映和判断车辆行驶轨迹的可靠依据。

（2）挫划痕迹的勘验 挫划痕迹是指物体在地面上的刮擦印迹或沟槽。勘验时应测量挫划痕迹的长度、宽度、深度、痕迹中心或起止点距道路边缘的距离；确定痕迹的造型体。例如，机动车碰撞二轮车时，在机动车碰撞力的作用下，二轮车轮胎、车把、脚蹬、车座等与路面产生相对运动，会在路面形成挫划或沟槽痕迹。二轮车轮胎横向挫划痕迹一般呈水波纹状。可以利用二轮车的轮胎挫划痕迹准确地认定机动车碰撞二轮车的接触点

（3）行人鞋底痕迹 汽车碰撞行人时，行人的鞋底与路面产生相对运动会在路面上遗留下挫划痕迹。痕迹的特征是从重到轻，重挫印一端可判断为车辆驶来方向，并可认定为接触点。勘验时，注意将鞋底痕迹与死伤者的鞋进行对比。

2. 人体痕迹

人体痕迹是指人在交通事故中与车辆、道路、物体接触，而遗留在人体衣着和体表上的印迹。勘验人体痕迹，分析人体痕迹的形成原因，将有助于办案人员判断事故过程，分析事故原因。人体痕迹可以分为衣着痕迹和体表痕迹。虽然人体痕迹的勘验多数是由法医来完成

的，但是对于衣着上附着的容易灭失的物质，要求现场勘验人员要及时、准确地进行固定、收集、提取、保全。

(1) 衣着痕迹

1) 衣着痕迹的形成。衣着痕迹按照其形成过程和形状可分为如下物痕：

① 撞击痕。撞击痕是机动车的前部碰撞人体时，在人体外衣上形成的钝器损伤痕迹。这种痕迹往往呈现出纵横条状痕迹或与撞击物形成相似痕迹。如汽车前照灯圈撞击人体时，会在人体相应部位形成类似弧形压缩状痕迹。

② 撕裂痕。撕裂痕是车辆的尖锐部分刮擦人体时，将衣服撕裂，而形成的直线裂痕或呈一定角度的裂痕。通过分析痕迹的形状，根据撕裂方向可以判断车辆的行驶方向。

③ 绽裂痕。绽裂痕是当车辆碾压人体时，受到压力的衣服一侧由于牵引力大，将另一侧的衣服纤维束拉断或造成开缝、脱扣等，形成绽裂痕迹。

④ 穿孔痕。车辆上的尖锐物如装载超长的管状物或条形物品、车厢上的螺钉等撞击人体衣着，形成穿孔痕迹，可以用穿孔痕迹判断车辆行驶方向。

⑤ 皱褶痕。车辆在制动过程中，轮胎碾压人体向前挫移时，受压的外衣随人体向车辆的驶去方向移动，致使衣服触地部分向后折叠，形成皱褶状痕迹；或车轮在滚动中压过人体，将滚压的衣服向人体后方折叠，也会形成皱褶状痕迹。皱褶痕一般集中在车辆驶来方向的一端。

⑥ 擦破痕。车辆制动过程中，轮胎碾压着人体向前推移时，衣服与地面摩擦，形成擦破痕；当人体被碰撞抛出着地时，衣服与地面摩擦也会形成擦破痕。

⑦ 硌垫痕。在轮胎推碾人体时，若路面非常粗糙或有硬物硌垫人体，会形成硌垫痕。

⑧ 衣服上的附着物痕。车辆碰撞、碾压人体时粘附在外衣上的车漆、铁锈、油污、橡胶粉末、沥青、尘土、木屑等，形成衣服上的附着痕迹。如机动车高速行驶时刮撞人体，车上的表漆会在衣服上形成油漆痕迹，且粘附十分牢固。

⑨ 轮胎花纹印。车轮从人体上压过后，会在衣服上形成一定形状的轮胎花纹印迹。

2) 衣着痕迹勘验要求。

① 勘验衣着上有无钩挂、撕裂、开缝、脱扣等破损痕迹，有无油漆、油污等附着物，鞋底有无挫划痕迹。

② 勘验衣着上痕迹与附着物的位置、形状、特征，造成痕迹的作用力方向，痕迹中心距足跟（足跟为基准点）的距离。

③ 根据需要勘验衣着的名称、产地、颜色、新旧程度等特征及穿着顺序，提取必要的衣着物证。

(2) 体表痕迹 体表痕迹是人体受到机动车或非机动车的碰撞、碾压、挤压和刮擦引起的，体表痕迹与汽车事故人体损伤密切相关。通过勘验体表痕迹，正确认定伤亡原因，可为查明事故原因提供可靠的依据。伤者的体表一般由医院诊断检查，必要时可由法医检查或由勘验人员在医务人员协助下检查。利用体表痕迹时，要与车体痕迹进行比对，可为正确判断事故过程、分析事故原因提供有力证据。

3. 车体痕迹

车体痕迹是指车辆在汽车事故中与其他车辆、人体、物体接触，造成车辆变形和破损而遗留在车体上的印迹，以及车体上的灰尘或其他附着物等缺失留下的印迹。研究和勘验车体痕迹，可确定车辆与其他车辆、人体、物体发生事故时的接触部位、接触方式和碰撞速度，判断事故发生的过程，分析事故原因。

（1）车体痕迹的形式与鉴别 车辆外表的车体痕迹是事故发生时车辆与其他车辆、人体、物体发生碰撞和刮擦造成的。因此必须注意车体痕迹形成的各种原因，这样才能正确地鉴别车体痕迹。

1）碰撞痕迹的形成。车辆与车辆、人体、物体发生碰撞，在碰撞力的作用下，形成凹陷状立体痕迹和孔洞状立体痕迹。

① 凹陷状立体痕迹。当撞击力的作用方向垂直于或近似垂直于作用面时，客体的受力部位受到挤压，产生塑性变形，形成凹陷状立体痕迹。如大型客车追尾碰撞前方货车后部时，前车后部撞击大客车前立面，会在大客车前立面上形成凹陷状立体痕迹。凹陷状立体痕迹的形状取决于造型体的形状、碰撞力的大小和承受客体的塑性大小。

② 孔洞状立体痕迹。相对尖锐、硬度较大的造型体，以较大的作用力碰撞较薄而中空的承受客体时，就会刺穿承受客体形成孔洞状立体痕迹。孔洞状立体痕迹的形状取决于造型体的形状。

形成凹陷状立体痕迹和孔洞状立体痕迹的承受客体，一般是塑性好、韧性好的车辆零部件。

2）分离痕迹的形成。在机动车碰撞事故中，车辆因为碰撞力的作用，或因为车体严重变形受到挤压而断裂或分离成若干部分，从而形成车辆零部件分离痕迹。车辆零部件分离痕迹分为粉碎性分离痕迹和断裂性分离痕迹。

① 粉碎性分离痕迹。脆而硬的承受客体被碰撞后，粉碎成若干部分，形成粉碎性分离痕迹，如车灯玻璃、风窗玻璃、倒车镜等，碰撞后碎成若干块。

② 断裂性分离痕迹。在碰撞力的作用下，车辆零部件发生断裂，形成断裂性分离痕迹，如保险杠、转向节、主销、车厢、制动管路等被撞断裂成若干部分。

勘验时要根据断口的形式，鉴别并分析断裂的原因，如断裂是疲劳断裂还是脆性断裂。

3）刮擦痕迹的形成。刮擦痕迹是车辆与其他车辆、行人、物体侧面接触时，作用力方向平行于承受客体表面，产生相对运动，从而在承受客体上形成条状、带状或片状的平面痕迹，或形成较浅的凹陷状痕迹。刮擦痕迹的形成与车辆的质量、行驶速度、接触形式、接触部位、作用力方向、车身附着物的形状有关。机动车的刮擦痕迹一般在车的侧面，位置一般在翼子板外侧，如后视镜、挡泥板、轿车的前后门、侧围等部位。

4）车体痕迹的鉴别。

① 碰撞痕迹的鉴别。机动车相互碰撞形成的痕迹部位，一般在车前或车身侧面。机动车正面碰撞时，车辆前部外表结构形态发生改变；侧面碰撞时，车身侧面发生变形。无论何种碰撞，都会在碰撞部位留下对方车辆的痕迹。例如，附着对方车辆的漆皮等物质。另外通过对两车碰撞部位的形状、位置、附着物进行比对，可进行造型体和承受客体的痕迹鉴定。

机动车碰撞自行车、行人形成的痕迹部位，一般在车辆前部的正面。而且机动车车身损伤程度较轻，有时仅擦掉车身表面的灰尘，就可见到碰撞痕迹。

② 分离痕迹的鉴别。当汽车或车上零部件受到撞击破碎时，一部分零件会散落在事故现场，在车体上还留有一部分残骸。将现场散落部分拼装后，可与残留在车体上的部分进行

同一认定，这是侦破汽车事故肇事逃逸案认定肇事车的物证之一。

制动系统、行驶系统和转向系统部件的断裂与事故的关系十分密切，必须认真鉴别是因为断裂引起的事故还是先发生事故后造成的断裂，必须根据具体事故情况进行具体分析。一般情况下，由于零部件断裂引起事故时，零部件往往有陈旧性裂纹，属于疲劳断裂。疲劳断裂的断裂口有一部分是光滑的水纹状断面，有一部分是粗糙的麻面。发生事故时，在很大的碰撞力作用下，零部件断裂大多数是脆性断裂，并且伴随有其他严重的车体破损。脆性断裂的断口全是粗糙的麻面。对制动管路断裂的鉴别，同样要根据断口是陈旧性断口还是新鲜断口，来鉴别断裂是发生在事故前还是发生在事故后，用以分析断裂原因。

③刮擦痕迹的鉴别。机动车之间的刮擦痕迹较长，位置常在侧面的凸出部位。超车或左右并道发生刮擦时，刮擦痕迹一般始点较轻，终点较重，可以据此判断车辆的行驶方向。会车刮擦时，两个接触面发生相对的平行滑动，一般是造型体上的点状凸出部件接触承受客体，承受客体留下线状痕迹。若造型体上有一定面积的物体接触承受客体，则留下片状痕迹。

机动车刮擦自行车或行人多发生在车辆右侧，刮擦痕迹一般较短且轻，有时仅擦掉车身的尘土就可见。在有毛刺、凸起或尖锐物的部位可能粘刮着毛发、纤维等。车辆刮擦自行车车把时，会在车身上留下塑料痕迹。

5）自行车车体痕迹。机动车碰撞、刮擦自行车或自行车互撞时，会在自行车车身上形成碰撞痕迹。碰撞部位常发生零部件变形，如车把歪斜、车架弯曲、轮圈变形、辐条折断等。碰撞处易发生油漆脱落。

（2）车体痕迹的勘验及提取

1）勘验要求。

① 勘验车体上各种痕迹产生的原因。勘验车辆与其他车辆、人员、物体第一次接触的部位和受力方向，确定另一方相应的接触部位。

② 勘验车体上各种痕迹的长度、宽度、凹陷深度，痕迹上、下边缘距离地面的高度，痕迹与车体相关一侧的距离。

③ 勘验车辆部件损坏、断裂、变形的情况。

④ 与车辆照明系统有关的交通事故，应提取车辆的灯泡、灯丝及其碎片。

⑤ 车辆与人发生的交通事故，要特别注意勘验，提取车体上的纤维、毛发、血迹、类人体组织、漆片等附着物。

⑥ 需要确定驾驶人的，应提取转向盘、变速杆、驾驶室门和踏板等处的手、足痕迹及附着物。

2）车体痕迹的提取。提取车体痕迹常用的方法有照相，若为特大汽车事故也可以采取现场摄像。采用照相法提取车体痕迹是固定和提取各种车体痕迹时最重要的方法和手段。在采用其他方法进行提取之前，必须先照相。为了便于痕迹鉴定，拍摄的车体痕迹必须完整和清晰，特征不发生变化。拍摄车体痕迹时，应当在被摄物体一侧同一平面放置比例尺，记录痕迹的长宽尺寸。

（3）车体痕迹的利用

1）可进行痕迹检验。通过车体痕迹的比对，判断事故双方是否发生过接触。在汽车事故中，车辆与其他车辆、人体或物体接触时，造型客体将自己的形状、位置或者表层物质等信息留在承受客体上。通过造型客体和承受客体的痕迹对比，可以判断发生事故的双方是否发生过接触。

2）判断碰撞接触形态。利用车体痕迹形成的特点，判断事故双方接触时的形态。形成车体痕迹必须有作用力，作用力的大小、方向、角度对车体痕迹的形成具有决定性影响。作用力的方向与承受客体表面垂直时形成静态痕迹，碰撞痕迹一般是静态痕迹。当作用力方向与承受客体的表面不垂直时，形成动态痕迹，刮擦痕迹一般是动态痕迹。

3）判断碰撞速度。利用车辆的破损程度判断车辆的碰撞速度。车辆的碰撞速度越高，接触能量越大，车体的破损程度越高，因此可以利用车辆的破损程度判断车辆的碰撞速度。

4）事故成因分析。利用车体痕迹判断事故过程，分析事故原因。车体痕迹是车辆与其他车辆、人体、物体接触时产生的，是车辆发生事故的真实反映。通过车体痕迹可以判断车辆与其他车辆、人体、物体接触的方式、部位，为分析事故原因提供可靠的依据。

5）认定逃逸车辆。用车体痕迹追缉肇事逃逸者。逃逸车辆的碰撞痕迹、刮擦痕迹、整体分离痕迹是查找肇事者的线索，是认定逃逸车辆的有力证据。

4. 微量物证与其他痕迹、物证

（1）微量物证 汽车事故现场常见的微量物证有油漆、塑料、合成树脂、衣服纤维、橡胶、玻璃、油脂、泥土、散落物、血迹等。

1）油漆物证。油漆物证是汽车事故处理中应用最多的一种微量物证，因为车辆表面都喷涂着各种各样的油漆。油漆物证的差异比较显著。但是不能排除存在两辆车的油漆完全相同的可能性，所以对油漆物证不能进行“同一认定”，不能仅凭油漆物证就下肯定结论。但某些情况下，利用物证之间的相互印证，利用油漆物证下的结论，可靠性还是比较高的。

2）塑料、合成树脂物证。在车辆的外表面有许多零部件使用塑料或合成树脂制造，在事故中互相接触时形成塑料和合成树脂物证，塑料和合成树脂物证是仅次于油漆物证的第二大类常见物证。散落在事故现场上的塑料碎片，应全部收集，如灯罩等，收集后可拼在一起与事故嫌疑车辆的相应部件进行比对。对于逃逸车辆，找到嫌疑车辆后，应在接触部位提取比对用检材。

3）衣服纤维物证。事故现场纤维物证一般为植物纤维（棉、麻等）、动物纤维（毛发、蚕丝、羊毛等）或化学纤维（人造纤维、合成纤维等）。平常状况下衣服纤维不易脱落，但在肇事车辆粗糙或尖锐部位，强烈、快速地撞击或刮擦下，就容易造成衣服纤维脱落，粘附在车辆上，形成纤维物证。纤维物证的出现率较低，不易发现，有时需借助放大镜才能看见。

4）橡胶物证。当车辆轮胎与路面摩擦或与车辆坚硬、粗糙部位强力刮擦时，就会产生脱落，形成橡胶物证。不同厂家、不同品牌、不同型号、不同批次的轮胎，因生产工艺不同，化学成分不同，性质上具有一定的差异性，同一辆车前后左右装用的轮胎，性质就可能存在差异。利用轮胎橡胶的差异性，可进行路面轮胎印迹与肇事车辆的“同一认定”。

5）玻璃物证。玻璃是一种易碎物品，玻璃物证是事故现场常见的物证之一。玻璃物证具有较大的差异性。在汽车事故物证中，玻璃物证涉及车灯玻璃、风窗玻璃、车窗玻璃和后视镜片。

车辆前照灯玻璃是以硼为主要成分制成的，因生产厂家不同，成分有所差异，形状、大

小、花纹和光学特性也不同，而且有时从玻璃碎片上还可以找到产品标志或编号等，所以破案时应充分加以利用。风窗及车窗玻璃的厚度、大小、颜色、形状、材质、物理特性和化学特性等因汽车种类和车型的不同而不同。另外，可根据前风窗玻璃上贴有的检验合格证、排放凭证、交强险凭证等确定肇事逃逸车辆。不同车型后视镜的厚度、大小、形状、物理特性和化学特性存在不同。车灯玻璃和后视镜破碎后会留有分离痕迹，可以拼装在一起进行对比。

6）油脂物证。车辆常用的油脂有燃油和润滑油。发生事故时，肇事车辆上的油污可能滴落在事故现场，粘附在受害者的衣服上等，形成油脂物证。

7）泥土。由于泥土的化学成分不同，泥土具有差异性。泥土物证的形成过程，可分为两种情况：一是肇事车辆底盘上的泥土，发生事故时被振落在现场；二是肇事车身沾有事故现场泥土。

8）散落物。装载货物的货车受到撞击或紧急制动时，其装载物可能发生散落。散落物对于分析肇事逃逸事故有重要的作用，是寻找和认定肇事车辆的线索和证据。

9）法医物证。交通事故法医物证是指与汽车事故案件有关的各种人体生物检材，主要包括毛发、血液（血迹）、皮肤、人体脏器、组织碎块等。在交通事故现场，伤亡人体的组织脱落或流出物，主要遗留在现场路面或附着在肇事车辆的车身表面。驾驶人和乘客有伤亡的事故，人体物质可能粘附在驾驶室的内壁、门、座垫、转向盘、仪表板、风窗玻璃等部位。有移尸或弃尸情节的事故，可疑车辆的车厢、行李舱、驾驶人或乘客的衣服表面可能粘有死者的血液或体液。这些都可以形成交通事故法医物证。交通事故法医物证可以作为进行同一认定的证据，具有很高的证据效力。对认定汽车事故驾驶人和逃逸人意义重大。

（2）其他痕迹、物证 其他痕迹、物证勘验包括：

1）勘验树木、汽车交通设施、建筑物等固定物上痕迹的长度、宽度、深度及与地面的距离，确定造型体。

2）提取有关脱落物或部件碎片，注意保护断口形态，留作整体分离的物证。

3）在交通事故逃逸现场应提取现场遗留的所有与交通事故有关的痕迹、物证。

4）从车辆上掉落的沙土、油脂、装载物品等，可以反映车辆的使用情况，特别是从轮胎上脱落的泥块，能反映车辆的行驶状态和轮胎花纹的局部形态。

5）在有电子监控设备的路段，应及时提取监控设备所记录的车辆信息。

（3）痕迹勘验步骤

1）仔细阅读委托书，并与委托方进行沟通，明确委托要求。

2）从委托方处获取交通事故发生的过程及其他相关信息，制订痕迹鉴定计划，并确定痕迹勘验的重点和关键。

3）在涉嫌事故车辆停放点，按照从上向下、从左向右的顺序对涉嫌事故车辆及相关物体进行痕迹勘验，并在痕迹勘验记录表上进行记录，同时拍摄照片，一般要拍摄全观照片、部位照片和细目照片。在拍摄部位照片和细目照片时需要摆放比例尺，并根据需要，依据相关法律法规，对有价值的微量物质（油漆、纤维、生物检材等）进行提取，并根据微量物质的情况选择相应的仪器进行比对检验分析。

4）根据对涉嫌事故车辆及相关客体物勘验的结果，需要到交通事故现场进行勘验的，

要积极与委托方取得联系，及时到事故现场进行勘验。

5）根据案件的实际情况决定是否邀请其他相关技术人员参与共同鉴定。

6）根据勘验的结果，结合相关检验分析材料进行综合分析，出具鉴定报告书，不能出具鉴定意见的要向委托方说明原因。

二、交通事故痕迹物证勘验的要求及相关鉴定标准

（一）痕迹物证勘验的一般要求

1. 痕迹物证勘验有关规定

GA/T 41—2019《道路交通事故现场痕迹物证勘查》规定：

1）勘查工作应遵循合法、安全、及时、客观、规范、全面、科学的原则。

2）勘查工作应由具备道路交通事故处理资格的交通警察或公安机关交通管理部门组织的专业技术人员承担，勘查人员应具备现场勘查的专业知识和专业技能。

3）勘查时应根据道路交通事故的类型、特点，及接触部位的异常现象，确定勘查重点和顺序。

4）勘查中应采用绘图、照相、录像、录音、笔录、三维扫描等方式，对勘查发现的道路交通事故痕迹（以下简称痕迹）、道路交通事故物证（以下简称物证）的位置、分布、种类、数量、形状、尺寸等进行固定、提取，并在道路交通事故现场勘查笔录中载明。

5）在抢救伤员、现场抢险过程中需要移动事故车辆、人体或有关物体的，应通过标记、照相、录像等方法固定。车辆移动后，应对现场痕迹、物证补充勘查。

6）勘查车体痕迹、物证时，应记录车辆的品牌、型号、颜色、核定载人数、核定载质量、号牌、车架号、发动机号、电机号以及改装情况、驱动方式、驾驶方式等。

7）勘查人体痕迹、物证时，应记录受害人在现场的原始位置、性别、身高、尸长、体型，衣着名称、颜色及穿着顺序等信息。勘查时应按照先衣着后体表的顺序。

8）勘查道路时，应记录路口或路段类型、车道设置、道路坡度、弯道半径、路面性质及路面沉降、坑洞、凸凹等状况，交通标志、交通标线、交通信号灯、路灯等设施及被遮挡、污损情况，交通信号灯、路灯等设施的工作状态，护栏、警示柱、防撞墩、隔离带等安全防护设施设置情况。

9）道路交通肇事逃逸事故现场应提取现场遗留的所有可能与事故有关的痕迹、物证。

10）事故现场周围有监控设备、事故车辆安装有行驶记录仪或车载事件数据记录仪、监控设备等，应及时提取。途经事故现场车辆安装有视频行驶记录装置的，宜提取相关信息。

11）现场图绘制应符合 GA/T 49 的规定。

12）现场勘查照相应符合 GA/T 50 的规定。

13）法医学物证的勘查、提取，保存应符合 GA/T 169 的规定。

14）尸体检验应符合 GA/T 268 的规定。

2. 勘验设备要求

在汽车事故现场痕迹勘验前应做好相应准备工作，在抢救伤亡人员过程中需要移动事故车辆、人体或有关物体，应做好相应的标记或通过照相、摄像固定。同时备好勘查设备。

(1) 交通事故勘查车 交通事故勘查车应备有反光指示牌、反光锥筒、警戒带、反光背心、手持照明灯或车载照明设备等。

(2) 测量仪器 应配备卷尺或激光（超声波）测距仪、坡度仪、附着系数测定仪、摄影测量系统等设备。

(3) 现场照相、摄像设备 现场勘验照相应配备彩色胶片照相机或数码照相机，数码照相机的技术要求，照片分辨率应达到500万像素；现场勘验摄像应配备摄像机。

(4) 提取工具和器材 现场勘验应根据需要配备静电吸收器、灰尘痕迹固定剂、长波紫外灯、手术刀柄、手术刀片、镊子、纱布、指纹提取工具（一体式指纹刷、磁性笔、指纹胶纸和衬纸）、物证通用标签、物证收集瓶、硫酸纸物证袋、塑料袋、载玻片、提取板盒等现场勘验提取工具和器材。

(5) 其他器材 现场勘验应根据需要配备不干胶、比例尺、放大镜、铅笔、玉石笔、卡钳、钢丝钳、指南针、印泥、录音设备、绘图用照明灯、脱脂棉、酒精、医用胶布、手套、口罩、毛巾、肥皂等现场勘验常用器材。

(二) 汽车事故痕迹勘验要求及相关鉴定标准

1. 汽车与其他车辆发生过碰撞的痕迹鉴定标准及鉴定要点

重点检查是否与其他车辆发生过碰撞的痕迹鉴定是对发生过碰撞的涉嫌事故车辆与其他客体物的相关痕迹进行勘查、检验、分析，从而对涉嫌事故车辆与其他客体物是否存在相互关系做出判断的鉴定类型。是否与其他车辆发生过碰撞的痕迹鉴定主要分为车与车、车与人、车与其他客体物是否存在相互关系的鉴定。

(1) 汽车与汽车是否发生过碰撞鉴定的具体要求

1）按照前侧、左侧、后侧、右侧及上侧的顺序对车顶进行检验，对嫌疑痕迹，以与地面的距离（cm）、与车体左端或者右端的距离（cm）来固定，同时记录痕迹的形态、走向及物质增减的情况，需要拍摄照片的，放比例尺拍摄细目照片。

2）对前、后风窗玻璃进行检验，观察前、后风窗玻璃损坏的形态（破裂、放射状碎裂、不规则碎裂、塌陷状碎裂等），对放射状碎裂，以与地面的距离（cm）或者与其左边沿或右边沿的距离（cm）、与其上沿或下沿的距离（cm）为中心来固定，同时记录碎裂处的受力方向（从外向内、从内向外等）及物质增减的情况，需要拍摄照片的，放比例尺拍摄细目照片。

3）有选择地对前围（发动机舱盖）、进气罩、前部灯具、前保险杠、左后视镜、左侧车门、左侧前后翼子板、驾驶室左踏板、货厢前侧、货厢左侧、左侧防护栏、左侧轮胎、货厢左侧相邻其他部件、货厢后侧、后部灯具、后保险杠、货厢右侧、右侧防护栏、右侧轮胎、右侧前后翼子板、货厢右侧相邻其他部件、右后视镜、右侧车门、驾驶室右踏板进行检验，对嫌疑痕迹，以与地面的距离（cm）、与车体左端或者右端的距离（cm）来固定，若检见的痕迹是凹陷变形，以与地面的距离（cm）、与车体左端（前端）或者右端（后端）的距离（cm）为中心见凹陷变形来固定，若检见的痕迹是整体分离痕迹，则描述断离或者缺损，并在现场散落物被搜集的情况下，进行整体分离痕迹比对检验，同时记录痕迹的形态、走向及物质增减的情况，需要拍摄照片的，放比例尺拍摄细目照片。

4）根据以上所检见的痕迹，对部位、受力方向及附着物等方面进行比对分析，在痕迹相互印证的情况下，对需要进行微量物质比对检验分析的，进行微量物质比对检验分析，将微量物质比对检验分析的结果与痕迹检验结果相结合，综合判断汽车与汽车是否发生过碰撞。

(2) 汽车与摩托车是否发生过碰撞鉴定的具体要求

1）汽车的检验参照上文所述要求执行。

2）有选择地对摩托车的左后视镜、前挡风罩、转向把及离合器或者制动把左部（含把套）、仪表台、前导流罩、前照灯、左前减振器、前轮挡泥板、前轮、前保险杠左部（或者左前挡板）、油箱左侧（踏板左侧）、左侧操纵杆及踏板、鞍座左侧、左侧后围、书包架左侧、工具箱前侧、工具箱左侧、工具箱后侧、尾灯、后轮挡泥板、后轮、工具箱右侧、书包架右侧、右侧后围、油箱右侧（踏板右侧）、右侧操纵杆及踏板、前保险杠右部（或者右前挡板）、右后视镜、转向把及离合器或者制动把右部（含把套）、右前减振器等部件进行检验，对嫌疑痕迹，以与地面的距离（cm）来固定，若检见的痕迹是凹陷变形，以与地面的距离（cm）、与车体前端或者后端的距离（cm）为中心见凹陷变形来固定，若检见的痕迹是整体分离痕迹，则描述断离或者缺损，并在现场散落物被搜集的情况下，进行整体分离痕迹比对检验，同时记录痕迹的形态、走向及物质增减的情况，需要拍摄照片的，放比例尺拍摄细目照片。

3）通过检验、比对、分析和鉴定，综合判断汽车与摩托车是否发生过碰撞。

(3) 汽车与自行车是否发生过碰撞鉴定的具体要求

1）汽车的检验参照上文所述要求执行。

2）有选择地对自行车的转向把左部（含把套）、左制动把、前照灯、左前叉、前轮挡泥板、前轮、三脚架左侧、左踏板、鞍座左侧、书包架左侧（含其支撑杆）、左后叉、车身支撑架、尾灯、后轮挡泥板、后轮、书包架右侧（含其支撑杆）、右后叉、鞍座右侧、右踏板、三脚架右侧、转向把右部（含把套）、右制动把、右前叉等部件进行检验，对嫌疑痕迹，以与地面的距离（cm）来固定，若检见的痕迹是凹陷变形，以与地面的距离（cm）、与车体前端或者后端的距离（cm）为中心见凹陷变形来固定，若检见的痕迹是整体分离痕迹，则描述断离或者缺损，并在现场散落物被搜集的情况下，进行整体分离痕迹比对检验，同时记录痕迹的形态、走向及物质增减的情况，需要拍摄照片的，放比例尺拍摄细目照片。

3）通过比对、分析和鉴定，综合判断汽车与自行车是否发生过碰撞。

(4) 汽车与电动自行车是否发生过碰撞鉴定的具体要求

1）汽车的检验参照上文所述要求执行。

2）电动自行车的检验参照上文所述要求执行。

3）通过比对、分析和鉴定，综合判断汽车与电动自行车是否发生过碰撞。

(5) 其他类型车辆之间是否发生过碰撞鉴定的具体要求　参照上文要求执行。

(6) 汽车与行人是否发生过碰撞鉴定的具体要求

1）按照前侧、左侧、后侧、右侧及上侧的顺序对车顶进行检验。对嫌疑痕迹，以与地面的距离（cm）、与车体左端或者右端的距离（cm）来固定，同时记录痕迹的形态、走向及物质增减的情况，着重检验是否有生物检材（血迹、毛发、人体组织等）、衣物纤维及泥

灰擦拭痕，注意观察衣物的颜色、形态，并与嫌疑痕迹进行比对，需要拍摄照片的，放比例尺拍摄细目照片。

2）对前、后风窗玻璃进行检验，观察前、后风窗玻璃损坏的形态（破裂、放射状碎裂、不规则碎裂、塌陷状碎裂等）。对放射状碎裂，以与地面的距离（cm）或者与其左边沿或右边沿的距离（cm）、与其上沿或下沿的距离（cm）为中心来固定，同时记录碎裂处的受力方向（从外向内、从内向外等）及物质增减的情况，着重检验是否有生物检材（血迹、毛发、人体组织等）、衣物纤维及泥灰擦拭痕，注意观察衣物的颜色、形态，并与嫌疑痕迹进行比对，需要拍摄照片的，放比例尺拍摄细目照片。

3）对前围（发动机舱盖）进行检验。对嫌疑痕迹，以与地面的距离（cm）、与车体左端或者右端的距离（cm）来固定，若检见的痕迹是凹陷变形，以与地面的距离（cm）、与车体左端或者右端的距离（cm）为中心见凹陷变形来固定，同时记录痕迹的形态、走向及物质增减的情况，着重检验是否有生物检材（血迹、毛发、人体组织等）、衣物纤维及泥灰擦拭痕，注意观察衣物的颜色、形态，并与嫌疑痕迹进行比对，需要拍摄照片的，放比例尺拍摄细目照片。

4）有选择地对进气罩、前部灯具、前保险杠、左后视镜、左侧车门、左侧前后翼子板、驾驶室左踏板、货厢前侧、货厢左侧、左侧防护栏、左侧轮胎、货厢左侧相邻其他部件、货厢后侧、后部灯具、后保险杠、货厢右侧、右侧防护栏、右侧轮胎、右侧前后翼子板、货厢右侧相邻其他部件、右后视镜、右侧车门、驾驶室右踏板进行检验。对嫌疑痕迹，以与地面的距离（cm）、与车体左端或者右端的距离（cm）来固定，若检见的痕迹是凹陷变形，以与地面的距离（cm）、与车体左端（前端）或者右端（后端）的距离（cm）为中心见凹陷变形来固定，若检见的痕迹是整体分离痕迹，则描述断离或者缺损，并在现场散落物被搜集的情况下，进行整体分离痕迹比对检验，同时记录痕迹的形态、走向及物质交换的情况，着重检验是否有生物检材（血迹、毛发、人体组织等）、衣物纤维及泥灰擦拭痕，注意观察衣物的颜色、形态，并与嫌疑痕迹进行比对，需要拍摄照片的，放比例尺拍摄细目照片。

5）对行人的损伤情况进行检验，并对行人所穿衣物及所携物品进行检验。对嫌疑部位，以与其足底的距离（cm）或者与其上、下缘的距离（cm）来固定，同时记录损伤及痕迹的形态、走向及物质增减的情况，需要拍摄照片的，放比例尺拍摄细目照片。

6）根据以上所检见的痕迹，并结合行人的损伤情况（主要为直接撞击伤），在痕迹与人体损伤相互印证的情况下，对需要进行微量物质比对检验分析的，进行微量物质比对检验分析，将微量物质比对检验分析的结果与痕迹检验结果相结合，从而确定汽车与行人是否发生过碰撞。

（7）汽车与其他客体物（地面或者其他固定物等）是否发生过碰撞鉴定的具体要求

1）按照前侧、左侧、后侧、右侧及上侧的顺序对车顶进行检验。对嫌疑痕迹，以与地面的距离（cm）、与车体左端或者右端的距离（cm）来固定，同时记录痕迹的形态、走向及物质增减的情况，需要拍摄照片的，放比例尺拍摄细目照片。

2）对前、后风窗玻璃进行检验，观察前、后风窗玻璃损坏的形态（破裂、放射状碎裂、不规则碎裂、塌陷状碎裂等）。对放射状碎裂，以与地面的距离（cm）或者与其左边沿或右边沿的距离（cm）、与其上沿或下沿的距离（cm）为中心来固定，同时记录碎裂处的

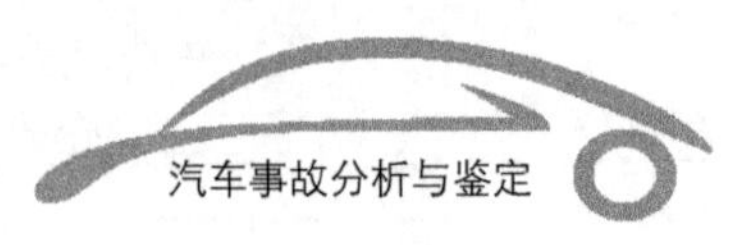

受力方向（从外向内、从内向外等）及物质增减的情况，需要拍摄照片的，放比例尺拍摄细目照片。

3）有选择地对前围（发动机舱盖）、进气罩、前部灯具、前保险杠、左后视镜、左侧车门、左侧前后翼子板、驾驶室左踏板、货厢前侧、货厢左侧、左侧防护栏、左侧轮胎、货厢左侧相邻其他部件、货厢后侧、后部灯具、后保险杠、货厢右侧、右侧防护栏、右侧轮胎、右侧前后翼子板、货厢右侧相邻其他部件、右后视镜、右侧车门、驾驶室右踏板进行检验。对嫌疑痕迹，以与地面的距离（cm）、与车体左端或者右端的距离（cm）来固定，若检见的痕迹是凹陷变形，以与地面的距离（cm）、与车体左端或者右端的距离（cm）为中心见凹陷变形来固定，若检见的痕迹是整体分离痕迹，则描述断离或者缺损，同时记录痕迹的形态、走向及物质增减的情况，需要拍摄照片的，放比例尺拍摄细目照片。

4）对其他客体物（地面或者其他固定物等）进行检验。对嫌疑痕迹，以与地面的距离（cm）来固定，若存在附着物、散落物，以范围（cm×cm）来固定，若检见的痕迹是整体分离痕迹，则描述断离或者缺损，同时记录痕迹的形态、走向及物质增减的情况，需要拍摄照片的，放比例尺拍摄细目照片。

5）通过比对、分析和鉴定，综合判断汽车与其他客体物（地面或者其他固定物等）是否发生过碰撞。

2. 碰撞形态鉴定的鉴定标准及要点

碰撞形态鉴定是指对发生过碰撞的涉嫌事故车辆与其他客体物的相关痕迹进行检验分析，从而对涉嫌事故车辆与其他客体物碰撞的部位、角度等做出判断的鉴定类型。

碰撞形态鉴定主要分为车与车、车与人、车与其他客体物（地面或者其他固定物等）的碰撞形态鉴定。

(1) 汽车与汽车碰撞形态鉴定的具体要求

1）汽车的检验参照上文所述要求执行。

2）根据以上所检见的痕迹，对部位、受力方向及附着物等进行比对分析，从而确定两车发生过碰撞的部位。

(2) 汽车与摩托车碰撞形态鉴定的具体要求

1）车辆的检验参照上文所述要求执行。

2）根据以上所检见的痕迹，对部位、受力方向及附着物等进行比对分析，从而确定两车发生过碰撞的部位。

(3) 汽车与自行车碰撞形态鉴定的具体要求

1）车辆的检验参照上文所述要求执行。

2）根据以上所检见的痕迹，对部位、受力方向及附着物等进行比对分析，从而确定两车发生过碰撞的部位。

(4) 汽车与电动自行车碰撞形态鉴定的具体要求

1）汽车的检验参照上文所述要求执行。

2）电动自行车的检验参照上文所述要求执行。

3）根据以上所检见的痕迹，对部位、受力方向及附着物等进行比对分析，从而确定两车发生过碰撞的部位。

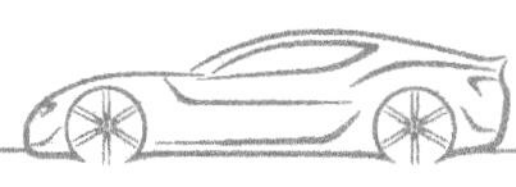

(5）其他类型车辆之间碰撞形态鉴定的具体要求　参照上文所述要求执行。

(6）汽车与行人碰撞形态鉴定的具体要求

1）汽车的检验参照上文所述要求执行。

2）对行人的损伤情况进行检验，并对行人所穿衣物及所携物品进行检验，对嫌疑部位，以与其足底的距离（cm）或者与其上、下缘的距离（cm）来固定，同时记录损伤及痕迹的形态、走向及物质增减的情况，需要拍摄照片的，放比例尺拍摄细目照片。

3）根据以上所检见的痕迹，并结合行人的损伤情况（主要为直接撞击伤），从而确定汽车与行人发生过碰撞的部位。

3. 汽车事故痕迹鉴定相关的其他鉴定类型的鉴定标准及要点

1）涉嫌事故参与者交通行为方式鉴定是在对涉嫌事故车辆与其他客体物的损坏部位、物质增减等进行检验比对的基础上，结合其他相关材料分析，对涉嫌事故参与者的交通行为方式（驾乘关系、骑行或者推行、行人的姿态等）进行鉴定的鉴定类型。

具体方法参照 SJB-P-1—2009《道路交通事故涉案者交通行为方式鉴定第 1 部分：综合判断》执行。此类鉴定主要适用于已经知道发生过碰撞，但不能确定涉嫌事故参与者的交通行为方式的鉴定委托。

2）车架钢印号或者发动机钢印号真伪识别鉴定，是对涉嫌事故车辆的车架钢印号或者发动机钢印号与登记注册时的车架钢印号或者发动机钢印号拓印进行比对检验、判断是否同一的鉴定类型。

将涉嫌事故车辆车架钢印号或者发动机钢印号进行拓印，并固定在记录纸上或者摆放比例尺拍照固定，然后与车辆管理单位提供的原始档案中的车架钢印号或者发动机钢印号进行比对检验。

此类鉴定主要适用于判断涉嫌事故车辆是否套牌的鉴定委托。

3）车速鉴定是对涉嫌事故车辆事发前、事发时或者事发后的行驶速度进行鉴定的鉴定类型，车速鉴定是建立在明确涉嫌事故车辆碰撞形态的基础上进行的鉴定。

具体方法参照 GB/T 33195—2016《道路交通事故车辆速度鉴定》执行。此类鉴定主要适用于判断涉嫌事故车辆行驶速度的鉴定委托。

4）涉嫌事故人员事发时是否行走在人行横道线上、事发时路口信号灯情况鉴定、轮胎检验鉴定等其他鉴定类型，均是建立在明确涉嫌事故车辆碰撞形态的基础上进行的鉴定。

4. 汽车事故痕迹鉴定遵循的原则

(1）成立原则　相关证据均可以相互印证，能确定汽车事故涉嫌事故方相互逻辑关系的原则，即涉嫌事故车辆与其他客体物（人体、车辆、路面或其他固定物等）发生碰撞构成事故。

(2）排除原则　相关证据均不能相互印证，不能确定汽车事故涉嫌事故方相互逻辑关系的原则，即涉嫌事故车辆与其他客体物（人体、车辆、路面或其他固定物等）未发生碰撞不能构成双方或者多方事故或者只能构成单方事故。

(3）痕迹勘查和检验为核心原则　在众多证据中，以痕迹勘查和检验的结果分析作为分析判断的核心，其他证据材料作为参考和辅助工具。

三、汽车事故痕迹物证勘验案例分析

在交通事故中，事故现场的地面、物体或被撞人的身体上一般都会留下车辆轮胎的痕迹。对轮胎痕迹进行提取和分析有助于分析和处理交通事故。特别是逃逸案件，研究事故现场遗留下的轮胎痕迹比鉴定判别肇事车辆信息更加重要，有时这也是唯一的途径。通过对轮胎痕迹进行鉴定，可以获取肇事车辆的许多相关信息，包括轮胎花纹、颜色、宽度以及肇事车辆的轮距、轴距、轮径等。

1. 轮胎痕迹检验

在一起肇事逃逸的交通事故现场路面遗留有轮胎痕迹，因交通事故认定需要，对嫌疑车辆 1 及嫌疑车辆 2 进行轮胎痕迹鉴定，判别肇事车辆。依据 GA/T 41—2019《道路交通事故现场痕迹物证勘验》的相关要求，对轮胎痕迹等进行检验。

(1) 现场轮胎痕迹检验 经检验，现场地面（干水泥路面）遗留四条清晰的新鲜轮胎痕迹，四条轮胎痕迹由浅至深的方向一致。轮胎痕迹中能清晰识别纵向黑色条状印痕及间隔沟槽，这些特征具有轮胎制动拖印的典型特征。根据地面痕迹判断车辆行驶方向，制动痕迹终止的一端，擦痕由轻变重，重的一端为行驶方向。经检测，现场轮胎痕迹均为纵向条形花纹，见 3 条花纹沟；其中左前、右前轮胎痕迹宽度分别为 10.5cm 和 11.0cm；左后、右后轮胎痕迹宽度分别为 9.0cm 和 7.0cm。

分别在痕迹前段、中段和后段检测前、后轮轮胎痕迹的内缘间距 A、外缘间距 B，利用式（5-1）计算出轮距 C。检测计算结果见表 5-11。

$$C=(A+B)/2 \tag{5-1}$$

表 5-11 轮距检测、计算数据 （单位：cm）

项目		前段	中段	后段	平均值
前轮	内缘间距 A	112.0	112.0	111.5	—
	外缘间距 B	133.0	132.0	131.5	—
	轮距 C；$C=(A+B)/2$	122.5	122.0	121.5	122.0
后轮	内缘间距 A	114.0	113.5	113.0	—
	外缘间距 B	128.0	127.5	127.0	—
	轮距 C；$C=(A+B)/2$	121.0	120.5	120.0	120.5

分别检测左、右两侧前、后轮轮胎痕迹末端的纵向长度，即左、右两侧轴距约为 217cm 和 215cm。

(2) 嫌疑车辆轮胎的检验

1）嫌疑车辆 1 轮胎检验。该车所装用的各轮胎型号规格一致，均为 195/60R14，胎面宽度为 15.5cm，胎面花纹为纵向条状花纹，花纹沟数量为 4 个。经检测该车前轮距为 141.5cm，后轮距为 143cm。该车左、右侧轴距均为 255cm。

2）嫌疑车辆 2 轮胎检验。该车所装用的各轮胎型号规格一致，均为 145/70R12，胎面宽度为 11.0cm，胎面花纹为纵向条状花纹，花纹沟数量为 3 个。经检测其前轮距为 121cm，

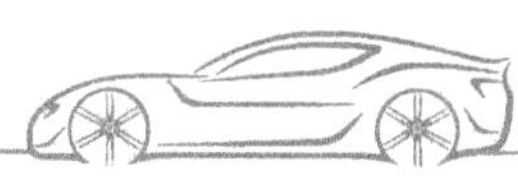

后轮距为 120.5cm。该车左、右侧轴距均为 217cm。

(3) 痕迹对比检验 对现场轮胎痕迹及嫌疑车辆轮胎的检验、检测结果进行比对，见表 5-12。

表 5-12 轮胎痕迹及嫌疑车辆轮胎检验数据对比

项目	宽度/cm				胎面花纹		前轮轮距/cm	后轮轮距/cm	轴距/cm	
	左前	右前	左后	右后	花纹类型	花纹沟数			左侧	右侧
轮胎痕迹	10.5	11.0	9.0	7.0	纵向	3	122.0	120.5	217.0	215.0
嫌疑车辆 1	15.5					4	141.5	143.0	255.0	255.0
嫌疑车辆 2	11.0					3	121.0	120.5	217.0	217.0

2. 综合分析

根据轮胎痕迹的特征，分析认为该路面轮胎痕迹应是两轴、四轮车制动时在地面遗留的制动拖印；且该车辆所装轮胎胎面花纹应为纵向花纹，胎面有 3 个花纹沟，胎面宽度最宽为 11.0cm；该车前轮距大于后轮距，且其轮距和轴距的测量尺寸较小，表明该车辆应为小型车。

嫌疑车辆 1 轮胎的胎面宽度为 15.5cm，大于轮胎痕迹最大宽度 11.0cm（右前轮痕迹宽度）、胎面花纹沟数量为 4 个。且该类型轿车的轮距和轴距也大于通过轮胎痕迹测量的相应参数值。故现场轮胎痕迹不具有嫌疑车辆 1 的痕迹特征。

嫌疑车辆 2 为两轴、四轮微型轿车，其轮胎花纹是纵向花纹，胎面花纹沟数量为 3 个，这些与轮胎痕迹特征完全吻合。该车轮胎胎面宽度为 11.0cm，这与右前轮痕迹宽度相同，与左前轮痕迹宽度接近；左后、右后轮胎痕迹宽度分别为 9.0cm 和 7.0cm，小于该型轿车的轮胎宽度。轮胎痕迹的宽度与轮胎的负载、充气压力等有关。分析认为，该轮胎痕迹是制动拖印，即车辆应为制动减速运动状态。根据汽车动力学理论，车辆制动时，在汽车惯性力矩的作用下，车辆纵向前俯（即“制动点头”），前轮载荷增加，后轮载荷减小。故后轮与地面的制动力小于前轮，其拖印较前轮浅而窄；并且，检验时该车右后轮胎充气压力为 300kPa，高于左后轮胎 250kPa，轮胎充气压力高会使轮胎与地面接触面积减小，这符合右后轮胎痕迹的宽度小于左后轮胎痕迹宽度这一特征。

综合上述分析，现场轮胎痕迹特征与嫌疑车辆 2 轮胎特征吻合。车辆轮胎痕迹是现场最重要的物证之一，发挥着重要作用。在汽车事故处理及肇事逃逸案件的侦破过程中，应该科学地利用特征对照法、特征测量法和物质分析法等轮胎痕迹检验方法，鉴定判别轮胎痕迹相关特征信息，从而有效帮助判别肇事逃逸车辆。

本章小结

本章给出了汽车事故现场勘查记录、勘查方法和事故鉴定的理论知识及相关方法。首先对汽车事故现场图的绘制、现场勘查笔录的记录以及现场影像资料的获得方法进行了说明；然后分析了汽车事故现场的勘查方式并介绍了几种汽车事故现场勘查的新技术；最后介绍了汽车事故痕迹物证勘验方法，给出了痕迹勘验的定义、勘验要求及相关勘验标准，并结合相

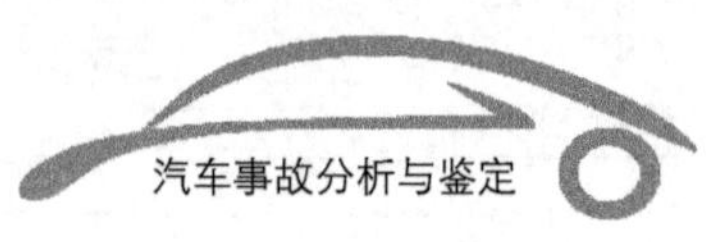

关痕迹物证勘验案例进行了分析。

习　　题

1. 汽车事故现场测量的内容有哪些？
2. 汽车事故现场图的绘制具体步骤是什么？
3. 汽车事故现场勘查笔录的注意事项有哪些？
4. 汽车事故现场照相的任务、方式和一般要求是什么？
5. 汽车事故现场的分类有哪些？
6. 汽车事故受案过程是什么？
7. 汽车事故痕迹勘验中主要痕迹包括什么？
8. 汽车事故痕迹检测的一般要求是什么？
9. 汽车碰撞形态鉴定的鉴定标准及要点是什么？
10. 汽车事故痕迹鉴定应遵循什么原则？

第六章　汽车事故鉴定的概念及鉴定程序

学习目标

知识目标：
- 了解汽车事故鉴定的概念
- 掌握汽车事故鉴定程序

能力目标：
- 能解释汽车事故鉴定的意义
- 能理解鉴定程序要求
- 能理解不同情况下鉴定程序的差异

第一节　汽车事故鉴定的概念

汽车事故鉴定是指具有相关资质的鉴定机构，接受公安机关交通管理部门的委托，或接受当事人的委托，对汽车事故处理中涉及的需要用特定专业知识或特殊技能加以解决的问题进行检验、鉴别、判断、认定的活动。汽车事故鉴定是道路交通事故处理调查取证的组成部分，鉴定意见是道路交通事故处理证据中可靠性和证据效力较高的证据形式之一。依法做好汽车事故检验、鉴定工作，是公平、公正处理事故的需要。

一、汽车事故鉴定机构及鉴定人

随着科学技术的迅猛发展，汽车运输业不断提高专业化水平和科技含量，交通警察在办理汽车事故案件中，经常会遇到某些专业性问题，例如，如何鉴定驾驶人、车辆技术状况是否符合国家标准、道路线形是否合理、肇事车辆是否超速及微量物证检验等。能否解决这些问题，直接关系到能否做到案件事实清楚，证据确凿。为了查明事故事实，就需要有相应资质的中介第三方对这些专门性问题做出科学的检验和鉴定。

《道路交通事故处理程序规定》第四十九条规定：“需要进行检验、鉴定的，公安机关交通管理部门应当按照有关规定，自事故现场调查结束之日起三日内委托具备资质的鉴定机构进行检验、鉴定。”即公安机关交通管理部门只能将道路交通事故检验、鉴定事项委托给具备资格的鉴定机构，不能委托给不具备资格的机构，更不能委托给个人。

这里的资格有两层含义：第一，必须具有鉴定能力，即具备汽车事故鉴定需要的人员、设备、技术和方法，能够达到公安机关交通管理部门委托的需要；第二，必须具备法律意义上的资格，获取法律上的资格认定。这也充分体现了道路交通安全法律、法规关于检验、鉴定规定的精神：检验、鉴定实行专业化，专业性强的检验、鉴定由专门鉴定机构进行；而非必须由公安机关进行检验、鉴定的，逐步实行社会化，可以由社会专门鉴定机构进行检验、鉴定、评定、评估。

过去关于汽车事故办案人员可以进行汽车事故鉴定的规定，不符合有关法律、法规的规定。缺乏专门知识和技能，没有技术职称，无技术鉴定资格的事故办案人员，也不具有汽车事故技术鉴定的主体资格。公安机关交通管理部门的事故办案人员无权进行道路事故鉴定，不能同时担任事故办案人员和道路事故鉴定人。因为这种双重身份，对汽车事故案件已形成自己的看法，容易先入为主，主观臆断，不利于客观、全面地收集和分析判断证据，影响公正地处理汽车事故。

二、汽车事故鉴定发起主体

汽车事故鉴定活动的发起主体有两种：由当事人自行委托，或者由公安机关交通管理部门组织委托。

1. 由当事人自行委托

对精神病的医学鉴定、当事人的伤残评定和财产损失的评估，一般由当事人自行委托具备资格的检验鉴定评估机构进行检验鉴定评估。

《中华人民共和国刑法》规定，精神病人在不能辨认或者不能控制自己行为的时候造成危害后果，经法定程序鉴定确认的，不负刑事责任，尚未完全丧失辨认或者控制自己行为能力的精神病人犯罪的，应当负刑事责任，但是可以从轻或者减轻处罚。在道路交通中，有的精神病患者上车行道行走与车辆发生碰撞，有的驾驶人由于精神病突发失去对车辆的控制能力而发生道路交通事故，精神病患方当事人都需要主张精神病鉴定，以作为确定本方责任人不具有民事行为能力和刑事责任能力的证据。

伤残评定和财产损失评估的结论主要影响道路交通事故损害赔偿的具体数额，《道路交通事故处理工作规范》第七十六条规定：“伤残评定、财产损失评估由当事人自行委托具备资质的机构进行评定、评估。财产损失数额巨大涉嫌刑事犯罪的，应当由公安机关交通管理部门委托。”这充分体现了对当事人意愿的尊重，可以避免在检验、鉴定、评估过程中侵害当事人合法利益，有利于保护当事人的合法权益，也有利于保证鉴定意见的公正。

2. 由公安机关交通管理部门组织委托

由公安机关交通管理部门组织委托具备相应检验、鉴定项目资格的鉴定机构，对道路交通事故案件中的专门性问题进行检验、鉴定。公安机关交通管理部门是道路交通事故处理的主管机关，负责道路交通事故调查取证，除了可以由当事人自行委托的以外，都由公安机关

交通管理部门负责组织鉴定，这是公安机关交通管理部门的职责。

第二节　汽车事故鉴定程序

在汽车事故处理过程中，对案件中的专门性问题，由公安机关或当事人委托法定鉴定单位，运用专业知识和技术，依照法定程序做出鉴别和判断。我国交通事故司法鉴定行业发展迅速，但在发展过程中遇到了多头鉴定、重复鉴定、屡鉴不定等问题，严重影响了行业的发展。为了规范司法鉴定机构和司法鉴定人的司法鉴定活动，保障司法鉴定质量，保障诉讼活动的顺利进行，根据《全国人民代表大会常务委员会关于司法鉴定管理问题的决定》和有关法律、法规的规定，2015 年 12 月 24 日，司法部部务会议修订通过《司法鉴定程序通则》，并于 2016 年 5 月 1 日起施行。

一、汽车事故鉴定程序相关要求

汽车事故鉴定必须遵循司法鉴定合法性原则。司法鉴定合法性原则是指司法鉴定活动必须严格遵守国家法律、法规的规定。它是评断鉴定过程与结果是否合法和鉴定结论是否具备证据效力的前提。

这一原则在立法和鉴定过程中主要体现为：鉴定主体合法，鉴定材料合法，鉴定程序合法，鉴定步骤、方法、标准合法，鉴定结果合法五个方面。

1. 鉴定主体合法

司法鉴定机构必须是按法律、法规、部门规章规定，经过省级以上司法机关审批，取得司法鉴定实施权的法定鉴定机构，或按规定程序委托的特定鉴定机构。司法鉴定人必须是具备规定的条件，获得司法鉴定人职业资格的执业许可证的自然人。

2. 鉴定材料合法

司法鉴定材料主要是指鉴定对象及其作为被比较的样本（样品）。鉴定对象必须是法律规定的案件中的专门性问题，法律未做规定的专门性问题不能作为司法鉴定对象。如我国现阶段对司法心理测定（俗称测谎）、气味鉴别（警犬鉴定）等尚未作为法定鉴定对象，其鉴定结论不能作为证据。而且鉴定材料的来源（含提取、保存、运送、监督等）必须符合相关法律规定的要求。

3. 鉴定程序合法

鉴定程序合法包括司法鉴定的提请、决定与委托、受理、实施、补充鉴定、重新鉴定、专家共同鉴定等各个环节必须符合诉讼法和其他相关法律法规及部门规章的规定。

4. 鉴定步骤、方法、标准合法

鉴定的步骤、方法应当是经过法律确认的、有效的，鉴定标准按《司法鉴定程序通则》第二十二条规定，司法鉴定人进行鉴定，应当依下列顺序遵守和采用该专业领域的技术标准和技术规范：国家标准和技术规范；司法鉴定主管部门、司法鉴定行业组织或者相关行业主管部门制定的行业标准和技术规范；该专业领域多数专家认可的技术标准和技术规范。

5. 鉴定结果合法

鉴定结果合法主要表现为司法鉴定文书的合法性。鉴定文书必须具备法律规定的文书格式和必备的各项内容，鉴定结论必须符合证据要求和法律规范。

二、汽车事故鉴定程序

1.《司法鉴定程序通则》规定

(1) 司法鉴定的委托与受理

1）司法鉴定机构应当统一受理办案机关的司法鉴定委托。

2）委托人委托鉴定的，应当向司法鉴定机构提供真实、完整、充分的鉴定材料，并对鉴定材料的真实性、合法性负责。司法鉴定机构应当核对并记录鉴定材料的名称、种类、数量、性状、保存状况、收到时间等。诉讼当事人对鉴定材料有异议的，应当向委托人提出。

3）司法鉴定机构应当自收到委托之日起七个工作日内做出是否受理的决定。对于复杂、疑难或者特殊鉴定事项的委托，司法鉴定机构可以与委托人协商决定受理的时间。

4）司法鉴定机构应当对委托鉴定事项、鉴定材料等进行审查。对属于本机构司法鉴定业务范围，鉴定用途合法，提供的鉴定材料能够满足鉴定需要的，应当受理。对于鉴定材料不完整、不充分，不能满足鉴定需要的，司法鉴定机构可以要求委托人补充；经补充后能够满足鉴定需要的，应当受理。

5）具有下列情形之一的鉴定委托，司法鉴定机构不得受理：

① 委托鉴定事项超出本机构司法鉴定业务范围的。

② 发现鉴定材料不真实、不完整、不充分或者取得方式不合法的。

③ 鉴定用途不合法或者违背社会公德的。

④ 鉴定要求不符合司法鉴定执业规则或者相关鉴定技术规范的。

⑤ 鉴定要求超出本机构技术条件或者鉴定能力的。

⑥ 委托人就同一鉴定事项同时委托其他司法鉴定机构进行鉴定的。

⑦ 其他不符合法律、法规、规章规定的情形。

6）司法鉴定机构决定受理鉴定委托的，应当与委托人签订司法鉴定委托书。司法鉴定委托书应当载明委托人名称、司法鉴定机构名称、委托鉴定事项、是否属于重新鉴定、鉴定用途、与鉴定有关的基本案情、鉴定材料的提供和退还、鉴定风险，以及双方商定的鉴定时限、鉴定费用及收取方式、双方权利义务等其他需要载明的事项。

7）司法鉴定机构决定不予受理鉴定委托的，应当向委托人说明理由，退还鉴定材料。

(2) 司法鉴定的实施

1）司法鉴定机构受理鉴定委托后，应当指定本机构具有该鉴定事项执业资格的司法鉴定人进行鉴定。委托人有特殊要求的，经双方协商一致，也可以从本机构中选择符合条件的司法鉴定人进行鉴定。委托人不得要求或者暗示司法鉴定机构、司法鉴定人按其意图或者特定目的提供鉴定意见。

2）司法鉴定机构对同一鉴定事项，应当指定或者选择二名司法鉴定人进行鉴定；对复杂、疑难或者特殊鉴定事项，可以指定或者选择多名司法鉴定人进行鉴定。

3）司法鉴定人本人或者其近亲属与诉讼当事人、鉴定事项涉及的案件有利害关系，可能影响其独立、客观、公正进行鉴定的，应当回避。

司法鉴定人曾经参加过同一鉴定事项鉴定的，或者曾经作为专家提供过咨询意见的，或

者曾被聘请为有专门知识的人参与过同一鉴定事项法庭质证的，应当回避。

4）司法鉴定人自行提出回避的，由其所属的司法鉴定机构决定；委托人要求司法鉴定人回避的，应当向该司法鉴定人所属的司法鉴定机构提出，由司法鉴定机构决定。委托人对司法鉴定机构做出的司法鉴定人是否回避的决定有异议的，可以撤销鉴定委托。

5）司法鉴定机构应当建立鉴定材料管理制度，严格监控鉴定材料的接收、保管、使用和退还。司法鉴定机构和司法鉴定人在鉴定过程中应当严格依照技术规范保管和使用鉴定材料，因严重不负责任造成鉴定材料损毁、遗失的，应当依法承担责任。

6）司法鉴定人进行鉴定，应当依下列顺序遵守和采用该专业领域的技术标准、技术规范和技术方法：国家标准；行业标准和技术规范；该专业领域多数专家认可的技术方法。

7）司法鉴定人有权了解进行鉴定所需要的案件材料，可以查阅、复制相关资料，必要时可以询问诉讼当事人、证人。经委托人同意，司法鉴定机构可以派员到现场提取鉴定材料。现场提取鉴定材料应当由不少于二名司法鉴定机构的工作人员进行，其中至少一名应为该鉴定事项的司法鉴定人。现场提取鉴定材料时，应当有委托人指派或者委托的人员在场见证并在提取记录上签名。

8）鉴定过程中，需要对无民事行为能力人或者限制民事行为能力人进行身体检查的，应当通知其监护人或者近亲属到场见证；必要时，可以通知委托人到场见证。对被鉴定人进行法医精神病鉴定的，应当通知委托人或者被鉴定人的近亲属或者监护人到场见证。对需要进行尸体解剖的，应当通知委托人或者死者的近亲属或者监护人到场见证。到场见证人员应当在鉴定记录上签名。见证人员未到场的，司法鉴定人不得开展相关鉴定活动，延误时间不计入鉴定时限。

9）鉴定过程中，需要对被鉴定人身体进行法医临床检查的，应当采取必要措施保护其隐私。

10）司法鉴定人应当对鉴定过程进行实时记录并签名。记录可以采取笔记、录音、录像、拍照等方式。记录应当载明主要的鉴定方法和过程，检查、检验、检测结果，以及仪器设备使用情况等。记录的内容应当真实、客观、准确、完整、清晰，记录的文本资料、音像资料等应当存入鉴定档案。

11）司法鉴定机构应当自司法鉴定委托书生效之日起三十个工作日内完成鉴定。

鉴定事项涉及复杂、疑难、特殊技术问题或者鉴定过程需要较长时间的，经本机构负责人批准，完成鉴定的时限可以延长，延长时限一般不得超过三十个工作日。鉴定时限延长的，应当及时告知委托人。司法鉴定机构与委托人对鉴定时限另有约定的，从其约定。在鉴定过程中补充或者重新提取鉴定材料所需的时间，不计入鉴定时限。

12）司法鉴定机构在鉴定过程中，有下列情形之一的，可以终止鉴定：①发现有《司法鉴定程序通则》第十五条第二项至第七项规定情形的；②鉴定材料发生耗损，委托人不能补充提供的；③委托人拒不履行司法鉴定委托书规定的义务、被鉴定人拒不配合或者鉴定活动受到严重干扰，致使鉴定无法继续进行的；④委托人主动撤销鉴定委托，或者委托人、诉讼当事人拒绝支付鉴定费用的；⑤因不可抗力致使鉴定无法继续进行的；⑥其他需要终止鉴定的情形。终止鉴定的，司法鉴定机构应当书面通知委托人，说明理由并退还鉴定材料。

13）有下列情形之一的，司法鉴定机构可以根据委托人的要求进行补充鉴定：①原委托鉴定事项有遗漏的；②委托人就原委托鉴定事项提供新的鉴定材料的；③其他需要补充鉴定的情形。补充鉴定是原委托鉴定的组成部分，应当由原司法鉴定人进行。

14）有下列情形之一的，司法鉴定机构可以接受办案机关委托进行重新鉴定：①原司法鉴定人不具有从事委托鉴定事项执业资格的；②原司法鉴定机构超出登记的业务范围组织鉴定的；③原司法鉴定人应当回避没有回避的；④办案机关认为需要重新鉴定的；⑤法律规定的其他情形。

15）重新鉴定应当委托原司法鉴定机构以外的其他司法鉴定机构进行；因特殊原因，委托人也可以委托原司法鉴定机构进行，但原司法鉴定机构应当指定原司法鉴定人以外的其他符合条件的司法鉴定人进行。接受重新鉴定委托的司法鉴定机构的资质条件应当不低于原司法鉴定机构，进行重新鉴定的司法鉴定人中应当至少有一名具有相关专业高级专业技术职称。

16）鉴定过程中，涉及复杂、疑难、特殊技术问题的，可以向本机构以外的相关专业领域的专家进行咨询，但最终的鉴定意见应当由本机构的司法鉴定人出具。专家提供咨询意见应当签名，并存入鉴定档案。

17）对于涉及重大案件或者特别复杂、疑难、特殊技术问题或者多个鉴定类别的鉴定事项，办案机关可以委托司法鉴定行业协会组织协调多个司法鉴定机构进行鉴定。

18）司法鉴定人完成鉴定后，司法鉴定机构应当指定具有相应资质的人员对鉴定程序和鉴定意见进行复核；对于涉及复杂、疑难、特殊技术问题或者重新鉴定的鉴定事项，可以组织三名以上的专家进行复核。复核人员完成复核后，应当提出复核意见并签名，存入鉴定档案。

(3) 司法鉴定意见书的出具

1）司法鉴定机构和司法鉴定人应当按照统一规定的文本格式制作司法鉴定意见书。

2）司法鉴定意见书应当由司法鉴定人签名。多人参加的鉴定对鉴定意见有不同意见的，应当注明。

3）司法鉴定意见书应当加盖司法鉴定机构的司法鉴定专用章。

4）司法鉴定意见书应当一式四份，三份交委托人收执，一份由司法鉴定机构存档。司法鉴定机构应当按照有关规定或者与委托人约定的方式，向委托人发送司法鉴定意见书。

5）委托人对鉴定过程、鉴定意见提出询问的，司法鉴定机构和司法鉴定人应当给予解释或者说明。

6）司法鉴定意见书出具后，发现有下列情形之一的，司法鉴定机构可以进行补正：①图像、谱图、表格不清晰的；②签名、盖章或者编号不符合制作要求的；③文字表达有瑕疵或者错别字，但不影响司法鉴定意见的。补正应当在原司法鉴定意见书上进行，由至少一名司法鉴定人在补正处签名。必要时，可以出具补正书。对司法鉴定意见书进行补正，不得改变司法鉴定意见的原意。

7）司法鉴定机构应当按照规定将司法鉴定意见书以及有关资料整理立卷、归档保管。

(4) 司法鉴定人出庭作证

1）经人民法院依法通知，司法鉴定人应当出庭作证，回答与鉴定事项有关的问题。

2）司法鉴定机构接到出庭通知后，应当及时与人民法院确认司法鉴定人出庭的时间、地点、人数、费用、要求等。

3）司法鉴定机构应当支持司法鉴定人出庭作证，为司法鉴定人依法出庭提供必要条件。

4）司法鉴定人出庭作证，应当举止文明，遵守法庭纪律。

2. 汽车事故鉴定程序

汽车事故鉴定程序是在司法鉴定程序基础之上，根据《道路交通事故处理程序规定》和《道路交通事故处理工作规范》的要求，形成如下程序：

（1）确定鉴定任务 为了查清汽车事故事实，需要对道路交通事故中专门性问题进行检验、鉴定的，由事故办案人员填写道路交通事故鉴定审批表，提出初步意见，报事故处理机构负责人审批，确定检验、鉴定任务。

（2）确定鉴定机构及鉴定人 检验、鉴定是一项知识性、经验性、专业性、技术性很强的证据调查活动，鉴定意见的正确与否将直接影响道路交通事故处理的公正性与当事人的合法权益，因此在确定鉴定机构时，应当根据鉴定任务的性质，选择资质级别高、技术实力强的鉴定机构，鉴定人一定要符合鉴定条件。鉴定人应当具有的条件如下：

1）具备相应的专业知识和技能。

2）获得一定的专业技术职称和鉴定资格。

3）在本行业工作多年，具有丰富的工作经验。

4）具有高尚的职业道德。

5）不具有需要回避的情形。

对精神病的医学鉴定、道路交通事故伤残评定和有争议的财产损失评估应由当事人自行委托鉴定人或机构，公安机关交通管理部门不能代为委托，但可以向当事人介绍符合条件的鉴定、评定、评估机构。财产损失数额巨大涉嫌刑事犯罪的，应当由公安机关交通管理部门委托。

（3）指派、委托鉴定 公安机关交通管理部门委托鉴定的，应当制作委托鉴定书，写明被委托的鉴定机构的名称，明确提出鉴定要解决的问题及具体要求，送交有关检材和对比样本等原始材料的清单，介绍案情等与鉴定有关的情况，提出提交鉴定意见的时间限制，最后写清委托鉴定的部门和委托日期。

鉴定机构接受委托，要填写受理鉴定登记表，查检公安机关交通管理部门提交的原始材料能否满足鉴定的要求。公安机关交通管理部门必须保证原始材料真实可靠，保证原始材料没有被破坏、篡改或伪造。如果鉴定人检查后认为送检材料已被破坏，或者存在篡改、伪造的可能性，有权拒绝鉴定。如果鉴定人认为提供的原始材料不充分，有权要求公安机关交通管理部门补充鉴定材料，因提供的原始材料不充分而影响鉴定的科学公正性的，鉴定人有权拒绝鉴定。鉴定人有权了解案情和查阅案卷，送检人员应当对鉴定人的提问做详细的解答。

委托鉴定时，公安机关交通管理部门不得暗示或者强迫鉴定人或鉴定机构做出某种鉴定意见，应当确保鉴定人能够独立地进行鉴定，不受外来一切干扰，保证鉴定的科学公正。

需要进行检验、鉴定的，公安机关交通管理部门应当自事故现场调查结束之日起三日内委托具备资格的鉴定机构进行检验、鉴定。尸体检验应当在死亡之日起三日内委托。指派鉴定的要求和程序与委托鉴定是相同的。对现场调查结束之日起三日后需要检验、鉴定的，应当报经上一级公安机关交通管理部门批准。对精神病的鉴定，应当由具有精神病鉴定资质的鉴定机构进行。对逃逸交通事故，公安机关交通管理部门应当在查获交通肇事车辆和驾驶人后十日内制作道路交通事故认定书；对需要进行检验、鉴定的，应当在检验报告、鉴定意见确定之日起五日内制作道路交通事故认定书。

鉴定人接受指派、委托、聘请以后，应当及时进行鉴定。在鉴定中发现问题，要求公安机关交通管理部门解决的，公安机关交通管理部门应当迅速解决，以保证及时完成鉴定。

《道路交通事故处理程序规定》第五十一条规定："公安机关交通管理部门应当与鉴定机构确定检验、鉴定完成的期限，确定的期限不得超过三十日。超过三十日的，应当报经上一级公安机关交通管理部门批准，但最长不得超过六十日。"当事人自行委托的检验、鉴定、评估的期限也应按照该规定执行。

（4）提交、接收鉴定意见 鉴定人应当在规定的时限内完成检验、鉴定。鉴定结束后，鉴定人必须以书面形式提交鉴定意见。鉴定意见是指鉴定人运用自己的专业知识和专业技能，借助先进的技术设备，对道路交通事故案件中的专门性技术问题进行分析、鉴别，对某一事实做出判断而得出的结论性书面意见。鉴定意见只是对鉴定所涉及的道路交通事故事实发表判断意见，而不是就道路交通事故中的法律问题提供咨询意见。

鉴定意见的内容包括鉴定的目的和要求、鉴定所提交的材料、鉴定时间和地点、鉴定的方法手段、检验过程及数据分析、鉴定的意见及根据。对公安机交通管理部门要求解决的问题，鉴定人应如实、明确地做出回答，不能含糊其辞。确实难以做出结论的，应注明原因。鉴定意见应由鉴定人签名，注明技术职称并加盖鉴定机构印章。多个鉴定人对同一起事故同一个问题进行鉴定的，可以提出共同商讨的鉴定意见。当意见不能取得一致时，鉴定人可以分别写出自己的鉴定意见。

《道路交通事故处理程序规定》第五十四条规定："鉴定机构应当在规定的期限内完成检验、鉴定，并出具书面检验报告、鉴定意见，由鉴定人签名，鉴定意见还应当加盖机构印章。检验报告、鉴定意见应当载明以下事项：

1）委托人。

2）委托日期和事项。

3）提交的相关材料。

4）检验、鉴定的时间。

5）依据和结论性意见，通过分析得出结论性意见的，应当有分析证明过程。

检验报告、鉴定意见应当附有鉴定机构、鉴定人的资质证明或者其他证明文件。"

事故办案人员收到鉴定意见后，应当进行审查。如果符合鉴定意见的标准，达到了指派、委托时的要求，应当接收。《道路交通事故处理程序规定》第五十五条规定："公安机关交通管理部门应当对检验报告、鉴定意见进行审核，并在收到检验报告、鉴定意见之日起五日内，将检验报告、鉴定意见复印件送达当事人，但有下列情形之一的除外：

1）检验、鉴定程序违法或者违反相关专业技术要求，可能影响检验报告、鉴定意见公正、客观的。

2）鉴定机构、鉴定人不具备鉴定资质和条件的。

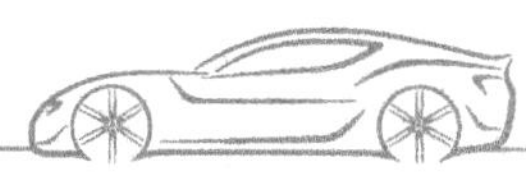

3）检验报告、鉴定意见明显依据不足的。

4）故意做虚假鉴定的。

5）鉴定人应当回避而没有回避的。

6）检材虚假或者检材被损坏、不具备鉴定条件的。

7）其他可能影响检验报告、鉴定意见公正、客观的情形。

检验报告、鉴定意见有前款规定情形之一的，经县级以上公安机关交通管理部门负责人批准，应当在收到检验报告、鉴定意见之日起三日内重新委托检验、鉴定。”

（5）重新鉴定　《道路交通事故处理程序规定》第五十六条规定：“当事人对检验报告、鉴定意见有异议，申请重新检验、鉴定的，应当自公安机关交通管理部门送达之日起三日内提出书面申请，经县级以上公安机关交通管理部门负责人批准，原办案单位应当重新委托检验、鉴定。检验报告、鉴定意见不具有本规定第五十五条第一款情形的，经县级以上公安机关交通管理部门负责人批准，由原办案单位做出不准予重新检验、鉴定的决定，并在做出决定之日起三日内书面通知申请人。

同一交通事故的同一检验、鉴定事项，重新检验、鉴定以一次为限。”

《道路交通事故处理程序规定》第五十七条规定：“重新检验、鉴定应当另行委托鉴定机构。”

《道路交通事故处理程序规定》第五十八条规定：“自检验报告、鉴定意见确定之日起五日内，公安机关交通管理部门应当通知当事人领取扣留的事故车辆。”

因扣留车辆发生的费用由作出决定的公安机关交通管理部门承担，但公安机关交通管理部门通知当事人领取，当事人逾期未领取产生的停车费用由当事人自行承担。

经通知当事人三十日后不领取的车辆，经公告三个月仍不领取的，对扣留的车辆依法处理。

鉴定意见直接影响当事人的切身利益，因此，当事人有权知晓鉴定意见。为了保证当事人的知情权和准确地认定事故事实，无论当事人是否要求提供鉴定意见，公安机关交通管理部门都必须依法主动地将鉴定意见复印件及时送到当事人，而不能采用口头告知的方式。鉴定意见的原件入档保存。

重新检验、鉴定必须同时满足两个条件：第一，任何一方当事人对鉴定意见有异议，并且在接到检验、鉴定意见复印件后三日内提出重新检验、鉴定的申请；第二，经县级公安机关交通管理部门负责人批准。

按照《道路交通事故处理程序规定》第五十七条的规定，重新检验为防止受到第一次检验、鉴定意见的影响，应当另行委托检验、鉴定机构。重新检验、鉴定工作的专业技术人员的技术职称、鉴定机构的级别应当等同或高于第一次检验、鉴定的人员、机构，以保证重新检验、鉴定的质量，增强检验、鉴定的真实可靠性，消除当事人的思想顾虑。

本章小结

本章主要介绍了汽车事故鉴定的概念和鉴定程序。汽车事故鉴定是公平公正处理交通事故的需要，必须有相应资质的中介第三方对专门性问题做出科学的检验和鉴定，可以由当事人自行委托，或者由公安机关交通管理部门作为发起主体，组织委托汽车事故鉴

定活动。本章介绍了《司法鉴定程序通则》和《道路交通事故处理程序规定》中的相关规定。

习　题

1. 为什么要实施汽车事故鉴定？

2. 汽车事故鉴定机构需要具备哪些资质？试列举当地具备汽车事故鉴定资质的机构名称。

3. 汽车事故鉴定的发起主体有哪些？试结合身边的事例进行分析。

4. 如何保证汽车事故鉴定的合法性？

5. 图解说明汽车事故的鉴定程序。

第七章　汽车事故鉴定分类

学习目标

知识目标：

- 掌握汽车事故鉴定种类
- 掌握汽车事故鉴定方法

能力目标：

- 能理解区分汽车事故鉴定种类及方法
- 能应用鉴定方法鉴定汽车事故
- 能处理具体的汽车事故鉴定案件

第一节　汽车事故当事人鉴定

汽车事故案件中涉及当事人需要进行鉴定的专门问题非常广泛，常见的有驾驶人鉴定、当事人精神状态鉴定、当事人伤残鉴定和死亡原因鉴定等。归纳起来分为以下几类：

一、鉴定确认驾驶人

交通事故发生后，有些驾驶人为逃避责任，不承认自己是驾驶人，一般采取找人顶替或干脆伪造现场指认已死亡同车人为驾驶人，或发生事故较为严重，事故车内人员抛到车外。所以，鉴定确定驾驶人是事故处理人员的重要工作之一，直接关系一起交通事故处理结果的准确性。鉴定中主要是依据 GA/T 944—2011《道路交通事故机动车驾驶人识别调查取证规范》的相关规定。

在交通事故中一般采用以下方法调查和确定证据：

1. 现场勘查

现场勘查应包括以下要点：

1）伤亡人员在现场的位置、姿势。

2）鞋、帽等随身物品在现场的位置。

3）血迹、人体组织、毛发等在现场的位置、分布及形态。

4）散落物在现场的位置、分布及形态。

5）地面轮胎痕迹。

6）车辆部件、人体或其他物体在地面遗留的痕迹。

7）车辆及脱落部件、人体及人体组织等作用于电线杆、路树、隔离带等物体上而遗留的痕迹。

8）以上内容与车辆及其相互之间的位置关系。

2. 车辆勘验

车辆勘验应包括以下要点：

1）撞击痕迹、擦划痕迹等。

2）风窗玻璃损坏情况，有无血迹、毛发、纤维等附着物质。

3）转向盘有无变形。

4）安全带及其附件有无损坏。

5）驾驶人座位及其周边有无车辆部件损坏。

6）安全气囊上有无擦划痕迹、附着物质。

7）驾驶人座位及其周边有无擦划痕迹及附着物质。

8）乘员座位及其周边有无擦划痕迹及附着物质。

9）加速踏板、制动踏板、离合器踏板等周边有无脱落的鞋等物品。

10）加速踏板、制动踏板、离合器踏板等上有无鞋印或附着物质。

11）转向盘、车门、仪表盘、转向灯开关、前照灯开关、变速杆、车内后视镜、车钥匙、驻车制动手柄、驾驶人座椅调节装置等部位是否留有手印。

12）行驶记录仪或卫星定位装置。

13）档位状态。

3. 嫌疑驾驶人衣着勘验

衣着勘验应包括以下要点：

1）衣着颜色、款式、质地、花纹、饰物等。

2）衣着破损情况，有无擦划痕迹、附着物质。

3）衣着上有无安全带印痕。

4）鞋、袜破损情况，有无擦划痕迹、附着物质。

5）鞋底有无加速踏板、制动踏板、离合器踏板等印痕。

4. 嫌疑人人体检查

嫌疑人人体检查包括体貌特征和特征损伤检查，一般需要法医或法医协助来从事此项工作。

(1) 体貌特征检查 检查体貌特征应包括以下要点：

1）性别、身高、体重、体型、肤色。

2）发型、发色、发长。

3）面部特征。

4）纹身、瘢痕、饰物。

5）指纹、掌纹。

6）生理缺陷。

（2）驾驶人特征损伤检查 检查人体是否具有以下特征损伤：

1）头面部有无风窗玻璃作用形成的损伤。

2）面部、颈部有无安全气囊作用形成的损伤。

3）肩部、胸腹部有无使用安全带形成的损伤。

4）胸腹部有无转向盘作用形成的损伤。

5）手、前臂有无握持转向盘形成的损伤。

6）膝部、腿部有无与仪表台等车辆部件作用形成的损伤。

7）踝部及足部有无与加速踏板、制动踏板、离合器踏板等作用形成的损伤。

在驾驶人认定过程中，除依据标准利用上述方法进行调查取证外，还要通过讯（询）问，结合影像资料、指纹比对、嫌疑人体态特征与驾驶人座位空间比对，依据车内遗留附着物位置比对、车辆破损痕迹、路面痕迹、现场散落物、人员伤情及形成机理进行综合分析判断。

二、当事人生理状况鉴定

汽车事故当事人特别是驾驶人的生理状况与汽车事故的发生有一定关系，因为驾驶人的生理状态直接关系到事故发生前驾驶人的技能和反应能力。为确定一起道路交通事故的原因，有时必须对当事人的生理状况进行鉴定，鉴定项目有：

1）当事人驾车是否有酒后、醉酒及吸食毒品和违禁药品行为，这些行为是否与事故发生有因果关系。

2）当事人视认性鉴定，包括视力、辨色力等。

3）当事人听力鉴定。

4）当事人反应能力鉴定。

5）当事人是否有其他可能妨碍安全行车的生理疾病鉴定，如突发性生理疾病、肢体功能障碍等。

6）当事人精神状况鉴定。

当事人精神状况鉴定是指对当事人发生道路交通事故时，是否存在暂时性精神障碍的鉴定，如对当事人是否疲劳驾驶的鉴定。疲劳驾驶是道路交通事故发生的重要原因。驾驶疲劳是指驾驶人在驾车过程中，产生生理和心理失调，驾驶技能下降的现象。驾驶人疲劳驾驶鉴定主要是对驾驶人的生理和心理反应指标进行客观测量，确认驾驶人是否疲劳驾驶及疲劳的程度。人的生理和心理反应指标每时每刻都在发生变化，所以发生事故以后，怀疑驾驶人疲劳驾驶，应当立即对驾驶人进行疲劳驾驶的鉴定。

通过对当事人的生理状况进行鉴定，有助于办案人员分析事故原因，理清事故事实，确定事故责任，便于准确处理道路交通事故。

三、当事人人体损伤鉴定

汽车事故人体损伤鉴定，是运用临床医学的理论与技术，研究解决涉及法律问题的人体伤残及其他生理、疾病等问题。道路交通事故人体损伤鉴定包括损伤程度鉴定、人体损伤机理鉴定和伤残评定。

1. 损伤程度鉴定

道路交通事故损伤程度鉴定，又称为伤情鉴定，包括确定损伤的性质与程度、推定致伤物体与作用方式、估计损伤后果及可能产生的后遗症。道路交通事故损伤按严重程度分重伤、轻伤、轻微伤，判定依据为《人体损伤程度鉴定标准》。

道路交通事故当事人损伤程度的鉴定结果直接影响道路交通事故的性质和处理程序。若当事人的人身损害不是道路交通事故造成的，则该道路交通事故是不涉及人身伤亡的事故；如果鉴定为轻微伤的，可以自行协商解决；如果鉴定结果为轻伤或重伤的，必须由公安机关交通管理部门按一般程序处理。

2. 人体损伤机理鉴定

汽车道路交通事故人体损伤机理鉴定是通过确定人体损伤的过程及特征，推定致伤物体、作用方式、作用力的方向等。人体损伤机理鉴定的目的是推断事故发生过程，认定与人体损伤有关的事故事实。

3. 伤残评定

道路交通事故人员伤残评定，由法医或者专门机构按照国家标准《人体损伤致残程度分级》进行确定。该标准明确的适用范围为：除职工工伤以外的所有人身损害致残程度等级鉴定，包括道路交通事故受伤人员的伤残鉴定、刑事案件的伤残鉴定、非因职工工伤的伤残鉴定、普通伤害案件的伤残鉴定、其他意外伤害的伤残鉴定等。对道路交通事故受伤者的伤残程度确定等级，直接影响着道路交通事故损害赔偿数额和对主要责任人的相关处罚。

道路交通事故伤残评定是确定事故受伤人员因道路交通事故受伤致残程度的重要依据，是道路交通事故损害赔偿的前提。伤残评定是项非常重要和经常性的工作，也是一项专业性、法律性很强的工作，对维护道路交通事故双方当事人的合法权益具有重要意义。伤残指因道路交通事故损伤所致的人体伤残，包括精神、生理功能的异常，以及生活、工作和社会活动能力的不同程度的丧失。

道路交通事故伤残鉴定与伤情鉴定不同。前者应等到治疗康复以后才可以确定，以人体伤后治疗效果为依据，评定时机以道路交通事故直接所致的损伤或因损伤所致的并发症治疗终结为准。对治疗终结意见不一致时，可以由办案机关组织有关专业人员进行鉴定，确定其是否治疗终结。而伤情鉴定是道路交通事故造成的直接结果，也就是受伤者在被救治或康复前的受伤情况。伤情鉴定在道路交通事故受伤者损伤消失前进行。

《人体损伤致残程度分级》将道路交通事故受伤人员的伤残程度划分为 10 级，从第 1 级（100%）到第 10 级（10%）每级相差 10%。

评定人应当具有法医学鉴定资格。评定人根据检验结果，按照伤残评定标准，运用专门知识进行分析得出综合性判断，将检验结果、分析意见和评定结论制成书面文书。评定人评定结束后，制定评定书并签名。评定书包括一般情况、案情介绍、检验结果记录、分析意见和结论等内容。

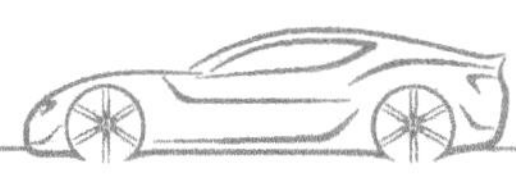

四、当事人的劳动能力鉴定

根据《最高人民法院关于审理人身损害赔偿案件适用法律若干问题的解释》第二十八条规定，被扶养人生活费根据扶养人丧失劳动能力程度，按照受诉法院所在地上一年度城镇居民人均消费性支出和农村居民人均年生活消费支出标准计算。因此，在实践中，应该对受害当事人及所扶养人员有无劳动能力进行鉴定，这类鉴定主要涉及民事赔偿问题。鉴定时须参考与残疾程度鉴定有关的法律、法规，主要有《医疗事故处理条例》、GB/T 16180—2014《劳动能力鉴定 职工工伤与职业病致残等级》、《人身保险伤残评定标准》等。

五、当事人尸体检验鉴定

汽车道路交通事故中，为了查明事故死亡原因、性质、致死过程等，必须对尸体进行检验。尸体检验分为尸体外表检验和尸体解剖检验两种。尸体检验报告不仅是道路交通事故证据的重要组成部分，而且也是说明接触部位和分析事故原因的依据。尸体检验除了外表检验外，必要时还应进行解剖检验。

1. 尸体外表检验

尸体外表检验主要检验致伤部位和体表伤痕的特征。通过体表痕迹、损伤情况和尸体现象的检验，可以查明道路交通事故死亡者的损伤类型、接触部位，判断死因。

2. 尸体解剖检验

尸体解剖检验的作用主要是能正确地判明死亡原因和推断死亡时间，确定损伤部位、形状和程度，车辆的接触部位，死者的伤情为生前伤还是死后伤，是自杀、他杀或事故灾害，有无疾病及与死亡的关系如何等。

尸体解剖检验，主要根据《道路交通事故处理程序规定》第五十二条规定："尸体检验不得在公众场合进行。为了确定死因需要解剖尸体的，应当征得死者家属同意。死者家属不同意解剖尸体的，经县级以上公安机关或者上一级公安机关交通管理部门负责人批准，可以解剖尸体，并且通知死者家属到场，由其在解剖尸体通知书上签名。死者家属无正当理由拒不到场或者拒绝签名的，交通警察应当在解剖尸体通知书上注明。对身份不明的尸体，无法通知死者家属的，应当记录在案。"同时应按《道路交通事故处理工作规范》《公安机关办理刑事案件程序规定》的相关要求进行。

第二节 汽车事故肇事车辆鉴定

汽车事故肇事车辆鉴定包括汽车事故车辆安全技术、汽车事故车辆痕迹、汽车事故车辆属性、汽车失火及过水、汽车事故损失鉴定等相关项目检验鉴定。

一、汽车事故车辆安全技术检验鉴定

车辆安全技术检验鉴定主要是对汽车在肇事前的安全性能、结构状况是否符合标准和安全行车要求进行检验、判断与认定；同时检验鉴定肇事车辆有无导致事故发生的机械故障。车辆安全技术检验鉴定目的是查明车辆的技术状况和机械故障与道路交通事故形成的关系。

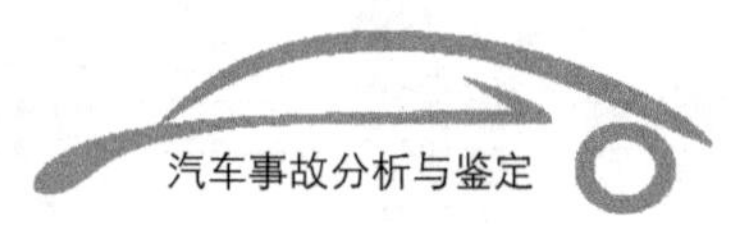

1. 检验鉴定的基本要求

车辆安全技术检验鉴定主要依据 GB 7258—2017《机动车运行安全技术条件》及 GB 21861—2014《机动车安全技术检验项目和方法》，并结合 GA/T 642—2006《交通事故车辆安全技术检验鉴定》等相关要求进行。

2. 车辆安全技术检验项目及检验方法

按 GB 21861—2014《机动车安全技术检验项目和方法》要求，机动车安全技术检验项目及检验方法见表 7-1。

表 7-1　机动车安全技术检验项目及检验方法

序号	检验项目		检验方法
1	车辆唯一性检查	号牌号码/车辆类型*	目视比对检查，目视难以清晰辨别时使用内窥镜等工具；有条件时，可使用能自动识别车辆识别代号、发动机号码的仪器设备
		车辆品牌/型号	
		车辆识别代号(或整车出厂编号)*	
		发动机号码(或电动机号码)	
		车辆颜色和外形*	
2	联网查询		利用联网信息系统查询车辆事故/违法信息
3	车辆特征参数检查	外廓尺寸	用长度测量工具测量，重中型货车、专项作业车、挂车应使用自动测量装置，见 GB 21861—2014 附录 A
		轴距	用长度测量工具测量；有条件时，可使用自动测量装置
		整备质量	用地磅或轴(轮)重仪等装置称量，见 GB 21861—2014 附录 B
		核定载人数*	目视检查，目测座椅宽度、深度及驾驶室内部宽度等参数偏小时，使用量具测量相关尺寸
		栏板高度	用钢尺等长度测量工具测量
		后轴钢板弹簧片数*	目视检查
		客车应急出口*	目视检查，目测应急出口尺寸偏小的，使用长度测量工具测量相关尺寸
		客车乘客通道和引道*	目视检查，目测通道、引道偏窄或高度不符合要求时，使用通道、引道测量装置检查
		货厢*	目视检查，目测货厢有超长、超宽、超高嫌疑时，使用长度测量工具测量相关尺寸
4	车辆外观检查	车身外观*	目视检查，对封闭式货厢的货车、挂车应打开车厢门检查，目测有疑问时，使用透光率计、钢尺、手锤、铁钩及照明器具等工具测量相关参数
		外观标识、标注和标牌*	目视检查，目测字高偏小时，使用长度测量工具测量相关尺寸
		外部照明和信号装置	目视检查并操作
		轮胎*	目视检查轮胎规格/型号，目测胎压不正常、轮胎胎冠花纹深度偏小时，使用轮胎气压表、花纹深度计等测量工具测量相关参数

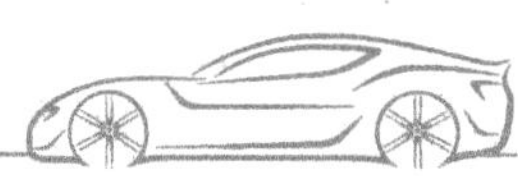

（续）

序号	检验项目		检验方法
4	车辆外观检查	号牌及号牌安装*	目视检查，目测号牌安装位置、形式，有疑问时使用长度测量工具测量相关尺寸
		加装/改装灯具	目视检查
5	安全装置检查	汽车安全带*	目视检查并操作
		机动车用三角警告牌*	目视检查
		灭火器*	目视检查
		行驶记录装置*	目视检查，目测显示功能异常存疑时，使用专用检验仪器检查
		车身反光标识*	目视检查，目测逆反射系数偏小时，使用专用检验仪器检查
		车辆尾部标志板*	目视检查，目测逆反射系数偏小时，使用专用检验仪器检查
		侧后防护装置*	目视检查，目测防护装置单薄、安装不规范时，使用长度测量工具检查
		应急锤*	目视检查
		急救箱*	目视检查
		限速功能或限速装置	审查机动车产品公告、机动车出厂合格证、产品使用说明书等技术凭证资料
		防抱死制动装置*	打开电源，观察“ABS”指示灯，对于半挂车检查相关装置
		辅助制动装置*	操作驾驶区内操纵开关，有疑问时检查相关装置
		盘式制动器*	目视检查
		紧急切断装置*	目视检查
		发动机舱自动灭火装置*	目视检查
		手动机械断电开关*	目视检查，有疑问时操作开关，观察是否断电
		副制动踏板*	目视检查，有疑问时踩下踏板，判断踏板工作是否正常
		校车标志灯和校车停车指示标志牌*	目视检查
		危险货物运输车标志*	目视检查
6	底盘动态检验	制动系统	以不低于 20km/h 的速度正直行驶，双手轻扶转向盘，急踩制动踏板后迅速放松
		转向系统	起步并行驶 20m 以上，通过检验员操作车辆，利用目视、耳听、操作感知等方式检查。对转向盘最大自由转动量和转向力有疑问时，使用转向盘转向力-转向角检测仪测量相关参数
		传动系统	
		仪表和指示器	检验过程中，观察仪表和指示器

（续）

<table>
<tr><th>序号</th><th colspan="3">检 验 项 目</th><th>检验方法</th></tr>
<tr><td rowspan="5">7</td><td rowspan="5">车辆底盘部件检查*</td><td colspan="2">转向系部件</td><td rowspan="5">车辆停放在地沟上方的指定位置，使用专用手锤等工具检查，并由驾驶室操作人员配合；大中型客车、重中型货车、专项作业车、挂车检查时应使用底盘间隙仪</td></tr>
<tr><td colspan="2">传动系部件</td></tr>
<tr><td colspan="2">行驶系部件</td></tr>
<tr><td colspan="2">制动系部件</td></tr>
<tr><td colspan="2">其他部件</td></tr>
<tr><td rowspan="9">8</td><td rowspan="9">仪器设备检验</td><td rowspan="4">行车制动*</td><td>空载制动率</td><td rowspan="5">采用滚筒反力式制动检验台、平板制动检验台、便携式制动性能测试仪等检验，见 GB 21861—2014 附录 C</td></tr>
<tr><td>空载制动不平衡率</td></tr>
<tr><td>加载轴制动率</td></tr>
<tr><td>加载轴制动不平衡率</td></tr>
<tr><td colspan="2">驻车制动</td></tr>
<tr><td rowspan="2">前照灯*</td><td>远光发光强度</td><td rowspan="2">采用前照灯检测仪检验，见 GB 21861—2014 附录 D</td></tr>
<tr><td>远近光光束垂直偏移</td></tr>
<tr><td colspan="2">车速表指示误差</td><td>采用车速表检验台检验，见 GB 21861—2014 附录 E</td></tr>
<tr><td colspan="2">转向轮横向侧滑量</td><td>采用侧滑检验台检验，见 GB 21861—2014 附录 F</td></tr>
</table>

注：1. 所有检验项目应一次检验完毕，出现不合格项时应继续进行其他项目的检验，但无法继续进行检验的项目除外。

2. 仪器设备检验时，除检验员外可再乘坐一名送检人员或随车人员。

3. 半挂牵引车可与半挂车组合成铰接列车后同时实施检验，也可单独检验。

4. 机动车安全技术检验时，带“*”的项目应采用检验智能终端（PDA）等设备拍摄检验照片（或视频），其数量、内容和清晰度应能满足检验监管的要求。

汽车事故车辆检验鉴定的目的是查明车辆的技术状况和机械故障与道路交通事故形成的关系。因此，实际司法鉴定实践中，在确定肇事车辆的检验鉴定项目时，一般针对某一具体涉及汽车事故办案需要，对本起事故肇事车辆的某个系统、某个零部件做针对性的项目检验鉴定，不需要的项目不必检验鉴定，既要防止漏检又要防止浪费。道路交通事故肇事车辆的检验鉴定项目有常规安全性能检验、特定检验及肇事车辆故障检验。检验方法根据肇事车辆是否具有行驶能力，分为静态检验鉴定法、动态检验鉴定法和肇事车辆拆解零部件性能检验鉴定法等。

（1）常规安全性能检验 汽车事故车辆的安全性能检验是指根据 GB 7258—2017《机动车运行安全技术条件》规定的机动车技术检验标准，结合《中华人民共和国道路交通安全法》的相关规定，检验肇事机动车是否符合上路安全行驶标准。需要检验的机动车安全性能主要是制动系统、转向系统、灯光系统和行驶系统的性能以及机动车安全运行技术要求。检验的方法主要是利用便携式机动车安全检测设备或机动车性能检测线进行检验鉴定。检验鉴定完毕后，由检验鉴定机构按照检验鉴定标准做出检验鉴定意见。

（2）特定检验 汽车事故车辆的特定检验鉴定主要是为分析道路交通事故成因，根据道路交通事故具体情况，对肇事机动车的某些专门问题进行特殊检验。如对爆破的轮胎进行爆破原因的检验鉴定；对车辆结构及使用参数进行检验，包括对车辆外形尺寸、轮距、轴距、接近角、离去角、最小转弯半径等的检验；检查驾驶人座椅、视野、隔音、风窗玻璃的眩光和反差程度、后视镜安装角度等与汽车事故有关的因素。

(3) 肇事车辆故障检验　汽车事故肇事车辆故障检验是运用解体检验、人工观察和专用设备检测的方法，检测故障原因。目的是查明肇事车辆故障与道路交通事故发生的关系。例如，车轴断裂、螺栓脱落、轮胎破裂、各种管路损坏、制动系统失效、转向机构失灵等车辆故障是导致事故发生的原因，还是因为车辆肇事而导致上述故障。在肇事车辆检验中，准确鉴定故障原因，可明确道路交通事故发生的基础原因，确定事故性质，有助于分析明确道路交通事故是人为造成的，还是机械故障造成的。这对于科学确定事故责任，恰当处罚事故当事人，准确处理道路交通事故意义重大。

二、汽车事故车辆痕迹检验鉴定

车辆痕迹鉴定是根据车辆的车体痕迹、车轮痕迹、车辆附属部件痕迹以及分离物痕迹所反映的特征，对嫌疑车辆进行检验，认定或否定嫌疑车辆的过程。车辆痕迹检验鉴定在道路交通事故处理中还可以用来分析判断车辆来去现场的方向和路线、分析推断车辆的种类，为再现事故过程、侦破逃逸案件指明方向。

汽车事故痕迹鉴定主要依据 GA/T 1087—2013《道路交通事故痕迹鉴定》及 GA/T 41—2019《道路交通事故现场痕迹物证勘查》的相关要求进行。其中 GA/T 41—2019 主要规定了道路交通事故现场痕迹物证勘验的一般要求和设备要求以及勘验的内容和具体方法，侧重于痕迹物证的勘查和检验。GA/T 1087—2013 则侧重于道路交通事故痕迹的检验鉴定。

1. 车体痕迹鉴定

车体痕迹的勘验及固定按 GA/T 41—2019《道路交通事故现场痕迹物证勘查》的要求和方法进行，在第五章有详细介绍。下面主要介绍车体痕迹鉴定的内容和方法。

(1) 车体痕迹鉴定的内容

1）勘验车体痕迹时，应记录车辆类型，属于机动车的，还应记录号牌、车辆识别代号（车架号）、发动机号。其他车辆还应记录厂牌型号和能够识别其的唯一性特征。

2）勘验时应区别车体上各种痕迹的新旧程度，发现与鉴定所需相关的痕迹，按照从下向上、从左至右的顺序对这些痕迹的位置、形态进行描述和记录。

3）勘验并记录车体上的各种痕迹，主要包括整体分离、凹陷、弯折、扭曲变形、缺损、刮擦及加层、减层等痕迹，应记录其所处部位、几何尺寸、显现印迹、受力方向及有无物质交换，若需提取交换物质，应按照相关程序规定进行提取，带回实验室进行比对检验。

(2) 车体痕迹鉴定的方法

1）痕迹特征比对法。测量车体痕迹相对位置，与其他车辆、人体、其他客体物等接触、撞击、刮擦等相对位置特征（如接触时的高度等）进行比对，高度差异时需结合造痕体和承痕体接触过程中的受力变化、接触形态进行比对；比较两者之间接触形成的受力方向特征、痕迹形态特征和物质交换情况；涉及多次撞击的痕迹，应根据痕迹形成的造痕体和承痕体部位进行一一对应分析，还原碰撞过程，必要时，提取交换物质并制作提取记录。

2）实验室比对法。实验室比对法如下：

① 显微比对法。根据痕迹形成的微特征或微量物质特征（如细小擦划痕、物质交换中的衣物纤维、毛发等），对显微特征进行比对。

② 扫描电镜比对法。通过扫描电镜，对有特征比对价值的固性痕迹（如车辆涂料、漆

片等）特征、物质层次、厚度、纹理、颜料粒度的分布，漆片的自然脱落或刮擦脱落等特征进行一致性比对（如车辆涂料碎片、整体分离痕迹的同一认定等）。

③ 交换物质比对法。主要通过光谱仪、能谱仪等仪器，对因接触造成的交换物质进行种属或同一认定。

3）车体整体分离痕迹鉴定法。车体整体分离痕迹鉴定法主要是对车体分离物进行仔细观察，确定能否有条件构成一个完整的物体，排除无关的分离物，筛选出可能成为同一整体的分离物。在实际痕迹鉴定司法实践中，车体整体分离痕迹鉴定法主要用于肇事车辆遗留在事故现场的分离物与肇事车辆是否是同一完整分离，以便确定逃逸车辆。其具体鉴定方法主要是寻找特征比对的方法，如从嫌疑肇事车辆以及现场遗留分离物的分离面、分离线上和断离部位的表面、断离物的材质、组织结构与成分以及加工方面寻找契合特征或固有特征，利用对照、拼接、重叠等方法进行比对。然后确定分离线是否相符；被分离物体断面的凹凸结构、纹路是否相符；在没有分离线的情况下，物体本身表面和断面上的固有特征是否相符；在没有分离线的情况下，分离物体的附加痕迹特征及其表面各种细节特征是否相符；被分离部分外围、边缘及周围关系是否相符。最后来认定车体与分离物为同一整体所分离或否定同一。

2. 车体痕迹鉴定的综合评判

（1）认定 符合下列情形之一的，为痕迹特征相符：

1）存在相吻合的特征性痕迹，即造痕体与承痕体可以相互吻合。

2）存在特定性的物质交换，即造痕体与承痕体自身或介质的交换。

（2）否定 符合下列情形之一的，为痕迹特征不相符：

1）痕迹在位置、高度、形态、方向等方面均不能相互吻合，即造痕体与承痕体不能相互吻合。

2）没有相对应的物质交换，即造痕体与承痕体自身或者介质没有交换。

（3）不确定 符合下列情形之一的，为痕迹特征不确定：

1）痕迹在位置、高度、形态、方向等方面部分吻合，但没有特定的物质交换。

2）交换的物质种类相同，但痕迹特征不存在对应关系。

3）不具备鉴定条件。

3. 车体痕迹的鉴定意见

（1）认定

1）发生过碰撞，表述为受检车辆与受检车辆、人体或其他客体物发生过碰撞。

2）明确受检车辆碰撞的部位，表述为受检车辆的某个部位与受检车辆、人体或其他客体物的某个部位发生过碰撞。

（2）排除 排除发生过碰撞的可能性，表述为可以排除受检车辆与受检车辆、人体或其他客体物发生过碰撞的可能性。

（3）不确定 出具书面意见，说明不能明确鉴定结论的原因。

三、汽车事故车辆属性检验鉴定

事故车辆属性检验鉴定，即通过对事故车辆的相关技术参数（车身尺寸、整备质量、

车轮数、动力模式、驱动模式、电机功率等）与相应的标准进行比对，确定其技术参数所属范围，进而确定其属性。在实际司法鉴定实践中，属性检验鉴定的目的在于确定属性定义没有明确规定的肇事车辆技术参数是属于机动车范畴还是属于非机动车范畴或残疾人机动轮椅车及拼装车、非法改装车和非标准道路行驶车辆。不同属性车辆的肇事处理方式和结果不同。

事故车辆属性检验鉴定主要参照 GB 7258—2017《机动车运行安全技术条件》、GA 802—2014《机动车类型 术语和定义》、GB 17761—2018《电动自行车安全技术规范》等相关标准进行。

四、汽车失火及过水检验鉴定

（一）汽车失火检验鉴定

汽车集电路、油路、气路以及多种机械、电气、功能构件于一个有限的空间内，运行时同时工作，各部分都存在火灾危险性。汽车失火发生的原因有很多，具有多样性和复杂性，决定了火灾勘查鉴定人员需要具备较为全面的综合性技术分析能力，不仅要了解和掌握有关汽车构造、汽车原理、汽车电气、车用材料等知识，而且对火灾现场勘查技术和痕迹物证的鉴别能力有较高要求。

1. 汽车电气系统失火勘查

汽车电气火灾通常指因电气故障引发的汽车火灾，即由于汽车自身的电气线路和电气设备等发生故障而引发的汽车火灾。由于汽车电气系统十分复杂，各系统、装置发生故障的原因各不相同，所以引发火灾的原因也多种多样。因电气故障引发汽车火灾的原因主要有汽车电气线路或设备发生的短路、接触不良、负荷过载和漏电等。

对于每一起汽车火灾，同勘查建筑火灾一样，首要工作是根据火灾燃烧蔓延的痕迹特征和规律，确定起火部位和起火点。

全方位观察和拍摄车身整体烧损状态，按照六个方位（即正前、左前、左后、正后、右后、右前）观察和拍摄车身整体烧损状态，重点勘查车身金属外壳的变形、变色、锈蚀等状态以及四个车轮轮胎和轮辋的烧损程度，基本可以确定出起火部位为车辆的前部、中部或后部，即发动机舱、驾驶室或行李舱。

（1）起火部位在发动机舱内时 重点勘查的部位主要有：

1）观察发动机舱盖内外侧烧损状态，是否有局部变形、变色、锈蚀等情况。

2）对照相同车型或查询有关维修手册，了解发动机舱内各系统部件及其（电）管路的安放方式、位置、走向以及各构件的材质。

① 观察发动机是横置还是纵置，是直列还是 V 形，是几缸机。

② 检查电路，从蓄电池正、负极开始，然后是中央接线盒、起动机和发电机、发动机线束、发动机舱线束、点火线圈、分电器、火花塞等。

③ 检查油（液）路。供油系统从燃油箱的进油管开始，然后是回油管、燃油蒸气管、炭罐、化油器、燃油分配器、喷油器等；冷却系统从散热器开始，然后是进出水管、冷却泵、发动机水套、冷热水管等；空调系统从压缩机开始，然后是冷却器、蒸发器、制冷剂进

出管等。

④ 检查气路，观察进、排气系统是在一侧，还是相对布设，是左右相对还是前后相对，从空气滤清器开始，然后是进气管、进气歧管、排气歧管、排气管等。

观察发动机舱内各系统实际构造和位置以及大致受损情况，同时要考虑发动机舱内几个液罐（制动液、冷却液、玻璃水、转向液等）的位置，可能对火灾燃烧有一定的影响。

（2）起火部位在驾驶室内时 重点勘查的部位主要有：

1）根据火灾燃烧蔓延特征和规律，进一步缩小起火部位，是前排仪表板、还是前排座椅或后排座椅。

2）认真检查重点部位的有关电器线束和电器构件，如仪表板下左侧的接线盒及其连接线路、仪表板线束、空调线束、车顶电线束、电动车窗线束、电动座椅线束、电动门线束等，以及拆解分析可疑电器构件。

（3）起火部位在行李舱内时 重点勘查的部位主要有：

1）行李舱内的电气线路和用电设备较少，且主要分布于行李舱周围，如后尾灯线束、高位制动灯、音响。

2）行李舱起火的情况较少，即使有也比较容易查清。除应仔细检查有关线路及电器元件之外，还要考虑行李舱内存放的物质是否存在自燃特性。

总之，要根据实际火灾烧损程度，总体上采用比对方法，确定火灾发生、发展、蔓延的规律和特征。重点观察可燃物的烟熏、炭化、烧损程度和不燃物的变色、变形、锈蚀情况等。当基本确定了起火点之后，就要进行细项勘查，一般来讲对于电气线路或电气设备引起的火灾，大都会有局部过热或金属熔化痕迹。如导线熔痕、插接件熔痕、线圈过热熔痕、电弧痕等，应对重点部位的电气线路和设备进行重点检查。有时发现此类熔痕有几处，需要经过宏观分析，特别是技术鉴定加以区别它们的熔化次序和性质。如果重点检查中确实没有发现可能的金属过热熔化痕迹，那么需要及时调整调查方向，考虑是否为油品泄漏或其他因素。当然，每一起汽车火灾发生后都会有一定的背景情况和调查情况，这些对于大致判断火灾发生原因都会有较大的帮助，在确定这些情况后再根据实际情况确定火场勘查路线，而不能盲目地去拆解电气线路和设备。

2. 电气系统失火物证鉴定

（1）痕迹物证的提取 痕迹物证的提取要点如下：

1）为确定是否为电气故障引发的汽车火灾，需要在现场提取汽车电气线路或电气设备上具有熔化痕迹的残留物作为痕迹物证。

2）检查并提取汽车电气线路上是否有熔断或熔化痕迹。

3）检查并提取电气线路中插件上是否有熔断或熔化痕迹。

（2）现场鉴定 确定了起火部位和起火点，在重点部位提取到带有导线熔痕或插接件熔痕、线圈过热熔痕、电弧熔痕等痕迹物证，采用宏观分析的方法，观察熔痕的外观形态、过渡区等，可以确定为电热作用形成的熔痕，而不是火烧熔痕。同时有依据可以排除外来火源的因素，又不具备油品泄漏引起火灾的痕迹特征和前兆特征，当事方又没有纠纷和异议，一般就可以现场认定原因。但是，这种分析鉴定主要采用的是排除法和可能性推理方法，应用起来应慎重，特别是存在纠纷和赔偿问题时。

(3) 实验室鉴定　作为火灾原因认定中非常重要的技术环节，关键时还需要对火灾现场痕迹物证通过相关的仪器设备进行样品处理和分析鉴定。委托鉴定的现场提取的痕迹物证应尽量全面和系统，特别需要注意的是，要在基本能够确定起火点的情况下去收集和提取现场痕迹物证。

1）对提取的痕迹物证，利用宏观检查和金相分析等技术方法进行痕迹物证的鉴定。

2）参照国家标准 GB/T 16840. 1—2008《电气火灾痕迹物证技术鉴定方法　第 1 部分：宏观法》，根据其熔化痕迹所呈现的外观形态、金相显微组织特征等判断熔痕形成的性质，为确定引发汽车故障的原因提供科学的技术依据。

3）所用仪器设备主要包括外观形态观察设备（数码相机）和金相组织观察设备（金相显微镜）。

3. 油品泄漏火灾

汽车除了需要汽油（柴油）为本身提供动力外，还要使用转向助力油、制动油、自动变速器油等，这些油品都具有很高的火灾危险性。国外统计资料表明，由于油品泄漏引发的火灾数占所有汽车火灾数的近一半。

(1) 燃油泄漏火灾　燃油泄漏是引发汽车火灾的重要因素之一。燃油一旦泄漏，当混合气达到一定的浓度时，若有明火出现，如点火系统产生的高压火花、蓄电池外部短路时产生的高温电弧以及发动机排气产生的灼热高温或喷出的积炭火星等，汽车就很可能发生火灾事故。

(2) 润滑油泄漏火灾　发动机油底壳内有 3~5L 的润滑油，靠油泵的压力输送到需要润滑的零件或靠发动机工作时运动溅起的油滴或油雾润滑。

润滑油泄漏的主要部位有气缸盖罩、气缸垫、气缸体等处。泄漏的润滑油溅到位于其下部的高温排气歧管上会引燃失火，也有因忘记盖加油口盖而失火的。汽车发动机机体组漏油引起的火灾，故障往往发生在汽车内部，被火烧的发动机舱往往被可燃物残骸或掉落的不燃构件遮蔽，使得漏油的部位显得很隐蔽，加之起火点不一定就是故障点，更增加了火灾调查的难度。如果火灾勘查人员怀疑有这方面的起火痕迹，那么就应进行细致耐心的检查，必要时可对整个发动机进行拆解，找到真正的起火原因。

4. 排气系统引发汽车失火

车辆的高温排气歧管是汽车火灾中的主要着火源，在整个汽车火灾中占很高的比例，造成的火灾很多，但往往不被人们重视。

1）在汽车运行时，由于各个气缸内燃油的燃烧使排气歧管的温度很高。在普通公路上行驶时，排气歧管温度可达到 300~400℃；在高速公路上行驶时，排气歧管温度可达到 400~500℃；在山路上行驶时，排气歧管温度可达到 500~650℃。这样高的温度，足以引起很多油品着火，此时如果油品有漏油（包括汽油和润滑油），则油滴落在排气歧管上就会立刻引起冒烟起火。

2）当气缸出现故障，燃油在气缸内不能充分燃烧而被排出气缸时，这些混合气体经过排气歧管内的催化（三元催化）装置时会进一步氧化放热，又称第二次燃烧，这时会使排气歧管温度迅速升高，有可能引起排气歧管周围可燃的树脂塑料部件着火。

3）当汽车的点火装置发生故障而不能正常点火时，如果不能及时发现更换，则会造成气缸内燃油混合气在气缸内不能充分燃烧，而未燃烧的燃油混合气进入排气歧管中与催化装置接触发生反应，会引起第二次燃烧，造成排气歧管高温，引燃周围可燃物。

4）当将柴油误加入汽油箱中而无法点火时，也会出现上述3）中所说的情况。当以上几种情况中任何一种情况发生时，如果将带有高温排气歧管的汽车停放在可燃物上或干草地上都可能会引起可燃物燃烧，造成汽车火灾。

5）如果燃料质量不好，则燃烧时会形成有害气体腐蚀或锈蚀排气歧管，使排气歧管形成漏孔，从排气歧管漏孔中吹出的高温气体，可能会引起周围可燃物着火。

因此在勘查鉴定起火原因时，排气系统引发汽车失火的可能性不容忽视。

5. 汽车碰撞引起火灾

汽车在互相碰撞或滚落路面外与地面碰撞时，如果具备了起火源、可燃物及起火源可燃物相结合这三个条件时就会起火燃烧。

为了探明车辆火灾发生的原因，首先必须验证上述三个条件是否成立。

例如，剧烈追尾的车辆起火时，起火源是追尾车辆破裂的前照灯，可燃物则是从被追尾的车受损的油箱内泄漏出的汽油，而且两者充分结合，就会引起失火。同时还必须考虑燃烧所必需的空气（氧气）供给条件。

例如，一辆行驶中的汽车突然冲下路面，车身边刮擦石壁边滑动直到最后停止。碰撞导致违规存放在后席座椅下的底板上的燃油泄漏，同时车身与石壁刮擦引起高温，导致起火。然而当救援人员打开车门时，氧气供给迅速增加导致突然开始爆燃。

6. 汽车故意放火火灾

汽车放火案件主要涉及车辆保险赔偿问题，其次是车主与放火嫌疑人之间的矛盾。通常将汽油或其他易燃液体，如柴油、油漆稀料等直接泼在车厢内、车头发动机部位或汽车轮胎上。多数放火者以车厢内作为主要放火目标，因为车厢内可燃物较多，其次是车头发动机部位、汽车四个轮胎和油箱，但不论在什么部位放火，燃烧后都会遗留下明显的不正常的燃烧痕迹特征。

（1）车厢内放火火灾特点及痕迹特征 由于驾驶室有许多可燃材料，被点燃后能使火灾迅速蔓延，且在点燃的初期具有一定的隐蔽性，因而成为犯罪分子经常选择的放火部位。在非封闭的驾驶室内放火，氧气一般能够得到及时补充，如果门窗全部关闭，则不能将汽车点燃。原因是汽油在燃烧过程中要消耗大量的氧气，而封闭的驾驶室内空气不流通，氧气不能得到及时补充，火源会因缺少氧气而自动熄灭。

驾驶室内放火一般都是将汽油泼洒在驾驶室内的前、后座椅上，因此，从燃烧的整个痕迹特征看，呈现出自下而上的低位燃烧特征。靠近起火点处的可燃材料基本全部烧尽，呈现出以起火点为中心向四周蔓延的炭化痕迹，起火部位金属发生变色、变形的情况较其他部位严重，并且部分发生脱落。如果起火部位在前部座椅上，那么前部的仪表板基本会被全部烧毁，仪表板下部的元器件大部分脱落，并且前部金属变色情况要比后部严重，整个车厢内的玻璃全部碎裂。由于使用汽油作为助燃剂，因此在起火初期火势比较猛烈，靠近起火点的玻璃受高温影响首先大块地跌落、熔化在车厢内部，特别是前风窗玻璃。如果在勘查现场发现大块熔化的玻璃，则表明在起火初期火势比较猛烈，一般情况下是因为有助燃剂的参与。而玻璃在碎裂时大部分会在重力的作用下掉向驾驶室内，即使是在爆燃的情况下，玻璃全部向

外炸裂的情况也并不多见。大部分车窗在高温的作用下会因发生严重的变形而不能恢复原位，并且在火势从驾驶室内向外蔓延的过程中，会沿着车门开启处的两侧边缘窜出，此处温度较高，因此，其表面的漆皮脱落要比其他部位严重。如果未用易燃液体放火，车厢内可燃物缓慢燃烧，则多数前、后风窗玻璃会出现慢火烧熔变形，脱落覆盖在车厢内某一部件燃烧残留物上。如果仅用打火机或点燃棉纱、纸张等物作为引火物时，车厢内多数情况下仅为局部燃烧，并且车厢内烟尘痕迹非常明显，这一点很容易与用易燃液体放火的痕迹特征区分。

（2）发动机部位放火火灾特点及痕迹特征 发动机舱是汽车的核心部位，内部各种设备和电器元件众多、结构复杂，经常会引发一些设备或电气故障。犯罪分子为了混淆汽车起火原因，往往会在此部位放火。在发动机舱汽油放火试验中，由于发动机舱空间小，相对密闭，空气不充分，发动机舱盖的覆盖也将减缓火的扩散速度。因此，开始阶段将汽油泼洒到发动机舱内点燃时火势并不是十分猛烈，只是有大量的烟从发动机舱盖的缝隙中冒出，但由于发动机舱内部有许多塑料管线及元器件，它们被点燃后也参与燃烧。当发展到一定的阶段后，一旦火势被发动机舱内可燃材料控制，火势将迅速向外扩散。在试验中，火灾首先从发动机舱下部铁隔板的穿线孔洞向驾驶室内蔓延，然后发动机舱盖表面的漆皮在高温作用下发生起鼓、爆裂，接着开始燃烧，这就大大加速了火灾蔓延的速度。当漆皮开始燃烧后前风窗玻璃因受高温影响而爆裂，火也由此蔓延到驾驶室内。

从痕迹上看，由于火是以发动机舱为中心向四周扩散的，因此，轮胎内侧炭化程度要比外侧严重。由于发动机舱盖表面及两侧的铁板受高温影响都要发生变色，因此，颜色上的变化也可以帮助勘查人员判断最先起火的位置；而根据发动机舱盖表面漆皮的燃烧爆裂程度，可以判断出火灾过程中发动机舱内各部位温度的高低。由于被烧落的漆皮处铁板漏出，失去保护，因此，经过一段时间后，铁板表面会氧化生锈，一般生锈程度越重的地方在火灾中受热的温度也越高。发动机舱内部的各塑料管件被烧后部分或全部脱落。部分金属管件发生变色或变形，铝合金材料的发动机有时受高温作用而发生变色熔融现象，这些都可以帮助确定起火位置。

（3）轮胎部位放火火灾特点及痕迹特征 轮胎由于走山路摩擦生热或制动片部分过热等原因会引起轮胎局部受热炭化或局部着火。如果放火嫌疑人在轮胎上泼洒汽油放火就截然不同了，轮胎烧损严重，几乎全部烧损或烧蚀，甚至将金属轮毂局部烧熔，直接与地面接触部位的轮胎也不复存在；而汽车其他部位的烧损则并不严重。

如果在水泥地面上，则在汽油用量多、燃烧完全的情况下可检测出汽油成分；而当汽油用量少时，由于渗透水泥内部的能力也弱，在燃烧彻底的情况下则检测不出汽油成分的存在。在挡泥槽及外侧周围的附着烟尘中可检测出汽油燃烧残留物成分，但是干扰成分很大，原因是许多轮胎本身燃烧的烟尘也附着在上面。因此，在鉴定时要非常仔细地加以识别。在轮胎燃烧残留物中很少能检测出汽油成分的存在，因为轮胎表面比较致密，汽油不容易渗透进去，而轮胎燃烧后非常猛烈，通常会将汽油燃烧干净，因此，很少有汽油残留下来。

如果放火时未将汽油直接泼洒在轮胎上，而是泼洒在车体的其他部位上，则轮胎会出现向火面一侧烧损严重而背火面一侧烧损较轻的痕迹特征。从轮胎烧残痕迹可进一步证实与判断火的蔓延方向与泼洒汽油的方位。

（4）油箱部位放火火灾特点及痕迹特征 从很多汽车火灾案例中可以发现，当放火位置不在油箱，而在其他部位时，不论火势有多大（油箱外软质油管除外），一般情况下，油

箱会完好保存（油箱盖打开时除外），而油箱内汽油尚存。原因很简单，油箱在车体的下面，贴近地面，燃烧时，上面温度高，下面温度低，因此油箱内的汽油得以保存。如果针对油箱放火，情况就完全不同了，可能会出现下面几种情况：

1）油箱盖被打开时。在这种情况下，一般油箱不会发生爆炸，但油箱内的汽油会烧光，同时会听到轻微的爆鸣声，同时还会将靠近油箱的可燃物（如汽车、货垛等）引燃。

2）油箱盖被拧松动但未打开时。在这种情况下，有可能因受高温燃烧的作用油箱内压力增大而产生较大的冲击力，将油箱盖冲出很远，此时会发出较大的爆鸣声，同时会发现一团火球从油箱喷发出去，进而引燃汽车油箱一侧近距离的可燃物，如汽车、货垛。在勘查现场时，可在不太远处找到油箱盖。

3）油箱盖紧锁时。因火烧高温作用，油箱内汽油膨胀使其发生很大的爆鸣声，并会将油箱盖炸飞或使油箱局部出现裂口。对于高级豪华车型，有的采用特殊塑料油箱来代替金属油箱，这种塑料油箱受到高温时会熔化，使燃油流出，这样只能发生燃烧，而不会发生爆炸事故，尽可能减少了人员伤亡和财产损失。

（5）痕迹物证的提取

1）车厢内放火痕迹物证提取。车厢内放火痕迹物证提取的部位主要包括：起火座椅周围车窗玻璃上附着的烟尘、起火点处的炭化物、座椅上部顶层铁板附着的烟尘。通过对提取物进行鉴定分析，若在车窗玻璃上附着的烟尘中检测出较明显的汽油燃烧残留物成分，则此表面附着的烟尘大部分是火灾初期汽油燃烧生成的烟尘，由于这些玻璃碎片是在火灾初期炸裂掉落到地面上的，因此干扰成分很少。而车厢内本不应该有这些易燃液体汽油，若被检测出来就说明车厢内的汽油来源于外部，如果车厢内存放有汽油，则另加考虑，否则就是伪放火。

如果车头发动机漏油着火，着火小会在车厢内出现上述情况，并且可在前风窗玻璃外层表面附着的烟尘中检测出汽车本身使用的汽油成分。与此同时，也可从发动机舱盖内侧附着的烟尘中检测出汽油成分。对本身油箱内尚存的汽油或油箱内壁附着的烟尘进行技术检测，便可了解和解决这些问题。

对于起火点处的炭化物，当燃烧比较彻底时，通常检测不出汽油成分的存在，只有在燃烧不是很充分、扑救比较及时的情况下才能检测出来。而对于座椅上部顶层铁板附着的烟尘，由于大部分是由其他可燃材料燃烧生成的，所以干扰成分非常大，因此大大增加了鉴定工作的难度。因此，在现场要根据火场实际的燃烧情况来提取痕迹物证，在燃烧不严重的情况下可提取起火点处的炭化物，如果燃烧比较严重，就需要提取烟尘。

另外，要注意汽车车门处及该车门下面的地面（泥、水泥地）物证的提取。对于汽车其他部位放火痕迹物证的提取，也要注意这一点。

2）发动机部位放火痕迹物证提取。提取汽车发动机舱盖内侧表面附着的烟尘，或金属附件表面附着的烟尘，便可检测出用于放火的汽油或汽油燃烧残留物，或其他易燃液体燃烧残留物。

3）轮胎部位放火痕迹物证提取。在现场勘查时，一定要注意上风口方向的轮胎，如果在上风口方向的轮胎被烧损得很严重，那么这个位置就非常可疑，很可能是使用了助燃剂，并且此轮胎就是放火部位。提取轮胎燃烧残留炭化物以及轮胎下面的泥土进行鉴定，均可检测出汽油及汽油燃烧残留物成分，尤其是泥土，从中可检测出未燃烧的汽油，这样汽油型号

也可得到鉴别。

4）油箱部位放火痕迹物证提取。无论油箱盖是被打开、被拧松动还是锁紧，都要提取油箱内壁上附着的烟尘，以检测出汽油及汽油燃烧残留物成分。

（二）汽车过水检验鉴定

遇有暴风雨、洪水、海啸等自然灾害时，汽车有可能部分或全部被淹，造成电气装置、机械部件等损害。另外，车主或勘查人员采取的施救措施或因具体操作不当，也可能会进一步扩大汽车损失。因此，正确判断因水灾引起的汽车各零部件的损坏情况，确定汽车的损失率，以及区分汽车自燃损失和人为扩大损失等，是汽车水灾现场勘查与损失评估的主要内容。

1. 确定水灾时的汽车状态

水灾损失时汽车处于行驶状态还是处于停置状态，是区别是否是保险责任的主要前提。若汽车是处于停置状态受损，此时发动机不运转，如果发动机内部机件产生机械性损伤，如连杆打弯、活塞打碎，则可以认定为施救措施不当，使水灾造成的损失扩大。若汽车处于行驶状态，如果水位低于发动机进气口，则通常不会造成发动机损伤，但这不是绝对的。由于水是液体，受到一定的扰动会产生波浪，其他车辆的行驶也会造成水面高低变化，甚至会造成水花飞溅，飞溅的水花也会被其他汽车吸入气缸，造成发动机机件严重受损。如下雨天，路面积水，前车会激起水花，如果后车的进气口较低，则当后车超越前车时，会将前车激起的水花吸入气缸。

2. 水淹高度勘查

水淹高度是确定水淹损失程度的一个重要参数，水淹高度通常不以高度的计量单位米（m）或厘米（cm）为单位，而以重要部件的具体位置作为参数。以轿车为例，水淹高度通常分为6级，即：

1级：制动盘和制动轮毂下沿以上，车身地板以下，乘员舱未进水。

2级：车身地板以上，乘员舱进水，而水面在驾驶人座椅座垫以下。

3级：乘员舱进水，而水面在驾驶人座椅座垫面以上，仪表工作台以下。

4级：乘员舱进水，水面在仪表工作台中部。

5级：乘员舱进水，水面在仪表工作台面以上，顶棚以下。

6级：水面超过车顶。

每级的损失程度差异较大，对于损失评估结果影响较大。

3. 水质情况勘查

汽车水淹的水质通常有淡水、泥水、污水、油水和海水等类型，不同的水质对汽车造成的损失是不一样的。多数水淹损失中的水为雨水和山洪形成的泥水，但也有由于下水道倒灌而形成的浊水，其中有油、酸性物质和各种异物。油、酸性物质和各种异物对汽车的损伤各不相同，必须在现场勘查时仔细检查，并做明确记录。

4. 水淹时间勘查

水淹时间（H）也是水淹损失程度的一个重要参数，水淹时间的长短对汽车损伤的差异

很大，在现场勘查时确定水淹时间是一项很重要的工作。水淹时间常以小时（h）为单位，通常分为6级，即：

1级：$H \leq 1h$。

2级：$1h < H \leq 4h$。

3级：$4h < H \leq 12h$。

4级：$12h < H \leq 24h$。

5级：$24h < H \leq 48h$。

6级：$H > 48h$。

每级的损失程度差异较大，对于损失评估结果影响较大。

5. 汽车水淹状况的检查与处理

（1）检查气缸是否进水 汽车从水中施救出来后，要对发动机进行检查。

1）先检查发动机气缸有没有进水，气缸进水会导致连杆被顶弯，损坏发动机。

2）检查润滑油中是否进水，润滑油进水会导致其变质，失去润滑作用，使发动机过度磨损。

3）将发动机油尺抽出，查看油尺上润滑油的颜色。如果油尺上的润滑油呈乳白色或有水珠，就要将润滑油全部放掉，在清洗发动机后，更换新的润滑油。

4）将发动机上的火花塞全部拆下，用手转动曲轴，如果气缸内进水，则火花塞螺孔处会有水流出来。如果用手转动曲轴时感到有阻力，则说明发动机内部可能存在某种程度的损坏，不要借助其他工具强行转动，要查明原因，排除故障，以免引起损坏的进一步扩大。

如果通过检查未发现发动机润滑油有异常现象，可以从火花塞螺孔处加入10~15mg的润滑油，用手转动曲轴数次，使整个气缸壁都涂上一层油膜，以起到防锈、密封的作用，同时也有利于发动机的起动。

（2）检查变速器、主减速器及差速器 查看变速器、主减速器及差速器是否进水，如果上述部位进水，则会使其内的齿轮油变质，造成齿轮的磨损。对于采用自动变速器的汽车，还要检查ECU是否进水。

（3）检查制动系统 对于水位超过制动油缸的，应更换全车制动液，制动液中有水会使制动液变质，致使制动系统的制动效能下降，甚至失灵。

（4）检查排气歧管 如果排气歧管进水，则要尽快把积水排出，以免水中的杂质堵塞三元催化器和损坏氧传感器。

（5）检查受损的电器 容易受损的电器（如ECU、声像系统、仪表、继电器、电动机、开关灯）应尽快从车上卸下，进行排水清洁，电子元器件用无水酒精清洗（不要长时间用无水酒精清洗以免腐蚀电子元器件）并晾干，避免因进水引起电器短路。某些价值昂贵的电器，如果清洗晾干及时，完全可以避免损失；如果清洗晾干不及时，就有可能导致报废。

汽车ECU最严重的损坏形式就是芯片损坏。汽车的前风窗处通常设有流水槽及排水孔，可以及时排掉积水，当汽车被水泡过以后，流水槽下往往沉积了许多泥土及树叶，这时极易堵住排水孔，应及时疏通排水孔，以免排水不畅造成积水。当积水过多时，水会进入车内，还可能危及汽车ECU，导致电控系统发生故障，甚至损坏。一些线路因为沾水，其表皮会过早老化，出现裂纹，引起金属外露，最终导致电路产生故障。尤其是装有电控发动机的汽

车，其发动机 ECU 更应避免受潮，应随时注意 ECU 密封情况，避免因 ECU 进水，使控制系统紊乱而导致全车瘫痪。

安全气囊的保护传感器有时与 ECU 制成一体，如果 ECU 装于车的中间，则一般为该结构，维修时只要更换了安全气囊，就不需要再额外更换保护传感器。部分高档车（如排量在 3.0L 以上的汽车）的安全气囊传感器一般用硅胶密封，其插头镀银，水淹后一般不需要更换，低档车插头镀铜，水浸后发绿，可用无水酒精擦洗，并用刷子刷干净，再用高压空气吹干。

对于可以拆解的电动机，可以采用“拆解—清洗—烘干—润滑—装配”的流程进行处理，如发动机、无线电动机、步进电动机、风扇电动机、座位调节电动机、门锁电动机、ABS 电动机、油泵电动机等。对于无法拆卸的电动机，如刮水器电动机、喷水电动机、玻璃升降电动机、后视镜电动机、鼓风机电动机、隐藏式前照灯电动机等，则无法按上述办法进行，进水后即使当时检查可以工作，但使用一段时间后也可能会发生故障，一般说来应考虑一定的损失率，损失率通常为 20%～40%。

(6) 清洗、脱水、晾晒、消毒及美容内饰　如果车内因潮湿而出现霉味，则除在阴凉处打开车门让车内水分充分散发出去，以消除车内的潮气和异味外，还需对汽车内部进行大扫除，要注意换上新的或晾晒后的地毯及座套。此外，还要注意车内生锈的痕迹，查看车门的铰链部分、行李舱地毯之下、座位下的钢铁部分以及备用轮胎的固定锁部位有没有生锈的痕迹。

车内清洁不能只使用一种清洁剂和保护品。由于车内各部位的材质不同，因此应注意选择不同的清洁剂。多数做车内美容的装饰店会选用碱性较大的清洁剂，这种清洁剂虽然有增白、去污的功效，但会有一定的隐患，碱性过强的清洁剂会浸透绒布、皮椅、顶棚，最终出现板结、龟裂的现象。专业的做法应该是选择 pH 值不超过 10 的清洗液，配合车内部件专用的抽洗机，在清洁的同时有大量的循环清水将脏物和清洗剂带出来，并将此部位内的水汽抽出。还有一种方法是采用高温蒸汽对汽车内的真皮座椅、车门内饰、仪表板、空调风口、地毯等进行消毒，同时清除车内的烟味、油味、霉味等各种异味。

6. 汽车水灾的损坏分析

(1) 汽车静态进水的损坏分析　汽车在停放过程中被暴雨或洪水侵入甚至淹没的情况属于静态进水。

汽车在静态条件下，如果车内进水，会造成内饰、电路、空气滤清器、排气管等部位的受损，有时发动机气缸内也会进水。在这种情况下，即使发动机不起动，也可能会造成内饰浸水、电路短路、ECU 芯片损坏以及空气滤清器、排气管和发动机浸水生锈等损失。对于采用电控发动机的汽车来说，一旦电路遇水，极有可能导致线路短路，造成整车无法起动；如果发动机被强行起动，极有可能导致严重损坏。就机械部分而言，汽车被水浸过之后，进入发动机的水分在高温作用下，会使内部的运动机件锈蚀加剧。当进气吸水过多时，发动机容易变形，严重时会导致发动机报废。

另外，汽车进水后，车内饰容易发霉、变质，如果不及时清理，当天气炎热时会出现各种异味。

(2) 汽车动态进水的损坏分析　汽车在行驶过程中，发动机气缸因吸入水而使汽车熄

火，或在强行涉水通过、发动机熄火后被水淹没的情况属于动态进水。

汽车在动态条件下，由于发动机仍在运转，气缸内因吸入了水会迫使发动机熄火。在这种情况下，除了静态条件下可能造成的全部损失外，还有可能导致发动机的直接损坏。

如果汽车进水，水就有可能通过进气门进入气缸，这会导致在发动机的压缩行程中，活塞在上行压缩时遇到的不再只是混合气体，还有水，而由于水是不可压缩的，那么曲轴和连杆所承受的负荷就要极大地增加，有可能使曲轴和连杆弯曲，在随后的持续运转过程中就有可能导致进一步的弯曲、断裂，甚至捣坏气缸。

需要说明的是，同样是动态条件下的损坏，由于发动机转速高低不同，车速快慢不等、发动机进气管口安装位置不一、吸入水量多少不一样等，所造成的损坏程度自然也就有所不同。如果发动机在较高转速条件下直接吸入水，则完全有可能导致连杆折断、活塞破碎、气门弯曲、缸体被严重捣坏等故障。有时，发动机因进水导致自然熄火，机件经清洗后可以继续使用，但有个别的汽车经一段时间的使用后，造成连杆折断捣坏缸体，这是因为当时的进水导致了连杆的轻微弯曲，为日后的故障留下了隐患。

五、汽车事故损失鉴定

汽车事故损失鉴定在汽车道路交通事故司法实践中主要用于确定事故后汽车本身的价值损失。有两种情况，一种是碰撞后车辆维修复原所需要的费用损失，另一种是碰撞后全损的市值。维修费用一般按照所在地的平均工时和平均配件价格确定，一般由保险公司、修理厂和车主之间协商解决。而全损的汽车一般按照该车价值灭失前旧机动车的市场价值确定该车的总损失，一般采用资产评估中的现行市价法和重置成本法进行损失鉴定。

（一）现行市价法

现行市价法又称市场法、市场价格比较法，是指通过比较被评估车辆与最近售出类似车辆的异同，并将类似车辆的市场价格进行调整，从而确定被评估车辆价值的一种评估方法。

现行市价法是最直接、最简单的一种评估方法。这种方法的基本思路是通过市场调查，选择一个或几个与评估车辆相同或类似的车辆作为参照物，分析参照物的构造、功能、性能、新旧程度、地区差别、交易条件及成交价格等，并与评估车辆一一对照比较，找出两者的差别及差别所反映在价格上的差额，经过调整，计算出旧机动车辆的价格。

现行市价法的应用前提一是需要有一个充分发育、活跃的旧机动车交易市场，有充分的参照物可取，即要有旧机动车交易的公开市场。在这个市场上有众多的卖者和买者，交易充分平等，这样可以排除交易的偶然性和特殊性。市场成交的旧机动车价格可以准确反映市场行情，评估结果更公平、公正，双方都易接受。二是选取的参照物及其与被评估车辆可比较的指标、技术参数等资料是可收集到的，并且价值影响因素明确，可以量化。

但由于被鉴定评估车辆因事故破损灭失，无法准确确定其可比较的各种指标、技术参数等资料，所以此种方法在汽车全损鉴定中只作为参考辅助，不作为主鉴定方法。

（二）重置成本法

重置成本法是指用在现时条件下重新购置一辆全新状态的、被评估车辆所需的全部成本（即完全重置成本，简称重置全价）减去该被评估车辆的各种陈旧贬值后的差额作为被评估

车辆现时价格的一种评估方法。

1. 重置成本法的基本要素

（1）旧机动车的重置成本　重置成本是购买一辆全新的与被评估车辆相同的车辆所支付的最低金额。按重新购置车辆所用的材料、技术的不同，可把重置成本分为复原重置成本（简称复原成本）和更新重置成本（简称更新成本）。复原成本指用与被评估车辆相同的材料、制造标准、设计结构和技术条件等，以现时价格复原购置相同的全新车辆所需的全部成本；更新成本指利用新型材料、新技术标准、新设计等，以现时价格购置相同或相似功能的全新车辆所支付的全部成本。

一般情况下，在进行重置成本计算时，如果同时可以取得复原成本和更新成本，应选用更新成本；如果不存在更新成本，则再考虑用复原成本。

（2）旧机动车的实体性贬值　实体性贬值也称为有形损耗，是指机动车在存放和使用过程中，由于物理和化学原因而导致的车辆实体发生的价值损耗，即由自然力的作用而发生的损耗。旧机动车一般都不是全新状态的，因而大都存在实体性贬值。计量旧机动车实体性贬值时，主要根据已使用年限进行分摊。

（3）旧机动车的功能性贬值　功能性贬值是由于科学技术的发展导致的车辆贬值，即无形损耗。这类贬值又可细分为一次性功能贬值和营运性功能贬值。

1）一次性功能贬值是由于技术进步引起劳动生产效率的提高，现在再生产制造与原功能相同的车辆的社会必要劳动时间减少，成本降低而造成原车辆的价值贬值。具体表现为原车辆价值中有一个超额投资成本将不被社会承认。

2）营运性功能贬值是由于技术进步，出现了新的、性能更优的车辆，致使原有车辆的功能相对新车型已经落后而引起其价值贬值。具体表现为原有车辆在完成相同工作任务的前提下，在燃料、人力、配件材料等方面的消耗增加，形成了一部分超额运营成本。

（4）机动车的经济性贬值　经济性贬值是指由于外部经济环境变化所造成的车辆贬值。所谓外部经济环境，包括宏观经济政策、市场需求、通货膨胀、环境保护等。经济性贬值是由于外部环境而不是车辆本身或内部因素所引起的达不到原有设计的获利能力而造成的贬值。外界因素对车辆价值的影响不仅是客观存在的，而且对车辆价值影响还相当大，所以在旧机动车评估中不可忽视。

2. 重置成本的计算

在资产评估中，重置成本的估算有多种方法。对于旧机动车评估来说，一般采用重置核算法和物价指数法两种方法。

（1）重置核算法　重置核算法也称为直接法，它是按待评估车辆的成本构成，以现行市价为标准，计算被评估车辆重置全价的一种方法。也就是将车辆按成本构成分成若干组成部分，先确定各组成部分的现时价格，然后相加得出待评估车辆的重置全价。

重置成本的构成可分为直接成本和间接成本两部分。直接成本是指直接可以构成车辆成本的支出部分，具体来说是按现行市价的买价，加上运输费、购置附加税、消费税、人工费等。间接成本是指购置车辆发生的管理费，专项贷款发生的利息、注册登记手续费等。以直接法取得的重置成本，无论国产或进口车辆，尽可能采用国内现行市场价作为车辆评估的重置成本全价。市场价可通过市场信息资料（如报纸、专业杂志和专业价格资料汇编等）或向

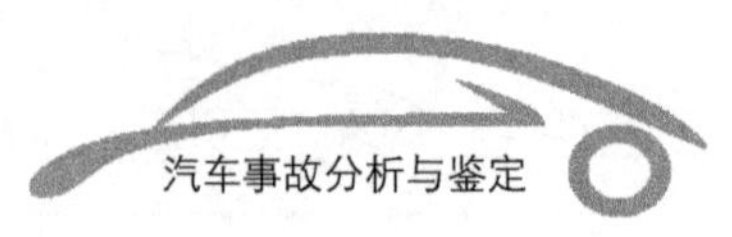

车辆制造商、经销商询价取得。在重置成本全价中，评估人员应该注意区别合理收费和无依据收费，无依据费用不能计入重置成本全价。

根据不同评估目的，旧机动车重置成本全价的构成一般分下述两种情况：

1）属于所有权转让的经济行为或为司法、执法部门提供证据的鉴定行为，可按被评估车辆的现行市场成交价格作为被评估车辆的重置全价，其他费用略去不计。

2）属于企业产权变动的经济行为（如企业合资、合作和联营，企业分设、合并和兼并等），其重置成本构成除了考虑被评估车辆的现行市场购置价格以外，还应考虑对车辆加收的其他税费（如车辆购置附加费、车船税等）一并计入重置成本全价。

（2）物价指数法 物价指数法是在旧机动车原始成本的基础上，通过现时物价指数确定其重置成本，计算式为

$$车辆重置成本=车辆原始成本\times\frac{车辆评估时物价指数}{车辆购买时物价指数}$$

$$车辆重置成本=车辆原始成本\times(1+物价变动指数)$$

当被评估车辆是已停产或是进口车辆，无法找到现时市场价格时，这是一种很有用的方法。使用物价指数法时应注意的问题是：

1）要先检查被评估车辆的账面原价。如果购买原价不准确，则不能使用物价指数法。

2）使用物价指数法计算出的值，即为车辆重置成本值。

3）物价指数要尽可能选用有法律依据的国家统计部门或物价管理部门以及政府机关发布和提供的数据，不能选用无依据、来源不明的数据。

4）如果现在选用的指数与评估对象规定的评估基准日之间有一段时间差，这一时间差内的价格指数可由评估人员依据近期的指数变化趋势结合市场情况确定。

3. 实体性贬值的估算

机动车的实体性贬值是指由于使用和自然力损耗导致的贬值。实体性贬值的估算一般可采取以下三种方法。

（1）观察法 观察法也称成新率法，指评估人员根据自己的专业知识和工作经验，通过对旧机动车实体各主要部件进行观察以及使用仪器测量等方式进行技术鉴定，并综合分析车辆的设计、制造、使用、磨损、维护、修理、改装情况和经济寿命等因素，将评估对象与全新状态相比较，考查由于使用磨损和自然损耗对资产的功能、使用效率带来的影响，从而判断被评估车辆的实体性贬值的一种方法，其计算式为

$$车辆实体性贬值=重置成本\times有形损耗率$$

（2）使用年限法 使用年限法指通过确定被评估车辆已使用年限与车辆预期可使用年限的比率来判断其实体性贬值率（程度），进而估测资产的实体性贬值的方法。其计算式为

$$车辆实体性贬值=(重置成本-残值)\times\frac{已使用年限}{规定使用年限}$$

式中　残值——旧机动车在报废时净回收的金额，在鉴定评估中一般忽略不计。

（3）修复费用法 修复费用法也称功能补偿法，通过确定被评估车辆恢复原有的技术状态和功能所需要的费用补偿，来直接确定旧机动车的有形损耗。这种方法常用于交通事故车辆的评估。其计算式为

车辆有形损耗=修复后的重置成本-修复补偿费用

4. 功能性贬值的估算

功能性贬值包括一次性功能贬值和营运性功能贬值。

(1) 一次性功能贬值的估算 功能性贬值属无形损耗的范畴，指由于技术陈旧、功能落后导致旧机动车相对贬值。对目前在市场上能购买到的，目前有制造厂家继续生产的全新车辆，一般采用市场价即可认为该车辆的功能性贬值已包含在市场价中了，这是最常用的方法。从理论上讲，同样的车辆其复原重置成本与更新重置成本之差即是该车辆的一次性功能贬值。但在实际评估工作中，具体计算某车辆的复原重置成本是比较困难的，一般就用更新重置成本（即市场价）来考虑其一次性功能贬值。

在实际评估时，经常遇到的情况是：待评估的车辆是现已停产或是国内自然淘汰的车型，这样就没有实际的市场价，只有采用参照物的价格用类比法来估算。参照物一般采用替代型号的车辆。这些替代型号的车辆其功能通常比原车型有所改进和增加，故其价值通常会比原车型的价格要高（功能性贬值大时，也有价格更低的）。故在与参照物比较，用类比法对原车型进行价值评估时，一定要了解参照物在功能方面改进或提高的情况，再按其功能变化情况测定原车辆的价值，总的原则是被替代的旧型号车辆其价格应低于新型号的价格。这种价格有时是相差很大的。评估这类车辆的主要方法是设法取得该车型的市场现价或类似车型的市场现价。

(2) 营运性功能贬值的估算 测定营运性功能贬值的步骤为：

1）选定参照物，并与参照物对比，找出营运成本有差别的内容和差别的量值。

2）确定原车辆尚可继续使用的年限。

3）查明应上缴的所得税率及当前的折现率。

4）通过计算超额收益或成本降低额，最后计算出营运性陈旧贬值。

5. 经济性贬值的估算

经济性贬值是由机动车辆外部因素引起的，外部因素对车辆价值的影响有两种：一是导致车辆闲置，在这种情况下，可通过估计车辆未来闲置的时间及其资金成本来估算其经济性贬值；二是造成运营成本上升，由于造成车辆经济性贬值的外部因素很多，并且造成贬值的程度也不尽相同，所以在评估时应在统筹考虑这些因素的基础上适当地确定经济性贬值的数额。

6. 重置成本法的计算方法

重置成本法的计算方法主要有两种：

第一种计算方法的计算式为

评估值=重置成本-实体性贬值-功能性贬值-经济性贬值

这种计算方法是重置成本法评估旧机动车的最基本模型。它综合考虑了旧机动车的现行市场价格和各种影响旧机动车价值量变化（贬值）的因素。但造成这些贬值的影响因素较多且具有一定的不确定性，所以准确地确定旧机动车的贬值是不容易的。

第二种计算方法的计算式为

评估值=重置成本×成新率

这种计算方法以成新率综合考虑了各种贬值对旧机动车价值的影响，是一种定性和定量

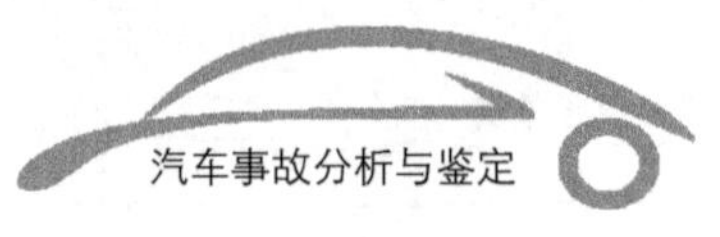

相结合的评估方法，是目前市场上应用最多的一种评估方法。

第三节　汽车事故道路及环境鉴定

在汽车道路交通系统中包括四个要素，即人、车、路、道路交通环境。导致汽车道路交通事故发生的原因，虽然主要集中在人和车的因素上，但路和环境因素的影响也不容忽视。

一、汽车事故道路因素鉴定

道路因素鉴定包括以下主要内容：

1. 道路线形条件

一般道路线形鉴定主要包括平面线形、横断面线形、纵断面线形以及各种线形组合鉴定。具体在汽车道路交通事故案件中，主要进行以下几种鉴定：

（1）道路视距鉴定　视距是驾驶人在道路上能够清楚看到的前方道路某处的距离，是道路几何设计的重要因素。视距对于行车安全、行驶速度以及通过能力都有很大的影响。目前道路的线形中，在弯道处、坡路处因视距不足导致发生道路交通事故的比例较大。

（2）道路条件鉴定　主要包括弯道半径、超高、弧长、道路的纵向坡度、路面宽度等，这些都关系到车辆允许行驶的最大速度、有无足够视距和制动距离、行车路面宽度、路肩宽度的变化情况及弯道是否加宽等与行车安全有关因素。

道路线形条件及设施鉴定的主要依据是 JTG B01—2014《公路工程技术标准》以及 GJJ 37—2012《城市道路工程设计规范（2016 年版）》等相关标准要求。

2. 路面状况

（1）路面平整度鉴定　路面平整度是指路面表面的平整程度，是路面质量的重要指标之一，它直接影响行车安全性、平稳性、乘客舒适性、路面寿命、轮胎磨损和运输成本。在道路交通事故统计中因路面凸凹不平导致大量事故发生。汽车在凸路行驶时，由于行驶中出现的垂直向上的离心力会与汽车垂直向下的重力部分或全部抵消，地面对车辆的垂直反力大大减小甚至变为零，汽车出现失重现象，附着力变小甚至为零，导致制动失效、转向操纵失灵，容易引起交通事故。若凸形高度太大还会对汽车底部凸出部件造成损害。汽车通过凹形地段时，由于垂直向下的离心力很大，加上汽车的重力，使汽车钢板、轮胎承受力加大。凹形竖曲线很小时，极易损坏钢板弹簧或轮胎的机件，从而发生故障，导致交通事故。因此一些事故发生后，需要对路面平整度进行鉴定，确定其是否是导致事故发生的原因。

（2）路面抗滑性鉴定　当道路表面的抗滑能力小于要求的最小限度时（纵向摩擦系数，水泥混凝土路面为 0.5~0.7，沥青混凝土路面为 0.4~0.6，沥青表面处治及低级路面为 0.2~0.4，干燥路面数值取高限，潮湿时取低限），车辆行驶制动或受到外力干扰时，就可能产生侧滑而失去控制。特别是道路表面潮湿或覆盖冰雪时，发生侧滑的危险性增大，在弯道、坡路和环形交叉处，尤其容易发生此类事故。据统计，每年因路滑造成的道路交通事故占总事故次数的 25%左右。有时为确定事故成因，需要对路面抗滑性进行鉴定。

（3）路面障碍鉴定　包括路面堆积物的长、宽、高和所占路面的宽度对道路行车及视

距的影响；路面施工和占用路面作业是否经过审批，是否按规定设置明显标志等。

二、汽车事故环境因素鉴定

道路交通环境是指与交通参与者出行过程有关的客观环境因素，包括汽车道路交通事故发生时的天气状况及自然景观、建筑物、交通安全设施以及音响等。在道路交通中，与天气状况、道路设施、交通管理设施和自然条件相关的交通环境对交通参与者有很大的影响，直接关系交通事故的数量和严重程度。对道路交通环境因素状况进行甄别，在微观案例分析中，可以确定道路交通事故发生的原因；在宏观统计分析中，可找出环境因素对道路交通事故发生的影响及变化规律，进而为国家制定相应环境因素下的道路交通安全管理法律、法规提供数据支持。

第四节　典型案例分析

【实例分析 7-1】　汽车驾驶人认定

1. 案件简要情况

2018 年 7 月 15 日 17 时 20 分许，在某市某公路安全监管中心路口，小型轿车（A 车）由东向西行驶过程中，与由北向南行驶的小型轿车（B 车）相撞，造成人员受伤、车辆损坏的交通事故。

2. 送检材料及样本

1）A 车。

2）B 车。

3）现场图（复印件）。

4）现场照片（电子版）。

5）事故车辆信息及相关笔录（复印件）。

6）伤者伤情诊断（复印件）。

7）现场遗留灰白色运动鞋。

3. 鉴定要求

对事故发生时 A 车的驾乘关系进行鉴定。

4. 鉴定时间

2018 年 7 月 17 日。

5. 检验鉴定的方法

依据 GA/T 1087—2013《道路交通事故痕迹鉴定》、GA 41—2014《道路交通事故痕迹物证勘验》（案发时实施标准），对该起事故车辆的车体痕迹进行检验。同时，依据 SF/Z JD0101001—2016《道路交通事故涉案者交通行为方式鉴定》及 GA/T 944—2011《道路交通事故机动车驾驶人识别调查取证规范》，通过对事故车辆驾驶室内部痕迹的勘验、事故车辆运动轨迹的分析，并结合事故车辆车内乘员伤情特征、驾驶室内遗留物品和附着物情况及事故后车内乘员所在位置进行综合分析，对事故发生时 A 车车内乘员的驾乘关系进行鉴定。

6. 分析与鉴定

（1）依据事故车辆车体痕迹及车内遗留物、附着物分析

1）事故车辆车体痕迹显示，A车车身右侧前部、车身右侧后部、车身尾部左侧凹陷破损痕迹形态、距地高度、作用力方向，分别与B车车身左侧前部、车身左侧及事故现场电线杆柱破损痕迹形态、距地高度、作用力方向相吻合。由此可以确定，在该起事故中A车车身右侧前部、车身右侧后部、车身尾部左侧分别与B车车身左侧前部、车身左侧及事故现场电线杆柱发生了碰撞。

2）A车驾驶室内部痕迹显示，该车事故后主、副驾驶座椅均向右后变形移位，结合事故发生时该车仅有2人的事实可以确定事故发生时A车车内2名乘员均在前排乘坐。经检验A车事故后左前车门受撞击无法打开、左前车窗玻璃完好，由此确定事故后A车车内乘员无法从左前车门离开车辆。该车事故后右前车门锁柱可见新鲜断裂痕迹，检验时未见经过破拆痕迹，事故后该车右前车门处于打开且无法关闭状态，由此确定事故中A车被甩出车外人员为两车碰撞时右前车门变形打开时从该位置被甩出。

3）经对A车驾驶室内部进行检验，可见该车主驾驶座椅前部地板处遗留有一只长度约29cm的灰白色男款右脚运动鞋，经比对事故现场遗留另一只灰白色男款左脚运动鞋（为办案人员在事故现场捡回），两只鞋品牌、尺寸、颜色均吻合；同时，经A车乘员刘某辨认，为其在事故发生时所穿鞋子。由于事故过程中A车未发生翻滚，因此该位置遗留鞋子为事故发生时驾驶人位置乘员所遗留，副驾驶位置乘员鞋子在车辆上述运动过程中不会移动至前排左侧（驾驶室主、副驾驶位置间有阻挡），由此可以确定事故发生时刘某在驾驶人位置乘坐（根据车内遗留鞋子与现场遗留鞋子比对确定）。

4）A车驾驶室内部痕迹显示，该车右侧B柱后部靠近右后车窗玻璃上部位置（副驾驶座椅右后上方处）嵌有棕色毛发，毛发最长长度约26cm，从该毛发的附着形态及位置特征分析，应为A车前排右侧副驾驶位置乘员在两车碰撞时头部右后枕部与该位置碰撞接触所遗留，该毛发具有女性头发的明显特征，且为碰撞瞬间所形成的。对比A车内2名乘员毛发颜色及长度特征，刘某为男性（短发），李某为女性、在事故发生时为棕色长发（事故后进行手术时剪为短发、事故前照片证明其事故前为棕色长发），由此可以确定该位置遗留的为李某毛发，进而可以确定事故发生时李某在A车前排右侧副驾驶人位置乘坐（根据毛发比对确定）。

（2）依据现场图、现场照片、车辆运行轨迹及A车车内乘员伤情分析

1）事故现场图及现场照片显示，从两车碰撞接触点至A车停止位置间有A车遗留的轮胎侧滑及旋转痕迹，由于两车初始碰撞时为A车车身右侧前部与B车车身左侧前部发生碰撞，因此当A车车身右侧前部受到B车撞击力后发生了逆时针的旋转及侧滑，在此过程中A车车内乘员会在惯性力的作由下向右侧及右前部运动，A车前排右侧乘员身体前部、身体右侧均会与车内前部工作台、右前车门内侧及右侧B柱发生接触并形成伤情，之后被甩出会形成其他伤情；同时，由于其所处位置空间较大及没有驾驶人的自主反应，会形成相对于前排左侧驾驶人位置乘员更重的伤情，相对于前排左侧驾驶人位置乘员也会更容易从车内甩出；而A车车内前排左侧驾驶人在上述运动过程中，由于所在位置受限、有自主反应并手握转向盘，与副驾驶位置乘员相比其伤情会相对较轻，也会迟于副驾驶位置乘员从车内甩出或不被甩出。

2）A车乘员刘某伤情诊断书显示，其腹部（右腹）、左上臂、左大腿、右膝部、右小腿、左踝部多发软组织挫伤，右膝部皮肤擦伤，其伤情符合两车碰撞后A车侧滑旋转过

程中前排左侧（主驾驶）位置乘员的伤情特征，其伤情形成与A车的运动轨迹和驾驶人位置乘员成伤机制相吻合，由此可以确定事故发生时刘某在A车前排左侧驾驶人位置乘坐。

3）A车乘员李某病历显示，其为复合外伤，闭合性胸外伤，多发性肋骨骨折，肺挫伤，创伤性胸腔积液，头部外伤，眼外伤，鼻外伤，鼻骨骨折，骨盆骨折，腰椎横突骨折、肾挫伤，肾周血肿，其伤情符合两车碰撞后A车侧滑旋转过程中前排右侧（副驾驶）位置乘员的伤情特征，其伤情与A车的运动轨迹和副驾驶人位置乘员成伤机制相吻合，由此可以确定事故发生时李某在A车前排右侧副驾驶人位置乘坐。

4）A车乘员李某事故后被抛出车外，其落地位置在A车左侧后部，其被甩出车外事实及落地位置与A车前排右侧乘员在事故发生时的人体运动规律相吻合，由此可以确定事故发生时李某在A车前排右侧副驾驶人位置乘坐。

综上所述，依据事故车辆车体痕迹及现场图、现场照片，结合事故车辆运行轨迹及人体损伤成伤机制，结合事故车辆车内乘员伤情及车内乘员事故后所在位置、事故车辆车内遗留物和附着物特征及事故发生时A车车内为上述2人的事实，可以确定事故发生时A车驾驶人位置为刘某。

7. 鉴定意见

该起事故发生时，A车的驾驶人位置为当事人刘某。

8. 证据信息

(1) 检车照片（图7-1～图7-36）

图7-1 证据信息（一）

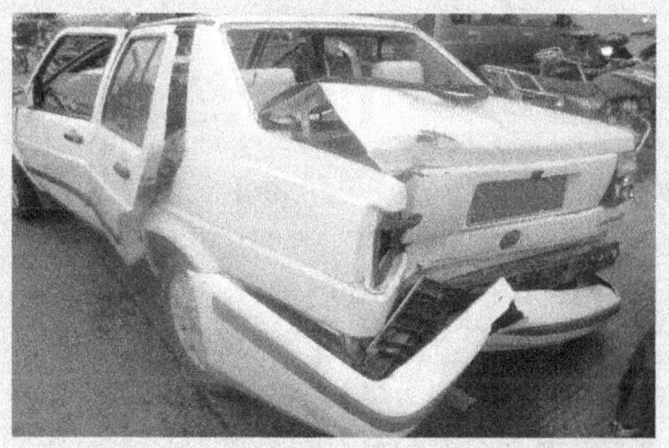

图7-2 证据信息（二）

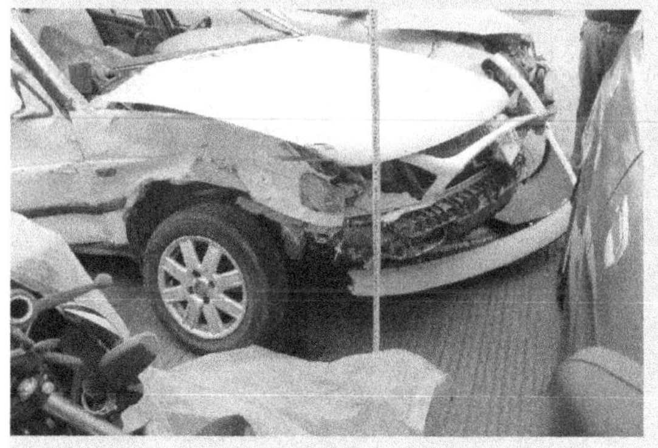

图7-3 证据信息（三）

图7-4 证据信息（四）

图 7-5　证据信息（五）

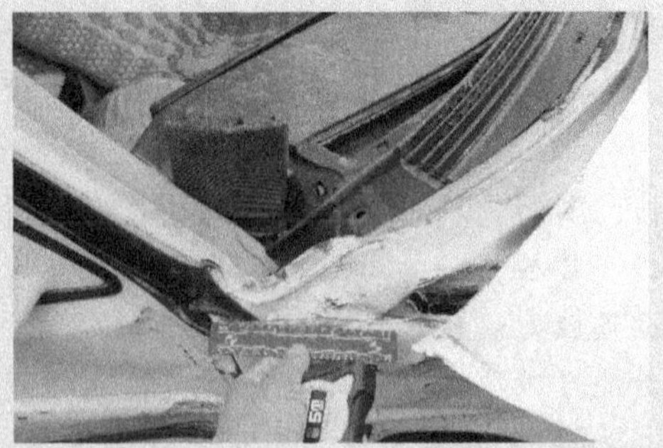

图 7-6　证据信息（六）

图 7-7　证据信息（七）

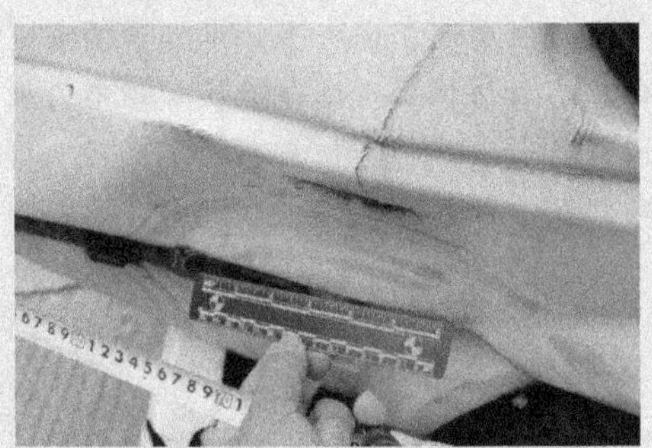

图 7-8　证据信息（八）

图 7-9　证据信息（九）

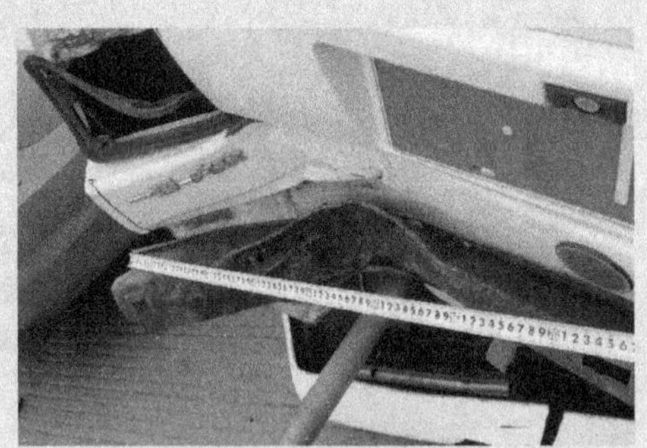

图 7-10　证据信息（十）

图 7-11　证据信息（十一）

图 7-12　证据信息（十二）

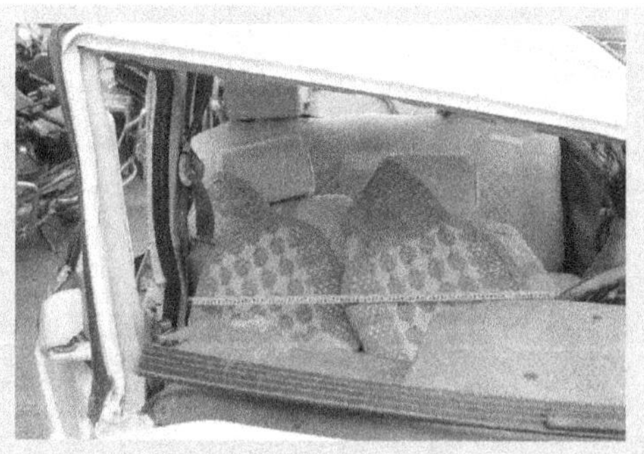

图 7-13　证据信息（十三）

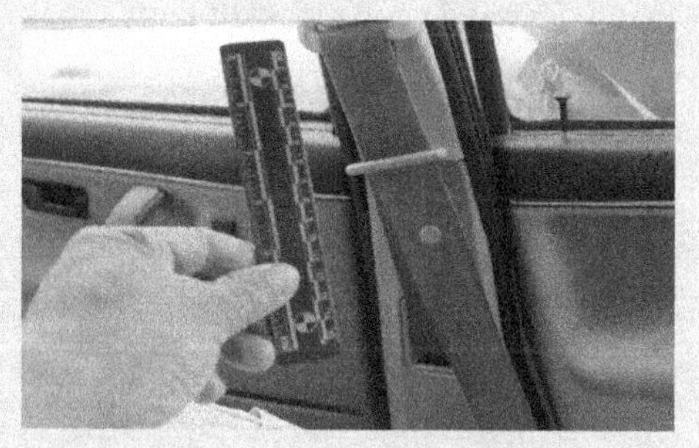

图 7-14　证据信息（十四）

图 7-15　证据信息（十五）

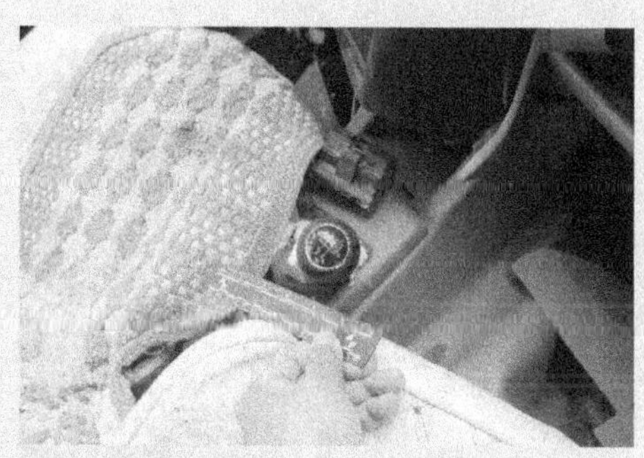

图 7-16　证据信息（十六）

图 7-17　证据信息（十七）

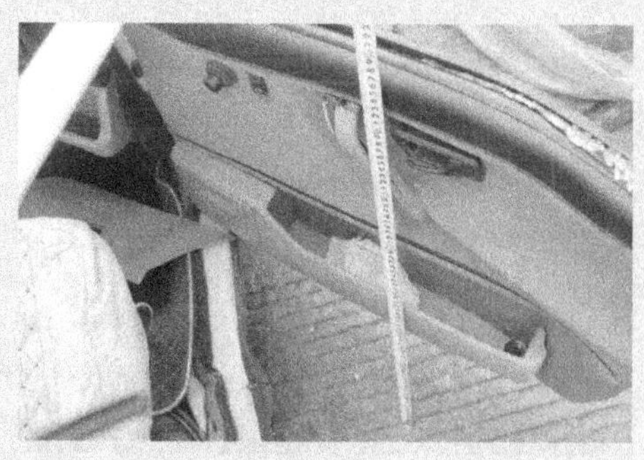

图 7-18　证据信息（十八）

图 7-19　证据信息（十九）

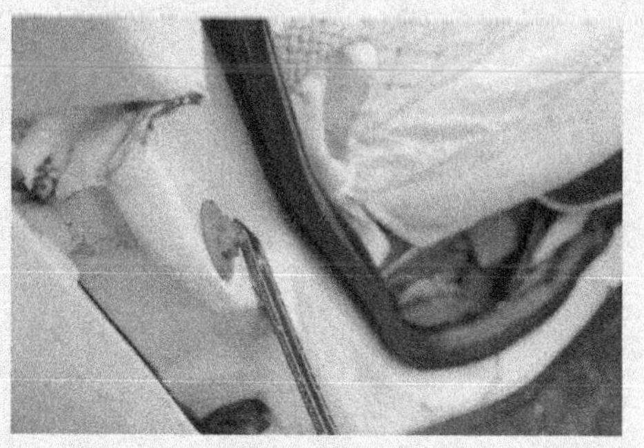

图 7-20　证据信息（二十）

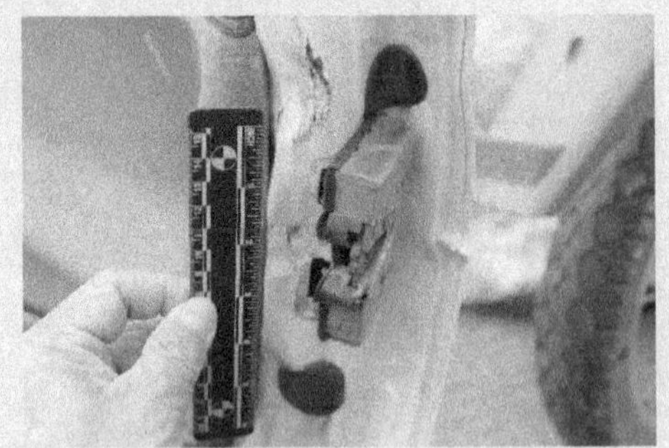
图 7-21　证据信息（二十一）

图 7-22　证据信息（二十二）

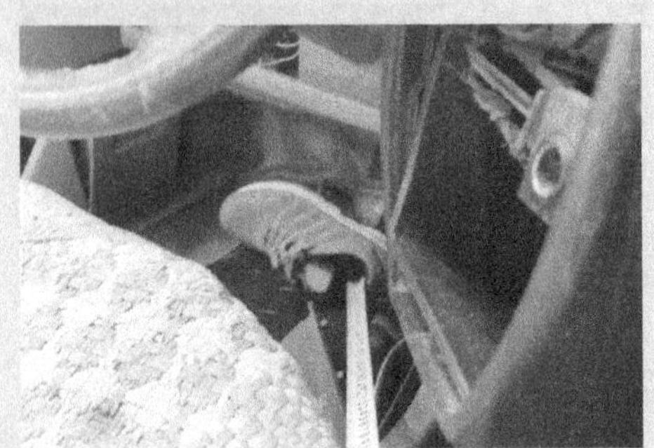
图 7-23　证据信息（二十三）

图 7-24　证据信息（二十四）

图 7-25　证据信息（二十五）

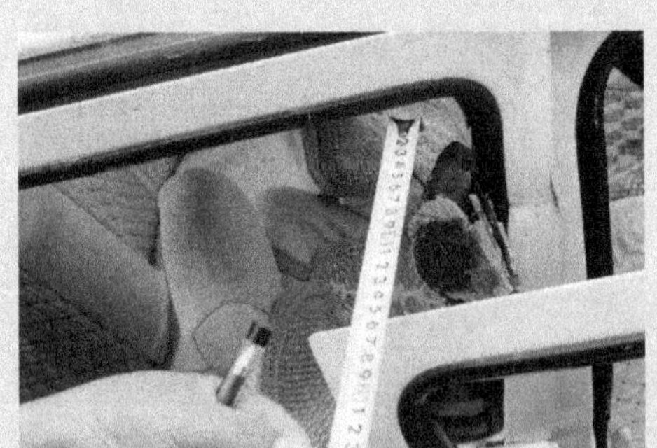
图 7-26　证据信息（二十六）

图 7-27　证据信息（二十七）

图 7-28　证据信息（二十八）

图 7-29　证据信息（二十九）

图 7-30　证据信息（三十）

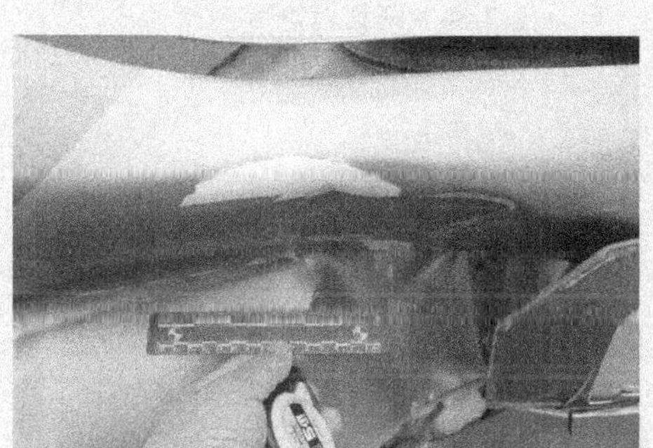

图 7-31　证据信息（三十一）

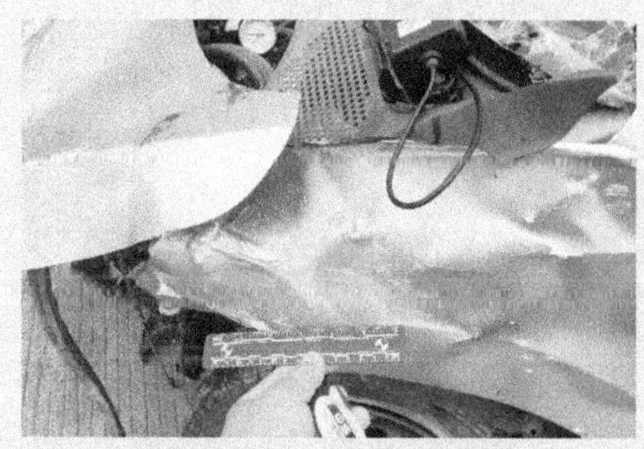

图 7-32　证据信息（三十二）

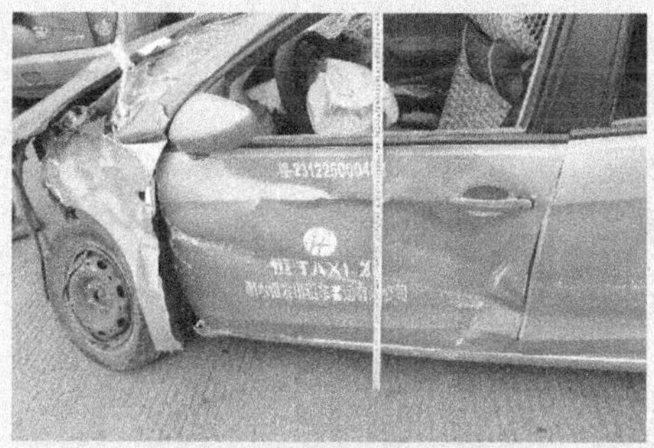

图 7-33　证据信息（三十三）

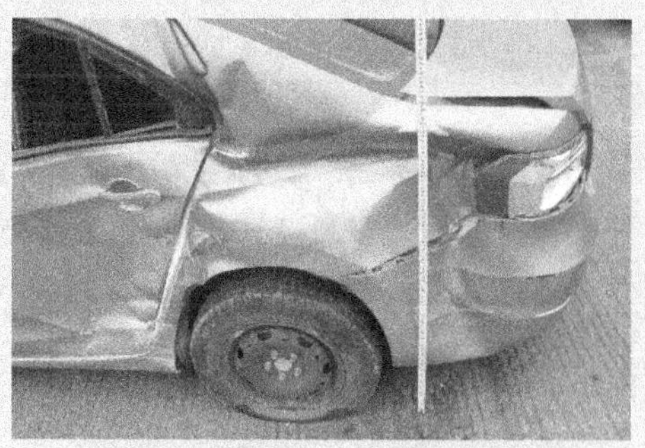

图 7-34　证据信息（三十四）

图 7-35　证据信息（三十五）

图 7-36　证据信息（三十六）

(2) 现场照片(图 7-37 ~ 图 7-40)

图 7-37 证据信息(三十七)

图 7-38 证据信息(三十八)

图 7-39 证据信息(三十九)

图 7-40 证据信息(四十)

(3) 伤情诊断、病历及查体照片(图 7-41 ~ 图 7-46)

(4) 车内遗留鞋子与现场遗留鞋子比对照片(图 7-47 ~ 图 7-52)

(5) 毛发比对照片(图 7-53 ~ 图 7-56)

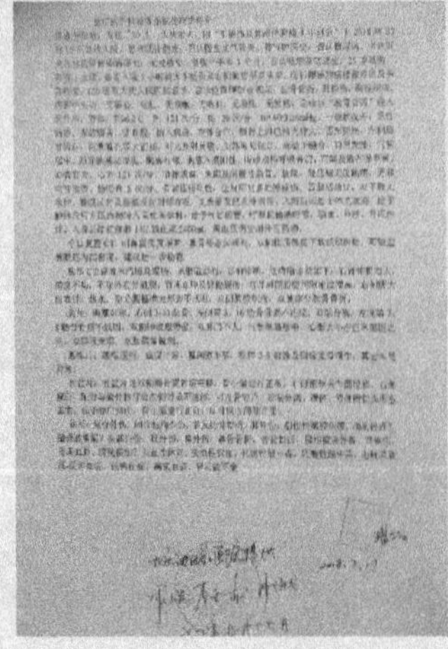

图 7-41 证据信息(四十一)

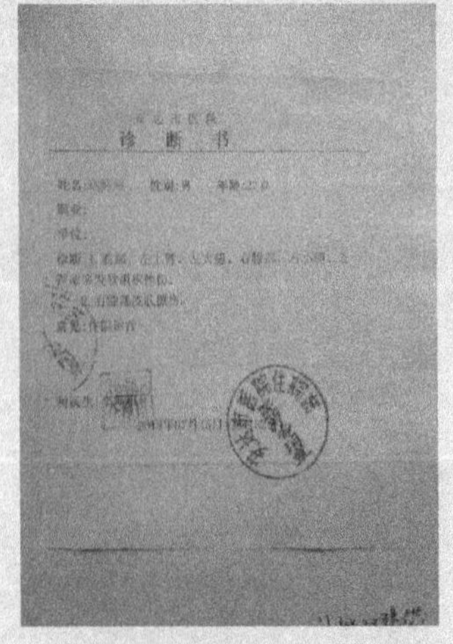

诊 断 书

图 7-42 证据信息(四十二)

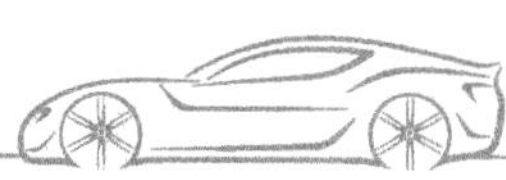

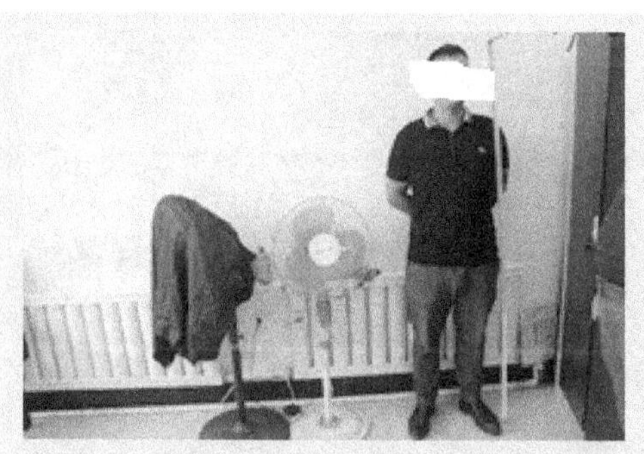

图 7-43　证据信息（四十三）

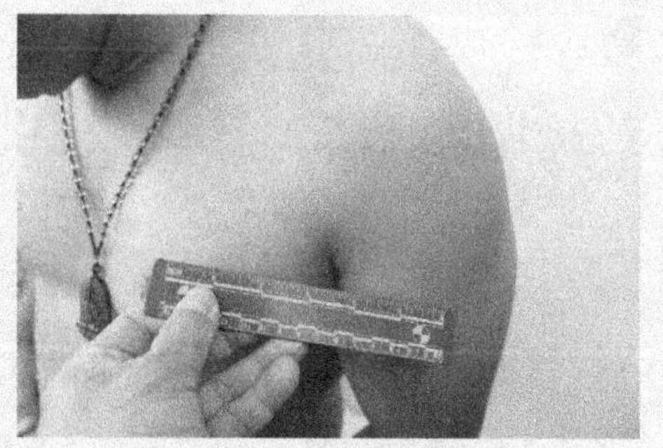

图 7-44　证据信息（四十四）

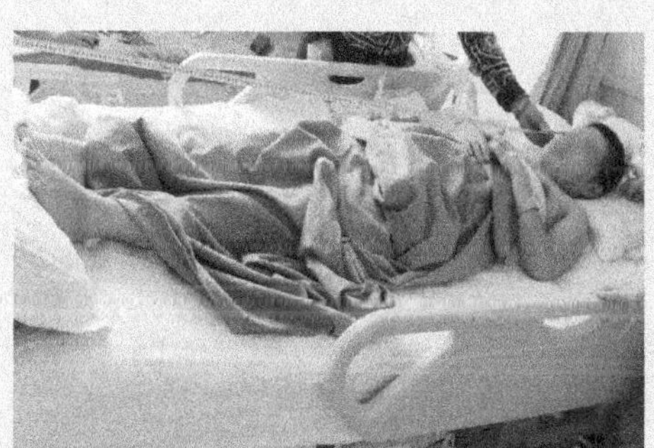

图 7-45　证据信息（四十五）

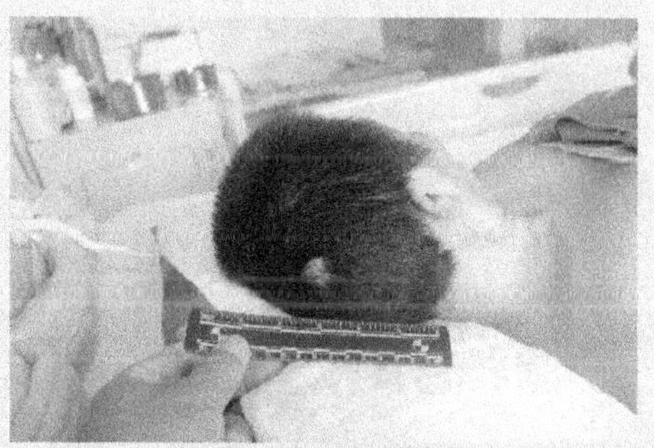

图 7-46　证据信息（四十六）

图 7-47　证据信息（四十七）

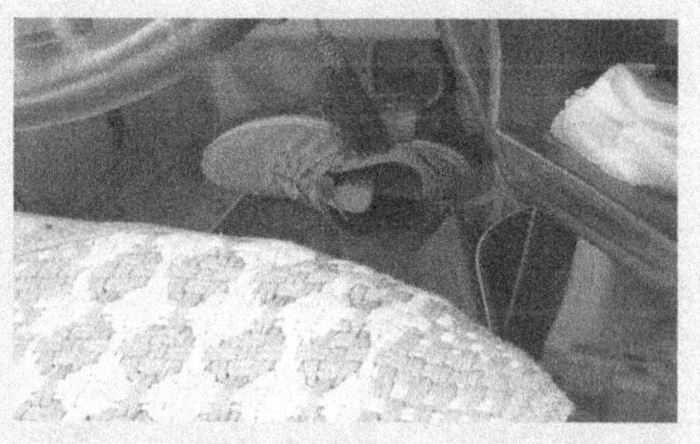

图 7-48　证据信息（四十八）

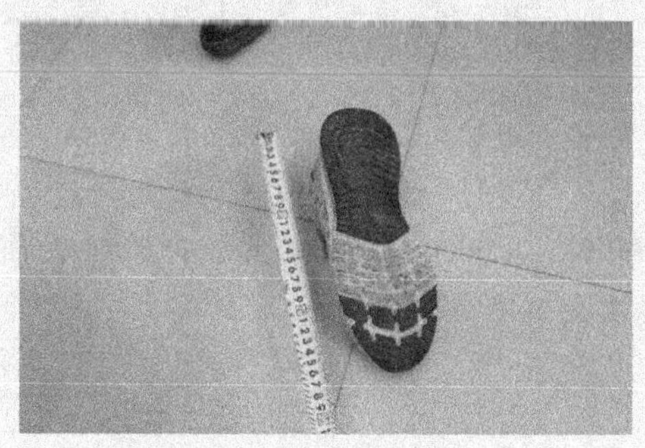

图 7-49　证据信息（四十九）

图 7-50　证据信息（五十）

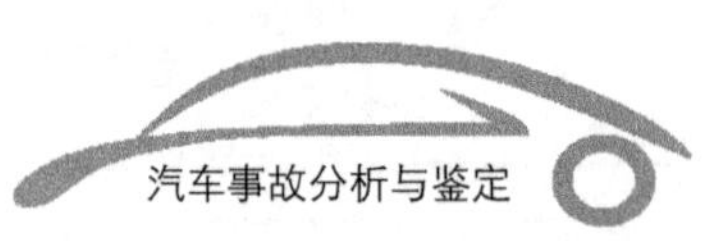

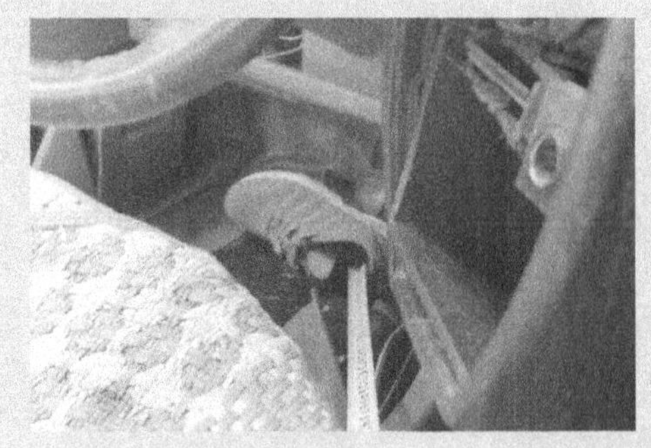

图 7-51　证据信息（五十一）

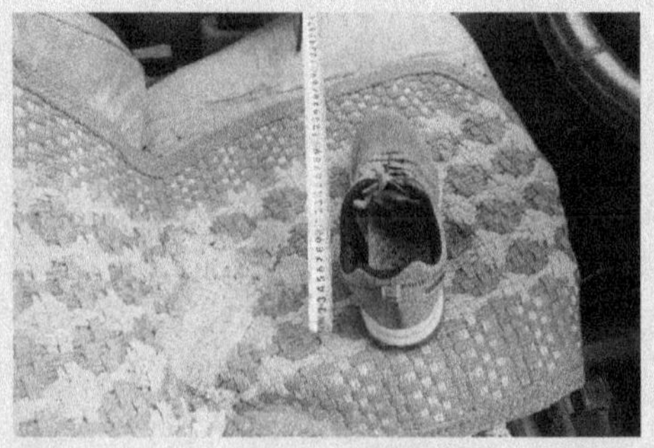

图 7-52　证据信息（五十二）

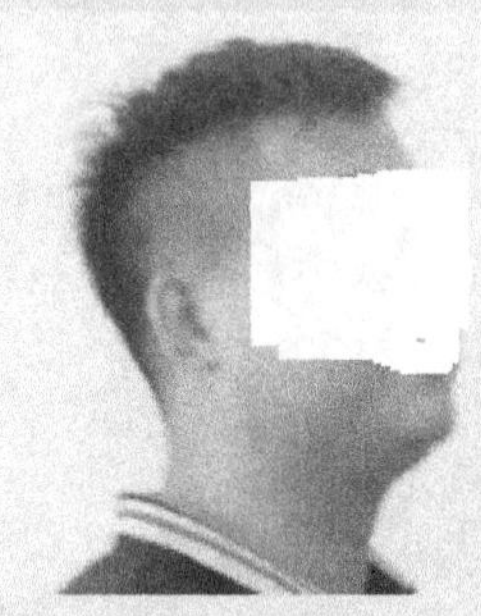

图 7-53　证据信息（五十三）

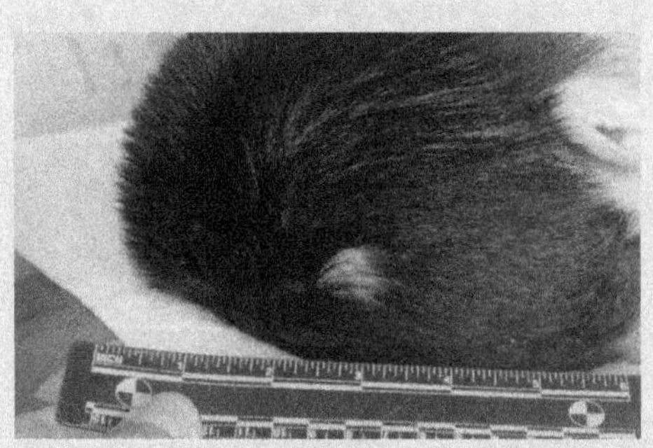

图 7-54　证据信息（五十四）

图 7-55　证据信息（五十五）

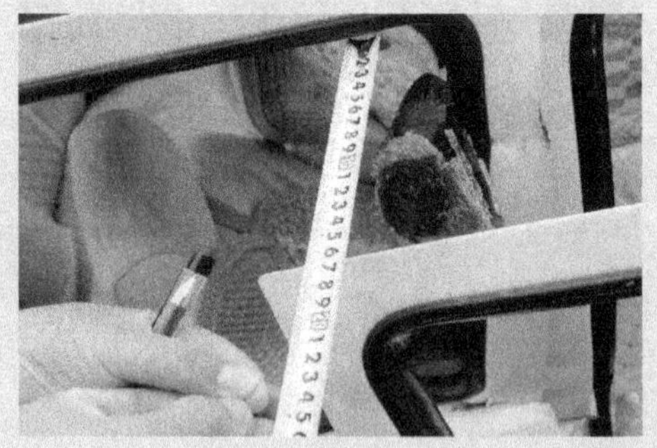

图 7-56　证据信息（五十六）

【实例分析 7-2】　汽车驾驶人生理乙醇含量鉴定（法医毒物）

1. 案件简要情况

2018 年 8 月 25 日 4 时 6 分，吕某驾驶的小型轿车（A 车），与刘某驾驶的二轮自行车（B 车）在某县某镇某交叉路口处北 30.4m 处发生交通事故。

2. 采血信息

1）采血时间：2018 年 8 月 25 日 6 时 48 分。

2）采血地点：某中心医院。

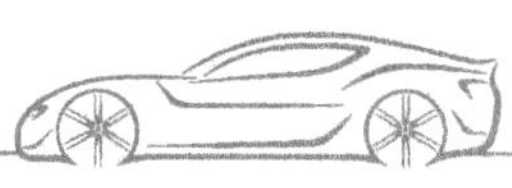

3）采血人：护士（王某）。

4）信息提供人：办案人（张某，警官号××××××）。

5）由编号为 B5650…的真空采血管装载当事人吕某血样一份，量约 2mL（图 7-57）。

3. 鉴定要求

对送检的血液内是否含有乙醇及其浓度进行鉴定。

4. 鉴定时间

2018 年 8 月 27 日。

5. 检验鉴定的方法

依据 GB 19522—2010《车辆驾驶人员血液、呼气酒精含量阈值与检验》、GA/T 842—2009《血液酒精含量的检验方法》（案发时实施标准，现行标准为 GA/T 842—2019《血液酒精含量的检验方法》），利用顶空气相色谱仪（经某技术监督局计量部门检定）对送检的血液内是否含有乙醇及其浓度进行鉴定。

6. 分析与鉴定

依据 GB 19522—2010《车辆驾驶人员血液、呼气酒精含量阈值与检验》，按照 GA/T 842—2009《血液酒精含量的检验方法》利用乙醇的挥发性，以叔丁醇为内标，用顶空气相色谱火焰离子化检测器进行检测：经与平行操作的乙醇标准品比较，以保留时间或相对保留时间定性，用内标法以乙醇对内标物的峰面积比进行定量分析。

7. 鉴定意见

经检验，该送检的吕某血样中未检出乙醇成分。

8. 证据信息

相关证据信息如图 7-57、图 7-58 所示。

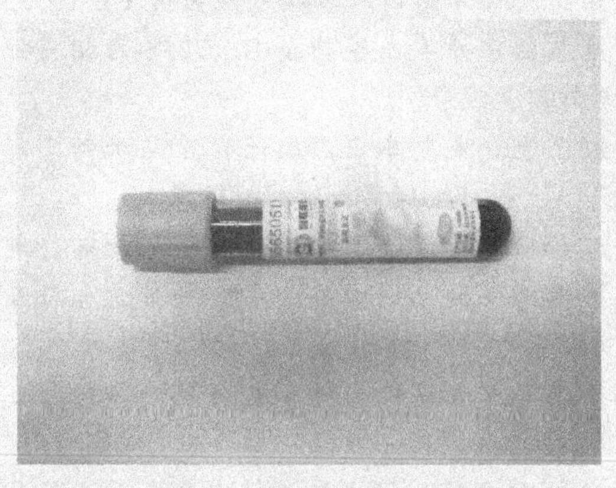

图 7-57　证据信息（一）

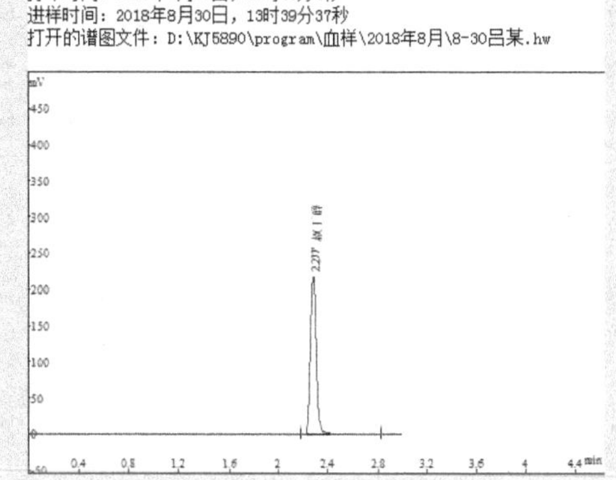

图 7-58　证据信息（二）

【实例分析 7-3】　汽车安全技术鉴定（车辆唯一性鉴定）

1. 案件简要情况

2018 年 5 月 4 日 10 时 30 分许，孙某驾驶悬挂黑色小型越野客车（A 车），在某市第一小学门前处时，因协查需要，被某市公安局交通巡逻警察大队执勤民警当场查获。

2. 送检材料及样本

1）A 车。

2）行驶证、登记证书。

3）委托方提供的车辆信息。

3. 鉴定要求

对 A 车车辆唯一性进行检验、鉴定。

4. 鉴定时间

2018 年 5 月 7 日。

5. 检验鉴定的方法

依据 GB 7258—2017《机动车运行安全技术条件》及 GB 21861—2014《机动车安全技术检验项目和方法》，结合 GA/T 642—2006《交通事故车辆安全技术检验鉴定》及 GA 41—2014《道路交通事故痕迹物证勘验》（案发时实施标准），对事故车辆 A 车的唯一性进行检验、鉴定。

6. 分析与鉴定

1）GB 21861—2014《机动车安全技术检验项目和方法》中规定：

① 号牌号码/车辆类型、车辆品牌/型号：注册登记检验时，送检机动车的车辆品牌/型号应与机动车出厂合格证（对进口车为海关货物进口证明书）一致。

在用机动车检验时，送检机动车的号牌号码/车辆类型、车辆品牌/型号，应与机动车行驶证签注的内容一致。

② 车辆识别代号（或整车出厂编号）：注册登记检验时，送检机动车的车辆识别代号（或整车出厂编号）应与机动车出厂合格证（对进口车为海关货物进口证明书）、车辆识别代号（或整车出厂编号）的拓印膜一致，车辆识别代号的内容和构成应符合 GB 16735 的相关规定；其打刻部位、深度，以及组成字母与数字的字高等符合 GB 7258 的相关规定，且不应出现被凿改、挖补、打磨、擅自重新打刻等现象。

在用机动车检验时，送检机动车的车辆识别代号（或整车出厂编号）应与机动车行驶证签注的内容一致，且不应出现被凿改、挖补、打磨、擅自重新打刻等现象。

③ 发动机号码（或电动机号码）：注册登记检验时，送检机动车的发动机号码（或电动机号码）应与机动车出厂合格证（对进口车为海关货物进口证明书）一致，并符合 GB 7258 的相关规定。

在用机动车检验时，送检机动车的发动机号码（或电动机号码）应与机动车行驶证签注的内容一致。

④ 车辆颜色和外形：注册登记检验时，送检机动车的外形应与机动车产品公告照片相符。

在用机动车检验时，送检机动车的车辆颜色和外形应与机动车行驶证上的车辆照片相符，且不应出现更改车身颜色、改变车厢形状、改变车辆结构等情形。

2）经检验车辆底部打刻的识别代码为 SALSN2E4XCA742706。对该部位及其周边漆面进行检验，漆面厚度均在 2.1~2.7mm 之间，漆面平整度及字体平整度未检见异常，未检见有凿改、挖补、打磨、擅自重新打刻等现象。

3）经检测对车内控制模块、发动机控制模块、车身控制模块进行读取，读取的识别代码均为 SALSN2E4XCA742706。车身所有模块与车内控制模块、发动机控制模块、车身控制模块通信均正常，车辆仪表盘数据在车内所有模块数据一致的情况下产生，经检测读取识别代码均为 SALSN2E4XCA7…。

4）由于检验条件限制，使用 AFS-208 发动机缸内可视化除炭机的内窥探头进行分段读取重组后，可检见车辆发动机号码为 12012405251…。

5）车辆型号为 SALSN2E4，车身颜色为黑色，车辆类型为小型越野客车。

7. 鉴定意见

A 车的车辆品牌、车身颜色、车辆类型、车辆型号、车辆识别代号及发动机号码与委托方提供的车辆信息具有一致性。

8. 证据信息

相关证据信息如图 7-59～图 7-88 所示。

图 7-59　证据信息（一）

图 7-60　证据信息（二）

图 7-61　证据信息（三）

图 7-62　证据信息（四）

图 7-63　证据信息（五）

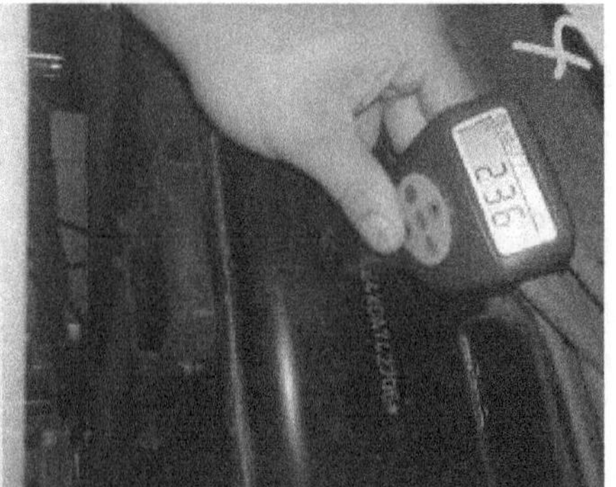
图 7-64　证据信息（六）

图 7-65　证据信息（七）

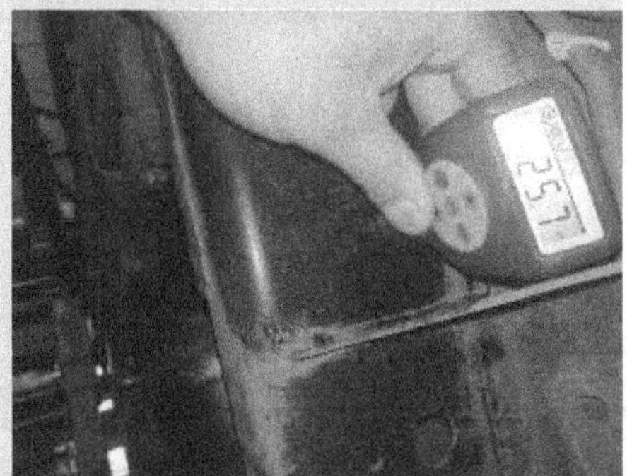
图 7-66　证据信息（八）

图 7-67　证据信息（九）

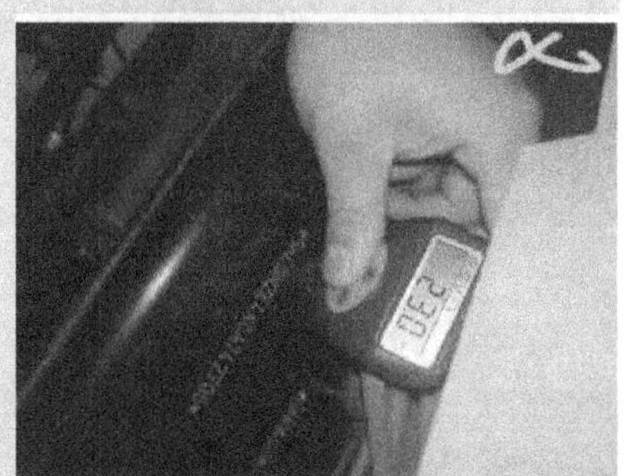
图 7-68　证据信息（十）

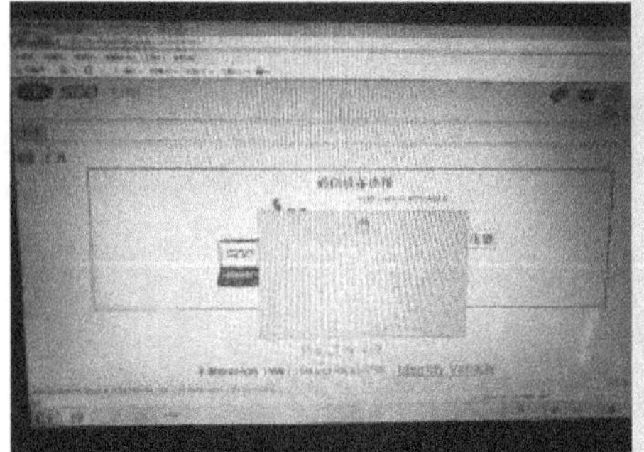
图 7-69　证据信息（十一）

图 7-70　证据信息（十二）

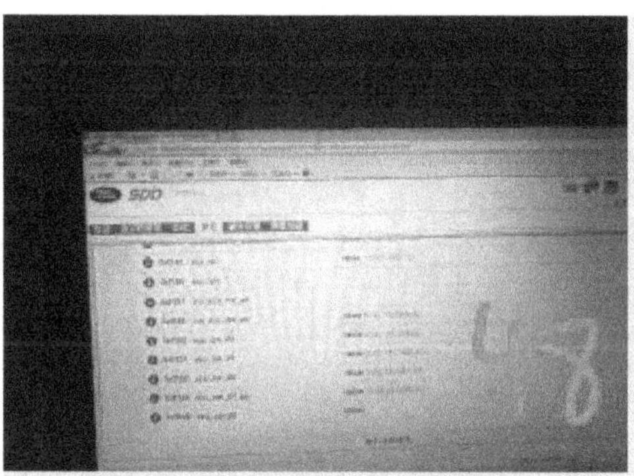

图 7-71　证据信息（十三）

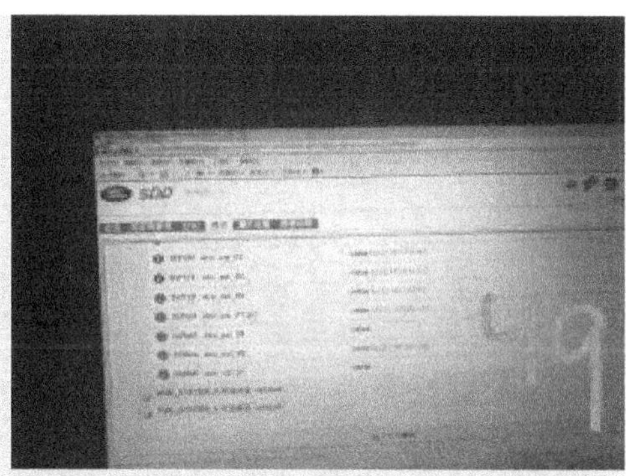

图 7-72　证据信息（十四）

注：共检测 49 块电脑数据，因篇幅只贴四张照片。

图 7-73　证据信息（十五）

图 7-74　证据信息（十六）

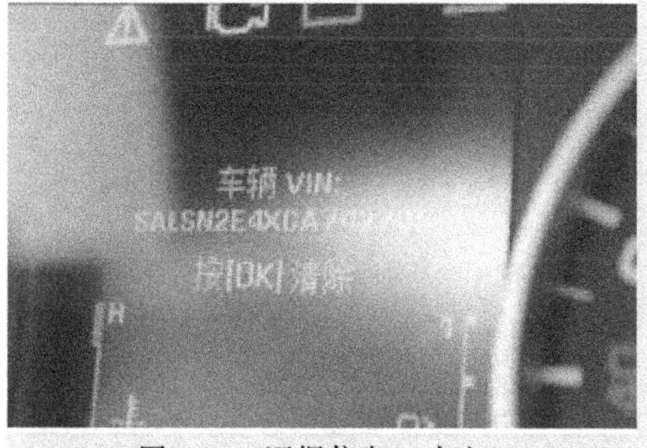

图 7-75　证据信息（十七）

图 7-76　证据信息（十八）

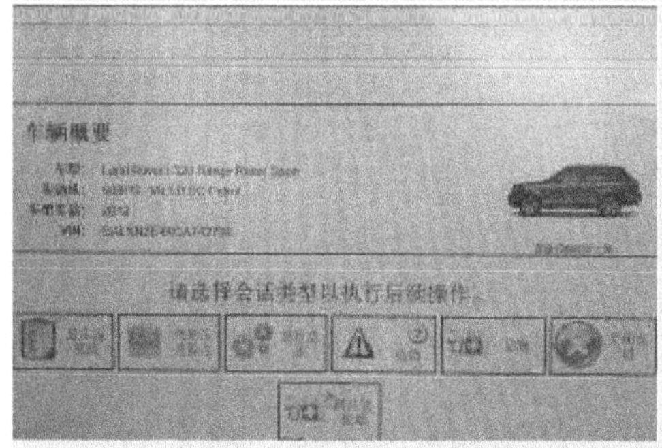

图 7-77　证据信息（十九）

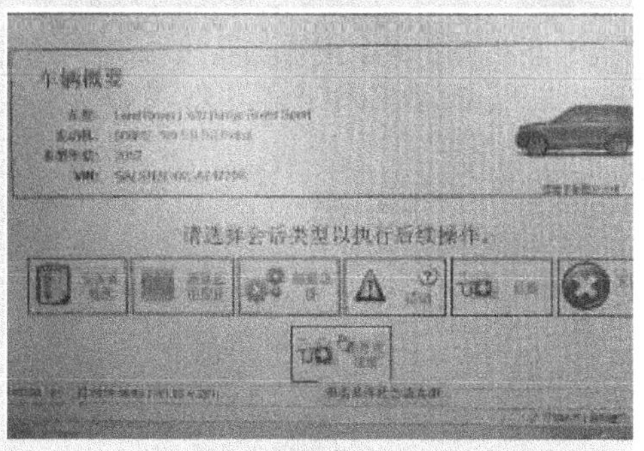

图 7-78　证据信息（二十）

图 7-79　证据信息（二十一）

图 7-80　证据信息（二十二）

图 7-81　证据信息（二十三）

图 7-82　证据信息（二十四）

图 7-83　证据信息（二十五）

图 7-84　证据信息（二十六）

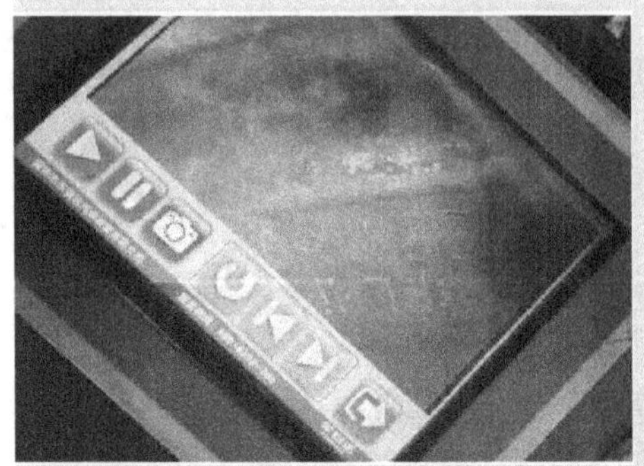
图 7-85　证据信息（二十七）

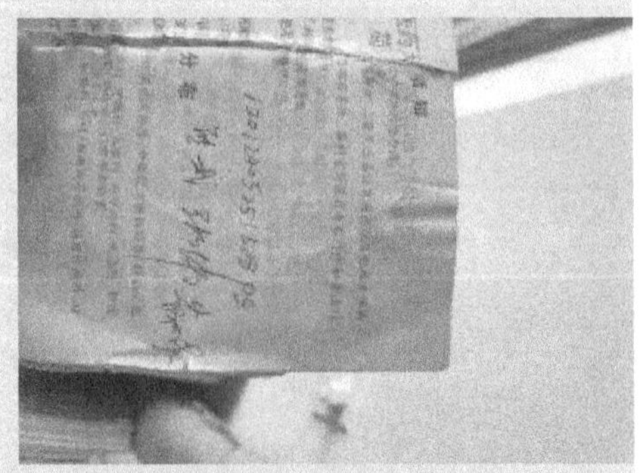
图 7-86　证据信息（二十八）

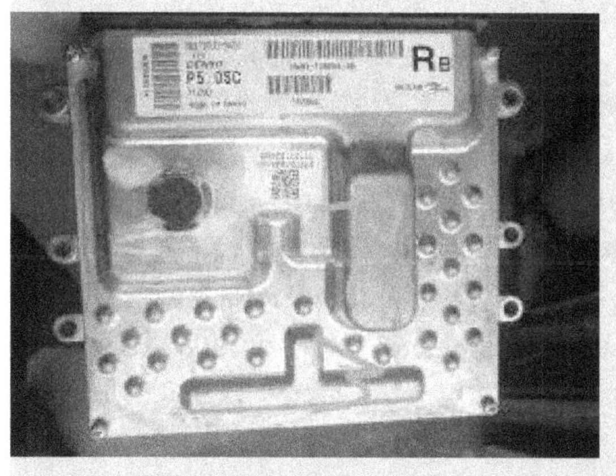

图 7-87 证据信息（二十九）

图 7-88 证据信息（三十）

【实例分析 7-4】 汽车安全技术鉴定（行车制动性能鉴定）

1. 案件简要情况

2019 年 3 月 5 日 17 时许，在某市 G229 国道 262km 加 400m 附近烘干塔附近路段处，重型半挂牵引车（牵引半挂车）（A 车）与行人相撞发生交通事故。

2. 送检材料及样本

1）A 车。

2）行驶证、登记证书及相关车辆信息。

3. 鉴定要求

对 A 车的行车制动性能进行检验、鉴定。

4. 鉴定时间

2019 年 3 月 7 日。

5. 检验鉴定的方法

依据 GB 7258—2017《机动车运行安全技术条件》及 GB 21861—2014《机动车安全技术检验项目和方法》，结合 GA/T 642—2006《交通事故车辆安全技术检验鉴定》，对事故车辆 A 车的行车制动性能进行检验、鉴定。

6. 分析与鉴定

（1）检验所见

1）制动系统静态检验。

① 该车为气压制动系统，采用前、后轮鼓式制动方式。

② 制动管路、分泵连接正常，无泄漏，制动软管与其他部件没有干涉且无老化、开裂、被压扁等现象。

③ 制动踏板移动灵活无卡滞。

④ 起动发动机 3min，达到起步气压（600kPa），熄火 3min 气压未下降。

⑤ 在气压为 600kPa 的情况下，停止空气压缩机工作（可熄火），将制动踏板踩到底，待气压稳定后观察 3min，气压降低值小于 20kPa。

⑥ 同轴左右两侧轮胎花纹一致，轮胎胎冠花纹深度：牵引车左前轮 10mm、右前轮 10mm、左后一轮内侧 10mm/外侧 10mm、右后一轮内侧 10mm/外侧 10mm、左后二轮内侧 10mm/外侧 10mm、右后二轮内侧 10mm/外侧 10mm；挂车左后一轮内侧 10mm/外侧 10mm、右后一轮内侧 10mm/外侧 10mm、左后二轮内侧 10mm/外侧 10mm、右后二轮内侧 10mm/外侧 10mm、左后三轮内侧 10mm/外侧 10mm、右后三轮内侧 10mm/外侧 10mm。

2）制动系统动态检验。该事故车辆在平坦、硬实、清洁、干燥且轮胎与地面间的附着系数不小于 0.7 的沥青路面上以满载的状态行驶，速度达到 36.80km/h 时踏下制动踏板，该车的制动减速度为 5.50m/s^2，制动距离为 14.20m，协调时间为 0.490s，无跑偏侧滑现象。

（2）分析说明

1）根据 GB 7258—2017《机动车运行安全技术条件》规定，机动车应设置足以使其减速、停车和驻车的制动系统或装置，且行车制动的控制装置与驻车制动的控制装置应相互独立。机动车（总质量小于等于 750kg 的挂车除外）应具有完好的行车制动系统，汽车（三轮汽车除外）、摩托车（边三轮摩托车除外）、挂车（总质量不大于 750kg 的挂车除外）的所有车轮应装备制动器；制动系统的各种杆件不应与其他部件在相对位移中发生干涉、摩擦，以防杆件变形、损坏。

2）参照 GB 7258—2017《机动车运行安全技术条件》规定，汽车挂车（半挂车）在 30km/h 的速度下进行紧急制动，其协调时间≤0.60s，满载时充分发出的平均减速度 MFDD≥4.5m/s^2。

3）A 车的制动管路、分泵连接完好，无泄漏，气压表完好，工作正常，制动踏板移动灵活，无卡滞。符合标准规定。

7. 鉴定意见

事故车辆 A 车的行车制动性能符合 GB 7258—2017《机动车运行安全技术条件》的规定。

8. 证据信息

相关证据信息如图 7-89～图 7-96 所示。

图 7-89　证据信息（一）

图 7-90　证据信息（二）

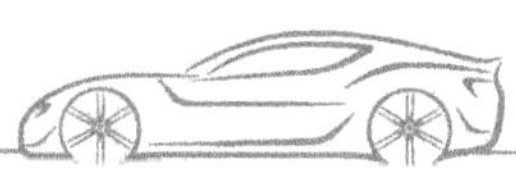

图 7-91 证据信息（三）

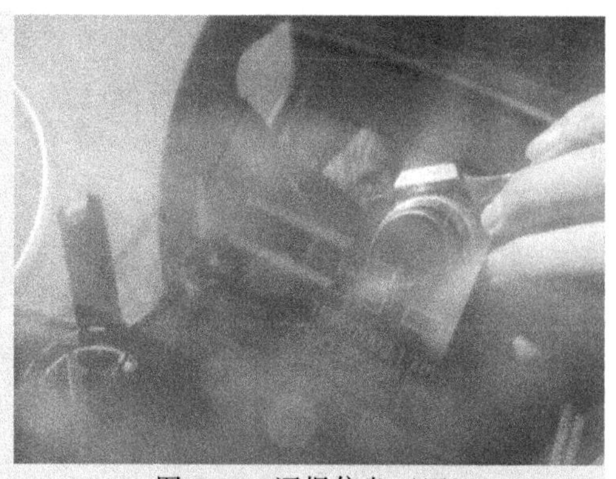

图 7-92 证据信息（四）

图 7-93 证据信息（五）

图 7-94 证据信息（六）

图 7-95 证据信息（七）

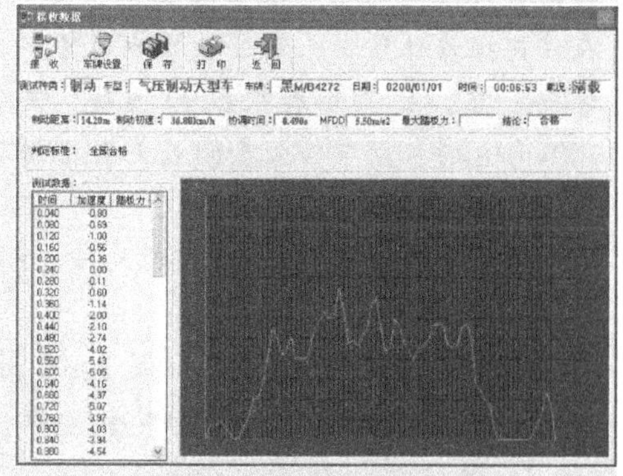

图 7-96 证据信息（八）

【实例分析 7-5】 汽车安全技术鉴定（转向系统性能鉴定）

1. 案件简要情况

2018 年 5 月 24 日 17 时许，小型轿车（A 车）与两轮摩托车（B 车）在某地发生相撞，造成摩托车驾驶人张某受伤、两车不同程度破损的交通事故。

2. 送检材料及样本

1）A 车及检验照片。

2）行驶证、登记证书及相关车辆信息。

3. 鉴定要求

对事故车辆A车的转向系统性能进行检验、鉴定。

4. 鉴定时间

2018年5月27日。

5. 检验鉴定的方法

依据GB 7258—2017《机动车运行安全技术条件》及GB 21861—2014《机动车安全技术检验项目和方法》，结合GA/T 642—2006《交通事故车辆安全技术检验鉴定》，对事故车辆A车的转向系统性能进行检验、鉴定。

6. 分析与鉴定

（1）检验所见 由于该车失去行驶能力（没有测试条件），故采用静态检验方法。

1）A车的转向系统采用转向盘转向，转向盘位于驾驶室左侧。

2）A车的转向操纵机构的转向节及臂有效，转向盘最大自由转动量为5°。

3）A车的转向传动机构的转向梯形臂完好有效，无变形，转向直拉杆完好，转向横拉杆完好，转向球销不松旷，各拉杆无拼焊，左右转向节有效，转向轮轮毂轴承完好，且转动灵活，无卡滞。

4）A车的转向器紧固有效，密封状况完好。

5）A车的转向助力装置的助力泵、助力油缸完好无漏油，液压油管完好无漏油，液压储油罐完好无漏油。

（2）分析说明 根据GB 7258—2017《机动车运行安全技术条件》规定，汽车（三轮汽车除外）的转向盘应设置于左侧，其他机动车的转向盘不应设置于右侧。机动车的转向盘（或转向把）应转动灵活，无卡滞现象。机动车应设置转向限位装置，转向系统在任何操作位置上，不应与其他部件有干涉现象。转向节及臂，转向横、直拉杆及球销应连接可靠，且不应有裂纹和损伤，并且转向球销不应松旷。最大设计车速大于等于100km/h的机动车转向盘的最大自由转动量应小于等于15°。

7. 鉴定意见

事故车辆A车的转向系统性能符合GB 7258—2017《机动车运行安全技术条件》的规定。

8. 证据信息

相关证据信息如图7-97～图7-104所示。

图7-97 证据信息（一）

图7-98 证据信息（二）

图 7-99　证据信息（三）

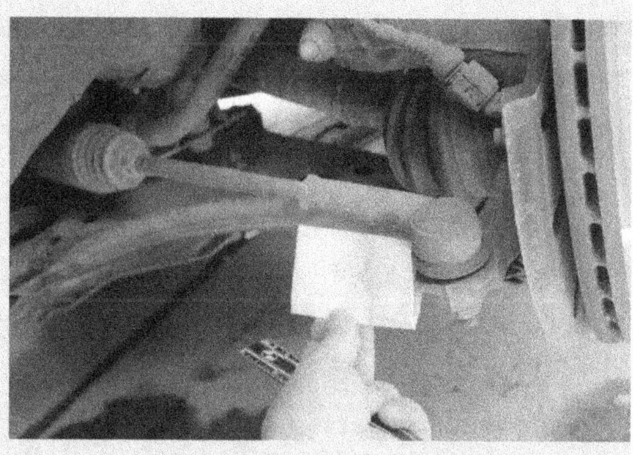

图 7-100　证据信息（四）

图 7-101　证据信息（五）

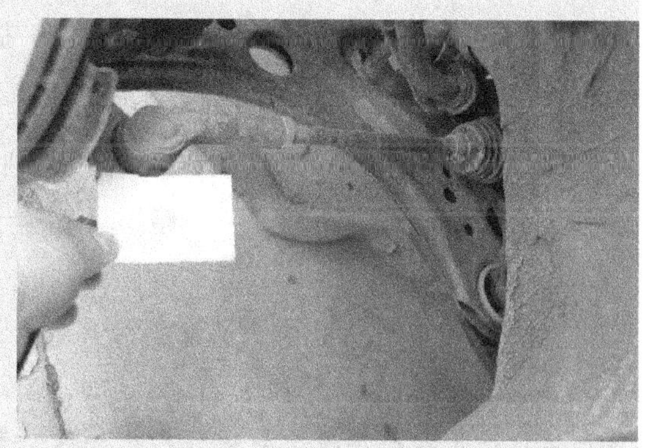

图 7-102　证据信息（六）

图 7-103　证据信息（七）

图 7-104　证据信息（八）

【实例分析 7-6】　汽车安全技术鉴定（灯光系统性能鉴定）

1. 案件简要情况

2018 年 11 月 14 日 3 时 50 分许，在某市 G203 国道 147km+800m 处，张某驾驶无号牌

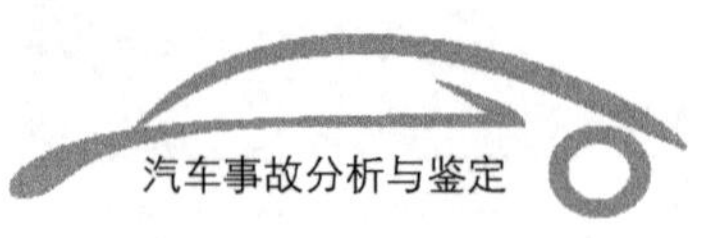

电动三轮车（A车）在由南向西左转弯过程中与由东向西由刘某驾驶的小型轿车（B车）相碰撞，造成张某受伤、两车不同程度破损的交通事故。

2. 送检材料及样本

1）B车及检验照片。

2）行驶证、登记证书及相关车辆信息。

3. 鉴定要求

对事故车辆B车的灯光系统性能进行检验、鉴定。

4. 鉴定时间

2018年11月17日。

5. 检验鉴定的方法

依据GB 7258—2017《机动车运行安全技术条件》及GB 21861—2014《机动车安全技术检验项目和方法》，结合GA/T 642—2006《交通事故车辆安全技术检验鉴定》，对事故车辆B车的灯光系统性能进行检验、鉴定。

6. 分析与鉴定

（1）检验所见

1）经目测B车的灯具安装牢靠、完好有效，不存在因机动车振动而松脱、损坏现象。

2）经目测B车不存在安装遮挡外部照明和信号装置透光面的装置，没有对外部照明和信号装置进行改装。

3）经目测B车的前、后转向信号灯，危险警告信号及制动灯白天在距其100m处能观察到其工作状况，侧转向信号灯白天在距其30m处能观察到其工作状况。

4）B车的前位灯、后位灯、示廓灯、侧标志灯、挂车标志灯、牌照灯和仪表灯能够同时启闭，当前照灯关闭和发动机熄火时仍能够点亮；右前灯组因本次事故撞击破损，开启右前转向灯开关，能够照亮；用万用表测试右前行车灯线路能够导通。

5）B车对称设置、功能相同的灯具的光色和亮度没有明显差异。

6）B车的前照灯具有远、近光变换功能。当由远光变为近光时，所有远光能够同时熄灭。

（2）分析说明 根据GB 7258—2017《机动车运行安全技术条件》第8款中规定，机动车的灯具应安装牢靠、完好有效，不应由于机动车振动而松脱、损坏、失去作用或改变光照方向；所有灯光的开关应安装牢固、开关自如，不应由于机动车振动而自行开关。开关的位置应便于驾驶人操纵。机动车（手扶拖拉机运输机组除外）的前位灯、后位灯、示廓灯、侧标志灯、牵引杆挂车标志灯、牌照灯应能同时启闭，仪表灯（仪表板的背景灯）和上述灯具当前照灯关闭和发动机熄火时仍应能点亮。机动车的前、后转向信号灯、危险警告信号及制动灯白天在距其100m处能观察到其工作状况，侧转向信号灯白天在距其30m处能观察到其工作状况。

7. 鉴定意见

事故车辆B车灯光系统性能符合GB 7258—2017《机动车运行安全技术条件》的规定。

8. 证据信息

相关证据信息如图7-105～图7-110所示。

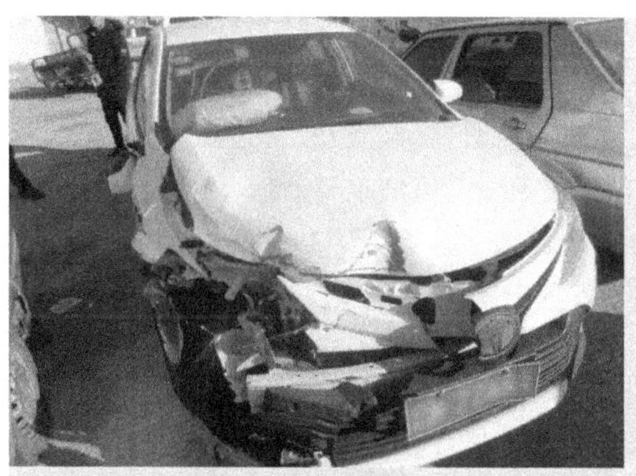

图 7-105　证据信息（一）

图 7-106　证据信息（二）

图 7-107　证据信息（三）

图 7-108　证据信息（四）

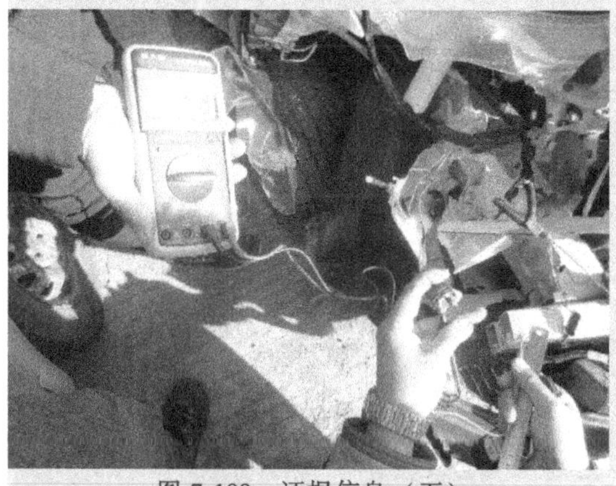

图 7-109　证据信息（五）

图 7-110　证据信息（六）

【实例分析 7-7】　汽车事故车辆痕迹检验鉴定

1. 案件简要情况

2019 年 2 月 23 日 10 时 50 分许，彭某驾驶小型轿车（A 车）沿某县某公路由东向西行驶，行驶至某处超越同方向左转弯孙某驾驶的电动三轮车（B 车）发生碰撞，造成电动三轮车乘车人高某、任某受伤，两车不同程度损坏的道路交通事故。

2. 送检材料及样本

1）A 车。

2）B 车。

3. 鉴定要求

对事故车辆 A 车及 B 车的车体痕迹进行检验、鉴定。

4. 鉴定时间

2019 年 2 月 26 日。

5. 检验鉴定的方法

依据 GA/T 1087—2013《道路交通事故痕迹鉴定》及 GA 41—2014《道路交通事故痕迹物证勘验》（案发时实施标准）对这起事故车辆车体痕迹进行检验、鉴定。

6. 分析与鉴定

（1）检验所见

1）A 车。

① 车身颜色为白色，车辆识别代码为 LFMA8E2A0H0…。

② 车身前部右侧距地高 17~90cm，距车身前边缘 0~90cm 处破损变形，表面白色漆皮减层脱落且附有蓝色漆痕加层，作用力方向由前向后。

2）无号牌电动三轮车。

① 车身颜色为蓝色。

② 车身左侧距地高 26~88cm，距车身后边缘 78~189cm 处破损变形，表面蓝色漆皮减层脱落且附有白色漆痕加层，作用力方向由左后向右前。

（2）分析说明

1）A 车车身前部右侧破损痕迹形态及碰撞高度和作用力方向与 B 车车身左侧破损痕迹形态及碰撞高度和作用力方向相吻合。

2）A 车车身前部右侧痕迹附着物（蓝色漆痕）与 B 车车身颜色（蓝色）相吻合，B 车车身左侧痕迹附着物（白色漆痕）与 A 车车身颜色（白色）相吻合。

7. 鉴定意见

根据 GA/T 1087—2013《道路交通事故痕迹鉴定》第 6.1 条规定，A 车车身前部右侧与 B 车车身左侧发生过接触。

8. 证据信息

相关证据信息如图 7-111~图 7-122 所示。

图 7-111 证据信息（一）

图 7-112 证据信息（二）

图 7-113　证据信息（三）

图 7-114　证据信息（四）

图 7-115　证据信息（五）

图 7-116　证据信息（六）

图 7-117　证据信息（七）

图 7-118　证据信息（八）

图 7-119　证据信息（九）

图 7-120　证据信息（十）

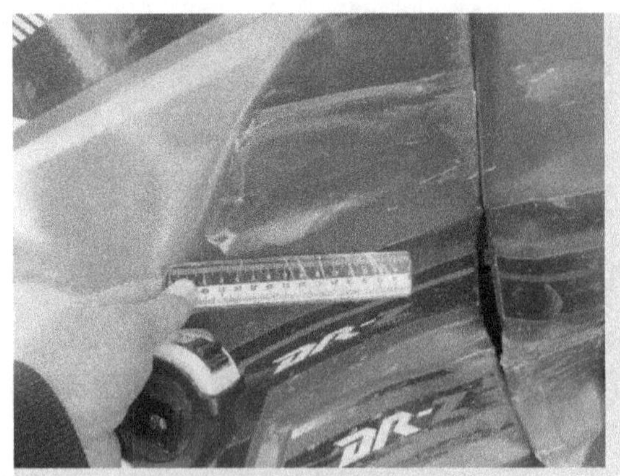

图 7-121 证据信息（十一）

图 7-122 证据信息（十二）

【实例分析 7-8】 汽车事故车辆痕迹检验鉴定（微量物证）

1. 案件简要情况

2019 年 2 月 22 日 18 时 20 分许，小型普通客车（A 车）在某公路某处疑似与行人徐某发生碰撞，造成行人徐某死亡的汽车道路交通事故。

2. 送检材料及样本

1）A 车。

2）事故现场散落物。

3）行人徐某尸检报告一份（电子版）。

3. 鉴定要求

对 A 车的车体痕迹及现场散落物痕迹进行检验、鉴定。

4. 鉴定时间

2019 年 2 月 25 日。

5. 检验鉴定的方法

依据 GA/T 1087—2013《道路交通事故痕迹鉴定》及 GA 41—2014《道路交通事故痕迹物证勘验》（案发时实施标准）对这起事故车辆车体及散落物痕迹进行检验、鉴定。

6. 分析与鉴定

（1）检验所见

1）A 车。

① 车身颜色为黑色，车辆识别代码为 * 053010，整备质量为 2070kg，事故前车身外廓尺寸为 4855mm×1925mm×1720mm。

② 该车车身前部右侧距地高 30～110cm、由车身右边缘向左 0～60cm 处刮撞破损变形，表面材质减层，作用力方向由前向后。

③ 该车右前照灯及前保险杠部分部件缺失。

2）事故现场散落物。现场散落物为黑色车辆前保险杠碎片及前照灯碎片。

3）行人徐某尸检情况。详见行人徐某尸检报告（图 7-145）。

4）微量物证比对结果。

① 所送检材 1（A 车右前照灯碎片）与检材 2（事故现场散落的前照灯碎片）对比结果一致，是同类物质。

② 所送检材 3（A 车前保险杠碎片）与检材 4（事故现场散落的黑色前保险杠碎片）对比结果一致，是同类物质。

（2）分析说明

1）A 车车身前部右侧刮撞的痕迹形态、距地高度及作用力方向与车辆接触软性物体（直立人体）所形成的痕迹特征相吻合。

2）事故现场散落的车辆前保险杠碎片及前照灯碎片的颜色、材质及断口与 A 车前保险杠及右前照灯破损缺失部分的颜色、材质及断口均一致。

7. 鉴定意见

1）现场散落物的黑色车辆前保险杠碎片及前照灯碎片与 A 车前保险杠及右前照灯缺失部分为同一整体所分离。

2）A 车车身前部右侧与徐某发生了碰撞。

8. 证据信息

相关证据信息如图 7-123～图 7-145 所示。

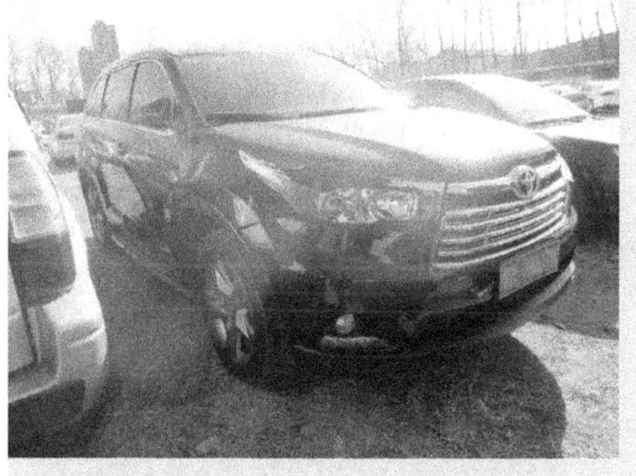

图 7-123　证据信息（一）

图 7-124　证据信息（二）

图 7-125　证据信息（三）

图 7-126　证据信息（四）

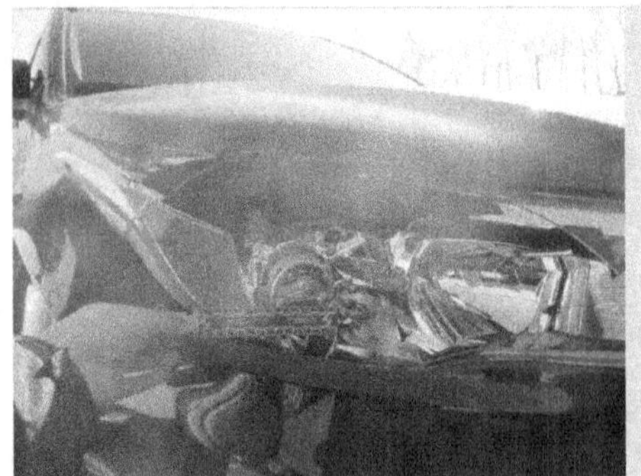

图 7-127　证据信息（五）

图 7-128　证据信息（六）

图 7-129　证据信息（七）

图 7-130　证据信息（八）

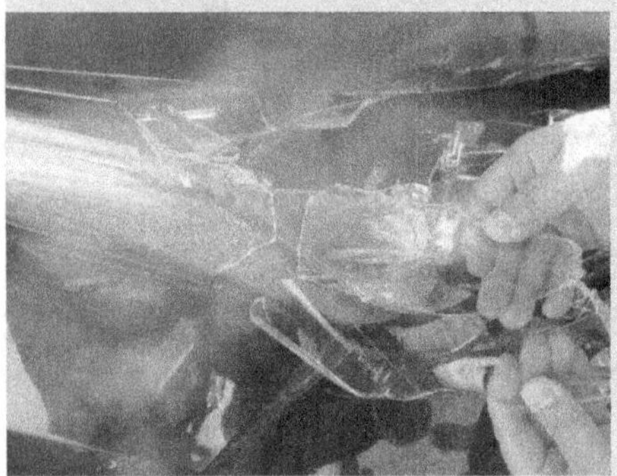

图 7-131　证据信息（九）

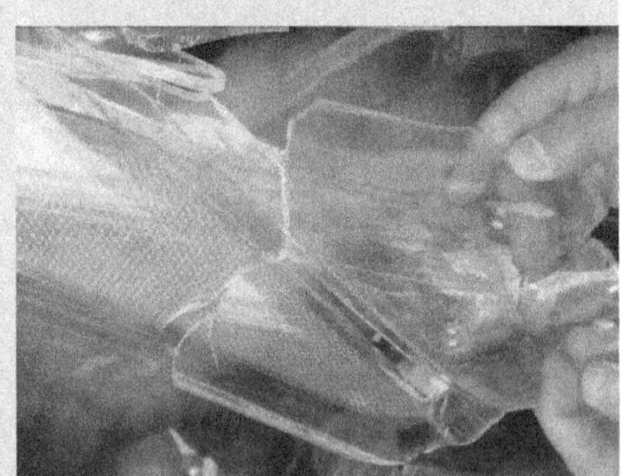

图 7-132　证据信息（十）

图 7-133　证据信息（十一）

图 7-134　证据信息（十二）

图 7-135　证据信息（十三）

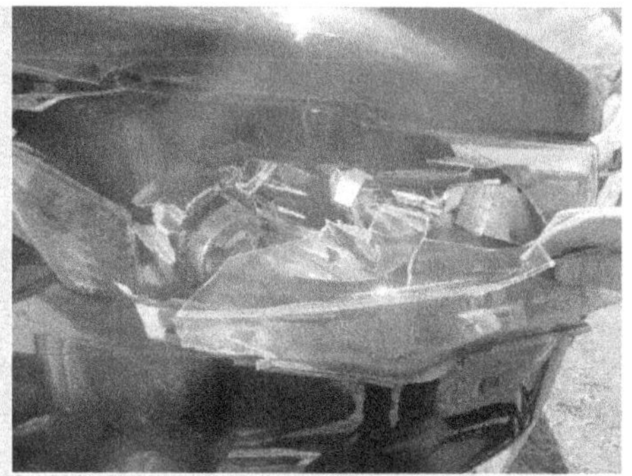

图 7-136　证据信息（十四）

图 7-137　证据信息（十五）

图 7-138　证据信息（十六）

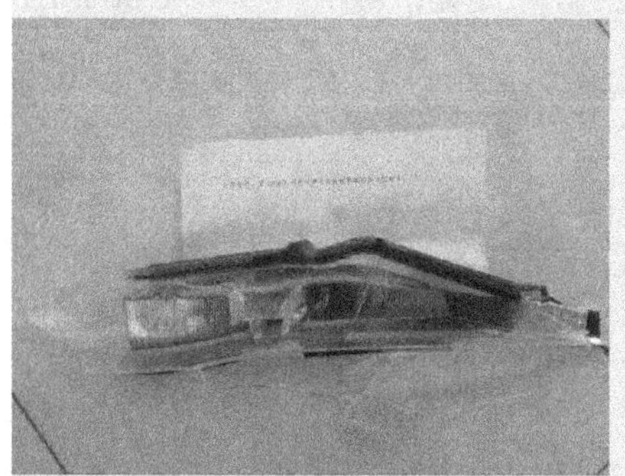

图 7-139　证据信息（十七）

图 7-140　证据信息（十八）

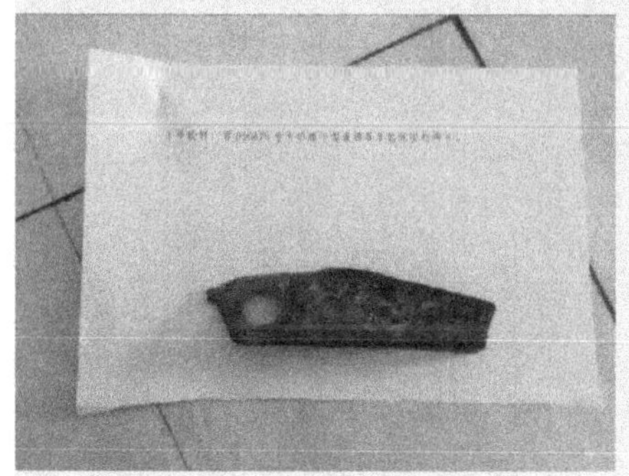

图 7-141　证据信息（十九）

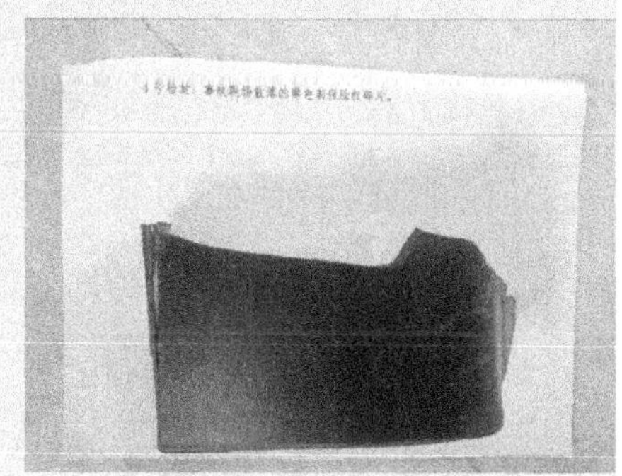

图 7-142　证据信息（二十）

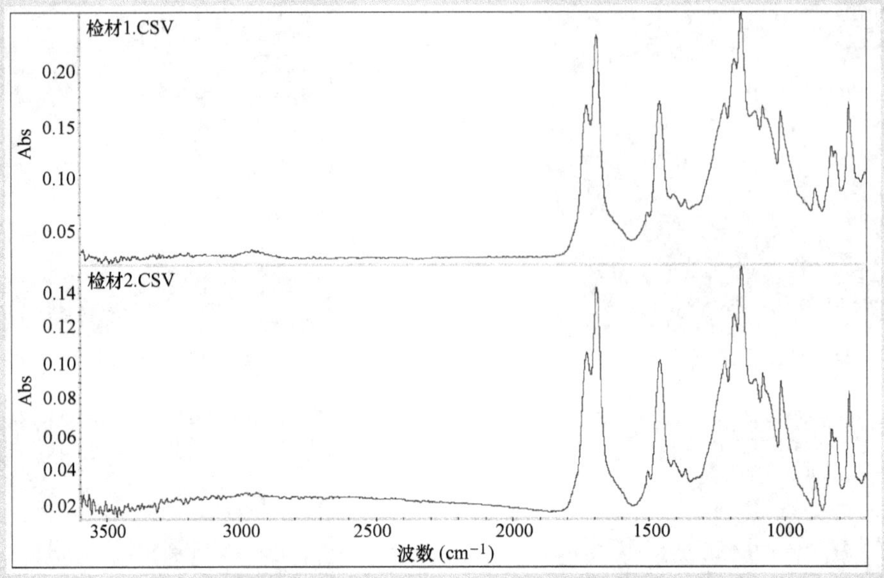

图 7-143　检材 1、检材 2 红外光谱对比图

【实例分析 7-9】　汽车事故车辆属性检验鉴定（四轮电动车）

1. 案件简要情况

2019 年 3 月 10 日 16 时许，在某路口附近，无号牌四轮电动车（A 车）与大型货车（B 车）发生碰撞，造成无号牌四轮电动车乘车人李某、王某受伤，两车不同程度损坏的道路交通事故。

2. 送检材料及样本

1）A 车。

2）A 车使用说明书。

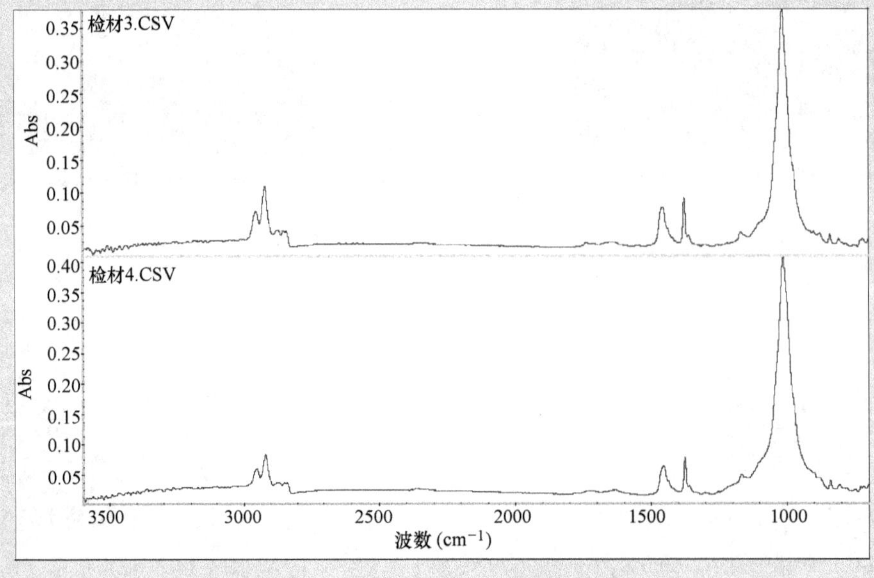

图 7-144　检材 3、检材 4 红外光谱对比图

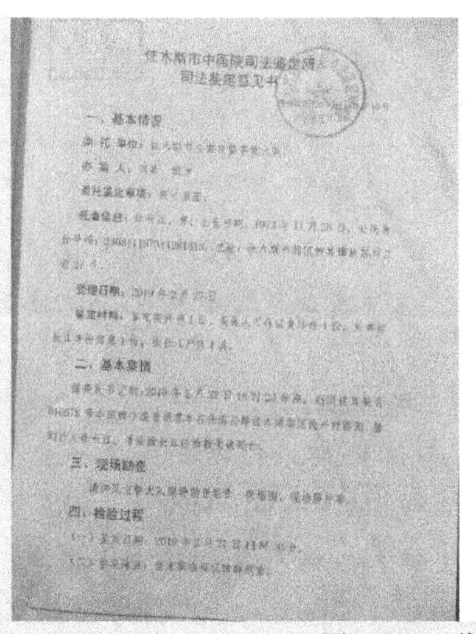

佳木斯市中医院司法鉴定所
司法鉴定意见书

一、基本情况

二、基本案情

三、现场勘查

四、检验过程

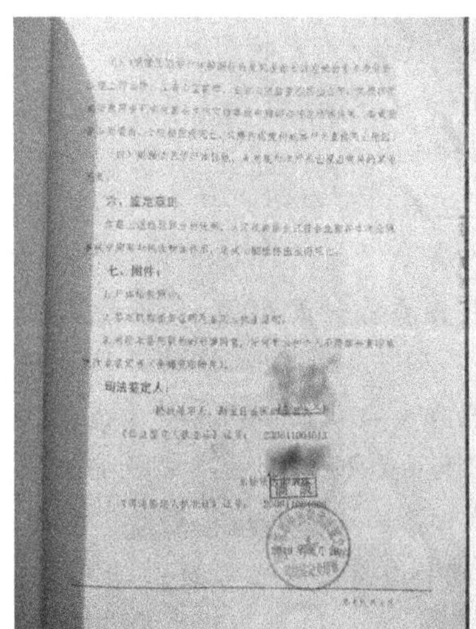

六、鉴定意见

七、附件：

司法鉴定人：

图 7-145　徐某尸检报告

3. 鉴定要求

对事故车辆A车的车辆属性进行鉴定。

4. 鉴定时间

2019年3月13日。

5. 检验鉴定的方法

依据GB 7258—2017《机动车运行安全技术条件》及GA 802—2014《机动车类型术语和定义》的相关规定，对这起事故车辆A车的属性进行检验、鉴定。

6. 分析与鉴定

（1）检验所见

1）车身颜色为白色，车身号为HDV72B6A6AW…。

2）该车动力装置为蓄电池电力驱动。

3）电子仪表盘。

4）最高车速由于车辆无法行驶无法检验。

5）车轮数量4个，无脚踏骑行功能。

6）外廓尺寸为3000mm×1300mm×1500mm。

7）最大设计总质量为1240kg。

（2）分析说明

1）根据《中华人民共和国道路交通安全法》的规定，“机动车”，是指以动力装置驱动或者牵引，上道路行驶的供人员乘用或者用于运送物品以及进行工程专项作业的轮式车辆。“非机动车”，是指以人力或者畜力驱动，上道路行驶的交通工具，以及虽有动力装置驱动但设计最高时速、空车质量、外形尺寸符合有关国家标准的残疾人机动轮椅车、电动自行车等交通工具。从法定概念上比较，“机动车”包括了以机械和电能在内的所有动力装置驱动或牵引的轮式车辆。

2）GB 7258—2017《机动车运行安全技术条件》中对汽车的界定：由动力驱动、具有四个或四个以上车轮的非轨道承载的车辆，包括与电力线相联的车辆（如无轨电车）；主要用于：

——载运人员和/或货物（物品）。

——牵引载运货物（物品）的车辆或特殊用途的车辆。

——专项作业。

本术语还包括以下由动力驱动、非轨道承载的三轮车辆：

① 整车整备质量超过400kg、不带驾驶室、用于载运货物的三轮车辆。

② 整车整备质量超过600kg、不带驾驶室、不具有载运货物结构或功能且设计和制造上最多乘坐2人（包括驾驶人）的三轮车辆。

③ 整车整备质量超过600kg的带驾驶室的三轮车辆。

3）GB 7258—2017《机动车运行安全技术条件》中对纯电动汽车的定义为：由电机驱动，且驱动电能来源于车载可充电能量储存系统（REESS）的汽车。

4）依据该车为蓄电池电力驱动，最高车速由于车辆无法行驶无法检验，车轮数量4个，无脚踏骑行功能，结合其外廓尺寸为3000mm×1300mm×1500mm，最大设计总质量为1240kg，符合机动车当中的纯电动汽车的标准。据此确定该车技术参数符合GB 7258—2017《机动车运行安全技术条件》中的纯电动汽车条件。

7. 鉴定意见

A车的技术参数符合GB 7258—2017《机动车运行安全技术条件》对机动车中纯电动汽车的定义的范畴。

8. 证据信息

相关证据信息如图7-146~图7-153所示。

图7-146　车辆外观（一）

图7-147　车辆外观（二）

图7-148　外廓尺寸测量（一）

图7-149　外廓尺寸测量（二）

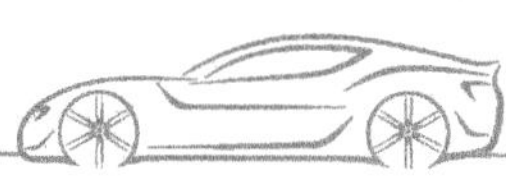

图 7-150　外廓尺寸测量（三）

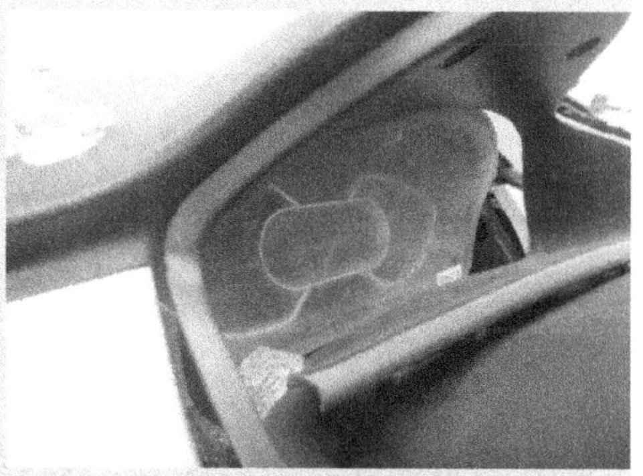

图 7-151　仪表盘

图 7-152　出厂牌

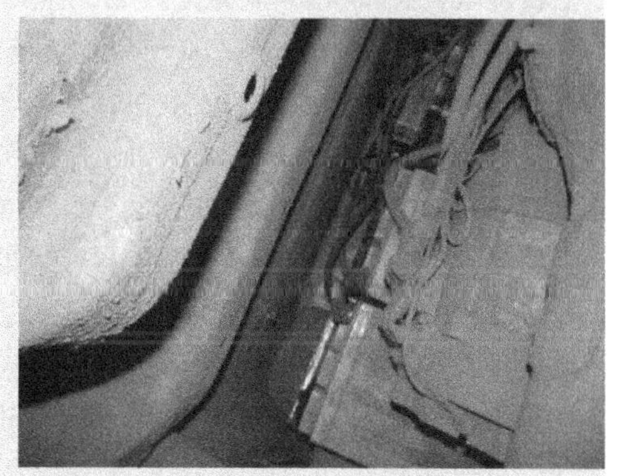

图 7-153　蓄电池

【实例分析 7-10】　汽车事故车辆属性检验鉴定（两轮电动车）

1. 案件简要情况

2019 年 4 月 17 日 13 时许，杨某驾驶小型轿车（A 车），沿某路由东向西行驶至某路口处时，遇赵某驾驶无号牌两轮电动车（B 车），两车发生相撞，造成 B 车驾车人赵某受伤、两车不同程度损坏的道路交通事故。

2. 送检材料及样本

1）B 车。

2）B 车使用说明书。

3. 鉴定要求

对事故车辆 B 车的车辆属性进行鉴定。

4. 鉴定时间

2019 年 4 月 20 日。

5. 检验鉴定的方法

依据 GB 7258—2017《机动车运行安全技术条件》、GA 802—2014《机动车类型　术语和定义》（案发时标准）、GB 17761—2018《电动自行车安全技术规范》等相关标准，对这起事故车辆 B 车的属性进行检验、鉴定。

6. 分析与鉴定

（1）检验所见

1）B车车身颜色为红色，为两轮车辆。

2）该车为蓄电池电力驱动，有踏板骑行功能。

3）电动机额定输出功率为200W。

4）电动驱动最高车速为22km/h。

5）蓄电池电压为24V。

6）外廓尺寸为1600mm×600mm×1000mm。

7）该车质量为44.60kg。

（2）分析说明

1）GB 7258—2017《机动车运行安全技术条件》及GB 17761—2018《电动自行车安全技术规范》中对车辆类型的相关术语、定义规定如下：

摩托车：由动力装置驱动的，具有两个或三个车轮的道路车辆，但不包括：

① 整车整备质量超过400kg、不带驾驶室、用于载运货物的三轮车辆。

② 整车整备质量超过600kg、不带驾驶室、不具有载运货物结构或功能且设计和制造上最多乘坐2人（包括驾驶人）的三轮车辆。

③ 整车整备质量超过600kg的带驾驶室的三轮车辆。

④ 最大设计车速、整车整备质量、外廓尺寸等指标符合相关国家标准和规定的，专供残疾人驾驶的机动轮椅车。

⑤ 符合电动自行车国家标准规定的车辆。

轻便摩托车：

无论采用何种驱动方式，其最大设计车速不大于50km/h的摩托车，且：

——如使用内燃机，其排量不大于50mL。

——如使用电驱动，其电机额定功率总和不大于4kW。

2）电动自行车：

① 具有脚踏骑行能力。

② 具有电驱动或/和电助动功能。

③ 电驱动行驶时，最高设计车速不超过25km/h；电助动行驶时，车速超过25km/h，电动机不得提供动力输出。

④ 装配完整的电动自行车整车质量小于或等于55kg。

⑤ 蓄电池标称电压小于或等于48V。

⑥ 电动机额定连续输出功率小于或等于400W。

7. 鉴定意见

B车技术参数符合GB 17761—2018《电动自行车安全技术规范》对电动自行车的定义的范畴。

8. 证据信息

相关证据信息如图7-154～图7-160所示。

图7-154　证据信息（一）

图 7-155　证据信息（二）

图 7-156　证据信息（三）

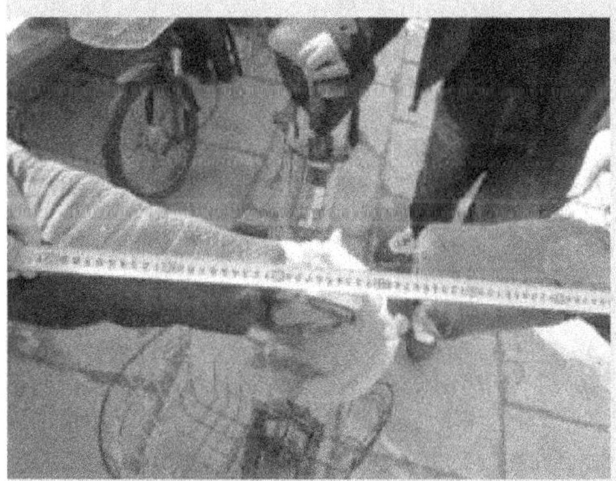

图 7-157　证据信息（四）

图 7-158　证据信息（五）

图 7-159　证据信息（六）

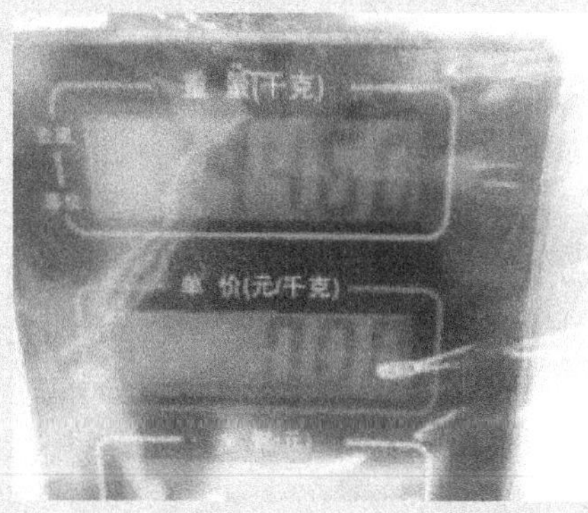

图 7-160　证据信息（七）

【实例分析 7-11】　起火原因鉴定

1. 案件简要情况

2017 年 5 月 28 日 15 时 10 分许，驾驶人刘某驾驶轿车（A 车）沿某路由东向西行驶至 268km+989.90m 处时，驶入道路南侧沟内，导致轿车起火，车辆损坏，车内两名人员当场死亡。

2. 送检材料及样本

1）A 车。

2）A 车车辆信息。

3）现场照片（电子版）。

3. 鉴定要求

对事故车辆 A 车的起火原因进行鉴定。

4. 鉴定时间

2017 年 6 月 1 日。

5. 检验鉴定的方法

依据 GA/T 1087—2013《道路交通事故痕迹鉴定》及 GA 41—2014《道路交通事故痕迹物证勘验》（案发时实施标准）等相关标准，对失火车辆的电气系统、燃油系统、部件碰撞后的位置和破损情况及车辆整体燃烧情况进行勘察，结合具体情况综合分析确定这起事故的起火原因。

6. 分析与鉴定

（1）检验所见

1）整车见燃烧痕迹。车前部凹陷变形，发动机整体后移，车体前部两侧翼子板变形，保险杆、前照灯、前格栅等全部缺失；车前部底盘护板缺失，底盘下横梁由前向后凹陷变形，前发动机舱盖变形，全车玻璃缺失，前部 A 柱、车顶棚向下变形，左前车门变形、左后车门外板缺失，油箱盖开启，行李舱盖两侧向内变形，行李舱盖中上部隆起，四个车轮中仅右前轮残存部分轮辋，其余全部缺失。

2）驾驶舱内各种仪表设备、座椅、转向盘、底板等设施全部烧毁，室内附有大量油污，驾驶人座椅靠背向前倾斜约 30°；后排座椅靠背中下部向前呈弧形凸起，座椅缺失；驻车制动手柄呈拉起状态。

3）发动机舱内部有大量泥土覆盖，内部零部件部分燃烧熔化，发动机机体部分燃烧熔化，发动机舱内油管全部烧毁；机体进油管根部烧灼熔化较重，周围电线裸露有熔化痕迹。

（2）分析说明 依据对车辆发动机舱前部保险杠防撞梁、散热器上横梁向后弯曲变形，挤压发动机前侧面的起动机安装位置，起动机电源线靠近起动机部分检见电源线间短路形成的熔珠，可确定该车前部在与道路南侧通往田野的岔路东侧护坡接触时，导致车辆前部防撞梁、散热器上横梁等构件向后弯曲变形，挤压起动机，造成起动机舱内部的电源线路发生短路，产生电火花，同时发动机向后移位造成油管发生断裂，燃油外溢，引起发动机舱内起火。

7. 鉴定意见

A 车的起火原因车辆前部剧烈撞击导致起动机安装位置变化，靠近起动机电源线间短路产生电火花，同时发动机向后移位造成油管发生断裂，燃油外溢，引起发动机舱内起火。

8. 证据信息

相关证据信息如图 7-161～图 7-168 所示。

图 7-161　车辆前部

图 7-162　前部痕迹高度

图 7-163　发动机舱

图 7-164　发动机机体熔化

图 7-165　发动机机体进油管

图 7-166　裸露连接线熔化

图 7-167　短路部位

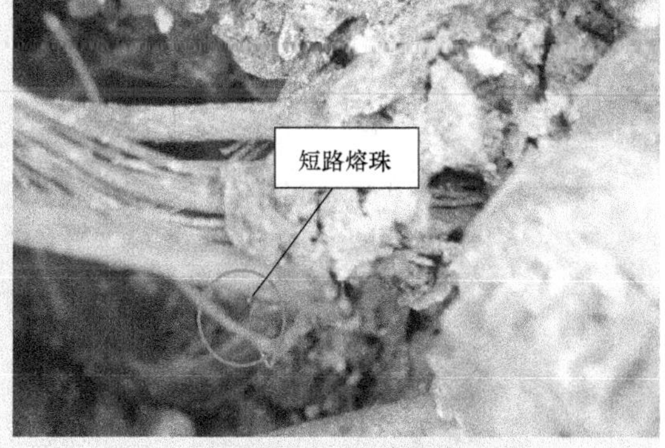

图 7-168　短路熔珠

【实例分析 7-12】 汽车事故损失鉴定

1. 案件简要情况

2016 年 8 月 20 日 16 时 30 分许，牛某驾驶重型自卸货车（A 车）由西向东行驶至某路时，遇陈某驾驶小型普通客车（B 车，承载乘车人庞某、高某）由东向西行驶至此相撞，造成陈某、庞某、高某当场死亡，两车受损的交通事故。

2. 送检材料及样本

1）B 车。

2）B 车车辆信息。

3）现场照片（电子版）。

3. 鉴定要求

对事故车辆 B 车的车辆损失进行鉴定。

4. 鉴定时间

2016 年 8 月 23 日。

5. 检验鉴定的方法

依据 GA 41—2014《道路交通事故痕迹物证勘验》（案发时实施标准）及 GB 7258—2012《机动车运行安全技术条件》（案发时实施标准），依照《涉案物品估价鉴定管理办法》，对 B 车进行勘验，对事故前车辆价值进行检验、鉴定。

6. 分析与鉴定

（1）检验所见

1）B 车，车身颜色为银灰色，车辆识别代码为 * 021900，整备质量为 1250kg，事故前车身外廓尺寸为 4040mm×1640mm×1900mm。

2）发动机号为 * F03402，车辆出厂日期为 2009 年 7 月 7 日，初次登记日期为 2009 年 8 月 13 日。

3）该车辆撞击损毁严重，其维修价值超过现有价值的 70%，故对其事故前的价值进行评估。

（2）分析说明

利用重置成本法确定 B 车重置成本：$B=46800$ 元。

1）确定 B 车成新率。该车使用年限为 15 年，折合为 180 个月，从初次登记日起至评估基准日止，该车已使用年限为 7 年，折合为 84 个月，成新率为

$$C=(1-84/180)\times100\%\approx53\%$$

2）确定 B 车综合调整系数。通过对该车的技术参数进行了解，各种因素的调整系数可取值为：技术状况的系数为 0.6；维护情况的系数为 0.7；B 车为普通客车，制造质量系数取 0.7；工作性质属私用车，系数取 0.9；工作条件较差，系数取 0.6。采用加权平均法估算综合调整系数，其值为：

$$K=0.6\times30\%+0.7\times25\%+0.7\times20\%+0.9\times15\%+0.6\times10\%=0.69$$

3）评估价格为 $P=B\times C\times K=46800\times53\%\times0.69=17115$ 元。

7. 鉴定意见

B 车事故前评估价格为：17115 元。

8. 证据信息

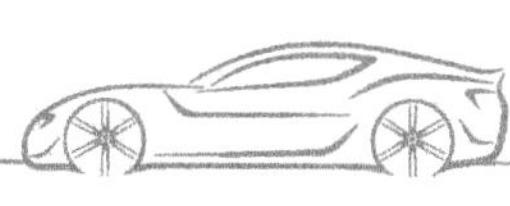

相关证据信息如图7-169、图7-170所示。

图7-169　证据信息（一）

图7-170　证据信息（二）

【实例分析7-13】　基于现场试验信息的综合鉴定

1. 案件简要情况

2012年5月8日20时36分许，肖某驾驶大型客车（A车）在某路某中学门前停车（发动机运行且空档状态）等待师生上车过程中，腿部碰到变速杆，使车辆突然自行运行，慌乱中误将加速踏板当制动踏板踩下，与停在前方路边于某驾驶的金龙客车（B车）相撞，导致B车又与其前方停止的依维柯客车（C车）碰撞，后因C车驾驶人制动而停车，此过程中B车又与左前方的本田轿车（D车）相刮碰。造成B车与C车之间的一名抢救学生的女教师张某重伤、车辆损坏的交通事故。

2. 送检材料及样本

1）A车及车辆信息。

2）B车及车辆信息。

3）C车及车辆信息。

4）D车及车辆信息。

5）现场照片（电子版），现场监控视频3个。

6）事故现场图复印件。

3. 鉴定要求

1）确定本次事故中肖某驾驶的A车如何自行运行及运行时的档位。

2）B车在事故中驻车制动器是否使用。

3）B车与C车接触时B车的碰撞速度。

4. 鉴定时间

2012年5月10日。

5. 检验鉴定的方法

依据GA 41—2005《交通事故痕迹物证勘验》（案发时实施标准）及GB 7258—2004《机动车运行安全技术条件》（案发时实施标准）对这起事故的事故车辆及肇事现场进行勘验，同时依据现场监控录像截取相关证据信息，通过现场试验并运用能量方式确定上述鉴定内容。

6. 分析与鉴定

(1) 检验所见

1) A 车车身颜色为蓝白相间，车身长度尺寸为 870cm，事故发生时总质量 $m_a = 8750$kg。

2) B 车，车身颜色为淡蓝色，车身长度尺寸为 810cm，事故发生时总质量 $m_b = 7440$kg。

3) C 车车身颜色为白色，事故发生时总质量 $m_c = 3600$kg。

4) D 车车身颜色为黑色。

5) 事故现场概况。事故现场位于某市某路某中学门前，道路为沥青路面，东西走向，路面平直，事故现场为双向六车道（四条机动车道、两条非机动车道），事故时天气阴。

A 车头西尾东停在道路北侧车道上，其右侧前、后轮距离车道北边缘分别为 1.2m、1.1m。

B 车头西尾东停在 A 车前方，其右侧前、后轮距离车道北边缘分别为 1.8m、1.75m，A 车右前轮距离 B 车右后轮为 4.4m。

C 车头西尾东停在 B 车前方，其右侧前、后轮距车道北边缘均为 0.3m，C 车右后轮距离 B 车右前轮为 3.8m。

D 车停在 B 车左侧，其右侧前、后轮距离车道北边缘分别为 4.2m、4.4m，D 车右后轮距离 A 车左前轮为 1.6m。C 车右前轮后方可见长度为 8.6m 与地面的摩擦痕迹，痕迹起点距车道北边缘 0.4m。事故现场路面在 6.7m×3.0m 的范围内有玻璃碎片散落物，东西方向长度为 6.7m，散落物的中心在 A 车后方，与 A 车右后轮的纵向距离为 13m（2.6m+10.4m）、距离车道北边缘 3m。

6) 根据事故现场监控录像确定 A、B 两车事故前间距。委托单位提供事故现场监控录像视频文件 3 个，画面可见事故前停止在现场路段的 A、B 两车，已知 A 车车身长度为 8.70m，根据比例关系计算事故前 A、B 两车之间的距离为 4.41m。

(2) 分析说明

1) 事故碰撞过程中，A 车运行的总距离。事故过程为 A 车车身前部与 B 车后部碰撞；B 车前部与 C 车后部碰撞；B 车左侧与 D 车右侧刮撞。

根据对事故现场图、简要案情及以上车体痕迹的分析，A 车前部与停止的 B 车后部相碰撞，可确定事故过程中 A 车向前运行距离总计约为 (13+4.41+8.70−2.6+3.35)m = 26.86m，其中在事故发生前 A、B 两车距离约为 4.41m，A 车车长为 8.70m，经测量后悬为 2.6m。3.35m 为散落物西边缘与中心的距离。

2) 选择与事故现场同等性质路面条件的道路，起动 A 车后进行现场试验。

① 不踩离合器踏板与加速踏板（怠速情况下），直接推动变速杆至 1~6 档。经多次试验，当直接推 5、6 档时，变速杆无法进入；推入 4 档时，车辆熄火无法运行；推入 1、2、3 档时，车辆向前运行。

② 不踩离合器踏板与加速踏板（怠速情况下），当变速杆直接被推入 3 档，在车辆运行至 25.00~27.00m 区间时，用速度测试仪测定速度为 9.1km/h；当变速杆直接被推入 2 档，车辆运行至该区间时，测定速度为 8km/h；当变速杆直接被推入 1 档，车辆运行至该区间时，测定速度为 5km/h。

③ 不踩离合器踏板，将变速杆直接推入 3 档并急踩加速踏板到底加速，车辆运行至 25.00~27.00m 区间时，测定速度可达到 14.6km/h；将变速杆直接推入 2 档并急踩加速踏板

到底加速，车辆运行至25.00~27.00m区间时，测定速度可达到29.7km/h；将变速杆直接推入1档并急踩加速踏板到底加速，车辆运行至25.00~27.00m区间时，测定速度为13km/h。

④以上试验驻车制动均未开启，当驻车制动开启时，不踩离合器踏板各个档位均无法起动车辆，由此确定事故发生前A车应为没有开启驻车制动。

3）A车输出的总能量及最小速度需求。

① 在B车没有开启驻车制动的情况下，A车输出的能量总和E_1为行驶至26.86m达到最大速度v_{a1}所产生的动能，该部分能量为碰撞后各车变形能E_0与三车克服地面摩擦阻力消耗的能量之和，即：

$$E_1=\frac{1}{2}m_a v_{a1}^2=\mu_{a1}m_a g l_a+\mu_{b1}m_b g l_b+\mu_c m_c g l_c+E_0$$

根据GA 643—2006《典型交通事故形态车辆行驶速度技术鉴定》（案发时实施标准）中的相关规定，A、B两车在事故路面的滚动摩擦系数$\mu_{a1}=\mu_{b1}=0.01$，C车在事故路面的制动摩擦系数$\mu_c=0.6\sim0.8$，这里取最小值0.6。

解得：$v_{a1}\geqslant7.11\text{m/s}=25.60\text{km/h}$

② 在B车开启驻车制动的情况下，消耗在碰撞后各车变形能E_0与三车克服地面摩擦阻力消耗的能量之和E_2为：

$$E_2=\mu_{a1}m_a g l_a+\mu_{b2}m_b g l_b+\mu_c m_c g l_c+E_0$$

能量E_2将全部由A车在26.86m范围内自行加速的动能提供，根据能量守恒定律计算这个速度v_{a2}：

$$E_2=\frac{1}{2}m_a v_{a2}^2=\mu_{a1}m_a g l_a+\mu_{b2}m_b g l_b+\mu_c m_c g l_c+E_0$$

经测试，B车在驻车制动状态下的平均减速度为2.07m/s^2，计算驻车制动时路面附着系数为$\mu_{b2}=0.211$。

解得：$v_{a2}\geqslant11.22\text{m/s}=40.40\text{km/h}$

③ 试验及计算结果分析。试验表明，A车2档并急踩加速踏板到底加速，运行至25.00~27.00m区间时，测定速度可达到29.7km/h；而B车在没有开启驻车制动的情况下，A车碰撞行驶至26.86m时所需的最小速度v_{a1}（25.60km/h）（相差部分被碰撞中塑性变形所消耗）最为接近该值。说明A车只有2档并急踩加速踏板到底加速所产生的速度能满足此次碰撞结果。

若B车开启驻车制动，满足碰撞后消耗在各车变形能E_0与三车克服地面摩擦阻力消耗能量之和的最小速度v_{a2}为40.40km/h。v_{a2}的数值大于试验中A车在任何情况下所能达到的数值，即如果事故时B车开启驻车制动，那么A车必须在26.86m内有加速到40.40km/h的能力，这与试验数据不符，所以B车的驻车制动应在不开启状态。

4）B车与C车接触时B车碰撞速度计算。由事故现场图及CAD实车比例图计算，事故过程中A车运行距离为$l_a=26.86$m，B车运行距离为$l_b=22.38$m，C车运行距离为$l_c=8.6$m。

B车与C车接触时，A、B两车同步运行速度相等，均为v_b，且碰撞后A、B、C三车均运行$l_a=l_b=l_c=8.6$m后停止，根据能量守恒定律有：

$$\frac{1}{2}m_{a+b}v_b^2=\mu_{a1}m_a g l_a+\mu_{b2}m_b g l_b+\mu_c m_c g l_c+E_3$$

E_3 为 B 车与 C 车接触时塑性变形消耗的能量，变形较小忽略此部分能量，计算得 B 车与 C 车接触时的最小速度为 $v_b \geq 4.92\text{m/s} = 17.71\text{km/h}$。

7. 鉴定意见

根据以上分析并结合简要案情，A 车停止在事故地点，变速杆被直接碰至 2 档导致车辆运行，之后驾驶人误急踩加速踏板使车辆继续加速与停止在前方的 B 车相撞，B 车在没有采取任何制动约束的情况下被 A 车推动，与前方的 C 车相撞，此时 B 车的速度为 17.71km/h，在此过程中 B 车曾与 D 车有轻微刮撞。

8. 证据信息

相关证据信息如图 7-171～图 7-185 所示。

图 7-171 证据信息（一）

图 7-172 证据信息（二）

图 7-173 证据信息（三）

图 7-174 证据信息（四）

图 7-175 证据信息（五）

图 7-176 证据信息（六）

图 7-177　证据信息（七）

图 7-178　证据信息（八）

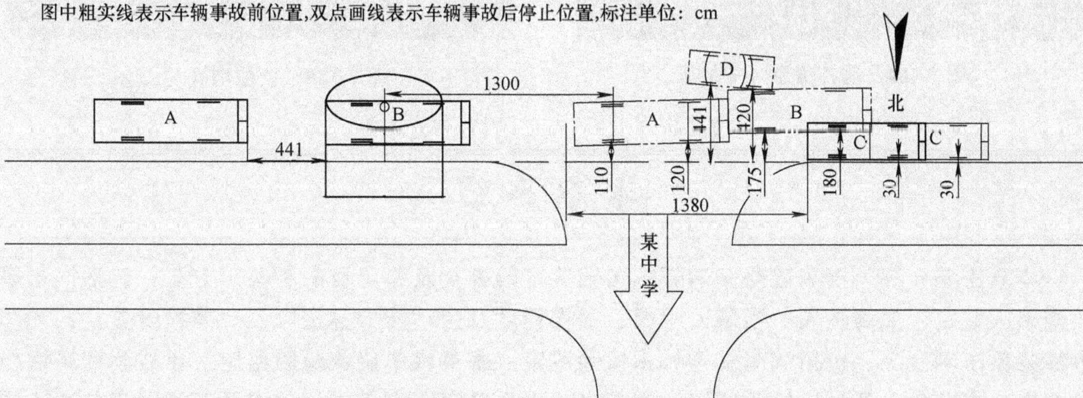

图 7-179　现场 CAD 实车比例再现图

图 7-180　事故现场照片（一）

图 7-181　事故现场照片（二）

图 7-182　事故现场照片（三）

图 7-183　事故现场照片（四）

图 7-184 监控信息（一）

图 7-185 监控信息（二）

本章小结

本章主要介绍了汽车道路交通事故司法鉴定的种类及鉴定目的和鉴定方法，包括汽车事故当事人鉴定，如驾驶人、当事人状况、损伤程度及劳动能力鉴定以及尸体检验鉴定；汽车事故肇事车辆鉴定，包括汽车安全技术检验鉴定、肇事汽车痕迹检验鉴定、事故车辆属性检验鉴定、汽车失火及过水检验鉴定、汽车事故损失鉴定；汽车事故道路及环境因素鉴定。同时还对汽车道路交通事故司法鉴定实践中重要的鉴定内容进行了案例分析。

习　　题

1. 简述汽车事故当事人鉴定的种类。
2. 简述车辆安全技术鉴定的检验内容。
3. 简述车辆痕迹检验鉴定的内容。
4. 车辆属性鉴定的目的是什么？
5. 汽车事故道路及环境因素鉴定的目的及内容是什么？
6. 简述汽车事故损失鉴定的方法。

第八章　汽车事故处理

学习目标

知识目标：

- 了解汽车事故程序处理的概念和基本原则
- 理解交通事故处理程序的分类
- 理解交通事故证据审查的内容、步骤及方法
- 理解交通事故行政处罚种类、适用及权限
- 理解交通事故损害赔偿项目与标准
- 掌握简单程序和一般程序的概念、适用范围和工作流程
- 掌握道路交通事故处理时限的相关知识
- 掌握交通事故责任认定的程序及方法
- 掌握交通事故行政处罚程序及刑事处罚程序
- 掌握交通事故损害赔偿原则
- 掌握机动车第三者责任强制保险
- 掌握涉外交通事故的处理程序

能力目标：

- 能掌握一般程序和简易程序的工作流程
- 能应用道路交通事故处理程序处理交通事故
- 能运用交通事故责任认定方法
- 能解释交通事故行政复议程序
- 能理解交通事故行政处罚与刑事处罚的区别
- 能处理具体的交通事故行政处罚案件
- 能应用交通肇事罪的构成要件判断肇事者是否承担刑事责任
- 能处理具体的交通事故损害赔偿案件
- 能区分机动车第三者责任强制保险与第三者商业责任险的含义及赔偿过程
- 能应用涉外交通事故的处理程序处理涉外交通事故

第一节　交通事故处理程序

汽车事故作为交通事故的一种，在处理上完全遵循道路交通事故处理的原则和方法。本章详细介绍道路交通事故处理。

一、交通事故处理程序的概论

1. 交通事故处理程序的定义与构成要素

交通事故处理是车辆在道路上因过错或者意外造成的人身伤亡或者财产损失事件的处理，是公安机关交通管理部门依据有关法律法规的规定，在自己管辖的职权范围内对交通事故进行现场勘查、证据搜集、责任认定、处罚交通事故责任者、调解损害赔偿以及事故档案管理、事故分析预防等专门工作的总称。交通事故由事故发生地县级以上公安机关交通管理部门负责处理，交通事故处理的依据是《中华人民共和国道路交通安全法》、《中华人民共和国道路交通安全法实施条例》和《道路交通事故处理程序规定》；需要追究责任人刑事责任的，依照《中华人民共和国宪法》和《中华人民共和国刑事诉讼法》的有关规定处理。

交通事故处理程序是指公安机关交通管理部门在依法处理交通事故过程中，事故办案人员处理交通事故的方法、形式、步骤、权限、时限和顺序构成的交通事故处理过程。交通事故处理程序是处理交通事故的操作规程，也是事故处理参与人在事故处理活动中的行为规范。

交通事故处理程序的构成要素包括方法、形式、步骤、权限、顺序、时限，且要求方法不能改，形式不能变，步骤不能少，权限不能越，顺序不能乱，时限不能过，手续要完备。

2. 交通事故处理的基本原则

交通事故处理的基本原则是公开、公正、便民、效率和依法处理原则。

（1）公开原则　公开处理交通事故，反对秘密进行处理；要阳光处理，反对暗箱操作。公开原则主要体现在以下几个方面：

1）公开交通事故处理的法律依据。交通事故处理的法律依据是处理交通事故相关的法律、规章和规范性文件，以及事故处理的程序、时限、范围等。公开这些法律依据，可使当事人及公众了解和掌握这些法律法规，并以此监督交通事故处理的过程，确保公正。

2）公开交通事故处理的权限。公开交通事故处理的权限是公开办案人员、处理部门及内部组织结构的权限范围、工作范畴、联系方式等，确保当事人正当权益不受侵犯。

3）公开交通事故处理的内容。公开交通事故处理工作的内容，如公开现场勘查内容、检验鉴定结果等，可以使处理交通事故工作更加透明。

为了真正贯彻落实公开原则，可采取一系列措施，如有关法律法规可在全国性的报刊上刊登，其他规范性文件和操作规程可在本部门的网站、公告栏上公布，以使当事人和公众了解掌握这些信息，同时也可以起到让更多的人学习了解交通安全法律法规的作用。

（2）公正原则　公正原则是指排除行政主体可能造成偏见的因素，使其公平地对待当事人和争议各方，合理行使裁量权的原则。公正就是要求行政主体行使行政权时无私心、不

偏向，对所有人一视同仁。为了排除不公正因素，可建立调查制度、回避制度、听取意见制度、权力分解与集体决定制度，从而保证处理事故公正合理。

（3）便民原则 交通事故处理工作也要体现为人民服务的思想以方便个人、组织，减少办事成本，提高服务效率。便民原则是由我国政府的性质决定的，按照执政为民、执法为民的要求，交通事故处理应避免处理时间过长、手续烦琐等问题。便民原则主要体现在管辖制度、受理制度、简易程序处理制度、损害赔偿调解等制度上。例如，未造成人员伤亡，当事人对事实无争议的道路交通事故，可以自行撤离现场恢复交通，由当事人自行协商处理损害赔偿事宜。

（4）效率原则 效率原则是指在处理交通事故的程度、环节上应当节约社会成本，提高效率，不允许无故拖延时间，不允许刁难当事人。同时，要让当事人知道其权利义务，防止其无理取闹，使双方形成一个良性的互动，以减少摩擦，提高行政效率。对以前的道路交通事故处理办法做了较大的改革，如不再把对交通事故损害赔偿的调解作为民事诉讼的前置程序，即对于道路交通事故损害赔偿的争议，当事人可以请求公安机关交通管理部门调解，也可以直接向人民法院提起民事诉讼。经公安机关交通管理部门调解，当事人未达成协议或者调解书生效后不履行的，当事人可以向人民法院提起民事诉讼。

（5）依法处理原则 公安机关交通管理部门在处理交通事故过程中，必须依照法定的权限、法定的程序以及法定的实体原则，严格执法，公开处理道路交通事故，做到公正、严格、文明、高效。不论是交通事故案件事实的认定还是对案件做出的处理决定，都必须符合法律规定，要深入细致地调查研究，增强责任心，尊重客观事实，一切从实际出发，反对任何主观臆断。

3. 交通事故处理管辖权

（1）管辖权限

1）管辖机关。《中华人民共和国道路交通安全法》第五条规定：“国务院公安部门负责全国道路交通安全管理工作。县级以上地方各级人民政府公安机关交通管理部门负责本行政区域内的道路交通安全管理工作。”《道路交通事故处理程序规定》第九条规定：“道路交通事故由事故发生地的县级公安机关交通管理部门管辖。未设立县级公安机关交通管理部门的，由设区的市公安机关交通管理部门管辖。”

由以上有关规定可知，道路交通事故由发生地的县级公安机关交通管理部门管辖。未设立县级公安机关交通管理部门的，由设区的市公安机关交通管理部门管辖。上级公安机关交通管理部门在必要的时候，可以处理下级公安机关交通管理部门管辖的道路交通事故，或者指定下级公安机关交通管理部门限时将案件移送其他下级公安机关交通管理部门处理。案件管辖发生转移的，处理时限从移送案件之日起计算。

各级公安机关交通管理部门既是公安机关的业务部门，同时又是代表公安机关直接对外独立行使交通管理职权的职能部门，从而解决了各种诉讼中的法人主体资格问题。因此，公安机关交通管理部门是法律法规授权内设机构，可以自己的名义做出处理决定，是一个可以独立承担责任的主体。

2）对管辖权争议和管辖不明的处理。若交通事故发生范围在两个以上管辖区域，由事故发生起始点所在地公安机关交通管理部门管辖。对管辖权发生争议的，报请共同的上级公安机关交通管理部门指定管辖，上级公安机关交通管理部门应当在二十四小时内做出决定，并通知各方。交通事故发生地管辖不明的，最先发现或者最先接警的公安机关交通管理部门应当先行救助受伤人员，进行现场前期处理。管辖确定后，由有管辖权的公安机关交通管理部门处理。

3）军队、武警部队车辆事故的处理。军队、武警部队人员、车辆发生交通事故，应按照《道路交通事故处理程序规定》处理，需要对现役军人给予行政处罚或者追究刑事责任的，移送军队、武警部队有关部门。

4）铁路道口发生交通事故的处理。车辆、行人与火车发生的交通事故以及在渡口发生的交通事故，依照国家有关规定处理。在铁路和道路的平交道口发生交通事故，与火车相撞的事故由铁路部门处理，公安机关交通管理部门协助；与火车无关的事故，如两辆汽车在铁路道口相撞，由公安机关交通管理部门处理。

5）涉外交通事故的处理。境外来华人员、车辆发生交通事故的，除按照《道路交通事故处理程序规定》执行外，还应当按照办理涉外案件的有关法律、法规执行。

(2) 交通事故管辖分类 道路交通事故管辖分为地域管辖、指定管辖、管辖权的转移。

1）地域管辖。根据公安机关交通管理部门的行政管理区域确定其处理道路交通事故的管辖范围称为地域管辖。县级以上公安机关交通管理部门负责处理所管辖的区域或者道路内发生的交通事故。涉外交通事故处理的管辖由省级公安机关交通管理部门规定。为使管辖权限明确，公安机关交通管理部门应当在邻省、地（市）、县交界的国道、省道、县道公路上，设置标有管辖地公安机关交通管理部门地址及交通事故报警电话号码的提示牌。

2）指定管辖。省、自治区、直辖市人民政府公安机关交通管理部门指定设区的市人民政府公安机关交通管理部门或者相当于同级的公安机关交通管理部门承担高速公路、城市快速路的道路交通安全管理工作的，管辖该道路的县级或者县级以上公安机关交通管理部门负责处理所管辖道路内发生的交通事故。

3）管辖权的转移。《道路交通事故处理程序规定》第十一条规定："上级公安机关交通管理部门在必要的时候，可以处理下级公安机关交通管理部门管辖的道路交通事故，或者指定下级公安机关交通管理部门限时将案件移送其他下级公安机关交通管理部门处理。案件管辖权发生转移的，处理时限从案件接收之日起计算。"

二、交通事故处理程序的分类

按照分类标准的不同，道路交通事故处理程序分类方法有三种。

1. 按照程序是否法定分

按照程序是否法定分为法定程序和非法定程序。在道路交通事故处理中，并不是所有的交通事故处理程序都是由法律、法规、规章规定的，只有对当事人的权益和交通事故处理工作效率影响重大的处理程序，才由法律、法规、规章规定。因此，道路交通事故处理程序分为法定程序和非法定程序两种。

(1) 法定程序 法定程序是指由法律、法规、规章和其他规范性文件规定的交通事故处理程序。其他规范性文件是指国家行政机关为实施法律、法规和规章，对社会实施管理，在法定权限内制定的除行政法规和规章以外的具有普遍约束力的决定、命令及行政措施等。

道路交通事故处理程序法定的意义在于：交通事故处理程序法定是由国家制定和认可的，由国家强制力保证其实施，一旦违反即属于违法行为，要依法承担相应的法律责任。

(2) 非法定程序　非法定程序是指非法律、法规、规章和行政规范性文件规定的道路交通事故处理程序。

非法定程序一般包括三个方面：第一，由规范、标准、规定等规定的道路交通事故处理程序；第二，习惯程序，交通事故处理部门多年形成的工作习惯，大家约定俗成的做法，如多数交警队在现场勘查时，都是先照相，后画现场图；第三，个人程序，由事故办案人员发挥自己的主观能动性，根据自己的理解，自行设计的工作程序。

违反非法定程序不同于违法行为，不一定要承担法律责任。例如，交警进行损害赔偿调解时，在通知各方当事人时理应遵循先通知来交警队耗时长的当事人，再通知耗时短的当事人这样一种个人工作程序，即使交警没有按上述过程通知当事人，或少通知一方当事人也不算违法，不需承担法律责任。违反非法定程序，只有导致严重后果时，才根据情节承担相应责任。

2. 按照工作内容的性质分

按照道路交通事故处理工作内容的性质不同，其相应的程序分三类：行政执法程序、行政调解程序、刑事办案程序。

(1) 行政执法程序　道路交通事故当事人的交通安全违法行为构不成交通肇事罪，这时，道路交通事故处理工作为行政执法。在道路交通事故处理中，对交通安全违法行为人进行行政处罚所进行的程序为行政执法程序。例如，根据当事人违法行为的程度，公安机关交通管理部门依法对当事人处以警告、罚款、暂扣驾驶证、吊销驾驶证和行政拘留等不同程度的处罚。

(2) 行政调解程序　公安机关交通管理部门对道路交通事故损害赔偿进行调解。其性质属于民事纠纷进行行政调解。在行政调解中进行的程序为行政调解程序。

(3) 刑事办案程序　道路交通事故责任者的违法行为构成交通肇事罪，应当依法对其进行刑事处罚。这种情况下，交通事故就是一种刑事犯罪案件。这时的道路交通事故处理工作既具有行政执法的性质（如吊销驾驶证），又具有刑事侦查性质。按《刑事诉讼法》和《公安机关办理刑事案件程序规定》进行的道路交通事故处理程序为刑事办案程序。

3. 按照程序的简繁程度分

按照交通事故处理程序简繁程度的不同，其相应程序可分为简易程序和一般程序。

三、交通事故处理程序

交通事故处理应当遵循《中华人民共和国道路交通安全法》和《道路交通事故处理程序规定》的相关规定，保证依法办案，提高办案质量和效率。公安机关交通管理部门在办理交通事故案件时，必须遵循统一的办案程序。下面重点介绍简易程序和一般程序。

1. 简易程序

在每年发生的交通事故中，轻微交通事故所占比例是非常大的。事故发生后，若不及时撤离现场，很容易造成道路拥堵，甚至发生次生事故，带来更大的安全隐患。为了缓解因交通事故造成的拥堵，提高道路通行能力，维护广大交通参与者和交通事故当事人的合法权益，《道路交通事故处理程序规定》规定了道路交通事故处理的简易程序。

（1）简易程序的概念 简易程序是指公安机关交通管理部门对未造成人身伤亡、财产损失轻微的交通事故，办案人员在现场处理完结的交通事故处理程序。

根据《中华人民共和国道路交通安全法》第七十条规定，在道路上发生交通事故，未造成人身伤亡，当事人对事实及成因无争议的，可以即行撤离现场，恢复交通，自行协商处理损害赔偿事宜。由此可知，发生交通事故没有造成人身伤亡，是当事人可以自行协商处理的前提条件，也是公安机关交通管理部门处理交通事故适用简易程序的首要条件，是一种国际惯例。

《中华人民共和国道路交通安全法实施条例》和《道路交通事故处理程序规定》对未造成人身伤亡、财产损失轻微的交通事故适用简易程序处理的规定符合国际惯例，顺应世界立法趋势。

在道路交通事故处理中，事故办案人员运用简易程序处理大量的未造成人身伤亡、财产损失轻微的交通事故，将节约大量的人力、物力和社会资源，对肇事者及时进行处罚，使受害人及时得到经济赔偿，节省了当事人的时间，提高了交通事故处理的工作效率，充分体现了便民、效率的原则。

（2）简易程序的适用范围 公安机关交通管理部门对下列道路交通事故可以按照简易程序处理：

1）未造成人身伤亡、财产损失轻微的交通事故。《中华人民共和国道路交通安全法》第七十条规定了在道路上发生交通事故，未造成人身伤亡，当事人对事实及成因无争议的，可以即行撤离现场，恢复交通，自行协商处理损害赔偿事宜；不即行撤离现场的，应当迅速报告执勤的交通警察或者公安机关交通管理部门。在道路上发生交通事故，仅造成轻微财产损失，并且基本事实清楚的，当事人应当先撤离现场再进行协商处理。

根据以上规定，只有未造成人身伤亡和财产损失轻微这两条同时具备时，才能适用简易程序处理交通事故。如果发生了人身伤亡或者财产损失较大的交通事故，公安机关交通管理部门应当适用一般程序进行处理，全面收集证据，准确认定事故事实，正确认定事故责任，保证公平、公正、依法处理交通事故，防止出现错案，切实保护当事人的合法权益。

2）伤情轻微，当事人对事实及成因无争议，但是对赔偿有争议的交通事故。按照《中华人民共和国道路交通安全法》和《中华人民共和国道路交通安全法实施条例》的规定，适用简易程序的条件是未造成人身伤亡，有人身伤亡的交通事故不能适用简易程序。但是，如果发生事故以后，受伤人员认为自己伤情轻微，无须到医院进行专门的治疗，而且当事人对事故事实及成因无争议，这种情况下适用简易程序处理事故，对于方便当事人、减少行政成本和提高事故处理效率都是有利的。这种情况下，适用简易程序的条件有三个：

第一，受伤人员认为自己伤情轻微，事实上也是最多只需门诊简单处理即可的轻微伤。

第二，当事人对事故事实及成因无争议。

第三，当事人对赔偿义务人、赔偿数额、赔偿方式等有争议。

以上三条必须同时具备，才能适用简易程序。如果因为符合了以上三个条件，而适用简易程序，事故办案人员一定要在事故认定书的事实部分将其写明，并要求当事人签名认可。

3）特殊情况。根据《道路交通事故处理程序规定》第二十三条的规定，公安机关交通管理部门可以适用简易程序处理以下道路交通事故，但有交通肇事、危险驾驶犯罪嫌疑的除

外：①财产损失事故；②受伤当事人伤势轻微，各方当事人一致同意适用简易程序处理的伤人事故。适用简易程序的，可以由一名交通警察处理。根据《道路交通事故处理程序规定》第十三条的规定，发生死亡事故、伤人事故的，或者发生财产损失事故且有下列情形之一的，当事人应当保护现场并立即报警：①驾驶人无有效机动车驾驶证或者驾驶的机动车与驾驶证载明的准驾车型不符的；②驾驶人有饮酒、服用国家管制的精神药品或者麻醉药品嫌疑的；③驾驶人有从事校车业务或者旅客运输，严重超过额定乘员载客，或者严重超过规定时速行驶嫌疑的；④机动车无号牌或者使用伪造、变造的号牌的；⑤当事人不能自行移动车辆的；⑥一方当事人离开现场的；⑦有证据证明事故是由一方故意造成的。驾驶人必须在确保安全的原则下，立即组织车上人员疏散到路外安全地点，避免发生次生事故。驾驶人已因道路交通事故死亡或者受伤无法行动的，车上其他人员应当自行组织疏散。

(3) 简易程序的处理流程

1）发生上述交通事故后，当事人未能达成协议或对赔偿有争议的，应当拨打当地“122”或“110”报警。报警时应将事故发生的时间、地点、人物及简况陈述清楚；有伤员的，还应及时拨打当地“120”抢救伤员，或者是在报警时要求公安机关联系医疗机构。

2）“122”或“110”接到报警后，指派交通警察前往事故现场进行勘查，在交通警察固定证据后，当事人应按照交通警察的指挥，将事故车辆撤离现场，恢复交通。

3）若当事人有财产损失，应及时通知所投保的保险公司，由保险公司对损失进行确认或到双方协商同意的物价评估中心进行损失鉴定。

4）撤离现场后，交通警察应当根据现场固定的证据和当事人、证人叙述等，认定并记录道路交通事故发生的时间、地点、天气、当事人姓名、机动车驾驶证号、联系方式、机动车种类和号牌号码、保险凭证号、交通事故形态、碰撞部位等，并根据当事人的行为对发生道路交通事故所起的作用以及过错的严重程度，确定当事人的责任，制作道路交通事故认定书，由当事人签名。当事人各方当场要求调解的，交通警察可以当场进行调解。调解成功的，在道路交通事故认定书上记录调解结果，并由当事人签名。

5）双方当事人经调解达成协议的，应按照调解书确定的内容履行各自的义务。如果需要向保险公司索赔，则应将所需材料收集齐全，然后向保险公司索赔。

6）双方不同意调解或不能达成协议的，则可以持相关证据直接到人民法院进行民事诉讼。

7）交通警察依法对当事人的违法行为进行行政处罚。上述处理流程是根据《道路交通事故处理程序规定》的第二十四条至第二十六条进行的。第二十四条规定，交通警察适用简易程序处理道路交通事故时，应当在固定现场证据后，责令当事人撤离现场，恢复交通。拒不撤离现场的，予以强制撤离。当事人无法及时移动车辆影响通行和交通安全的，交通警察应当将车辆移至不妨碍交通的地点。具有《道路交通事故处理程序规定》第十三条第一款第一项、第二项情形之一的，按照《中华人民共和国道路交通安全法实施条例》第一百零四条规定处理。撤离现场后，交通警察应当根据现场固定的证据和当事人、证人陈述等，认定并记录道路交通事故发生的时间、地点、天气、当事人姓名、驾驶证号或者身份证号、联系方式、机动车种类和号牌号码、保险公司、保险凭证号、道路交通事故形态、碰撞部位等，并根据《道路交通事故处理程序规定》第六十条确定当事人的责任，当场制作道路交通事故认定书。不具备当场制作条件的，交通警察应当在三日内制作道路交通事故认定书。

道路交通事故认定书应当由当事人签名，并现场送达当事人。当事人拒绝签名或者接收的，交通警察应当在道路交通事故认定书上注明情况。第二十五条规定，当事人共同请求调解的，交通警察应当当场进行调解，并在道路交通事故认定书上记录调解结果，由当事人签名，送达当事人。第二十六条规定，有下列情形之一的，不适用调解，交通警察可以在道路交通事故认定书上载明有关情况后，将道路交通事故认定书送达当事人：①当事人对道路交通事故认定有异议的；②当事人拒绝在道路交通事故认定书上签名的；③当事人不同意调解的。

（4）简易程序的特征 适用简易程序处理交通事故的特征是：可以由一名交通警察处理。交通事故处理活动可在事故现场当场完成。交通事故处理当场完成就是当场完成交通事故认定和当场完成损害赔偿调解。所谓当场完成交通事故认定，是指事故办案人员能够当场认定交通事故事实、成因的，当场确定交通事故责任，并当场制作事故认定书，当场交当事人签名；当场无法查证交通事故事实的，应在事故认定书上写明有关情况，当场交当事人签名。

所谓当场完成损害赔偿调解，是指满足调解的条件时，事故办案人员应当事人的要求，当场进行损害赔偿调解。经调解达成协议的，在事故认定书上记录调解结果，由当事人当场签名；经调解未达成协议的，当场在事故认定书上写明未达成协议的原因，调解终结，由当事人当场签名；不能满足调解条件的，不进行调解，事故办案人员在事故认定书上写明原因，当场交当事人签名。不进行调解、调解未达成协议的或者达成协议后当事人不履行的，事故办案人员应告知当事人可以向人民法院提起民事诉讼。

2. 一般程序

一般程序是指除了适用简易程序以外，一般情况下交通事故处理适用的程序。根据《道路交通事故处理程序规定》，简易程序与一般程序是处理交通事故的两种并列的程序。简易程序与一般程序既有联系又有区别，二者的联系是：一般程序是简易程序的基础，简易程序是一般程序的简化。在适用简易程序处理案件的过程中，发现案情比较复杂，需要转为一般程序处理的，可以转为一般程序；遇到简易程序未做具体规定的问题，适用一般程序的有关规定。二者的主要区别是：简易程序比较简单、方便、快捷，而一般程序比较完整、系统、复杂；简易程序适用的范围比较窄，法律有明确规定的才适用，而一般程序适用的范围比较广，凡法律没有明文规定适用简易程序的，都适用一般程序。

（1）一般程序的适用范围 一般程序也称普通程序，一般来讲，发生交通事故造成以下后果的，应当按照一般程序处理：

1）造成人员死亡、重伤、轻伤的。

2）造成人员轻微伤，但是当事人对事实或者成因有争议的。

3）财产损失较大的（财产损失较大的标准，由省级人民政府公安机关交通管理部门与有关部门协商规定）。

4）财产损失轻微，但是机动车无号牌、无检验合格标志、无保险标志的；或者驾驶人无有效机动车驾驶证的；或者驾驶人有饮酒、服用国家管制的精神药品或者麻醉药品情形的。

（2）一般程序处理的流程 适用一般程序处理的交通事故，公安机关交通管理部门首

先应填写《交通事故立案登记表》，对经过调查不属于交通事故的，书面通知当事人，并将案件移送有关部门或者告知当事人采用其他途径处理。公安机关交通管理部门对交通事故进行调查时，交通警察不得少于二人。

（3）一般程序处理的工作步骤 根据《中华人民共和国道路交通安全法》和有关法律、法规的规定，公安机关交通管理部门对道路交通事故处理的一般程序主要包括事故立案、事故调查、责任分析与认定、赔偿与调解等步骤。

1）交通事故立案。交通事故立案是在受理的基础上进行的，是进行交通事故处理的第一步。交通事故发生后，当事人观察现场情况，如果不能自行解决，应立即报警进行事故立案。目前，绝大多数交通事故的立案主要来自于交通事故当事人或目击人的报案，但也有一些交通事故是当事人私下和解不成又请求处理而立案的，也有少数是公安机关交通管理部门自行发现的。立案也是进行交通事故处理的前提，只有经过立案才能开展调查工作。交通事故经先期调查，凡是符合规定的交通事故案件立案条件的，应当填写《交通事故立案登记表》。

2）交通事故调查。交通事故调查是交通事故立案后的重要内容，也是事故分析和处理前的基础工作。实际中事故调查工作做得越细致，对事故分析和处理越有利。交通事故调查主要是指对交通事故现场的调查。调查内容包括时间调查、空间调查、当事人身心状况调查、事故后果调查、车辆和交通环境调查等方面。其中时间调查内容具体包括交通事故发生的时间、相关车辆的出车时间、中途停车时间和收车时间等。交通事故检验鉴定也是交通事故调查的主要内容。另外，对发生一次死亡三人以上道路交通事故的，公安机关交通管理部门应当开展深度调查；对造成其他严重后果或者存在严重安全问题的道路交通事故，可以开展深度调查。

3）交通事故责任分析与认定。交通事故责任分析与认定是整个事故处理程序中极其重要的一环，必须以事实为依据。进行事故责任分析前必须对事故进行充分调查、取证，尽可能广泛收集与事故相关的各方面资料。事故责任分析应在案情情节清楚、证据充分的基础上进行，应以案情分析和事故原因分析为前提，充分考虑当事人的违法行为对发生交通事故所起的作用大小以及过错的严重程度，对当事人在交通事故中应承担的责任及是否要承担法律责任做出认定，并做出道路交通事故认定书。道路交通事故基本事实无法查清、成因无法判定的，公安机关交通管理部门应当出具道路交通事故证明，载明道路交通事故发生的时间、地点、当事人情况及调查得到的事实，分别送达当事人，并告知申请复核、调解和提起民事诉讼的权利、期限。

当事人对道路交通事故认定或者出具道路交通事故证明有异议的，可以自道路交通事故认定书或者道路交通事故证明送达之日起三日内提出书面复核申请。当事人逾期提交复核申请的，不予受理，并书面通知申请人。复核申请应当载明复核请求及其理由和主要证据。同一事故的复核以一次为限。

复核申请人通过做出道路交通事故认定的公安机关交通管理部门提出复核申请的，做出道路交通事故认定的公安机关交通管理部门应当自收到复核申请之日起二日内将复核申请连同道路交通事故有关材料移送上一级公安机关交通管理部门。复核申请人直接向上一级公安机关交通管理部门提出复核申请的，上一级公安机关交通管理部门应当通知做出道路交通事故认定的公安机关交通管理部门自收到通知之日起五日内提交案卷材料。上一级公安机关交

通管理部门自受理复核申请之日起三十日内，对下列内容进行审查，并做出复核结论：

1）道路交通事故认定的事实是否清楚、证据是否确实充分、适用法律是否正确、责任划分是否公正。

2）道路交通事故调查及认定程序是否合法。

3）出具道路交通事故证明是否符合规定。

复核原则上采取书面审查的形式，但当事人提出要求或者公安机关交通管理部门认为有必要时，可以召集各方当事人到场，听取各方意见。办理复核案件的交通警察不得少于二人。

复核审查期间，申请人提出撤销复核申请的，公安机关交通管理部门应当终止复核，并书面通知各方当事人。受理复核申请后，任何一方当事人就该事故向人民法院提起诉讼并经人民法院受理的，公安机关交通管理部门应当将受理当事人复核申请的有关情况告知相关人民法院。受理复核申请后，人民检察院对交通肇事犯罪嫌疑人做出批准逮捕决定的，公安机关交通管理部门应当将受理当事人复核申请的有关情况告知相关人民检察院。

上一级公安机关交通管理部门认为原道路交通事故认定事实清楚、证据确实充分、适用法律正确、责任划分公正、程序合法的，应当做出维持原道路交通事故认定的复核结论。

上一级公安机关交通管理部门认为调查及认定程序存在瑕疵，但不影响道路交通事故认定的，在责令原办案单位补正或者做出合理解释后，可以做出维持原道路交通事故认定的复核结论。

上一级公安机关交通管理部门认为原道路交通事故认定有下列情形之一的，应当做出责令原办案单位重新调查、认定的复核结论：①事实不清的；②主要证据不足的；③适用法律错误的；④责任划分不公正的；⑤调查及认定违反法定程序可能影响道路交通事故认定的。

上一级公安机关交通管理部门审查原道路交通事故证明后，按下列规定处理：

① 认为事故成因确属无法查清，应当做出维持原道路交通事故证明的复核结论。

② 认为事故成因仍需进一步调查的，应当做出责令原办案单位重新调查、认定的复核结论。

上一级公安机关交通管理部门应当在做出复核结论后三日内将复核结论送达各方当事人。公安机关交通管理部门认为必要的，应当召集各方当事人，当场宣布复核结论。

上一级公安机关交通管理部门做出责令重新调查、认定的复核结论后，原办案单位应当在十日内依照《道路交通事故处理程序规定》重新调查，重新做出道路交通事故认定，撤销原道路交通事故认定书或者原道路交通事故证明。

重新调查需要检验、鉴定的，原办案单位应当在检验报告、鉴定意见确定之日起五日内，重新做出道路交通事故认定。重新做出道路交通事故认定的，原办案单位应当送达各方当事人，并报上一级公安机关交通管理部门备案。

上一级公安机关交通管理部门可以设立道路交通事故复核委员会，由办理复核案件的交通警察会同相关行业代表、社会专家学者等共同组成，负责案件复核，并以上一级公安机关交通管理部门的名义做出复核结论。

4）赔偿与调解。赔偿与调解是指在交通事故原因已经查明、交通事故责任得以认定、交通事故损失得以确定后，由事故处理机关召集当事人和有关人员协调解决，或由当事人自行协商解决，或当事人直接到法院提起民事诉讼解决事故损害赔偿的处理过程。

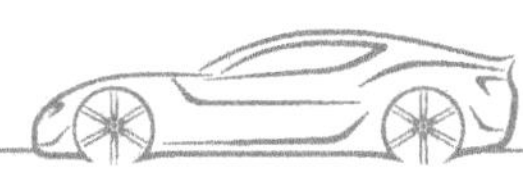

当事人可以采取申请人民调解委员会调解、申请公安机关交通管理部门调解或向人民法院提起民事诉讼，解决道路交通事故损害赔偿争议。

当事人申请公安机关交通管理部门调解的，应当在收到道路交通事故认定书、道路交通事故证明或者上一级公安机关交通管理部门维持原道路交通事故认定的复核结论之日起十日内一致书面申请。当事人申请公安机关交通管理部门调解，调解未达成协议的，当事人可以依法向人民法院提起民事诉讼，或者申请人民调解委员会进行调解。

公安机关交通管理部门应当按照合法、公正、自愿、及时的原则进行道路交通事故损害赔偿调解。道路交通事故损害赔偿调解应当公开进行，但当事人申请不予公开的除外。公安机关交通管理部门应当与当事人约定调解的时间、地点，并于调解时间三日前通知当事人。口头通知的，应当记入调解记录。调解参加人因故不能按期参加调解的，应当在预定调解时间一日前通知承办的交通警察，请求变更调解时间。参加损害赔偿调解的人员包括：道路交通事故当事人及其代理人；道路交通事故车辆所有人或者管理人；承保机动车保险的保险公司人员和公安机关交通管理部门认为有必要参加的其他人员。委托代理人应当出具由委托人签名或者盖章的授权委托书。授权委托书应当载明委托事项和权限。参加损害赔偿调解的人员每方不得超过三人。

公安机关交通管理部门受理调解申请后，应当按照下列规定日期开始调解：①造成人员死亡的，从规定的办理丧葬事宜时间结束之日起。②造成人员受伤的，从治疗终结之日起。③因伤致残的，从定残之日起。④造成财产损失的，从确定损失之日起。公安机关交通管理部门受理调解申请时已超过前款规定的时间时，调解自受理调解申请之日起开始。公安机关交通管理部门应当自调解开始之日起十日内制作道路交通事故损害赔偿调解书或者道路交通事故损害赔偿调解终结书。

交通警察调解道路交通事故损害赔偿，按照下列程序实施：①告知各方当事人权利、义务。②听取各方当事人的请求及理由。③根据道路交通事故认定书认定的事实以及《中华人民共和国道路交通安全法》第七十六条的规定，确定当事人承担的损害赔偿责任。④计算损害赔偿的数额，确定各方当事人承担的比例，人身损害赔偿的标准按照《中华人民共和国侵权责任法》《最高人民法院关于审理人身损害赔偿案件适用法律若干问题的解释》《最高人民法院关于审理道路交通事故损害赔偿案件适用法律若干问题的解释》等有关规定执行，财产损失的修复费用、折价赔偿费用按照实际价值或者评估机构的评估结论计算。⑤确定赔偿履行方式及期限。

因确定损害赔偿的数额，需要进行伤残评定、财产损失评估的，由各方当事人协商确定有资质的机构进行，但财产损失数额巨大涉嫌刑事犯罪的，由公安机关交通管理部门委托。当事人委托伤残评定、财产损失评估的费用，由当事人承担。

经调解达成协议的，公安机关交通管理部门应当当场制作道路交通事故损害赔偿调解书，由各方当事人签字，分别送达各方当事人。调解书应当载明以下内容：①调解依据。②道路交通事故认定书认定的基本事实和损失情况。③损害赔偿的项目和数额。④各方的损害赔偿责任及比例。⑤赔偿履行方式和期限。⑥调解日期。

经调解各方当事人未达成协议的，公安机关交通管理部门应当终止调解，制作道路交通事故损害赔偿调解终结书，送达各方当事人。

有下列情形之一的，公安机关交通管理部门应当终止调解，并记录在案：①调解期间有

一方当事人向人民法院提起民事诉讼的。②一方当事人无正当理由不参加调解的。③一方当事人调解过程中退出调解的。

有条件的地方公安机关交通管理部门可以联合有关部门，设置道路交通事故保险理赔服务场所。

交通事故处理的工作流程如图 8-1 所示。

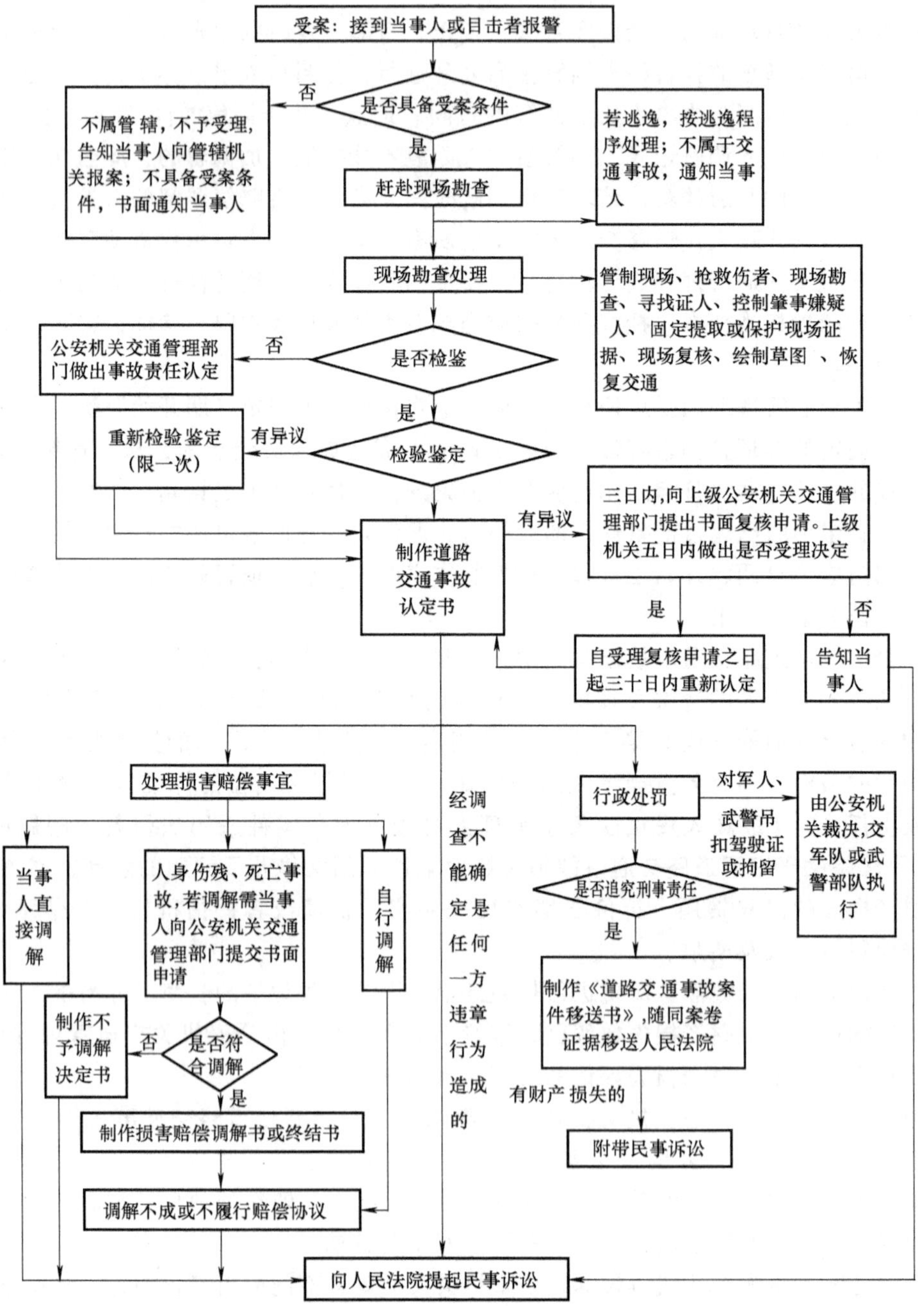

受案：接到当事人或目击者报警

是否具备受案条件

否

不属管辖，不予受理，告知当事人向管辖机关报案；不具备受案条件，书面通知当事人

是

赶赴现场勘查

若逃逸，按逃逸程序处理；不属于交通事故，通知当事人

现场勘查处理

管制现场、抢救伤者、现场勘查、寻找证人、控制肇事嫌疑人、固定提取或保护现场证据、现场复核、绘制草图、恢复交通

是否检鉴

否

公安机关交通管理部门做出事故责任认定

是

检验鉴定

有异议

重新检验鉴定（限一次）

制作道路交通事故认定书

有异议

三日内，向上级公安机关交通管理部门提出书面复核申请。上级机关五日内做出是否受理决定

是

自受理复核申请之日起三十日内重新认定

否

告知当事人

处理损害赔偿事宜

当事人直接调解

人身伤残、死亡事故，若调解需当事人向公安机关交通管理部门提交书面申请

自行调解

是否符合调解

否

制作不予调解决定书

是

制作损害赔偿调解书或终结书

调解不成或不履行赔偿协议

经调查不能确定是任何一方违章行为造成的

行政处罚

对军人、武警吊扣驾驶证或拘留

由公安机关裁决，交军队或武警部队执行

是否追究刑事责任

是

制作《道路交通事故案件移送书》，随同案卷证据移送人民法院

有财产损失的

附带民事诉讼

向人民法院提起民事诉讼

图 8-1 交通事故处理的工作流程图

第二节 汽车事故认定

一、汽车事故证据审查

为了能够合法、合理地处理汽车事故，需要熟悉国家在交通事故认定方面的相关法律内容，掌握具体的事故认定过程及方法，进而对交通事故的证据、事实、原因及责任进行具体的认定。在交通事故处理中，案件的客观真实是根据证据来证明的。但是，办案人员收集到的证据，往往有真有假，有的准确，有的不准确，有的与案件事实没有联系，有的直接与案件事实有联系，有的间接与案件事实有联系。所以，对于收集到的证据，办案人员需要对其进行审查判断，以确定它们的真伪，与案件事实是否有联系，有何种关系，能证明什么案件事实，现有的证据能否证明全部案件事实等。因此，可以说审查判断证据就是指办案人员对收集到的证据进行分析研究，鉴别真伪，找出它们与案件事实之间的客观联系，从而就案件事实做出结论的活动。

1. 交通事故证据审查的内容

交通事故证据审查的内容主要包括以下几个方面：

(1) 物证、书证

1）物证是否客观真实。这个问题包括两个方面。首先，要查清物证是否伪造。其次，要查清物证是否因自然原因或其他原因而发生变形失真。

2）物证是否确实与案件事实有客观的联系。确定书证、物证能证明什么情节，与当事人的违法事实有无内在联系。

3）要查清物证是原物还是复制品。有无伪造、变造或非故意错误。

4）审查书证、物证与其他证据之间的关系。书证、物证必须与其他的证据互相印证，才能有力地认定案件事实，如果发现书证、物证与其他证据之间有矛盾，不能主观地去解释，也不能人为消除疑点，应当通过进一步调查取证去解决矛盾。

(2) 证人证言 证人证言是有思维能力的人对于保留在其意识中的关于案件情况的追述。应该对所有可能实际影响证人证言可靠性的各种因素和情况进行全面审查。

1）审查证人证言与其他证据是否一致。

2）审查证人证言的来源。是证人耳闻目睹的事实，还是听其他人说的。

3）审查证人证言有无外界影响。证人是否受到欺骗、引诱、指使、贿赂、收买、威胁等行为的干预。

4）证人与事故处理结果有无利害关系。

5）证人的觉悟高低、思想品质好坏等也是影响证人证言真实性的重要因素。

6）证人所处的客观地位不同，与当事人的关系不同，使所做的证言带有特定的倾向性。

7）审查证人证言是否受到客观方面的影响。

(3) 当事人陈述 审查当事人的陈述内容，有无隐瞒或虚构的可能，当事人与证人或

其他有关人员之间有无串供的可能等。

(4) 勘验、检查笔录 审查勘验、检查及其笔录的制作是否依法进行；勘验、检查及制作的笔录是否全面、准确；现场是否变动或伪造；现场勘查人员的责任心、业务水平和技术水平如何。还应结合案件的其他证据综合考查，对比分析。

(5) 鉴定意见 鉴定意见是利用科学技术方法和凭借专门知识，对于与案件有关的物品或物质痕迹等进行鉴定的结果，因而具有其他证据所没有的独特的科学性。但是如果鉴定依据的事实材料本身有问题，或者鉴定时受各种主、客观条件的限制，鉴定意见也可能不准确或错误。因此，也必须由侦查人员、检察人员和审判人员对之进行审查，只有认为确实可靠，才能采用。

对鉴定意见的审查，应了解分析下列情况：

1）检验、鉴定程序违法或者违反相关专业技术要求，可能影响检验报告、鉴定意见公正、客观的。

2）鉴定机构、鉴定人不具备鉴定资质和条件的。

3）检验报告、鉴定意见明显依据不足的。

4）故意做虚假鉴定的。

5）鉴定人应当回避而没有回避的。

6）检材虚假或者检材被损坏，不具备鉴定条件的。

7）其他可能影响检验报告、鉴定意见公正、客观的情形。

(6) 视听资料 视听资料一般都是人们有意识录制的，而且同科学技术的关系非常密切，在对视听资料进行审查时，应注意视听资料的来源、版本、形成的原因和条件及真实性等。

2. 交通事故证据审查的标准

证据必须经过查证属实，才能作为定案的根据。审查判断证据实质上就是一种证据查证行为，是司法人员对收集的证据进行分析研究，确定是否真实、可靠，从而对案件事实做出正确结论的一种诉讼活动，是完成证明任务的关键性步骤。证据审查判断的基本标准为：

1）据以定案的每个证据均已查明为客观存在的事实。

2）据以定案的每个证据都与案件事实存在客观联系。

3）据以定案的证据符合法律规定的要求、程序和表现形式，具有合法性。

4）证据之间、证据与案件事实之间协调一致、排除矛盾，定案的间接证据形成严密的证明体系。

5）作为证明对象的每一部分的内容都有相应的证据足以证明，全案事实清楚，能合理排除其他可能，得出唯一的结论。

3. 交通事故证据审查的步骤

证据审查的步骤指公安人员对收集的证据，根据案件的性质、肇事时间、肇事的动机和目的、肇事地点，有步骤地进行审查，以判断其真实性。其审查步骤一般为：

(1) 审查证据的来源 不论是控告、检举、自首、坦白所提供的证据，还是通过勘验、检查等方法得到的证据，都要对其来源是否合法进行审查。来历不明的、道听途说的都不能作为证据使用。

(2) 审查证据形成的时间、地点、条件等因素　证据的形成离不开特定的时间、地点、条件等多种因素。同一证据在不同时间、地点、条件下，其证明效力是不一样的。通过审查证据形成的时间、地点和条件，能够比较容易发现证据的疑点。

(3) 审查证据与案件事实的关系　这主要是查明证据与案件事实之间是否存在客观联系，有什么样的联系，证明案件中的什么问题。凡是与案件事实之间没有任何关系的证据材料，应从定案证据系统中删除，不采纳。只有证据与案件事实存在着内在的客观联系，并能证明案件事实的，才能采纳。

(4) 审查证据的收集是否合法　严格按照程序执行，依法收集证据是公正执法的唯一途径。

4. 交通事故证据审查方法

审查起诉阶段对证据的审查判断既是对侦查阶段收集证据的鉴别和补充过程，也是使证据符合证明标准的过程，基本方法为：

(1) 审查证据收集的客观性　作为定案证据的证明力来源于证据的真实可靠性，因此，对证据的审查判断首先要认真审查证据的来源是否真实，必须抓住“原始性”这一特征。对原始书证和视听资料，必须查明制作时间、内容、过程等情况，必要时，还应对其真实性进行科学技术鉴定。

(2) 审查证人提供证据的背景　证人在不同的场合、条件下提供的证言会有所不同。因此，对证人证言必须认真审查，对证言的变化情况应该具体分析，以此确定其真实性。

1）审查分析有关人员是否出于不良动机提供了虚假证言，如出于名利之争、个人恩怨等故意诬陷或做夸大犯罪嫌疑人罪责的证言。

2）审查分析有关人员是否因生理上、认识上的原因而提供了不准确的证据，如因年龄、健康状况等原因回忆时发生差错、陈述时不够准确等。

3）审查分析有关人员是否因环境特点或情况的变化而改变证言，如有的证人因受到利诱或威胁而改变证言；有的证人因出于特定小环境下的舆论压力或担心将来可能遭到打击报复而改变证言等。

4）审查分析有关人员是否因与犯罪嫌疑人的犯罪行为有关联，担心自己被追究法律责任而改变证言。

(3) 审查当事人的供述和辩解　在诉讼的不同阶段及同一阶段的不同环节，当事人的供述和辩解常常发生变化，翻供现象屡见不鲜。在司法实践中，口供虽有直接证明作用，但是仅有口供不能作为定案的根据，多数情况下，是从当事人的供述和辩解出发，与其他证据相对照，从而正确地做出判断。

(4) 审查取证的合法性　这主要体现在程序是否合法。根据《刑事诉讼法》的有关规定，严禁以非法的方法收集证据。凡经查证确定属于采用刑讯逼供或者威胁、引诱、欺骗等非法方法取得的证人证言、被告人供述等，不能作为定案的根据。但要注意防止犯罪嫌疑人以先前的伤情等为理由而进行狡辩，若出现这种情况应该坚决揭露、予以制服。要认真审查做出鉴定、检验结论的程序是否合法，以排除对鉴定及检验结论真实性、科学性的“合理怀疑”，若发现问题，应及时弥补，必要时应当重新提请鉴定、检验。同时，收集、提取书证、物证与视听资料的程序是否合法也要严格审查，防止因收集程序上的问题而影响这些证

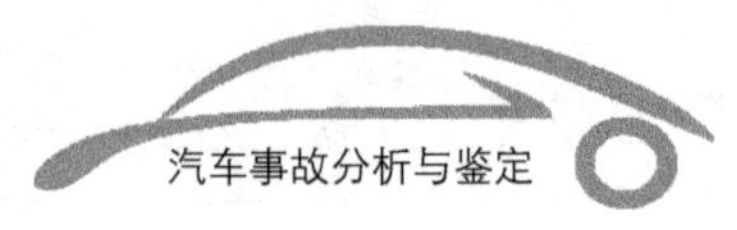

据的证明力。

(5) 对全案证据进行综合审查分析 无论是确定证据的客观性，还是判断证据的关联性，一般都必须在证据与证据的联系中加以考查。因为任何一个证据都不能自我核实。所以，审查判断证据，不能局限于单证或联系部分证据进行考查，必须将收集到的全部证据联系起来进行考查。在分析证据有无矛盾时可以从以下几方面入手：一是看某一证据本身有无矛盾；二是看证据与证据之间有无矛盾；三是看证据与案件事实之间有无矛盾。

检查人员在审查判断证据时，不但要善于发现矛盾，还要切实解决矛盾。不同的矛盾应根据案件具体情况采用不同的方法加以解决，肯定一方或否定一方都必须有充分的根据。

二、汽车事故事实认定

汽车事故事实认定是公安机关交通管理部门根据当事人的行为对发生道路交通事故所起的作用以及过错的严重程度，确定当事人的责任的过程。

交通事故处理实践中，办案人员通过现场勘验、检查、调查及开展有关的检验、鉴定工作收集证据，并在综合分析、审查判断所获取的证据的基础上证明交通事故基本事实。换言之，交通事故办案人员查明案件事实的过程，其实质是收集证据、运用证据的证明过程。当然，在收集证据之前，首先必须明确“查什么”“证明什么”的问题，否则收集证据将迷失方向，收集证据的针对性更是无从谈起。

汽车事故事实认定应当做到程序合法、事实清楚、证据确实充分、适用法律正确、责任划分公正。事实认定是整个事故处理的基础，也是公安机关应对交通事故认定任务的重要策略内容。因此，事实认定的论证理论同法律适用理论一样，应当予以足够重视。

查明交通事故基本事实，首先必须明确交通事故的证明对象。一般认为，证明对象是指证明主体活动所指向的客体，有学者称之为“待证事实”或“要证事实”，也有的称之为“证明标的”或“证明客体”。交通事故处理实践中，证明对象是指公安机关交通管理部门应当提供证据加以证明的交通事故事实。交通事故的发生，其实质是人、车、路在一定的时空条件下发生矛盾、冲突而造成人身伤亡或者财产损失，应重点针对时空条件、驾驶人、车辆、道路、后果、交通违法行为或意外等因素进行调查。因此，交通事故事实的证明必须紧紧围绕上述要件进行。交通事故处理工作中，证明对象主要包括以下几个方面：

1. 事故发生的时空情况

时空情况包括事故发生时间、地点、天气情况。事故发生时间、地点属于交通事故基本事实，应多方收集证据认真加以确认。

2. 机动车驾驶人情况

在引发交通事故的人、车、路、环境各因素中，交通参与人尤其是机动车驾驶人是最主要的因素。驾驶人的驾驶资格、驾驶能力、临危处置措施、发生事故后的所作所为，对于分析交通事故成因、确定当事人责任具有重要意义，是依法处理交通事故必须查明的基本事实。

3. 道路通行条件

查明事故地点的道路通行条件，不仅是依法处理事故的基本要求，对事故预防工作也有不可忽视的重要意义。需要查明的道路通行条件主要包括道路基本情况（如道路线形，路

幅、路宽，护栏，交通标志、标线、信号灯、监控设备，路灯照明情况，人行横道、人行过街设施、人行道的设置情况，弯路、桥梁、窄路、坡路，道路通行状况及障碍物的状况）、路面性质、路面状况、视距及天气状况等方面。

4. 车辆基本情况

如前所述，交通事故的实质是人、车、路在一定的时空条件下发生矛盾冲突所引发，车辆要素是构成交通事故必不可少的要件之一。车辆技术状况、车辆装载情况对分析事故成因意义重大；肇事车辆的登记所有人、实际所有人的确定，涉及交通事故损害赔偿责任的承担问题；肇事车辆是否投保机动车第三者责任强制保险，不仅涉及其交通违法行为的认定，也与交通事故损害赔偿问题息息相关。因此，事故在处理过程中，必须查明车辆基本情况，主要包括车辆牌证取得情况、保险情况、登记所有人、实际所有人、车辆运行安全技术情况、车辆装载情况等方面。

5. 事故后果情况

交通事故不能离开损害后果而独立存在，无后果的不能称其为交通事故。当事人是否因交通事故致死、其损伤程度是否构成重伤、财产损失数额多少，在某些情况下，还涉及当事人是否涉嫌构成交通肇事罪。当然，当事人是否因交通事故致死，也涉及事故损害赔偿项目和标准的计算。因此，在交通事故处理过程中，必须查明交通事故所造成的人员伤亡、财产损失情况。尤其对于在交通事故中死亡的人员，应重点查明其死亡与交通事故之间的因果关系，确定其是因交通事故而致死，还是因其他原因致死（如自身疾病致死或生理性死亡）。对于伤病关系并存的，除确定死因外，若疾病属于主要死因的，还应查明事故损伤对于其死亡的影响度即参与度问题。

总之，在交通事故处理实践中，办案人员都应当明确具体的证明对象，紧紧围绕证明对象调查收集证据。如果遗漏了证明对象，就会导致事实不清，一旦时过境迁，失去取证条件，就会造成难以弥补的损失，甚至导致冤假错案的发生。因此，办案人员应提高对证明对象重要性的认识，有目的地针对交通事故当事人的基本情况、肇事车辆安全技术状况及装载情况、交通事故的基本事实、当事人的道路交通安全违法行为及导致交通事故的过错或意外情况、与交通事故有关的道路情况、其他与交通事故有关的事实等证明对象进行调查，以科学还原交通事故事实真相。

三、认定汽车事故成因

查清交通事故发生的原因，是从事交通事故处理人员的职责。交通事故成因分析工作的目的主要有以下三个方面：一是法律、法规方面的目的，即查清交通事故当事人在事故过程中所实施的行为与交通事故之间的关系，以维护法律的尊严；二是运用统计学的手段，对某一特定区域内的交通事故发生原因进行统计分析，为采取针对性的预防措施提供基础；三是为采取工程手段完善道路及设施提供数据基础。

1. 交通事故成因分类

造成道路交通事故的运动物体是由人控制的，由人控制的运动物体在运动中出现的不规则性，是造成道路交通事故的最根本原因。按照人类自身的思维、行为模式，造成道路交通事故的原因主要分为以下几类：

(1) 人的原因 毫无疑问，在道路交通事故中起主导作用的是人，人为原因也是造成道路交通事故的主要原因。但在一起具体的道路交通事故中，人的不同行为会造成不同的后果，即使是同一行为，在不同事故形态和不同环境中造成的后果也是不同的。将道路交通事故中人的具体行为分类，包括疏忽大意、盲目自信、有妨碍安全行车的生理缺陷及其他行为等。

(2) 路的原因 涉及道路的原因导致或影响交通事故过程的现象比较复杂。从严格的意义上讲，道路的状态对交通事故的影响是无处不在的。但道路终究是固定的，其对事故的影响也仅仅是一种客观存在的被动诱发因素。道路线形不合理、路面及附属设施状况差等因素对道路交通安全都有较大的影响。

(3) 车辆的原因 车辆对交通事故的影响主要体现在车辆是否符合国家标准规定的安全行驶条件和是否存在突发性机械故障诱发交通事故的可能。突发性机械故障也属于一种特定的交通事故。

(4) 环境方面的原因 环境对交通事故的影响是综合性的，相同的环境在不同的现场条件下对交通事故的影响是不一致的。环境对交通事故的影响，主要体现为现场环境对事故形态和驾驶行为的影响。

(5) 意外原因 意外原因在《中华人民共和国道路交通安全法》定义的范围内是一个相对较窄的范畴，主要包括自然灾害、难以避免的突发性机械故障等，在本书中不作为讨论的重点。

2. 交通事故成因分析的基本要求

交通事故成因分析是一项细致的工作，通常针对某一具体的交通事故按工作步骤进行成因分析。成因分析要以事实为依据，即进行事故成因分析获得的每一个结论及确定交通事故当事人所实施的行为，都必须要有现场勘查、检验、鉴定和调查所获得的合法证据的支持。成因分析只追究直接原因，交通事故的发生过程多是多种因素复合影响所致，所以在交通事故成因分析的过程中，对导致发生的原因和当事人所实施的行为原因的追究，只涉及直接原因，也就是第一层次的原因。

总的说来，交通事故成因分析应该包含广义的交通事故成因分析和狭义的交通事故成因分析两个范畴。广义的交通事故成因分析主要是运用统计学的方法，对发生在一个特定区域和特定时段的交通事故的原因进行数学意义上的分析，以期获得一个具有数学意义的数据系统，来支持交通事故预防工作。而狭义的交通事故成因分析则是针对某一具体的交通事故，通过对交通事故证据的分析和引用，证明或再现交通事故过程，并对事故过程中各种因素的影响进行定性描述。所以，狭义的交通事故成因分析是广义交通事故成因分析的基础，是为建立一个数据系统的采样过程。

四、交通事故责任认定

视频17
事故责任认定

道路交通事故的责任认定，就交通事故处理而言，处于承上启下的中心环节。公安机关交通管理部门在处理交通事故案件时，要根据事故责任对当事人给予法律制裁。在对交通事故损害经济赔偿进行调解时，交通事故责任是承担相应赔偿量的根据。在追究当事人刑事责任时，交通事故责任是重要条件，就当事人而言，它是确认其因交通事故而产生的权利义务

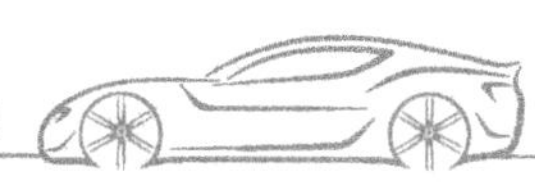

的重要依据。所以，道路交通事故责任认定在交通事故处理过程中具有相当重要的地位。

1. 交通事故责任分类

交通事故责任是指公安机关及交通管理部门在查明交通事故原因以后，根据道路交通安全管理的法律、法规和规章，对当事人在发生交通事故中所起的作用以及过错的严重程度，做出的定性、定量的结论。

根据《中华人民共和国道路交通安全法实施条例》第九十一条、第九十二条和《道路交通事故处理程序规定》第六十条规定，交通事故责任可分为全部责任、主要责任、同等责任、次要责任和无责任。

(1) 全部责任 《道路交通事故处理程序规定》第六十条规定："因一方当事人的过错导致道路交通事故的，承担全部责任。"第六十一条规定："当事人有下列情形之一的，承担全部责任：①发生道路交通事故后逃逸的；②故意破坏、伪造现场、毁灭证据的。"《中华人民共和国道路交通安全法实施条例》第九十二条规定："发生交通事故后当事人逃逸的，逃逸的当事人承担全部责任；当事人故意破坏、伪造现场、毁灭证据的，承担全部责任。"

(2) 主要责任 主要责任是指某方当事人的过错是导致交通事故发生的主要原因，其过错行为对交通事故发生的作用较大，过错程度较严重。

(3) 同等责任 同等责任是指各方当事人的过错均是导致交通事故发生的原因，过错行为对交通事故发生的作用相当，由各方当事人平均承担事故后果。

(4) 次要责任 次要责任是指某方当事人的过错是导致交通事故发生的次要原因，其过错行为对交通事故发生的作用较小，过错程度较轻。《道路交通事故处理程序规定》第六十条中规定："因两方或者两方以上当事人的过错发生道路交通事故的，根据其行为对事故发生的作用以及过错的严重程度，分别承担主要责任、同等责任和次要责任。"

(5) 无责任 无责任是指交通事故当事人不承担任何责任。无责任可分为两种情况：第一种是无责任当事人在交通事故中无任何过错；第二种是无责任当事人虽然有一定的过错，但是交通事故一方当事人承担全部责任。《道路交通事故处理程序规定》第六十条中规定："各方均无导致道路交通事故的过错，属于交通意外事故的，各方均无责任；一方当事人故意造成道路交通事故的，他方无责任"。

2. 交通事故责任认定的原则

道路交通事故责任认定的基本原则主要根据《中华人民共和国道路交通安全法实施条例》第九十一条"公安机关交通管理部门应当根据交通事故当事人的行为对发生交通事故所起的作用以及过错的严重程度，确定当事人的责任。"确定当事人责任，可根据肇事时当事人的心理状态有无主观故意和一些特定情况采取下述方式：

(1) 无主观故意造成交通事故责任认定原则

1）根据交通事故当事人行为对发生交通事故所起的作用进行认定。所谓交通事故当事人行为对发生交通事故所起的作用是指事故当事人的行为对该事故的发生所起作用的大小，也就是民法上关于民事责任成立要件中的因果关系原则。因此判定当事人责任时往往采用以下方法：

当事人承担事故责任必须有过错且过错行为与交通事故发生有因果关系才承担事故责

任。当事人无过错行为，不应负事故责任；当事人有过错行为但与事故的发生无因果关系，不应负事故责任；当事人有过错行为且与事故的发生存在因果关系，才负事故责任。

因果关系是指交通事故中当事人的违法行为和交通事故发生及损害后果之间存在直接的联系，即事故构成的直接原因，并不包括造成交通事故的间接原因。故在实际中由道路、气候等其他非人为因素引起的间接原因在交通事故责任认定过程中不应作为加重或减轻当事人责任的原因。认定交通事故当事人的责任首先需要查清行为人的行为和事故的发生与损害后果之间是否存在因果关系。如果行为人的行为和事故的发生与损害后果之间不存在因果关系，即使行为人的行为属于严重违法行为，也不应该承担事故后果的民事损害赔偿责任。例如，两辆同向行驶的车辆，前车驾驶人酒后正常行驶无其他违法行为和驾驶错误，被后车疏忽追尾造成交通事故，显然在这起事故中，前车驾驶人的酒后驾驶与这起事故发生和损害后果之间不存在任何因果关系，不应承担事故的民事损害赔偿责任，当然前车驾驶人理应承担酒后驾驶的法律责任。这是对交通事故责任认定的一种定性描述，关键在于如何确定因果关系。一般按“若无原则”和“相当因果关系学说”来确定，即按“若无此行为，必不产生此种损害；若有此种行为，通常足以生成此种损害，而实际上又确实引起了该损害发生。”来确定有无因果关系。

根据当事人的过错行为对发生交通事故所起的作用认定责任大小。交通事故的因果关系确定后就涉及对当事人责任比例的划分问题。无论是涉及双方还是多方事故当事人过错的场合，对当事人责任比例的划分主要是通过比较相关当事人过错行为对发生交通事故所起的作用认定责任大小进行确定。例如，某机动车超速行驶撞了一个骑车人，而被撞的骑车人有闯红灯行为，在此情况下便需要对双方当事人的过错大小进行比较而确定各自应承担的责任。

当一方当事人的交通违法行为扰乱了正常的道路交通秩序，破坏了交通法规中有关各行其道和让行的原则，在引发事故方面起着主导作用，即该当事人的交通违法行为是交通事故的主要和直接原因时，该当事人的责任要大于对方当事人。

当一方当事人的交通违法行为在事故的发生过程中只是促进因素并且起着被动的，或只起加重后果的作用，即该当事人的交通违法行为是交通事故的次要和间接原因时，该当事人的责任要小于对方当事人。

① 路权原则和安全原则。“路权原则”指各行其道，是交通管理的基本原则，是交通参与者的基本权利，包括通行权和先行权，先行权是建立在都有通行权的基础上的。

交通事故中一方当事人的交通违法行为是违反通行权的过错行为，另一方当事人的行为不是违反通行权的行为，则由违反通行权的一方负事故的主要责任，未违反通行权的另一方负相对应责任。交通事故中双方当事人都有通行权时，则由违反先行权的一方当事人负事故的主要责任，另一方负相对应责任。交通事故中双方当事人都违反了通行权和先行权，若没有其他过错行为存在，则双方负事故的同等责任。

若双方都没有违反路权的规定，或双方都有违反路权规定以外的过错行为，则应通过进一步分析安全因素对事故责任的大小进行认定。

“安全原则”是指车辆、行人必须在保证安全的原则下通行的原则。

相关当事人都违反了路权规定，但一方当事人又同时违反了确保安全的规定，而另一方未违反时，则前者的行为是事故发生的主要原因，应负事故的主要责任，后者的行为是事故发生的次要原因，负事故的次要责任。

相关当事人都违反了路权规定和确保安全的规定，一方当事人违法情节严重，而另一方当事人违法情节相对较轻时，则前者的行为是事故发生的主要原因，应负事故的主要责任，后者的行为是事故发生的次要原因，负事故的次要责任。

当无法区分事故情节轻重时，则说明双方的过错行为均是导致事故发生的等效原因，双方负同等责任。

若一方当事人违反路权规定，另一方当事人违反确保安全的规定，则前者应负事故的主要责任，后者负事故的次要责任。

② 根据因果关系的形式确定责任。若某方事故当事人的过错行为与交通事故发生是“独立因果关系”，则负全部责任。所谓“独立因果关系”即只有一方当事人的过错是引起交通事故发生的唯一原因，其他方当事人的行为不是引起交通事故的原因。

“竟合因果关系”即各方的行为都与事故的发生有因果关系，各方都要承担相应责任，具体责任主要看是何种“竟合因果关系”。

“重复竟合因果关系”即任何一方过错都会引起事故的发生，若无其他因素影响，各方负同等责任。

“相互竟合因果关系”即某一方当事人的过错行为单独发生不能够引起事故发生，只有在与另一方的过错行为相互作用下才与事故发生有因果关系，负事故的次要责任。

例如，相对方向行驶两车相撞，其中甲方越过中心线下道行驶，乙方没有下道但超速行驶。分析这起事故，导致事故的原因是甲方侵入对方车道和乙方超速行驶而躲避不及，哪一方责任大可根据因果关系形式加以确定。对于甲方，只要有下道行为，无论对方车辆是否有超速行为都可以导致两车相撞。对于乙方，超速行为本身不会和对向正常行驶车辆相撞，只有与对向车辆下道的行为相互作用才会导致事故发生。也就是说，如果甲方过错行为单独实施能引起事故发生，其他方的过错行为单独实施不能引起事故发生，只有与之相互作用才能发生事故的，则甲方负事故主要责任，其他方负事故次要责任。

③ 原因力比较。在认定事故当事人行为对发生交通事故所起的作用时，除了根据因果关系原则外，还有就是衡量当事人行为对发生交通事故形成的原因力。所谓“原因力”是指在构成损害结果的共同原因行为中，每一个原因行为对损害结果的发生或扩大所发生的作用力。在没有过错或者难以认定过错的场合下，可依据当事人行为对发生交通事故形成的原因力分配责任，以确定事故损害的相应赔偿标准。

当各方原因力相等或相差不悬殊时，各方负同等责任；各方原因力不等时，原因力大的负主要责任，原因力小的负次要责任。

原因力大小评定一般是主要原因大于次要原因，直接原因大于间接原因，与事故发生距离近的原因事实大于距离远的原因事实。

2）根据交通事故当事人过错的严重程度进行认定。当事人的过错在民法上有两种形式，即主观过错与客观过错。所谓主观过错，主要是指当事人过于自信、疏忽大意、操作不当等主观意识行为和状态。所谓客观过错，就是当事人的行为具有明显的违反法律的事实，而不管当事人的主观意识状态，只要当事人的行为违反了法律、法规的规定，就构成过错。

主观过错比较主要是根据当事人违反了相应的“注意义务”而导致相应“过失”需要承担相应责任来判定。

一方当事人若违反了“普通人的注意义务”属重大过失，一般负主要或全部责任；若

违反了“应与处理自己事务为同一注意”的注意义务为一般过失；若违反了“善良管理人”的注意义务为轻微过失，一般负次要责任。

在交通事故责任认定中，应根据当事人的职业和身份来判断当事人违反了何种“注意义务”导致何种过失，来认定责任。

客观过错比较主要是对当事人交通违法行为过错的严重程度进行比较。确定交通事故当事人的过错比例是一项技术性很强的工作。

(2) 故意造成交通事故的责任认定原则 《道路交通事故处理程序规定》第六十条中规定：“一方当事人故意造成道路交通事故的，他方无责任。”即只要有证据证明一方当事人故意造成交通事故，就要承担本起事故的全部责任，他方无论有无过错都会因为对方的故意而不承担责任。

(3) 特别情况下交通事故责任认定的方法 特别情况是指在交通事故中有关当事人为逃避事故责任及处罚而采取的恶意不法行为，主要包括肇事后当事人逃逸及故意破坏、伪造现场、毁灭证据等。《中华人民共和国道路交通安全法实施条例》第九十二条明确规定：“发生交通事故后当事人逃逸的，逃逸的当事人承担全部责任，但是，有证据证明对方当事人也有过错的，可以减轻责任；当事人故意破坏、伪造现场、毁灭证据的，承担全部责任。”这是交通法规对特别情况下认定交通事故责任的原则规定。

交通肇事后当事人无论是逃逸行为还是故意破坏、伪造现场，毁灭证据的行为，都是十分恶劣的不法行为，必须予以彻底禁止，实际中一旦发生这些行为必须对其进行严厉惩治。对于交通事故当事人逃逸的责任可以有以下几种认定结果：

① 交通事故发生后因当事人逃逸而无法认定当事人责任的场合，无论事故他方当事人的过错如何，均由逃逸方负事故的全部责任。

② 交通事故发生后一方当事人逃逸，而事故的认定结果则是双方均无责任即意外事故，也要由逃逸方负事故的全部责任。

③ 交通事故发生后一方当事人逃逸，事故的认定结果是逃逸方有违法行为或者驾驶错误，他方没有过错，由逃逸方负事故的全部责任。

④ 交通事故发生后一方当事人逃逸，事故的认定结果是事故双方当事人均有过错，在确定过错比例的基础上适当加重逃逸方的责任。

针对《中华人民共和国道路交通安全法实施条例》第九十二条中“当事人故意破坏、伪造现场、毁灭证据的，承担全部责任”的理解，也可分为以下情况：

① 一方当事人故意破坏、伪造现场、毁灭证据致使交通事故责任无法认定的，该当事人应当承担全部责任。

② 故意破坏、伪造现场、毁灭证据是双方或者多方当事人的共同行为，应在查清相关当事人所起作用的基础上按其作用大小由相关当事人分担责任。

③ 如果当事人故意破坏、伪造现场、毁灭证据是为了骗取保险金额等，除了承担全部的交通事故责任外，还必须承担由此行为引起的法律后果或者行政责任。

在实际的交通事故中，一些交通事故当事人为了逃避处罚或赔偿而出现因不报案或不及时报案致使事故现场无法勘查，导致出现事故原因不能查清和事故责任认定困难的情况。推定交通事故责任，就是公安机关交通管理部门针对此类行为而依法做出的一种特殊的交通事故责任结论。实施推定交通事故责任可有效预防事故当事人不报案或不及时报案行为的发

生，其具体规定如下：

① 当事人一方有条件报案而未报案或未及时报案致使交通事故责任无法认定的，应当负全部责任。

② 当事人各方均有条件报案而均未报案或者未及时报案致使交通事故责任无法认定的，应当负同等责任。但机动车与非机动车、行人发生交通事故的，机动车一方应当负主要责任，非机动车、行人一方应当负次要责任。

发生事故后，当事人不报案而私下协议，协议不成或者达成协议后又反悔再报案的，按本条处理。

3. 交通事故责任客观认定

交通事故责任客观认定的思路是，把导致事故发生及事故后果严重的各种违法行为赋予不同的数值，事故发生后，把各方当事人与事故发生及事故后果严重有关的违法行为分值相加，并进行比较：一方当事人的行为有分值，另一方当事人的行为无分值，有分值一方当事人负事故的全部责任，另一方无责任；一方当事人行为的分值总和大于另一方的，分值大的一方当事人负事故的主要责任，另一方负次要责任；双方当事人行为的分值总和相同或者双方当事人都逃逸的且使责任无法认定的，双方当事人负事故的同等责任。各方赔偿比例分别是每一方的违法行为分值占总违法行为分值和的比例，理论上说赔偿比例可以为1%~99%。

我国很多交管部门都在研究和尝试此种方法。此种责任认定方式的关键是各种违法行为的分值确定，因为道路交通事故成因复杂、交通违法行为多样，同一种违法行为在每一起事故中所起的作用大小是不完全相同的，有时甚至是相悖的，很难确定其分值。例如，酒后驾驶违法行为在某些事故中是引起事故发生的主要原因，应赋予高分值，而在另外一些事故中（如酒后正常驾驶被后车追尾）却不是引起事故发生的原因，应不赋予分值或赋予低分值。

4. 交通事故责任认定程序及时限

交通事故责任的认定工作，一般应该按照下列程序进行：审核材料、提交“交通事故调查报告书”、上报审批、制作“交通事故认定书”、宣布送达和复核申请。

(1) 审核材料 在认定交通事故责任时，首先要对全部证据材料再做一次审核，整理汇总。

(2) 提交“交通事故调查报告书” “交通事故调查报告书”是对交通事故的说明，内容应当包括：交通事故当事人、肇事车辆、道路等的基本信息；交通事故的基本事实；交通事故的证据，包括检验和鉴定的结论；交通事故成因分析；当事人应承担的责任。

(3) 上报审批 根据交通事故发生的原因，由办案人员填写“审批报告表”，根据规定的审批权限，附上交通事故的全部案卷材料，逐级上报审批。

(4) 制作“交通事故认定书” 交通事故认定经领导审查批准后，由事故办案人员负责制作“交通事故认定书”。“交通事故认定书”一式数份，一份存档，其余送达各方当事人。

(5) 宣布送达 交通警察按照规定制作“交通事故认定书”后，通知各方当事人到场，公布相关证据，说明交通事故责任认定的理由和依据，并宣布交通事故责任认定结论。“交通事故认定书”应当在规定的时限内经宣告后，送达当事人，当事人应当在送达回执上签名确认，并注明日期。

(6) 复核申请 《道路交通事故处理程序规定》第七十一条规定：“当事人对道路交通

事故认定或者出具道路交通事故证明有异议的，可以自道路交通事故认定书或者道路交通事故证明送达之日起三日内提出书面复核申请。当事人逾期提交复核申请的，不予受理，并书面通知申请人。复核申请应当载明复核请求及其理由和主要证据，同一事故的复核以一次为限。”

《中华人民共和国道路交通安全法》第七十三条规定：“公安机关交通管理部门应当根据交通事故现场勘验、检查、调查情况和有关的检验、鉴定结论，及时制作交通事故认定书，作为处理交通事故的证据。交通事故认定书应当载明交通事故的基本事实、成因和当事人的责任，并送达当事人。”

《道路交通事故处理程序》第六十二条规定：“公安机关交通管理部门应当自现场调查之日起十日内制作道路交通事故认定书。交通肇事逃逸案件在查获交通肇事车辆和驾驶人后十日内制作道路交通事故认定书。对需要进行检验、鉴定的，应当在检验报告、鉴定意见确定之日起五日内制作道路交通事故认定书。有条件的地方公安机关交通管理部门可以试行在互联网公布道路交通事故认定书，但对涉及的国家秘密、商业秘密或者个人隐私，应当保密。”

【实例分析 8-1】

1. 案件简要情况

某日 15 时在某路段，B 车自南向北行驶。当 B 车行驶至距事故发生地段约 20m 时，驾驶人发现前面交叉路口的 A 车左转弯，由于距离太近，B 车驾驶人向右躲闪致使 B 车左前角与 A 车中梁偏后门前端发生碰撞，随之 B 车正前方与 A 车中梁偏前门发生碰撞，经受力后（含 A 车的惯性带动）B 车顺时针转动，致使左前门与 A 车发生刮擦，碰撞分离后，两车沿各自的运动轨迹分别向现场图（图 8-2）中所示位置滑动，造成两车驾驶人重伤和两乘车人死亡的道路交通事故。

2. 证据审查及事实认定

(1) 现场道路状况认定 交通事故发生时为晴天，路面干燥；事故路段为平直的沥青路面，且路面质量一般。因此路面坡度 $i=0$，路面纵向摩擦系数 μ 实测为 0.7~0.8。

(2) 路面痕迹认定 以向北方向为准，路口右侧车道的路面上有 A 车右侧玻璃碎片及两车碰撞的泥土等散落，范围为 2.70m×7.60m，中心距机动车道路右侧 1.10m，距 A 车左后轮 7.70m，距 B 车右后轮 6.80m。

(3) 车辆痕迹认定 B 车车头左前角距地 1.05m 以下碰撞凹陷，左前照灯损坏，保险杠左前角凹陷，前保险杠中部变形深度为 0.25m。A 车右前车门、右后车门及中梁碰撞严重凹陷变形，车门玻璃破碎掉落，左侧前车门与右侧路口的隔离栏刮擦，车门外壳轻微凹陷。

(4) 肇事车辆检验鉴定 A、B 两车因碰撞损坏，不能做路检，经解体检验，两车转向系统、制动系统及各机件全部合格。

(5) 两车速度鉴定 由于在鉴定过程中，附着系数取最小值，且没有考虑两车旋转所消耗的能量和 A 车左侧前车门与右侧路口的隔离栏刮擦所消耗的能量。因此，根据所计算的速度较实际速度偏小，得出以下结论：

1）A 车碰撞前的最小速度为 34km/h。

2）B 车碰撞前的最小速度为 78km/h。

3. 事故原因分析及责任认定结论

(1) 事故原因分析

1) A车驾驶人违反了《中华人民共和国道路交通安全法实施条例》第五十二条中“机动车通过没有交通信号灯控制也没有交通警察指挥的交叉路口，转弯的机动车让直行的车辆先行”及第四十六条中“掉头、转弯、下陡坡时最高行驶速度不得超过每小时30公里”的规定。转弯的A车驾驶人没有避让直行的B车，是导致两车碰撞的主要原因，转弯时超速导致对方车辆躲避不及而发生碰撞，同时也加重了事故后果的严重性，因此也要承担一部分事故责任。

2) B车驾驶人违反了《中华人民共和国道路交通安全法实施条例》第四十五条中“机动车在道路上行驶不得超过限速标志、标线标明的速度”的规定。本路段规定的限制行驶时速为60km，B车驾驶人在此路面超速行驶导致躲避不及碰撞也是造成此事故的原因之一，同时也加重了事故后果的严重性，因此也要承担一部分事故责任。

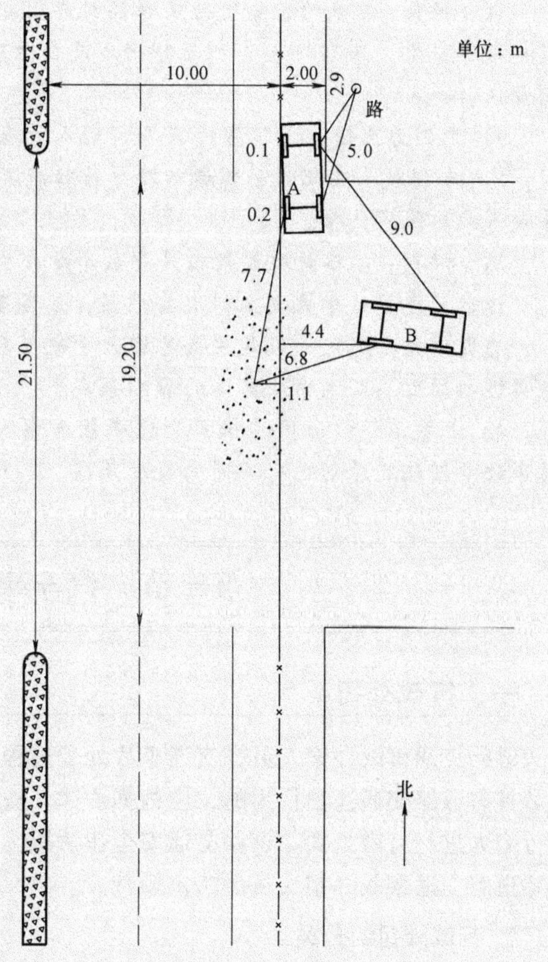

图8-2 事故现场图

(2) 责任认定 双方当事人都有过错且过错行为与本起交通事故发生都有因果关系，因此都必须承担事故责任；具体双方承担什么样的责任，可用前述责任认定原则判定。

1) 路权原则和安全原则。①A、B两车虽都有通行权，但B车有优先权，A车违反了路权原则；A车转弯超速又违反了安全原则；②B车超速行驶，违反了安全原则。

综合评判：A车承担主要责任，B车承担次要责任。A车既违反了路权原则又违反了安全原则，对事故发生所起的作用更大一些，在损害赔偿时可担负更多的赔偿责任。

2) 根据因果关系的形式确定责任。两车的违法行为相互作用才导致事故发生，因此属于“竞合因果关系”，即各方的行为都与事故的发生有因果关系，各方都要承担相应责任。①对于B车，其符合“相互竞合因果关系”。即B车超速的过错行为单独发生不能够引起事故发生，只有在与A车的不让行转弯的过错行为相互作用下才会发生碰撞事故，负事故的次要责任。②对于A车，只要有不让行转弯的过错行为，无论对方车辆是否有超速行为都可以导致两车相撞，负事故主要责任。

综合评判：A车的过错行为单独实施能引起事故发生；B车的过错行为单独实施不能引起事故发生，只有与A车相互作用才能发生事故。A车负事故主要责任，B车负事故次要责任。

3）原因力比较。①转弯的A车驾驶人没有避让直行的B车是导致两车碰撞的主要原因；②B车驾驶人在此路面超速行驶导致躲避不及碰撞是造成此事故的次要原因，也间接导致事故后果的严重。

综合评判：A车的过错行为是导致事故发生的主要原因，应负事故的主要责任，B车的过错行为是导致事故发生的次要原因，应负事故的次要责任。

原因力大小评定一般是主要原因大于次要原因，直接原因大于间接原因，与事故发生距离近的原因事实大于距离远的原因事实。

4）本案不适合运用“根据交通事故当事人过错的严重程度进行认定”。可见各种交通事故责任认定原则也有不同的适用范围，不可强行适用。

第三节　汽车事故肇事处罚

一、行政处罚

道路交通事故办案人员在交通事故处理过程中，发现并认定道路交通事故当事人或其他人员具有道路交通违法行为的，应根据法律、法规、规章的相关规定，依法履行职责，对违法行为人进行行政处罚。道路交通安全违法行为行政处罚是道路交通事故处理的重要内容，也是道路交通事故办案人员的法定职责。

1. 行政处罚的分类

《中华人民共和国道路交通安全法》第八十八条规定：“对道路交通安全违法行为的处罚种类包括：警告、罚款、暂扣或者吊销机动车驾驶证、拘留。”

（1）警告　警告是指公安机关交通管理部门对道路交通违法行为人的谴责和告诫，指出其行为的危害性，告诫其不要再犯。警告与其他处罚种类的区别是其对违法行为人实施的是精神上或名誉方面的惩戒，而不是对违法行为人实体权利的剥夺或者限制，是最轻的行政处罚。警告主要适用于初犯和偶犯且交通违法行为轻微、损害后果小的违法行为。

交通违法行为行政处罚中的警告，不同于一般的批评教育，区别在于警告属于公安机关的执法活动，具有强制性。警告作为一种对道路交通违法行为的行政处罚应当以书面形式做出决定，即公安机关交通管理部门应当制作行政处罚决定书，并送达当事人。但《中华人民共和国道路交通安全法》第八十七条又有规定，对于情节轻微，未影响道路通行的，指出违法行为，给予口头警告后放行。口头警告不属于道路交通安全违法行为行政处罚，不用制作行政处罚决定书，只由交通警察对当事人的违法行为进行批评教育。

（2）罚款　罚款是指公安机关交通管理部门依照道路交通安全法律、法规、规章的规定，对道路交通违法行为人限令在一定期限内向国家交纳一定数额金钱的处罚方式。这种处罚的特点是对违法行为人在经济上给予制裁，迫使违法行为人履行金钱付给义务。罚款处罚

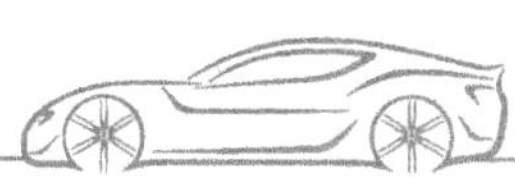

不影响违法行为人的人身自由和其他活动，是目前应用最广泛的一种行政处罚，也是道路交通安全违法行为处罚中最常见的一种处罚方式。对于罚款的限额，《中华人民共和国道路交通安全法》规定了两种方式：一是明确规定罚款的最低和最高限额；二是规定罚款额为行为人违法所得的倍数。具体来讲，道路交通安全违法行为人所实施的单项道路交通安全违法行为最高的罚款限额为5000元，最低罚款限额为5元；或者最高罚款限额为行为人违法所得的10倍，最低限额为行为人违法所得的2倍。当一个道路交通违法行为人实施了不同的道路交通安全违法行为时，依据分别裁决、合并执行的原则，罚款的数额可以超过最高限额的规定。《中华人民共和国道路交通安全法》还根据道路交通安全违法行为危害性的大小，对不同类型的道路交通安全违法行为设定了不同的罚款档次。

（3）暂扣机动车驾驶证　暂扣机动车驾驶证是指公安机关交通管理部门依法对道路交通安全违法行为人（机动车驾驶人）在一定时间内暂时剥夺其机动车驾驶资格的处罚方式。暂扣机动车驾驶证，可以单独使用，也可与警告、罚款、行政拘留的处罚方式并处。

（4）吊销机动车驾驶证　吊销机动车驾驶证是指对实施了严重道路交通安全违法行为的机动车驾驶人剥夺其驾驶资格的处罚方式。吊销机动车驾驶证是对当事人驾驶资格最严厉的一种处罚。对于吊销机动车驾驶证的处罚，《中华人民共和国道路交通安全法》和《中华人民共和国道路交通安全法实施条例》对适用的情况有明确规定，并且《行政处罚法》赋予了当事人要求听证的权利。

（5）行政拘留　行政拘留是公安机关依法对道路交通安全违法行为人在一定时间内剥夺其人身自由，羁押于一定场所的处罚方式。拘留是道路交通安全违法行为行政处罚中最为严厉的一种。行政拘留的期限为1~15日。它只适用于有严重道路交通安全违法的行为人。对于道路交通安全违法行为人实施的拘留处罚应以县、市公安局、公安分局或者相当于县一级的公安机关的名义裁决。

行政拘留与刑事拘留不同。刑事拘留是刑事诉讼中的一种强制措施，而行政拘留是一种行政处罚。刑事拘留的对象是罪该逮捕的现行犯或者重大嫌疑人，目的在于保证刑事诉讼活动的顺利进行。通常情况下，犯罪事实经过查证属实，有相当一部分会被追究刑事责任。行政拘留的对象是不够刑事处罚的道路交通安全违法行为人，目的是惩戒和教育违法行为人。行政拘留期限届满后即被释放，无其他法律后果。

2. 行政处罚的适用、权限与时限

（1）行政处罚的适用　行政处罚的适用是指公安机关交通管理部门依法决定对道路交通安全违法行为人是否给予行政处罚和如何科学处罚的活动。

1）对当事人的同一个违法行为，不得给予两次以上罚款的行政处罚。

2）不满十四周岁的人有违法行为的，不予行政处罚，责令监护人加以管教。已满十四周岁不满十八周岁的人有违法行为的，从轻或者减轻行政处罚。

3）精神病人在不能辨认或者不能控制自己行为时有违法行为的，不予行政处罚，但应当责令其监护人严加看管和治疗。间歇性精神病人在精神正常时有违法行为的，应当给予行政处罚。尚未完全丧失辨认或者控制自己行为能力的精神病人有违法行为的，应当予以行政处罚，但可以从轻或者减轻行政处罚。

4）违法行为人有下列情形之一的，应当从轻、减轻处罚或者不予处罚：

① 主动消除或者减轻违法行为危害后果，并取得被侵害人谅解的。

② 受他人胁迫或者诱骗的。

③ 有立功表现的。

④ 主动投案，向公安机关如实陈述自己的违法行为的。

⑤ 其他依法应当从轻、减轻或者不予行政处罚的。

⑥ 违法行为轻微并及时纠正，没有造成危害后果的，不予行政处罚。

5）违法行为人有下列情形之一的，应当从重处罚：

① 有较严重后果的。

② 教唆、胁迫、诱骗他人实施违法行为的。

③ 对报案人、控告人、举报人、证人等打击报复的。

④ 六个月内受过治安管理处罚或者一年内因同类违法行为受到两次以上公安行政处罚的。

6）一人有两种以上违法行为的，分别决定，合并执行，可以制作一份决定书，分别写明对每种违法行为的处理内容和合并执行的内容。一个案件有多个违法行为人的，分别决定，可以制作一式多份决定书，写明给予每个人的处理决定，分别送达每一个违法行为人。

7）对决定给予行政拘留处罚的人，在处罚前因同一行为已经被采取强制措施限制人身自由的时间应当折抵。限制人身自由一日，折抵执行行政拘留一日。询问查证和继续盘问时间不予折抵。

8）违法行为人有下列情形之一的，依法应当给予行政拘留处罚的，应当做出处罚决定，但不送达拘留所执行：

① 已满十四周岁不满十六周岁的。

② 已满十六周岁不满十八周岁，初次违反治安管理或者其他公安行政管理的。

③ 七十周岁以上的。

④ 孕妇或者正在哺乳自己不满一周岁婴儿的妇女。

（2）行政处罚的权限

1）对违法行为人处以警告、罚款或者暂扣机动车驾驶证处罚的，由违法行为发生地的县级以上公安机关交通管理部门做出处罚决定。

2）对违法行为人处以吊销机动车驾驶证处罚的，由违法行为发生地设区的市公安机关交通管理部门做出处罚决定。

3）对违法行为人处以行政拘留处罚的，由违法行为发生地的县、市公安局、公安分局或者相当于县一级的公安机关做出处罚决定。

4）专业运输单位的车辆六个月内两次发生一次死亡三人以上的道路交通事故，且该单位或者车辆驾驶人对事故承担全部责任或者主要责任的，事故发生地的县级公安机关交通管理部门应当将专业运输单位车辆肇事情况录入全国公安交通管理信息系统，并将处理意见转递专业运输单位所在地县级公安机关交通管理部门，专业运输单位所在地的公安机关交通管理部门应当报经设区市公安机关交通管理部门批准后，做出责令限期消除安全隐患的决定，禁止未消除安全隐患的机动车上道路行驶，并通报道路交通事故发生地及运输单位属地的人民政府有关行政管理部门。

该处罚应当制作《消除道路交通安全隐患通知书》。

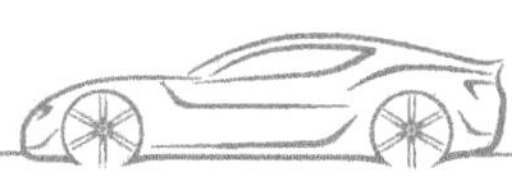

(3) 行政处罚的时限

1) 公安机关交通管理部门应当在做出道路交通事故认定之日起五日内，对当事人的道路交通安全违法行为依法做出处罚。

2) 对发生道路交通事故构成犯罪，依法应当吊销机动车驾驶证的，应当在收到人民法院对机动车驾驶人的有罪判决书或者证明机动车驾驶人有罪的司法建议函后，由设区市公安机关交通管理部门及时做出吊销机动车驾驶证的处罚决定，同时具有逃逸情形的，公安机关交通管理部门应当同时依法做出终生不得重新取得机动车驾驶证的决定。

3. 交通肇事行政处罚程序

根据《道路交通安全违法行为处理程序规定》，行政处罚决定程序分为简易程序和一般程序。

(1) 简易程序 对违法行为人处以警告或者二百元以下罚款的，可以适用简易程序。

根据《道路交通安全违法行为处理程序规定》第四十四条规定，适用简易程序处罚的，可以由一名交通警察做出，并应当按照下列程序实施：①口头告知违法行为人违法行为的基本事实、拟做出的行政处罚、依据及其依法享有的权利；②听取违法行为人的陈述和申辩，违法行为人提出的事实、理由或者证据成立的，应当采纳；③制作简易程序处罚决定书；④处罚决定书应当由被处罚人签名、交通警察签名或者盖章，并加盖公安机关交通管理部门印章；被处罚人拒绝签名的，交通警察应当在处罚决定书上注明；⑤处罚决定书应当当场交付被处罚人；被处罚人拒收的，由交通警察在处罚决定书上注明，即为送达。交通警察应当在二日内将简易程序处罚决定书报所属公安机关交通管理部门备案。处理流程中应当制作《公安交通管理简易程序处罚决定书》。《道路交通安全违法行为处理程序规定》第四十五条规定，简易程序处罚决定书应当载明被处罚人的基本情况、车辆牌号、车辆类型、违法事实、处罚的依据、处罚的内容、履行方式、期限、处罚机关名称及被处罚人依法享有的行政复议、行政诉讼权利等内容。

(2) 一般程序 对违法行为人处以二百元（不含）以上罚款、暂扣或者吊销机动车驾驶证的，应当适用一般程序。不需要采取行政强制措施的，现场交通警察应当收集、固定相关证据，并制作违法行为处理通知书。

根据《道路交通安全违法行为处理程序规定》第四十八条规定，适用一般程序做出处罚决定，应当由两名以上交通警察按照下列程序实施：①对违法事实进行调查，询问当事人违法行为的基本情况，并制作笔录；当事人拒绝接受询问、签名或者盖章的，交通警察应当在询问笔录上注明；②采用书面形式或者笔录形式告知当事人拟做出的行政处罚的事实、理由及依据，并告知其依法享有的权利；③对当事人陈述、申辩进行复核，复核结果应当在笔录中注明；④制作行政处罚决定书；⑤行政处罚决定书应当由被处罚人签名，并加盖公安机关交通管理部门印章；被处罚人拒绝签名的，交通警察应当在处罚决定书上注明；⑥行政处罚决定书应当当场交付被处罚人；被处罚人拒收的，由交通警察在处罚决定书上注明，即为送达；被处罚人不在场的，应当依照《公安机关办理行政案件程序规定》的有关规定送达。

处理流程中根据需要可以制作的文书包括：《道路交通事故行政处罚报告书》《公安行政处罚告知笔录》《公安交通管理行政处罚决定书》《送达回执》。《道路交通安全违法行为处理程序规定》第四十九条规定，行政处罚决定书应当载明被处罚人的基本情况、车辆牌号、车辆类型、违法事实和证据、处罚的依据、处罚的内容、履行方式、期限、处罚机关名称及被处罚人依法享有的行政复议、行政诉讼权利等内容。

4. 行政处罚的执行

(1) 罚款的执行 对行人、乘车人、非机动车驾驶人处以罚款，交通警察当场收缴的，交通警察应当在简易程序处罚决定书上注明，由被处罚人签名确认。被处罚人拒绝签名的，交通警察应当在处罚决定书上注明。交通警察依法当场收缴罚款的，应当开具省、自治区、直辖市财政部门统一制发的罚款收据；不开具省、自治区、直辖市财政部门统一制发的罚款收据的，当事人有权拒绝缴纳罚款。

当事人应当自收到罚款的行政处罚决定书之日起十五日内，到指定的银行缴纳罚款。

当事人逾期不履行行政处罚决定的，做出行政处罚决定的公安机关交通管理部门可以采取：①每日按罚款数额的百分之三加处罚款，加处罚款总额不得超出罚款数额；②申请人民法院强制执行。

对违法行为人决定行政拘留并处罚款的，公安机关交通管理部门应当告知违法行为人可以委托他人代缴罚款。

(2) 暂扣、吊销机动车驾驶证的执行 公安机关交通管理部门做出吊销机动车驾驶证处罚的，应当在被吊销的机动车驾驶证上加盖吊销印章。

公安机关交通管理部门对非本辖区机动车驾驶人给予暂扣、吊销机动车驾驶证处罚的，应当在做出处罚决定之日起十五日内，将机动车驾驶证转至核发地公安机关交通管理部门。

违法行为人申请不将暂扣的机动车驾驶证转至核发地公安机关交通管理部门的，应当准许，并在行政处罚决定书上注明。

对给予吊销当事人机动车驾驶证并终生不得重新取得机动车驾驶证处罚的，由做出处罚决定的公安机关交通管理部门将对其终生不得重新取得机动车驾驶证的决定录入全国公安交通管理信息系统，或者按照《道路交通安全违法行为处理程序规定》转递处罚决定书，由其驾驶证的发证机关将决定录入全国公安交通管理信息系统。

公安机关交通管理部门经调查确认需对当事人给予暂扣机动车驾驶证处罚的，扣押一日折抵暂扣期限一日。

(3) 行政拘留执行 办案民警制作道路交通事故行政处罚报告书，提出对当事人的道路交通安全违法行为拟做出行政拘留的处罚决定，送县级公安机关法制部门审案后，报县级公安机关负责人审批；并告知其依法享有陈述权和申辩权；根据领导审批意见，制作公安行政处罚决定书；应当及时将处罚情况和执行场所通知被处罚人家属。对县级以上的各级人民代表大会代表予以行政拘留的，做出处罚决定前应当经该级人民代表大会主席团或者人民代表大会常务委员会许可。

(4) 违法信息录入 公安机关交通管理部门应当使用道路交通违法信息管理系统对违法行为信息进行管理。对记录和处理的交通违法行为信息及时录入道路交通违法信息管理系统。公安机关交通管理部门对非本辖区机动车有违法行为记录的，应当在违法行为信息录入道路交通违法信息管理系统后，在规定时限内将违法行为信息转至机动车登记地公安机关交通管理部门。公安机关交通管理部门对非本辖区机动车驾驶人暂扣、吊销机动车驾驶证以及扣留机动车驾驶证的，应当在违法行为信息录入道路交通违法信息管理系统后，在规定时限

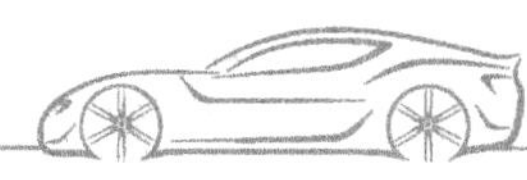

内将违法行为信息转至驾驶证核发地公安机关交通管理部门。

（5）文书制作 以上流程，根据需要可以制作《公安交通管理转递通知书》。

二、刑事处罚

道路交通事故刑事处罚是指对构成交通肇事罪的交通事故责任者，依法追究其刑事责任。

根据《刑法》第一百三十三条和《中华人民共和国道路交通安全法》第一百零一条的规定，交通肇事罪是指违反交通运输管理法规，因而发生重大事故，致人重伤、死亡或者使公私财产遭受重大损失的行为。违反道路交通安全法律、法规的规定，发生重大交通事故，构成犯罪的，依法追究刑事责任，并由公安机关交通管理部门吊销机动车驾驶证。造成交通事故后逃逸的，由公安机关交通管理部门吊销机动车驾驶证，且终生不得重新取得机动车驾驶证。

1. 交通肇事罪的认定

交通肇事刑事案件是指道路交通事故当事人具有交通肇事犯罪嫌疑的刑事案件。根据刑法原理，交通肇事罪认定必须满足相应构成要件。

（1）交通肇事罪的主体 交通肇事罪的主体是指达到刑事责任年龄，具有刑事责任能力，违反交通运输管理法规的人员。

1）不满十六周岁的事故责任者不构成交通肇事罪，已满十六周岁的事故责任者才可能构成交通肇事罪。

2）精神病人在不能辨认或者不能控制自己行为的时候造成危害结果，经法定程序鉴定确认的，不负刑事责任；间歇性的精神病人在精神正常的时候犯罪，应当负刑事责任；尚未完全丧失辨认或者控制自己行为能力的精神病人犯罪的，应当负刑事责任，但是可以从轻或者减轻处罚；醉酒的人犯罪，应当负刑事责任；又聋又哑的人或者盲人犯罪，可以从轻、减轻或者免除处罚。

3）交通肇事罪的主体为一般主体，包括交通运输人员和非交通运输人员。

交通运输人员是指从事交通运输的专业人员，包括机动车驾驶人、售票员、交通运输管理人员。机动车驾驶人违法驾驶车辆发生重大交通事故，构成交通肇事罪的情形是最多的。对售票员构成交通肇事罪，追究其刑事责任的情形较少。交通运输管理人员包括单位主管人员、机动车辆所有人或车辆承包人。

非交通运输人员是指非参与交通运输活动或者与交通运输活动有关的人员，包括无证驾车者、非机动车驾驶人、乘车人和其他人员。

（2）交通肇事罪侵害的客体

1）交通肇事罪侵害的客体是交通运输的正常秩序和公共交通安全，通过给不特定的多人造成死伤、使公私财产遭受重大损失等具体的、有形的危害结果表现出来。

2）事故必须发生在公共交通范围内，即公用道路上。交通肇事罪是一种危害公共安全的犯罪，“危害公共交通安全”是其本质特征，由这一本质属性所决定，交通肇事罪中的交通事故必须发生在公共交通范围内，即公用道路上。如果发生在非公共交通场所，则无所谓对公共交通安全的危害。例如，在工厂矿区、建筑工地、田间等地方，即使行为人由于过失

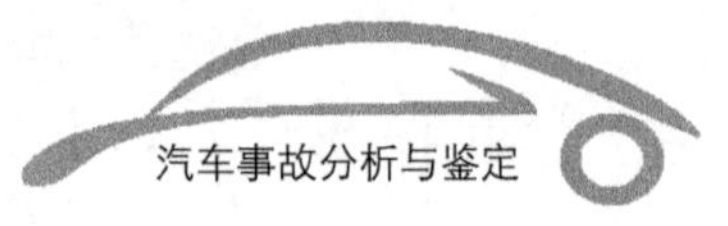

造成了重大事故，也不应以交通肇事罪论处。

(3) 交通肇事罪的主观方面

1）交通肇事罪的主观方面一般是过失。所谓过失指交通事故责任者对自己的交通安全违法行为可能导致人员重伤、死亡或者公私财产重大损失的后果应当预见，由于疏忽大意而未预见，或者虽然已经预见，但轻信能够避免。这种过失是针对交通事故责任者对造成严重后果的心理状态而言的。如果交通事故责任者对自己违反交通安全法律、法规行为可能造成的严重后果持故意的心理态度（希望或者放任），则不能以交通肇事罪论处。如果交通事故造成的严重后果是由于意外（无法预见或者不能避免）造成的，行为人无主观过错，则不能按犯罪处理。

2）“因逃逸致人死亡”的主观方面是间接故意。交通肇事以后，驾驶人为了逃避追究法律责任，不履行抢救伤者的法定义务，故意驾车逃逸，致使受害人因得不到及时救治而死亡，这种逃逸行为的主观方面是间接故意。但是这种逃逸行为是在驾驶人交通肇事行为基础上发生的，交通肇事和逃逸是一个连续的过程，因此《刑法》规定，交通肇事逃逸应作为交通肇事罪的一个情节来对待。对肇事后逃逸致人死亡的，加重处罚，处七年以上有期徒刑。

(4) 交通肇事罪的客观方面

1）事故责任者必须具体实施了道路交通安全违法行为。如果行为人无违反交通运输管理法规的行为，即使发生了重大交通事故，也不构成交通肇事罪。

2）必须实际造成了重伤、死亡或者公私财产重大损失的严重损害后果。必须实际发生了重大的交通事故，致人重伤、死亡或使公私财产遭受了重大损失。交通肇事罪是结果犯罪，不是危险犯罪，以造成致人重伤、死亡或使公私财产遭受了重大损失的严重后果为构成要件。虽有违反交通运输管理法规的行为，发生了交通事故，但未造成上述严重后果的，不构成交通肇事罪，而只能认为是一般的交通事故。

3）道路交通安全违法行为与发生重大事故，造成严重损害后果具有因果关系。交通事故责任者必须实施了违反交通运输管理法规的行为，并且该违法行为与致人重伤、死亡或者使公私财产遭受重大损失的严重后果之间有因果关系。这是追究交通事故责任者刑事责任的依据。

(5) 交通肇事罪与非罪划分标准　根据《刑法》《最高人民法院关于审理交通肇事刑事案件具体应用法律若干问题的解释》的规定，根据“罪责刑相适应”的原则，《最高人民法院关于审理交通肇事刑事案件具体应用法律若干问题的解释》根据交通事故危害后果的严重程度，分别规定了交通事故责任，作为交通肇事罪与非罪的划分标准。交通肇事罪与非罪的划分标准如下：

1）交通事故损害后果：

① 死亡一人或者重伤三人以上，负事故全部或者主要责任的。

② 死亡三人以上，负事故同等责任的。

③ 造成公共财产或者他人财产直接损失，负事故全部或者主要责任，无能力赔偿数额在三十万元以上的。

这里所说的财产损失，是指交通事故造成的公共财产或者他人财产直接损失，交通事故赔偿义务人无能力赔偿的部分。若交通事故造成公共财产或者他人财产直接损失，交通事故

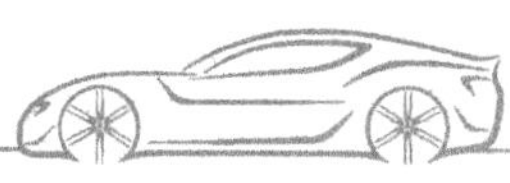

赔偿义务人给予赔偿，应当说对社会公共利益和他人利益造成的损害不大，造成损害的是交通事故责任者本人的利益，可以不承担危害公共安全的刑事责任，不构成犯罪。如果不给予赔偿，则对公共利益和他人利益造成较大危害，则构成交通肇事罪，应追究其刑事责任。造成财产损失与造成人身伤害，情形是不同的。因为人身伤害仅靠赔偿财产损失，无法完全弥补被害人所丧失的利益。而对财产损失进行赔偿，则完全可能弥补被害人所丧失的利益。

2）交通事故责任。

《最高人民法院关于审理交通肇事刑事案件具体应用法律若干问题的解释》第一条规定："从事交通运输人员或者非交通运输人员，违反交通运输管理法规发生重大交通事故，在分清事故责任的基础上，对于构成犯罪的，依照刑法第一百三十三条的规定来定罪处罚。"交通事故责任的大小是划分交通肇事罪与非罪的标准。以交通事故责任来判定交通事故责任者的交通安全违法行为与肇事后果的因果关系，确定其是否构成交通肇事罪，应否承担刑事责任，是一种客观的划分标准，易于掌握。

交通事故责任是一种过错责任，是一种对当事人的交通安全违法行为在发生交通事故中所起作用大小、过错严重程度的客观评价。当交通事故责任者负次要责任时，由于其交通安全违法行为对发生交通事故所起的作用较小，过错轻微，对社会造成的危害较小，不构成交通肇事罪，不需要追究其刑事责任。根据交通事故损害后果的大小，对负有同等责任、主要责任、全部责任的交通事故责任者，因为其过错严重，对社会所造成的危害较大，确有追究刑事责任的必要，应当以交通肇事罪定罪处罚。

《刑法》第五条规定："刑罚的轻重，应当与犯罪分子所犯罪行和承担的刑事责任相适应。"这就是"罪责刑相适应"的原则。"罪责刑相适应"原则的基本含义是，根据罪行的社会危害性的大小，决定所处刑罚的轻重；犯多大的罪，就应承担多大的刑事责任，重罪重罚，轻罪轻罚，罚当其罪，罪罚相称。根据"罪责刑相适应"的原则，《最高人民法院关于审理交通肇事刑事案件具体应用法律若干问题的解释》根据交通事故危害后果的严重程度，分别规定了交通事故责任，作为交通肇事罪与非罪的划分标准。

3）交通肇事罪的量刑标准。

《刑法》第一百三十三条规定："违反交通运输管理法规，因而发生重大事故，致人重伤、死亡或者使公私财产遭受重大损失的，处三年以下有期徒刑或者拘役；交通运输肇事后逃逸或者有其他特别恶劣情节的，处三年以上七年以下有期徒刑；因逃逸致人死亡的，处七年以上有期徒刑。"对构成交通肇事罪的交通事故责任者进行刑事处罚，分三档量刑。《最高人民法院关于审理交通肇事刑事案件具体应用法律若干问题的解释》对交通肇事罪与非罪的划分标准和量刑做出了具体规定。

交通肇事具有下列情形之一的，处三年以下有期徒刑或者拘役：

① 死亡一人或者重伤三人以上的，负事故全部或者主要责任的。

② 死亡三人以上，负事故同等责任的。

③ 造成公共财产或者他人财产直接损失，负事故全部或者主要责任，无能力赔偿数额在三十万元以上的。

④ 交通肇事致一人以上重伤，负事故全部或者主要责任，并具有下列情形之一的，以交通肇事罪定罪处罚：酒后、吸食毒品后驾驶机动车辆的；无驾驶资格驾驶机动车辆的；明知是安全装置不安全或者安全机件失灵的机动车辆而驾驶的；明知是无牌证或者已报废的机

动车辆而驾驶的；严重超载驾驶的；为逃避法律追究逃离事故现场的。

交通肇事具有下列情形之一的，处三年以上七年以下有期徒刑：

① 交通运输肇事后逃逸。

② 交通肇事具有下列情形之一的，属于“有其他特别恶劣情节”，处三年以上七年以下有期徒刑：死亡二人以上或者重伤五人以上的，负事故全部或者主要责任的；死亡六人以上，负事故同等责任的；造成公共财产或者他人财产直接损失，负事故全部或者主要责任，无能力赔偿数额在六十万元以上的。

交通运输肇事后逃逸，因逃逸致人死亡的，处七年以上有期徒刑。

2. 危害社会公共安全罪认定

危害公共安全罪，是指故意或者过失地实施危害不特定或多数人的生命、健康或者重大公私财产安全的行为。它是《刑法》上普通刑事犯罪中危害性极大的一类犯罪。这类犯罪侵犯的客体是公共安全，它同侵犯人身权利的杀人罪、伤害罪以及侵犯财产的贪污罪、盗窃罪等有显著的不同，包含着造成不特定的多人死伤或使公私财产遭受重大损失的危险，其损失的范围和程度，往往是难以预料的。这类犯罪的客观方面，表现为实施各种足以危害公共安全的行为。

（1）构成条件 侵害的客体是社会的公共安全，即对不特定多人的死伤或重大公私财物的广泛性破坏，而不是侵犯某一特定个人的人身权利或者特定的公私财物的少量损失。这是危害公共安全罪区别于其他各类犯罪的最本质特征。

客观要件表现为实施了各种危害公共安全的行为，并已经造成了实际损害后果，或者虽未造成实际损害后果，但却足以危害公共安全的情形。这类犯罪中的某些具体犯罪，只要行为人实施了法律明文规定的特定行为，足以危害公共安全的，即构成犯罪的既遂。

主体多数是一般主体，少数应由特殊主体构成。

主观要件，有些犯罪表现为故意，有些则为过失。过失犯罪比较集中，是这类犯罪的又一显著特点。

（2）以危险方法危害公共安全罪认定 危害公共安全罪是指故意或者过失地实施危害或者足以危害不特定的多人的生命、健康或者重大公私财产安全的行为。以危险方法危害公共安全罪和交通肇事罪同属于刑法分则中危害公共安全罪的范畴，但在主观上前者为故意犯罪，而后者为过失犯罪。

认定危害公共安全罪的条件，首先是交通肇事的损害后果极为严重，往往造成的是群死群伤的特大交通事故，且社会影响极为强烈。其次是违法行为极为严重，或同时实施多种严重违法行为。例如，醉酒驾驶、无证驾驶、严重超速、闯红灯、越过黄色双实线下道行驶或飙车等。最后是肇事时心理状态有主观故意成分。例如，明知醉酒会对安全驾驶产生重大影响，无证不具备驾驶资格，严重超速驾车会导致事故发生和事故后果严重，闯红灯、越过黄色双实线下道会和其他车辆碰撞，飙车会危及其他道路交通参与者的安全，但却无视公共安全仍故意为之，蔑视道路交通安全法律、法规以及他人生命、健康或财产安全的，属于明知自己的行为会发生危害社会的结果，并且希望或放任这种结果发生的心理态度。因此，此种行为已超出道路交通事故范畴，属于以危险方法危害公共安全罪的范畴。

3. 交通肇事刑事案件办案程序

交通肇事刑事案件的办案程序分为三大部分，对刑事案件的侦查、拘留、执行逮捕、预

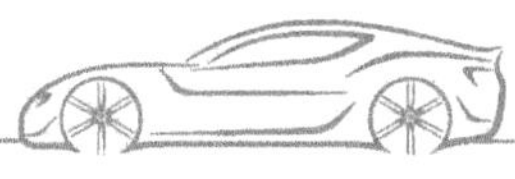

审，由公安机关负责；检察、批准逮捕、检察机关直接受理的案件的侦查、提起诉讼，由人民检察院负责；审判由人民法院负责。

公安机关交通管理部门在调查过程中，发现当事人有交通肇事犯罪嫌疑的，应当按照《公安机关办理刑事案件程序规定》立案侦查。

第四节　汽车事故损害赔偿

一、交通事故损害赔偿

1. 交通事故损害赔偿概念

交通事故赔偿是指交通事故责任者应当按照所负交通事故责任承担相应的损害赔偿责任。损害赔偿的项目包括医疗费、误工费、住院伙食补助费、护理费、残疾者生活补助费、残疾用具费、丧葬费、死亡补偿费、被扶养人生活费、交通费、住宿费和财产直接损失。结合审判实际，依照民法通则的有关规定精神，还应包括以下费用：道路交通事故致受害人人身伤亡造成严重精神损害，受害人提起精神损害赔偿的，责任人应承担精神损害赔偿费用；在交通事故损害赔偿案件中，如果受害人以被损车辆用于经营活动的，被损坏车辆修复期间的停运损失，应予以赔偿。

2. 交通事故损害赔偿构成要件

道路交通事故损害赔偿责任是因交通事故而产生的侵权损害赔偿责任，其构成要件包括损害事实、因果关系、过错或意外等一般要件，以及道路要件、运行要件、车辆要件、交通形态要件等特殊构成要件。《中华人民共和国道路交通安全法》颁布后，重新定义了道路交通事故。从道路交通事故损害赔偿的角度考查这一变化，重新辨析道路交通事故损害赔偿责任的构成要件，对于现实的道路交通事故损害赔偿而言具有非常重要的意义。交通事故所引发的损害赔偿之争，从法学的基本理论来看，一般归结为侵权责任的范畴。因此，分析交通事故损害赔偿责任的构成要件，首先要基于侵权损害赔偿责任的一般构成要件进行分析。其次，交通事故损害赔偿责任又是建立在交通事故这一特殊的活动结果基础上产生的责任。所以在兼顾两方面要求的条件下，道路交通事故损害赔偿责任的构成要件应包括一般构成要件和特殊构成要件两个部分。

（1）道路交通事故损害赔偿责任的一般构成要件　道路交通事故损害赔偿责任作为侵权损害赔偿责任的一种现实表现形式，必须符合侵权损害赔偿责任的一般构成要件，这是道路交通事故损害赔偿责任存在的基础，因此也可认为是道路交通事故损害赔偿责任的一般构成要件。侵权损害赔偿责任的一般构成要件，考查各国的立法和司法实践，主要有以法国为代表的三要件学说和以德国为代表的四要件学说。三要件学说认为，侵权行为的构成要件主要由损害事实、因果关系和过错构成。四要件学说主张侵权行为由损害事实、因果关系、过错和行为的违法性四要件构成。两者的分歧在于应否以行为的违法性为构成要件。分析《中华人民共和国道路交通安全法》对“交通事故”所做出的定义，可以发现“道路交通事故”成立的条件已不再以违法行为的存在作为必要条件，而改为“过错或者意外”这两个不同的条件，且只要有其中之一，便可构成交通事故。所以，道路交通事故损害赔偿责任的

一般构成要件采用三要件学说应该是比较妥当的。

1）损害事实要件。损害事实是指一定的行为致使权利主体的人身权利、财产权利以及相关利益受到损害，并造成财产利益和非财产利益的减少或灭失的客观事实。从侵权法的角度出发，损害事实包括三大类：人身损害事实、财产损害事实和精神损害事实。但《中华人民共和国道路交通安全法》在界定“道路交通事故”时明确规定，交通事故的损害仅限于因交通活动所造成的人身伤亡和财产损失。这就明确地将精神损害事实排除在损害事实之外，也就是说因交通活动对交通参与者仅造成精神损害的不属于道路交通事故，既然不是道路交通事故，道路交通事故损害赔偿责任也就无法成立。所以，道路交通事故损害赔偿责任的损害事实构成要件只包括人身损害事实和财产损害事实。人身损害是指加害人损害了他人的生命权和健康权致使受害人死亡或者残疾。在交通事故中通常表现为人身的伤残、死亡等形式。财产损害可以分为直接损害和间接损害。直接损害是指侵权行为所直接引起的受害人的现有财产的减少。间接损害是指侵权行为间接造成的受害人可得利益及财产的丧失。由于道路交通事故的特殊性，仅将道路交通事故所造成的直接财产损害界定为道路交通事故的财产损失，对于间接的财产损害并不视为道路交通事故的财产损失。也就是说车辆因道路交通事故损坏，而为此进行修复所付出的代价是道路交通事故所指的财产损失，而车在维修期间，因无法出车带来的收入减少不是道路交通事故所指的财产损失。由于道路交通事故损害赔偿责任是以道路交通事故为事实基础的，所以道路交通事故损害赔偿责任的财产损害应视为直接财产损失。但道路交通事故本身是一种特殊的民事侵权行为，按民事侵权损害赔偿原则中的全部赔偿原则规定，可以包括直接财产损失和合理的间接损失，对于有人身伤亡的，还有适当的精神损害赔偿。

2）因果关系要件。因果关系是一个哲学概念，原因和结果是唯物辩证法的一对基本范畴。这对范畴以及因果关系概念所反映的是事物、现象之间的相互联系、相互制约的普遍形式之一。无论是在自然界，还是在人类社会中，处在普遍联系、相互制约中的任何一种现象的出现，都是由某种或某些现象所引起的，而这种或这些现象的出现又会进一步引起另外一种或一些现象的产生。从道路交通事故的定义出发，可以看出道路交通事故损害赔偿责任中的因果关系，所指的是车辆的行为与损害事实之间是否有直接因果关系。例如，在交通事故中，如果车辆的行为导致被害人受伤，而后在住院过程中被害人因为医疗事故而死亡。从事实意义上讲，如果车辆没有把被害人撞伤，被害人就不会住进医院，也不会因为受到医疗事故而死亡，所以，车辆的行为与被害人的死亡有哲学意义上的因果关系。而从法律上讲，车辆的加害行为仅仅与被害人的受伤有直接因果关系，而与被害人的死亡没有直接的因果关系，所以从道路交通事故的损害赔偿责任的角度分析，只能认为被害人的受伤与道路交通事故之间存在因果关系，而被害人死亡与道路交通事故没有因果关系。

3）过错或意外要件。《中华人民共和国道路交通安全法》颁布后，道路交通事故已不再将违法行为的存在作为必要的构成要件，而改为“过错或意外”这两个不同的条件，且只要有其中之一，便可构成道路交通事故。所以，基于道路交通事故而存在的道路交通事故损害赔偿责任也必然将“过错或意外”作为构成要件之一。

过错是指侵害人在实施某种作为或者不作为的情况下，而造成了他人的损害的一种心理状态，是构成损害赔偿责任的主观要件，其有故意与过失两种表现形式，这里的故意和过失与刑法上的故意、过失含义相同。

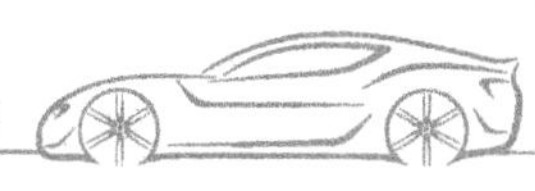

故意是指行为人预见到或应当预见到自己行为的损害后果，但希望或放任损害后果发生的心理状态。原《道路交通事故处理办法》认为道路交通事故必须是行为人过失造成的事件，并不认为故意造成的交通事件是道路交通事故，因此行为人故意造成的交通事件中也就不存在谁负有道路交通事故损害赔偿责任的问题。分析《中华人民共和国道路交通安全法》的规定，现在道路交通事故的成立同样不包含故意心理状态下的交通事件。

过失是指应当预见自己的行为可能发生危害社会的结果，因为疏忽大意没有预见或者已经预见而轻信能够避免的心理状态。过失是道路交通事故中比较常见的一种心理状态。

意外事件是指客观上造成的损害后果，并不是出于故意或者过失，而是出于不能抗拒或者不能预见的原因。不能抗拒的原因是指行为人遇到某种自身能力、环境和条件，不能排斥和阻止危害结果发生的力量。《中华人民共和国道路交通安全法》出于补偿受害者的目的，将意外作为交通事故的构成要件之一。也就是说因自然灾害等意外因素所引发的交通事故中，车辆一方应承担道路交通事故损害赔偿责任。

(2) 道路交通事故损害赔偿责任的特殊构成要件 道路交通事故损害赔偿责任的构成要件除了具有侵权责任一般意义上的构成要件以外，还应结合道路交通事故构成要素这些特殊状态探讨其特殊的构成要件。

1）车辆要件。根据《中华人民共和国道路交通安全法》的规定，道路交通事故必须是车辆因过错和意外所引发的事件，没有车辆存在的交通事件，并不是道路交通事故。不是道路交通事故也就不可能构成道路交通事故损害赔偿责任。车辆包括机动车和非机动车两类。机动车是指以动力装置驱动或者牵引，上道路行驶的供人员乘用或者用于运输物品以及进行工程专项作业的轮式车辆。非机动车是指以人力或者畜力驱动，上道路行驶的交通工具，以及虽有动力设计驱动但是设计最高时速、空车质量、外形尺寸等符合国家有关标准的残疾人机动轮椅车、电动自行车等交通工具。在判定是否有车辆存在时，应该采取定性式的判断，也就是说应从机械结构的组成等外部条件来判定车辆是否存在。至于车辆是否有合法的上路权，并不是判断是否有车辆存在的必要依据。

2）道路要件。道路交通事故必须是在道路上发生的交通事件。根据《中华人民共和国道路交通安全法》的规定，道路是指公路、城市道路和虽在单位管辖范围但允许社会机动车通行的地方，包括广场、公共停车场等用于机动车通行的场所。与原《中华人民共和国道路交通管理条例》的规定相对照，《中华人民共和国道路交通安全法》将“虽在单位管辖范围但允许社会机动车通行的地方”新增为道路的范畴。从现实的角度出发，这种增加的必要性是显而易见的，它弥补了在居民小区等道路范围内发生交通事件后，对受害者进行补偿的空白。综上所述，只有在上述道路内发生道路交通事故的，才可让加害人承担道路交通事故损害赔偿责任。不在法律所规定的道路范围内，就不可能让加害人承担道路交通事故损害赔偿责任。例如，在空中运输过程中发生的交通事件，在不对外开放的单位内部道路上发生的交通事件等，均因不在“道路”上，所以就不是道路交通事故，也就无法让加害人承担道路交通事故损害赔偿责任。

3）运动要件。道路交通事故是在交通过程中所发生的有损害后果的事件，而交通的本质属性之一就是运动。没有运动就没有交通这种形式，道路交通事故也就没有落脚点。所以，道路交通事故是至少一方在处于运行状态下所发生的事件。同时，分析法律的规定，运行方中至少一方应为车辆。只有车辆在运行过程中发生的事故，才能够视为道路交通事故。

例如，车辆在运动中与人相撞属于道路交通事故，而人在运动中与静止的车辆相撞就不属于道路交通事故。

4）交通性质的事故形态要件。道路交通事故必须是具有交通性质事故形态的事件，这些特有形态是损害事实与交通活动是否相关的重要外部特征。这些交通形态通常表现为交通元素间的碰撞、刮擦、碾压、翻车、坠车、失火等。如果车辆在道路运行中没有交通性质的事故形态的出现，那么损害事实与交通活动间就缺乏了直接因果关系，也就无法构成道路交通事故损害赔偿责任。

3. 交通事故损害赔偿原则

发生道路交通事故造成损失后，“找谁索赔”“损失多少”等问题是受害人关心的问题。《中华人民共和国道路交通安全法》第七十六条中规定，机动车发生交通事故造成人员伤亡、财产损失的，由保险公司在机动车第三者责任强制保险责任限额范围内予以赔偿；不足的部分，机动车之间交通事故，按各自过错比例分担责任。第七十六条对机动车与行人、非机动车驾驶人发生道路交通事故第三者责任强制保险责任范围以外、不足部分的民事赔偿，规定了严格责任原则，以体现对交通弱势群体的保护。一般情况下，非机动车驾驶人、行人没有过错的由机动车一方承担民事责任，除非证明损害是由非机动车驾驶人、行人故意造成的，不承担民事责任；有证据证明非机动车驾驶人、行人有过错，根据过错程度适当减轻机动车一方的赔偿责任，机动车一方没有过错的承担不超过百分之十的赔偿责任。道路交通事故损害赔偿，属于民事侵权损害赔偿，一般坚持全部赔偿原则；过失相抵赔偿原则；损害赔偿归责原则，其包括过错责任原则、无过错责任原则、过错推定原则和公平责任原则。

（1）全部赔偿原则 全部赔偿原则是指道路交通事故当事人，应当按照交通事故责任造成的实际财产损失全部予以赔偿，也就是赔偿实际造成的损失。按照所负交通事故责任的大小，全部按责任比例确定的数额赔偿。

全部赔偿包括赔偿直接损失和间接损失。交通事故造成的财产直接损失是现有财产的减少，间接损失是指因为交通事故而失去的可得利益，如因为交通事故使营运车辆造成停运的，应该赔偿其停运损失。全部赔偿原则要求不仅赔偿直接损失，对造成的间接损失也要赔偿。

全部赔偿原则不仅要对直接受害人全部赔偿，对间接受害人也要全部赔偿。间接受害人指道路交通事故致人伤亡，依靠受害人扶养的近亲属，其生活来源丧失的，要依法对被扶养人承担全部赔偿。

全部赔偿应当包括对受害当事人为恢复权利、减少损失而支出的必要费用的承担，如对诉讼费用、律师费用的承担。

全部赔偿原则不仅包括赔偿财产直接损失和间接损失，还有精神损害赔偿。

全部赔偿原则赔偿的是合理的损失，不合理的损失，借故增加的开支，不予赔偿。

（2）过失相抵赔偿原则 所谓过失相抵赔偿原则，是指在侵权行为中双方都有过错，且过错行为均与损害后果有因果关系，则按照过失比较将损害责任分担给双方当事人的赔偿原则。过失相抵也可以理解为在加害人依法应承担损害赔偿责任的前提下，如果受害人对于损害事实的发生也有过失，则可以根据受害人的过失程度减轻直至免除加害人的赔偿责任。过失相抵，并非加害人过失与受害人过失相互抵消，而是受害人的过失所致损害部分与全部

损害相比从中抵消。过失相抵原则的核心在于贯彻公平责任原则，合理分配责任负担，避免将己方的过失带来的损害后果转嫁于他方，从而实现社会的公正。过失相抵原则是现代民法的一项重要原则，目前多数国家都在交通事故损害赔偿责任中适用该原则，把它作为在承认加害方负担全部赔偿责任的前提下减轻其责任的一种方法。我国《民法通则》第一百三十一条规定："受害人对于损害的发生也有过错的，可以减轻侵害人的民事责任。"这就是体现的过失相抵原则。

过失相抵是以受害人过失减轻行为人的赔偿责任，其着眼点在于考虑受害人的心理态度。按照过失相抵原则，在无过错责任中，如果加害人无过错而受害人有完全过错，可以减轻或者免除加害人的责任。《中华人民共和国道路交通安全法》第七十六条中规定，机动车与非机动车驾驶人、行人之间发生交通事故，非机动车驾驶人、行人没有过错的，由机动车一方承担责任；有证据证明非机动车驾驶人、行人有过错的，根据过错程度适当减轻机动车一方的赔偿责任；机动车一方没有过错的，承担不超过百分之十的赔偿责任。这说明《中华人民共和国道路交通安全法》中也引入了过失相抵赔偿原则，即在确定赔偿责任比例时，仍然考虑过错程度的大小，以体现对守法者的公平保护。但只要损害后果不是由非机动车驾驶人、行人出于自杀或者非法谋取保险赔偿等目的故意造成的，即使非机动车一方负有全部事故责任，也不得全部免除机动车一方的责任。减轻机动车一方的责任可按以下规则处理：

1）机动车一方没有过错，承担不超过10%的赔偿责任。

2）非机动车驾驶人、行人一方负主要责任，机动车一方负次要责任，机动车一方承担的责任不得低于事故损失的30%，但不得超过事故损失的50%。

3）机动车一方负主要责任，非机动车驾驶人、行人负次要责任的，机动车一方承担的责任不得低于事故损失的80%。

4）机动车一方与非机动车驾驶人、行人同等责任，机动车一方承担事故损失60%的责任，非机动车驾驶人、行人承担不高于事故损失40%的责任。

5）人民法院审理交通事故案件，在确定双方责任，互相抵销赔偿数额之后，机动车一方要求非机动车驾驶人、行人赔偿其损失的，不予支持。

6）属于交通意外事故、各方均无责任的或不能认定事故责任的，由机动车方承担全部赔偿责任。

（3）损害赔偿归责原则　道路交通事故损害赔偿的归责原则是指确定侵权行为人交通事故损害赔偿责任的一般准则。它是在交通事故损害事实已经发生的情况下，为确定侵权行为人对自己的行为所造成的交通事故损害是否要承担民事赔偿责任的原则，是确定道路交通事故损害赔偿责任的规则和标准，有四种表现形式。

1）过错责任原则。过错责任原则是以过错大小推定赔偿责任的原则，是指道路交通事故当事人，应当按照交通事故有无责任和责任的大小承担相应的损害赔偿责任。即谁有过错由谁来承担责任，以此作为法律价值的评判标准，是最公平，也是最正义的民法观念。道路交通事故当事人除按照责任大小和事故后果轻重相结合裁量其应该承担的刑事责任和行政责任外，还应当按照责任情况承担损害赔偿责任，以保护当事人的合法权益。

负全部责任的，由当事人承担造成损害的100%的全部赔偿费用；负主要责任的，由当事人承担造成损害的60%~90%的赔偿费用；负次要责任的，由当事人承担造成损害的10%~40%的赔偿费用；负同等责任的，由当事人承担造成损害的50%的赔偿费用。

2）无过错责任原则。无过错责任原则是指在法律有特别规定的情况下，以已经发生的损害后果为评判标准，由于该损害后果有因果关系的行为人，不问其有无过错，都要承担侵权赔偿责任的归责原则。例如，《中华人民共和国道路交通安全法》第七十六条中规定，机动车一方没有过错的，承担不超过百分之十的赔偿责任。无过错责任原则的适用范围必须严格控制，由法律特别规定，无法律特别规定的情况下不能适用。《民法通则》第一百零六条中规定，公民、法人由于过错侵害国家的、集体的财产，侵害他人财产、人身的，应当承担民事责任。没有过错，但法律规定应当承担民事责任的，应当承担民事责任。

3）过错推定原则。过错推定原则是指在法律特别规定的情况下，从损害事实的本身推定加害人有过错，并据此确定造成他人损害的行为人有赔偿责任的归责原则。例如，有逃逸的道路交通事故，逃逸者的过错行为并不一定是引起事故发生的主要原因，但却因为逃逸而导致事故责任无法确定时，要推定肇事逃逸者负事故的全部责任。过错推定原则只能在法律有特别规定的情况下才能适用，在法律设有特别规定的情况下不能适用。也就是说，过错推定原则适用于特殊侵权行为。

4）公平责任原则。公平责任原则是指在加害人和受害人都没有过错，在损害事实已发生的情况下，以公平考虑为标准，根据实际情况和可能，由双方当事人公平地分担损失的归责原则。《民法通则》第一百三十二条规定："当事人对造成损害都没有过错的，可以根据实际情况，由当事人分担民事责任。"即要适用公平原则要满足两个条件：一是发生了损害事实；二是当事人各方都没有过错，不能适用过错责任原则，又不属于无过错责任原则和过错推定原则适用范围。只有同时满足这两个条件才能适用公平责任原则，不能随意扩大它的适用范围。

4. 确定道路交通事故损害赔偿主体

道路交通事故损害赔偿的责任主体是依法应当承担民事责任的人，他可能是交通事故责任者，也可能是车辆所有人或其他对车辆有支配权的人以及取得运行利益的人。

由于道路交通事故是因车辆运行所致，而车辆驾驶人的情况非常复杂，如驾驶人可能是车辆的所有人、承租人、借用人或者是受雇人，可能是在交付修理或保管期间被他人驾驶发生事故，也可能是被盗驾驶而发生事故。

（1）机动车方作为道路交通事故赔偿责任主体的确定标准

1）所有人自主驾驶情形下赔偿责任主体的确定标准。所有人自主驾驶情形下，所有人既是运行支配者，又是运行利益的归属者，赔偿责任主体的确定标准是发生交通事故应由自主驾驶人承担损害赔偿责任。

2）受雇人驾驶情形下赔偿责任主体的确定标准。受雇人在受所有人雇佣期间，因实施雇佣行为发生交通事故的，所有人既是运行支配者，又是运行利益的归属者，其应承担损害赔偿责任。但受雇人在受雇期间非因实施雇佣行为而发生交通事故的，由谁承担损害赔偿责任的情形较为复杂。借鉴国外的"外形判断"理论，原则上仍然应由所有人承担赔偿责任，所有人承担赔偿责任后，可以根据其与受雇人的雇佣合同向受雇人追偿。这种理解，符合加重车辆所有人责任、加大对受害人保护力度的基本理念。雇员因故意或者重大过失发生交通事故的，应当与雇主承担连带赔偿责任。重大过失是指被追究刑事责任、行政拘留、吊销驾驶证以及被认定为负全部责任。

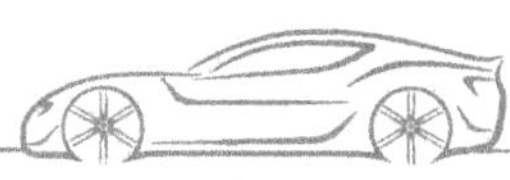

3）擅自驾驶情形下赔偿责任主体的确定标准。所谓擅自驾驶，是指未经所有人同意擅自驾驶他人车辆。擅自驾驶的情形有两种：一种是存在雇佣关系的擅自驾驶，如雇员擅自驾驶雇主的车辆，公司职员擅自驾驶公司的车辆等；另一种是不存在雇佣关系的其他人擅自驾驶他人车辆。在受雇人为擅自私用驾驶而发生机动车事故的场合，日本判例肯定保有者负有运行供用者责任的情形较为普遍，其理由是所谓雇佣者与受雇人之间的外形理论。在这种情形下，公司职员或雇员主观上虽然属于擅自私用驾驶，但该机动车的所有人或保管人仍然不能免除赔偿责任。公司职员或雇员应当和该机动车的所有人或保管人承担连带赔偿责任。若为不存在雇佣关系的其他人擅自驾驶他人车辆，在这种情形下，日本判例一般认为受雇人以外的第三人擅自驾驶机动车供运行之用时，保有者将不负运行供用者责任。我国学者认为，未经车辆所有人同意擅自使用他人所有的车辆，除主观恶意外，其客观表现应与盗车致交通事故适用同样的规则处理。受雇人以外第三人擅自驾驶他人车辆发生交通事故的，机动车的所有人或保管人除非存在管理上的瑕疵，否则不承担赔偿责任。机动车的所有人或保管人若对车辆的保管未尽应有的注意义务，应由车辆所有人或保管人与擅自驾驶人连带承担赔偿责任。

4）被盗窃、抢劫、抢夺车辆发生交通事故时赔偿责任主体的确定标准。机动车被他人盗窃，如果发生交通事故，由肇事者承担赔偿责任。《最高人民法院关于被盗机动车辆肇事后由谁承担损害赔偿责任问题的批复》中规定：“使用盗窃的机动车辆肇事，造成被害人物质损失的，肇事人应当依法承担损害赔偿责任，被盗机动车辆的所有人不承担损害赔偿责任。”

5）分期付款买卖情形下的赔偿责任主体的确定标准。所谓分期付款买卖，又称所有权保留买卖，是动产买卖中普遍采用的一种交易方式。其基本法律特征是，购买方只需首付一笔款项，即取得车辆的占有和使用的权利，并在约定期限内分期支付车辆价金；出卖人保留对车辆的所有权，在购买人违约时，依据其所有权可以取回其车辆。显然，出卖人保留所有权的目的是担保债权的实现。究其实质，所有权保留仅仅是债权担保的一种手段，对车辆的占有、使用等实际的支配权已经转移给购买人，运行利益也归属于购买人，名义车主的所有权趋于空洞化，保留的仅仅是在对方违约情况下的取回权。因此在购买人实际支配下的车辆发生交通事故时，按照判断责任主体的标准，责任主体应是购买人，而不是保留所有权的出卖人。基于这一理由，《最高人民法院关于购买人使用分期付款购买的车辆从事运输因交通事故造成他人财产损失，保留车辆所有权的出卖方不应承担民事责任的批复》明确指出，采取分期付款方式购车，出卖方在购买方付清全部车款前保留车辆所有权的，购买方以自己名义与他人订立货物运输合同并使用该车运输时，因交通事故造成他人财产损失的，出卖方不承担民事责任。

6）车辆买卖未过户情形下的赔偿责任主体的确定标准。关于这个问题目前存在不同看法。一种观点认为，车辆买卖未过户而发生交通事故的，登记车主不承担赔偿责任。另一种观点认为，车辆买卖未过户而发生交通事故致人损害的，登记车主应承担赔偿责任。

买卖双方未办理登记过户手续，不影响买卖合同的效力，也不影响买方因交付而取得车辆的所有权。机动车所有权转移后，权利义务一并转移，原登记所有人丧失了对机动车的运行支配和运行利益。因而，发生道路交通事故的，应由实际支配车辆运行或者取得运行利益的买方承担损害赔偿责任，原登记所有人不应再承担损害赔偿责任。

7）出租情形下的赔偿责任主体的确定标准。车辆所有人将车辆租给他人使用，是基于利益关系自主支配其车辆的使用权，在此情形下，出租人、承租人都是运行支配者，同时也

是运行利益的归属者。因此，若发生道路交通事故，应由出租人、承租人承担损害赔偿责任。出租带有驾驶人的车辆，车辆因道路交通事故造成他人的损害，车辆承租人不应承担赔偿责任，赔偿责任应由车辆出租人承担。纯粹的车辆出租，在这种情况下，车辆承租人对车辆有运行支配权，出租人则享有运行利益，因车辆运行而造成他人损害时，出租人和承租人应承担连带赔偿责任。

8）车辆出借情形下赔偿责任主体的确定标准。在车辆出借情形下，除非车辆所有人在出借车辆时主观上存在过错，将车辆借给不具备驾驶资格的人员驾驶，或将有缺陷的车辆借给他人驾驶，否则车辆所有人不应承担赔偿责任。但在审判实践中常见这种现象：实际是车辆互换使用或驾驶人属受雇驾驶，但当事人为使有履行能力的车辆所有人逃避赔偿责任而称是借用。也有车辆所有人将车辆出借给有驾驶资格的人使用，借用人又转借给无驾驶资格的第三人而发生交通事故的情况，且借用人和第三人均无履行赔偿义务能力，在这些特殊情形下，如果采用车辆所有人不承担赔偿责任的规则，显然不利于受害人权利的保护。而实际上，车辆所有人出借车辆，是基于特定的利益和信任关系而自主支配其车辆使用权的一种形式。例如，企业因基于长期业务关系的考虑而将车辆借给客户。在此情形下，车辆所有人、借用人都是运行支配者，同时也是运行利益的归属者，且机动车属于具有高度危险性的运输工具，机动车交通事故具有多发性，机动车所有人出借车辆，车辆置于他人控制之下，意味着他预见到并愿意承担风险。因此，在车辆出借情形下发生交通事故，由车辆所有人和借用人承担连带赔偿责任为妥。

9）车辆承包、发包情形下的赔偿责任主体的确定标准。现实生活中，一些汽车运输公司、企业进行承包经营，将车辆发包给个人或企业，收取承包费。在此情形下，实际上是车辆所有权人将自己对车辆的支配权交给他人，他仍然是车辆的运行支配者和运行利益的归属者，承包方发生交通事故，发包方自然要承担损害赔偿责任。发包方承担赔偿责任后，可以根据其与承包方的承包合同向承包方追偿。

10）挂靠情形下的赔偿责任主体的确定标准。在现实生活中，汽车挂靠的情形非常普遍。所谓挂靠，是指车辆为个人出资购买，但为了服从当地对车辆管理的要求，而将车辆挂靠于某个具有运输经营权的公司。挂靠又分自愿挂靠和强制挂靠。不管是何种挂靠，若被挂靠单位收取了管理费或得到了经济利益，被挂靠单位可被认为是运行利益的归属者，应对挂靠车辆发生的交通事故承担损害赔偿责任；若被挂靠单位未收取管理费或未取得其他经济利益，仅仅是地方政府基于管理的需要要求挂靠或强制挂靠，被挂靠单位既不是运行支配者，也不是运行利益的归属者，自然不应承担损害赔偿责任。

但实践中，挂靠人和被挂靠单位有串通的现象，实际上是挂靠关系而谎称不收取管理费，想达到让被挂靠单位逃避责任的目的，因此，在案件审理中，对被挂靠单位主张仅是挂名而非挂靠的，要在证据上从严把握。被挂靠单位承担赔偿责任后，可以根据其与挂靠方的合同向挂靠方追偿。

11）车辆送交修理或保管期间的赔偿责任主体的确定标准。机动车送交修理期间，依车辆所有人的意思，车辆已停止运行，并实际脱离车辆所有人的控制和支配。修理厂则依合同取得了对该车的控制支配权。修理厂在试车或使用车辆过程中发生交通事故造成他人损害的，修理厂应当承担赔偿责任。在修理厂保管机动车过程中，修理厂的工作人员或其他人驾驶车辆发生事故时，修理厂也应承担损害赔偿责任。同样，在委托保管的情形下，车辆所有

人失去了对车辆的运行支配权，也并不因此取得运行利益，保管人成为运行支配者，如果在车辆交付保管期间发生交通事故，自然应由保管人承担赔偿责任。

12）车辆被质押情形下的赔偿责任主体的确定标准。所谓质押，是指债务人或者第三人将其财产或权利凭证移交债权人占有，作为债权人的债权担保，在债务人不履行债务时，债权人有权以该财产或权利折价或拍卖、变卖所得价款受偿。在现实生活中，车辆作为质押标的物的情况非常普遍。车辆被质押后，所有人丧失了对车辆的占有、支配，不再是运行支配者和运行利益的归属者，如果在此期间发生交通事故，所有人不应承担赔偿责任。

13）好意同乘情形下的赔偿责任主体的确定标准。好意同乘者，是指在车辆所有人或控制人好意并无偿地邀请或允许搭乘该车的人。好意同乘不包括强行乘坐或有偿乘坐的情形。好意同乘者因交通事故导致人身损害的，车辆所有人或控制人作为运行支配者和运行利益的归属者，应当承担损害赔偿责任。如果好意同乘者有过错的，可减轻车辆所有人或控制人的责任。

14）学习驾驶人员所造成交通事故的赔偿责任主体的确定标准。在这种情形下，由驾驶培训机构承担赔偿责任，学习驾驶人员一般不负赔偿责任。但学习驾驶人员存在擅自驾驶等严重过错的除外。

15）代驾情形下赔偿责任主体的确定标准。当前，针对一些机动车驾驶人饮酒的情况，某些单位或个人推出了代驾服务，当客人饮酒或醉酒后，由代驾人代车辆所有人或原驾驶人驾驶车辆。在代驾过程中发生交通事故，应由车主与代驾人或安排代驾人的单位承担连带赔偿责任。因为由代驾人将车驾驶到车主的指定地点，车辆是为车主的利益而运行的，车主作为运行利益的享有者，应当承担赔偿责任，而代驾人收取代驾费，显然也享有运行利益，某些单位可能是免费安排人员代驾，但其安排人员为客人代驾并非真的无偿，其目的是为了吸引客源，而其也从已收取的其他收益中获取了利益，其也是运行利益的归属者，因此代驾人或安排代驾人的单位也应承担赔偿责任。

16）出卖报废车辆，该车辆发生交通事故后赔偿责任主体的确定标准。由于报废车辆不得上路行驶，出卖报废车辆的行为为法律所禁止，因此，对于事故的发生，出卖人存在明显过错，出卖人应承担赔偿责任，而买受人作为车辆的运行支配者和运行利益归属者，也应承担赔偿责任。

17）套牌车辆发生交通事故后赔偿责任主体的确定标准。分两种情况：一种情况是已登记车辆的所有人根本不知道另有一辆套牌车的存在，车辆所有人无任何过错，不应承担赔偿责任，赔偿责任应由套牌车的所有人承担；另一种情况是登记车辆的所有人允许他人套牌或将车牌借给他人使用，这种行为也违反了法律的规定，登记车辆的所有人对事故发生存在过错，应与套牌车辆的所有人承担连带责任。

18）赔偿义务人死亡情形下的赔偿责任主体的确定标准。实践中经常出现赔偿义务人在交通事故中已死亡，而又负有交通事故损害的赔偿责任。在此情形下，依民法的有关规定应将死者的继承人确定为赔偿责任主体，令其在继承死者的遗产实际价值范围内承担赔偿责任。如果死者的继承人在诉讼中明确表示放弃继承的，可在判决该继承人不负赔偿责任的同时，一并判决以死者的遗产赔偿受害人的损失。

（2）保险公司作为道路交通事故赔偿责任主体的确定标准 《中华人民共和国道路交通安全法》第七十五条中规定，肇事车辆参加机动车第三者责任强制保险的，由保险公司在

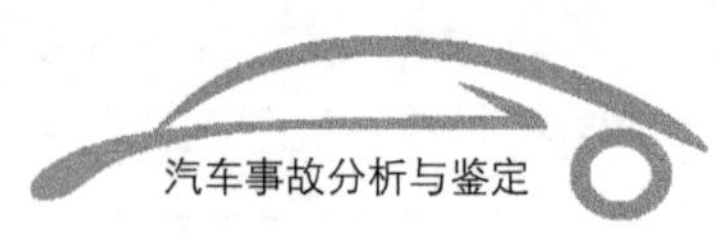

责任限额范围内支付抢救费用。第七十六条中规定，机动车发生交通事故造成人身伤亡、财产损失的，由保险公司在机动车第三者责任强制保险责任限额范围内予以赔偿。可见，《中华人民共和国道路交通安全法》赋予赔偿权利人对保险公司的直接请求权，规定保险公司在责任尚未确定时负有责任限额范围内向受害者支付抢救费用的法定义务，在确定责任时负有在机动车第三者责任强制保险责任限额范围内向赔偿权利人赔偿损失的法定义务。因此，在《中华人民共和国道路交通安全法》实施后且国务院有关机动车第三者责任强制保险的具体办法颁布实施后，机动车已参加第三者责任强制保险的，保险公司在道路交通事故损害赔偿纠纷中应作为民事责任主体。

(3) 保险公司在道路交通事故赔偿诉讼中地位的确定标准 对这一问题存在两种不同观点。一种观点认为，道路交通事故为侵权之诉、保险公司履行给付保险金责任属合同之诉，两者属于不同的法律关系，故在审理交通事故损害赔偿案件时不宜将保险公司列为共同被告，但因其与案件处理结果有法律上的利害关系，应作为无独立请求权的第三人申请参加诉讼或由人民法院追加其参加诉讼。第二种观点则认为，《中华人民共和国道路交通安全法》第七十六条中规定，机动车发生交通事故造成人身伤亡、财产损失的，由保险公司在机动车第三者责任强制保险责任限额范围内予以赔偿；同时，根据《保险法》第六十五条中规定，保险人对责任保险的被保险人给第三者造成的损害，可以依照法律的规定或者合同的约定，直接向该第三者赔偿保险金。上述法律明确规定受害人对保险公司在被保险人（即车方）所投的第三者责任强制保险保额内有直接请求权，故应将保险公司作为直接共同被告，并按照法院确定的责任比例和赔偿数额在责任限额范围内承担赔偿责任。对当事人申请对保险金先予执行的应予准许。受害人仅起诉保险公司要求赔偿保险金的，人民法院应将被保险人（机动车所有人、车辆实际支配人或驾驶人）追加为第三人参加诉讼。人民法院经审理依法确定各自应承担的责任后，对于未超过责任限额范围的部分，根据受害方的请求，可由保险公司在责任限额范围内承担赔偿责任，超出部分由应负事故赔偿责任的机动车所有人、车辆实际支配人或驾驶人承担；或由后者承担赔偿责任，保险公司则在责任限额范围内承担连带赔偿责任，这样有利于降低诉讼成本，节约司法资源，解决道路交通事故损害赔偿诉讼中的保险赔偿问题。

5. 道路交通事故损害赔偿项目与标准

(1) 道路交通事故损害赔偿项目

1）人身损害赔偿项目。因就医治疗支出的各项费用以及因误工减少的收入，包括医疗费、误工费、护理费、交通费、住宿费、住院伙食补助费、必要的营养费，赔偿义务人应当予以赔偿。

2）致残赔偿项目。因增加生活上需要所支出的必要费用以及因丧失劳动能力导致的收入损失，包括残疾赔偿金、残疾辅助器具费、被扶养人生活费，以及因康复护理、继续治疗实际发生的必要的康复费、护理费、后续治疗费，赔偿义务人也应当予以赔偿。

3）死亡赔偿项目。赔偿义务人除应当根据抢救治疗情况赔偿上述人身损害的相关费用外，还应当赔偿丧葬费、被扶养人生活费、死亡补偿费以及受害人亲属办理丧葬事宜支出的交通费、住宿费和误工损失等其他合理费用。

4）遭受精神损害项目。赔偿权利人（受害人或者死者近亲属）向人民法院请求赔偿精

神损害抚慰金的，适用《最高人民法院关于确定民事侵权精神损害赔偿责任若干问题的解释》予以确定。精神损害抚慰金的请求权，不得让与或者继承。但赔偿义务人已经以书面方式承诺给予金钱赔偿，或者赔偿权利人已经向人民法院起诉的除外。

（2）道路交通事故损害赔偿标准

1）医疗费。根据医疗机构出具的医药费、住院费等收款凭证，结合病历和诊断证明等相关证据确定。赔偿义务人对治疗的必要性和合理性有异议的，应当承担相应的举证责任。医疗费的赔偿数额，按照一审法庭辩论终结前实际发生的数额确定。器官功能恢复训练所必要的康复费、适当的整容费以及其他后续治疗费，赔偿权利人可以待实际发生后另行起诉。但根据医疗证明或者鉴定结论确定必然发生的费用，可以与已经发生的医疗费一并予以赔偿。

2）误工费。根据受害人的误工时间和收入状况确定。误工时间根据受害人接受治疗的医疗机构出具的证明确定。受害人因伤致残持续误工的，误工时间可以计算至定残日前一天。

受害人有固定收入的，误工费按照实际减少的收入计算。受害人无固定收入的，按照其最近三年的平均收入计算；受害人不能举证证明其最近三年的平均收入状况的，可以参照受诉法院所在地相同或者相近行业上一年度职工的平均工资计算。

3）护理费。根据护理人员的收入状况和护理人数、护理期限确定。护理期限应计算至受害人恢复生活自理能力时止。受害人因残疾不能恢复生活自理能力的，可以根据其年龄、健康状况等因素确定合理的护理期限，但最长不超过二十年。受害人定残后的护理，应当根据其护理依赖程度并结合配制残疾辅助器具的情况确定护理级别。

4）交通费。根据受害人及其必要的陪护人员因就医或者转院治疗实际发生的费用计算。交通费应当以正式票据为凭；有关凭据应当与就医地点、时间、人数、次数相符合。

5）住院伙食补助费。可以参照当地国家机关一般工作人员的出差伙食补助标准予以确定。受害人确有必要到外地治疗，因客观原因不能住院，受害人本人及其陪护人员实际发生的住宿费和伙食费，其合理部分应予赔偿。

6）营养费。根据受害人伤残情况参照医疗机构的意见确定。

7）残疾赔偿金。根据受害人丧失劳动能力程度或者伤残等级，按照受诉法院所在地上一年度城镇居民人均可支配收入或者农村居民人均纯收入标准，自定残之日起按二十年计算。但六十周岁以上的，年龄每增加一岁减少一年；七十五周岁以上的，按五年计算。

受害人因伤致残但实际收入没有减少，或者伤残等级较轻但造成职业妨害严重影响其劳动就业的，可以对残疾赔偿金做相应调整。

8）残疾辅助器具费。按照普通适用器具的合理费用标准计算。伤情有特殊需要的，可以参照辅助器具配制机构的意见确定相应的合理费用标准。辅助器具更换周期和赔偿期限参照配制机构意见确定。

9）丧葬费。按照受诉法院所在地上一年度职工月平均工资标准，以六个月总额计算。

10）被扶养人生活费。根据扶养人丧失劳动能力程度，按照受诉法院所在地上一年度城镇居民人均消费性支出和农村居民人均年生活消费支出标准计算。被扶养人为未成年人的，计算至十八周岁；被扶养人无劳动能力又无其他生活来源的，计算二十年。但六十周岁以上的，年龄每增加一岁减少一年；七十五周岁以上的，按五年计算。

被扶养人是指受害人依法应当承担扶养义务的未成年人或者丧失劳动能力又无其他生活

来源的成年近亲属。被扶养人还有其他扶养人的，赔偿义务人只赔偿受害人依法应当负担的部分。被扶养人有数人的，年赔偿总额累计不超过上一年度城镇居民人均消费性支出额或者农村居民人均年生活消费支出额。

11）死亡赔偿金。按照受诉法院所在地上一年度城镇居民人均可支配收入或者农村居民人均纯收入标准，按二十年计算。但六十周岁以上的，年龄每增加一岁减少一年；七十五周岁以上的，按五年计算。赔偿权利人举证证明其住所地或者经常居住地城镇居民人均可支配收入或者农村居民人均纯收入高于受诉法院所在地标准的，残疾赔偿金或者死亡赔偿金可以按照其住所地或者经常居住地的相关标准计算。

“城镇居民人均可支配收入”“农村居民人均纯收入”“城镇居民人均消费性支出”“农村居民人均年生活消费支出”“职工平均工资”，按照政府统计部门公布的各省、自治区、直辖市以及经济特区和计划单列市上一年度相关统计数据确定。“上一年度”是指一审法庭辩论终结时的上一统计年度。

根据《中共中央　国务院关于建立健全城乡融合发展体制机制和政策体系的意见》，各省高级人民法院都颁布实施了《关于统一城乡人身损害赔偿标准试点工作的意见》，自2020年1月1日起，各省适用同命同价标准，即按照城镇标准进行赔偿计算。

6. 道路交通事故损害赔偿方法

（1）赔偿标准地调整

1）赔偿标准地的确定与调整。《最高人民法院关于审理人身损害赔偿案件适用法律若干问题的解释》规定了赔偿权利人的残疾赔偿金、死亡赔偿金及被扶养人生活费的计算标准以受诉法院所在地标准计算为主，赔偿权利人住所地或经常居住地标准计算为例外的赔偿原则。但受害人住所地或经常居住地城镇居民人均可支配收入或者农村居民人均纯收入高于受诉法院地标准的，而赔偿权利人却依据受诉法院地标准获得赔偿的，则不能填平其损失，这对于赔偿权利人不公平，也不符合全部赔偿原则。因此，《最高人民法院关于审理人身损害赔偿案件适用法律若干问题的解释》第三十条规定：“赔偿权利人举证证明其住所地或者经常居住地城镇居民人均可支配收入或者农村居民人均纯收入高于受诉法院所在地标准的，残疾赔偿金或者死亡赔偿金可以按照其住所地或者经常居住地的相关标准计算。被扶养人生活费的相关计算标准，依照前款原则确定。”

2）就高不就低原则。《最高人民法院关于审理人身损害赔偿案件适用法律若干问题的解释》对于赔偿权利人的残疾赔偿金、死亡赔偿金及被扶养人生活费的计算标准地调整的理论依据是就高不就低原则。就高不就低原则体现了《最高人民法院关于审理人身损害赔偿案件适用法律若干问题的解释》的公平性，以及对于赔偿权利人的人性化关怀。

（2）赔偿金总额确定予一次性赔偿

1）赔偿金总额确定。对于医疗费、误工费、护理费、交通费、住宿费、住院伙食补助费、必要的营养费，残疾赔偿金、残疾辅助器具费、被扶养人生活费，丧葬费、被扶养人生活费、死亡补偿费和精神损害抚慰金等各项损失，以及因康复护理、继续治疗实际发生的必要的康复费、护理费、后续治疗费，应当根据双方当事人的过错程度，按上述各种损害赔偿原则，合理确定各方责任比例，进而计算出赔偿义务人所应负担的实际损害赔偿金数额。

2）一次性赔偿。《最高人民法院关于审理人身损害赔偿案件适用法律若干问题的解释》

第三十一条第二款规定："前款确定的物质损害赔偿金与按照第十八条第一款规定确定的精神损害抚慰金，原则上应当一次性给付。"该条款规定了物质损害赔偿金与精神抚慰金确定之后，应一次性给付的原则。当一次性给付总额确定后，若采取多次给付方式，会使受害人损失一次性全额获得后存入银行或进行投资而获取的利益；这部分利益由赔偿义务人非法获得。因此，若将一次性给付款项分期付给，应加上法定利息。

(3) 赔偿费继续给付 《最高人民法院关于审理人身损害赔偿案件适用法律若干问题的解释》第三十二条规定："超过确定的护理期限、辅助器具费给付年限或者残疾赔偿金给付年限，赔偿权利人向人民法院起诉请求继续给付护理费、辅助器具费或者残疾赔偿金的，人民法院应予受理。赔偿权利人确需继续护理、配制辅助器具，或者没有劳动能力和生活来源的，人民法院应当判令赔偿义务人继续给付相关费用五至十年。"

1）继续给付请求权。超过一定期限的继续给付请求权在性质上仍然属于一种损害请求权。该请求权有严格限制条件：一是仅限于人身伤害案件中；二是时间限制条件已超过确定的护理期限、辅助器具费给付年限或残疾赔偿金给付年限；三是现实条件是赔偿权利人确需赔偿义务人继续支付上述费用。

2）继续给付请求的适用范围。根据《最高人民法院关于审理人身损害赔偿案件适用法律若干问题的解释》第三十二条的规定，仅限于护理费、辅助器具费、残疾赔偿金三种，其他尽管是合理费用的也不主张继续给付。

3）对继续给付请求的支持。对于继续给付请求，法院查明确有给付必要时，可以判令赔偿义务人继续给付相关费用五至十年。继续给付请求是可以多次请求的，《最高人民法院关于审理人身损害赔偿案件适用法律若干问题的解释》并没有穷尽和限定继续给付请求的次数。法院在查明其有继续需要护理、继续需要辅助器具和仍然没有劳动能力和生活来源的情况时，应该继续支持受害人的请求。

4）调解注意事项。在道路交通事故损害赔偿调解中，如果双方达成协议，应注意在调解书中注明护理期限、辅助器具费给付年限或残疾赔偿金给付年限，否则受害人的继续给付请求将无法行使。

(4) 定期金赔偿

1）定期金的适用于限制。《最高人民法院关于审理人身损害赔偿案件适用法律若干问题的解释》第三十三条规定："赔偿义务人请求以定期金方式给付残疾赔偿金、被扶养人生活费、残疾辅助器具费的，应当提供相应的担保。人民法院可以根据赔偿义务人的给付能力和提供担保的情况，确定以定期金方式给付相关费用。但一审法庭辩论终结前已经发生的费用、死亡赔偿金以及精神损害抚慰金，应当一次性给付。"这就是对定期金适用的限制规定。

2）定期金的判决与执行。《最高人民法院关于审理人身损害赔偿案件适用法律若干问题的解释》第三十四条又规定："人民法院应当在法律文书中明确定期金的给付时间、方式以及每期给付标准。执行期间有关统计数据发生变化的，给付金额应当适时进行相应调整。定期金按照赔偿权利人的实际生存年限给付，不受本解释有关赔偿期限的限制。"

二、机动车第三者责任强制保险

1. 机动车第三者责任强制保险的概念、意义

机动车第三者责任强制保险，是指由保险公司对被保险机动车发生道路交通事故造成本

车人员、被保险人以外的受害人的人身伤亡、财产损失，在责任限额内予以赔偿的强制性责任保险。

《中华人民共和国道路交通安全法》第十七条规定："国家实行机动车第三者责任强制保险制度，设立道路交通事故社会救助基金。具体办法由国务院规定。"机动车第三者责任强制保险，首先是责任保险。《保险法》第六十五条中规定："责任保险是指以被保险人对第三者依法应负的赔偿责任为保险标的的保险。"同时，《中华人民共和国道路交通安全法》规定的第三者责任保险又是强制的保险，即由法律直接加以规定、所有应当投保的机动车的所有人都必须参加的保险，而不是当事人自愿购买的保险。

这样的强制责任保险除了法定（强制性）外，还具有以下法律特征：设立的目的不仅是为了通过分散风险的方式解脱被保险人的赔偿责任，还是为了填补受害人的损害，使其得到快捷、公正的赔偿；保险公司开办此项保险业务不以盈利为目的，在保费与赔付之间总体应做到保本微利；保险公司不得拒绝特定人群的投保；保险公司不得将该法定责任保险与其他商业保险捆绑销售；保险金额与保费由相关部门做出指导性规定，并随着经济发展适时调整。

目前，世界绝大多数国家或地区都施行了强制汽车责任保险制度。

2. 机动车第三者责任强制保险的作用

实行机动车第三者责任强制保险制度是通过国家法规强制机动车所有人或管理人购买相应的责任保险，以提高第三者责任强制保险的投保面，在最大程度上为道路交通事故受害人提供及时和基本的保障。

机动车第三者责任强制保险负有更多的社会管理职能。建立机动车道路交通事故责任强制保险制度不仅有利于道路交通事故受害人获得及时有效的经济保障和医疗救治，而且有助于减轻道路交通事故肇事方的经济负担。

3. 机动车第三者责任强制保险的类型及实施模式

机动车第三者责任强制保险责任限额是指被保险机动车在保险期间发生道路交通事故，保险公司对每次保险事故所有受害人的人身伤亡和财产损失所承担的最高赔偿金额。确定赔偿责任限额主要是基于以下考虑：既要满足交通事故受害人基本保障需要，又要与国民经济发展水平和消费者支付能力相适应，同时还要参照国内其他行业和一些地区赔偿标准的有关规定。

（1）机动车交通事故责任强制保险责任限额（2020 年 9 月 19 日后，见表 8-1 和表 8-2）

表 8-1　机动车交通事故中有责任的赔偿限额

赔偿项目	赔偿限额/元
死亡伤残赔偿	180000
医疗费用赔偿	18000
财产损失赔偿	2000

表 8-2　机动车在交通事故中无责任的赔偿限额

赔偿项目	赔偿限额/元
死亡伤残赔偿	18000
医疗费用赔偿	1800
财产损失赔偿	100

死亡伤残赔偿限额是指被保险机动车发生交通事故时，保险人对每次保险事故所有受害人的死亡伤残费用所承担的最高赔偿金额。死亡伤残费用包括丧葬费、死亡补偿费、受害人亲属办理丧葬事宜支出的交通费用、残疾赔偿金、残疾辅助器具费、护理费、康复费、交通

费、被扶养人生活费、住宿费、误工费，被保险人依照法院判决或者调解承担的精神损害抚慰金。

医疗费用赔偿限额是指被保险机动车发生交通事故时，保险人对每次保险事故所有受害人的医疗费用所承担的最高赔偿金额。

财产损失赔偿限额是指被保险机动车发生交通事故时，保险人对每次保险事故所有受害人的财产损失承担的最高赔偿金额。

（2）基础保险费的计算

1）一年期基础保险费的计算。投保一年期机动车交通事故责任强制保险的，根据《机动车交通事故责任强制保险基础费率表》中相对应的金额确定基础保险费。

2）短期基础保险费的计算。投保保险期间不足一年的机动车交通事故责任强制保险的，按短期费率系数计收保险费，不足一个月按一个月计算。具体为：先按《机动车交通事故责任强制保险基础费率表》中相对应的金额确定基础保险费，再根据投保期限选择相对应的短期月费率系数，两者相乘即为短期基础保险费。

机动车交通事故责任强制保险的基础费率共分 42 种，家庭自用车、非营业客车、营业客车、非营业货车、营业货车、特种车、摩托车和拖拉机等八大类 42 小类车型保险费率各不相同。但对同一车型，全国执行统一价格。

（3）机动车交通事故责任强制保险费率浮动因素及比率

A1：上一个年度未发生有责任道路交通事故，浮动比率-10%。

A2：上两个年度未发生有责任道路交通事故，浮动比率-20%。

A3：上三个年度未发生有责任道路交通事故，浮动比率-30%。

A4：上一个年度发生一次有责任不涉及死亡的道路交通事故，浮动比率 0%。

A5：上一个年度发生两次有责任不涉及死亡的道路交通事故，浮动比率 10%。

A6：上一个年度发生有责任道路交通死亡事故，浮动比率 30%。

（4）保险费的计算办法

机动车交通事故责任强制保险最终保险费=机动车交通事故责任强制保险基础保险费×（1+与道路交通事故相联系的浮动比率）

例如，6 座以下的私家车主一年内未发生有责任交通事故，其第二年缴纳的保费为［950×(1-10%)］元=855 元。

（5）解除保险合同保费计算办法　根据《机动车交通事故责任强制保险条例》的规定，解除保险合同时，保险人应按如下标准计算退还投保人保险费：

情况一，投保人已交纳保险费，但保险责任尚未开始的，全额退还保险费。

情况二，投保人已交纳保险费，且保险责任已开始的，退回未到期责任部分保险费，退还保险费额度为：保险费×(1-已了责任天数/保险期间天数)。

4. 第三者直接请求权及除外原则

（1）第三者直接请求权　《中华人民共和国道路交通安全法》赋予了受害人以直接请求权，在保险责任限额内保险人对受害人负有直接支付义务。这种请求权是法定的请求权，并且独立存在。一旦发生诉讼，保险公司为直接共同被告。《保险法》第六十五条中规定：“保险人对责任保险的被保险人给第三者造成的损害，可以依照法律的规定或者合同的约定，直

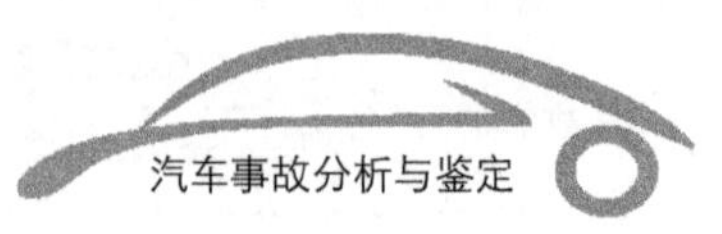

接向该第三者赔偿保险金。”可见，保险法对于责任保险的受害人同样赋予了对保险公司的直接请求权。

(2) 除外原则 被保险人家庭成员、乘坐被保险汽车的他人所受的汽车事故损害，列为汽车第三者责任保险的除外责任，与第三者保险向受害第三人提供基本保障的本意相冲突。根据《机动车交通事故责任强制保险条例》第二十一条和第二十二条的规定，机动车交通事故责任强制保险可以拒赔的情况只有限定的以下几种：

1）道路交通事故的损失是由受害人故意造成的。

2）驾驶人未取得驾驶资格或者醉酒的。

3）被保险机动车被盗抢期间肇事的。

4）被保险人故意制造道路交通事故的。

《机动车交通事故责任强制保险条例》之所以规定这些除外责任，主要也是从避免道德风险和公正性原则来考虑的。但在实际判例中，对受害人造成人身伤害的是不能免责的。驾驶人未取得驾驶资格、醉酒、吸毒、滥用麻醉药品或者精神药品后驾驶机动车发生交通事故的，或被保险人故意制造交通事故的，应当按照《中华人民共和国道路交通安全法》的规定，由保险公司在机动车第三者责任强制保险责任限额范围内予以赔偿。保险公司自向赔偿权利人赔偿之日起，有权向被保险人追偿。追偿权自保险公司实际赔偿之日起计算诉讼时效。这体现了机动车交通事故责任强制保险对受害人人身权益的保护功能，体现了机动车交通事故责任强制保险以保障受害人为宗旨，具有社会公益的属性。

5. 道路交通事故社会救助基金

《中华人民共和国道路交通安全法》第十七条规定：“国家实行机动车第三者责任强制保险制度，设立道路交通事故社会救助基金。具体办法由国务院规定。”这里提到了道路交通事故社会救助基金，体现了对交通弱者的关爱。特别是对群死群伤影响重大的特大道路交通事故，社会救助基金对受害人群体的救助和安置，对有效化解社会矛盾、减轻地方政府的财政困难、稳定社会具有积极意义。

道路交通事故社会救助基金的来源主要包括以下几方面：

1）道路交通事故社会救助基金是由办理机动车第三者责任强制保险的保险公司在收取的保费中按国家规定的比例（通常为1%~5%）抽取的。

2）道路交通事故社会救助基金来自一部分罚款。《中华人民共和国道路交通安全法》第九十八条规定，机动车所有人、管理人未按照国家规定投保机动车第三者责任强制保险的，由公安机关交通管理部门扣留车辆至依照规定投保后，并处依照规定投保最低责任限额应缴纳的保险费的二倍罚款。缴纳的罚款将全部纳入道路交通事故社会救助基金。

3）其他来源，如机动车缴纳救助基金费、社会捐赠等。

基金主要用于抢救费用超过保险公司责任额的，未参加机动车第三者责任强制保险或者肇事后逃逸的受害者。

【实例分析 8-2】 机动车交通事故责任强制保险是对第三者造成损失的赔偿，在事故发生过程中，将实行机动车交通事故责任强制保险先行，商业第三者责任强制保险补充的原则。

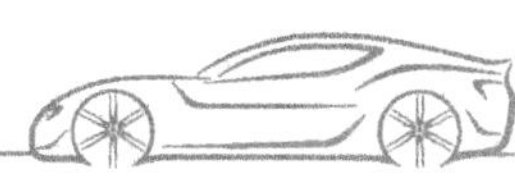

甲乙两车追尾未发生人员伤亡，仅发生财产损失，甲车无责，而乙车有责，那么乙车将对甲车进行赔偿，最高赔偿是2000元。而甲车虽然无责，但也需给乙车赔偿，限额最高100元。还有一种情况，如果甲乙两车相撞，互相都有责任，则两车都将赔偿有责财产限额，最高2000元。

分析一：由于《中华人民共和国道路交通安全法》第七十六条确立了无责赔偿的原则，因此机动车交通事故责任强制保险的赔偿也将依照此原则。这意味着在机动车交通事故责任强制保险实行时，事故中的车辆也将互为责任，进行赔偿。

分析二：实际赔偿金额还需考虑修车成本。在此例子里，如果乙车的修车成本为50元，那么甲车无责任只赔偿50元即可。而在双方都有责任的情况下，如果乙车的修车成本为1000元，而甲车的修车成本为3000元，那么甲车给乙车1000元，乙车只需要赔给甲车2000元。对于甲车不足的修车费用，根据双方责任，可通过乙车的商业第三者责任强制保险或甲车的车损险按比例来弥补。

分析三：机动车交通事故责任强制保险不负责赔付本人。驾驶人在行驶时，与超速的车发生了剐蹭，驾驶人头部受伤。发生道路交通事故时，本车驾驶人和车上的乘客并不在机动车交通事故责任强制保险的保障范围内。机动车交通事故责任强制保险的受害人，是指因保险机动车发生交通事故遭受人身伤亡或者财产损失的人，但不包括被保险机动车本车的车上人员、被保险人。

因此，机动车交通事故责任强制保险主要是对第三者进行赔偿，而本车驾驶人和车上人员并不在第三者的责任范围内，所以机动车交通事故责任强制保险不负责赔偿。

第五节　涉外汽车事故处理

根据《道路交通事故处理程序规定》以及《最高人民法院关于贯彻执行<中华人民共和国民法通则>若干问题的意见（试行）》的相关规定，涉外交通事故是指在我国道路上发生的涉及外国人、车辆和财产的交通事故。涉外交通事故除具有一般交通事故的构成要素以外，还应具有涉外因素：第一，交通事故当事人中至少有一方是外国人；第二，与交通事故有关车辆的所有权归外国人；第三，交通事故造成的直接经济损失涉及外国人。以上涉外因素中，只要具有一项即构成涉外交通事故。

一、涉外交通事故的处理原则

涉外交通事故处理原则是事故办案人员在处理涉外交通事故工作中，必须遵循的工作准则。涉外交通事故处理原则有以下几条：

1. 维护国家主权原则

国家主权，是一个国家固有的最重要的属性，是指国家所固有的对内最高权和对外独立权，或者说主权是一个国家独立自主地处理自己的对内对外事务的权力。涉外交通事故处理本身就是国家主权的体现，因为只有主权国家才能实现依照本国法律实施对外国人的管理。

根据国家主权的原则，在涉外交通事故处理中，必须依照我国《中华人民共和国道路交通安全法》《中华人民共和国道路交通安全法实施条例》《道路交通事故处理程序规定》

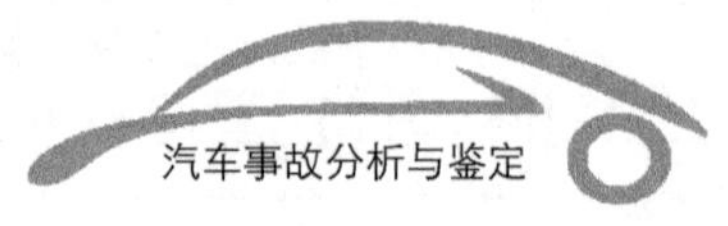

和有关法律、法规、规章的规定办理。

2. 依法办案原则

涉外交通事故处理中涉及对外国人的管理，强调依法办案有其特别重要的意义。《道路交通事故处理程序规定》第十章关于涉外道路交通事故处理中，第九十六条规定："外国人在中华人民共和国境内发生道路交通事故的，除按照本规定执行外，还应当按照办理涉外案件的有关法律、法规、规章的规定执行。公安机关交通管理部门处理外国人发生的道路交通事故，应当告知当事人我国法律、法规、规章规定的当事人在处理道路交通事故中的权利和义务。"强调依法办案原则。

3. 区别对待原则

在处理涉外交通事故时，首先要区别是特殊外国人还是一般外国人。对享有外交特权与豁免的外国人应严格按照我国《外交特权与豁免条例》的有关规定办理。尽管其不受刑事、民事、行政管辖，但在民事权利义务上，根据国际惯例是平等的，应该依照我国法律、法规、规章的有关规定，认定其事故责任，确定其在事故损害赔偿中的份额，通过外交途径解决。对于不享有外交特权与豁免的一般外国人，按照《中华人民共和国道路交通安全法》《中华人民共和国道路交通安全法实施条例》《道路交通事故处理程序规定》和其他法律、法规、规章的规定办理。

4. 原则性与灵活性相结合原则

在涉外交通事故处理中，坚持原则性与灵活性相结合的原则就是要既有执法的严肃性和原则性，也要有在法律允许范围内的一定的灵活性。在处理中首先要维护国家主权，还要依据我国法律、法规的规定和国际条约、公约，必须严格依法办案。但是，由于涉外事故涉及国与国之间的关系，还必须有必要的灵活性，这种灵活性是原则性指导下的灵活性，而不是自由性，在办案中绝不允许自由行事，要讲究办案的方式方法，讲究策略和艺术，注重实际效果。

5. 有理、有利、有节原则

有理是指涉外交通事故处理中的结论，要建立在事实清楚、证据确凿的基础之上，符合我国的法律、法规、规章和国际条约、公约，使结论言之有理。有利是指涉外交通事故处理必须以有利于国家利益，有利于道路交通安全管理工作的大局为出发点，适应国家对外关系和外事活动的需要。有节是指在涉外交通事故处理中，处理可以采取适可而止的方法，防止出现僵局。

二、涉外交通事故处理特殊程序

1. 接受报警与告知权利义务

（1）接受报警　县、区交警大队接到涉外交通事故报警后，做好报警记录，立即报告大队领导，迅速派员赶赴现场。值班人员经请示领导后，立即报告地、市交警支队。

涉及死亡、来华访问的高级官员、外交人员的影响重大的事故，应向公安局出入境管理部门和当地人民政府外事办公室报告，请求协助处理。

（2）告知权利义务　《道路交通事故处理程序规定》第九十六条规定："外国人在中华

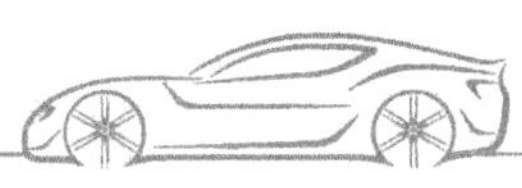

人民共和国境内发生道路交通事故的，除按照本规定执行外，还应当按照办理涉外案件的有关法律、法规、规章的规定执行。公安机关交通管理部门处理外国人发生的道路交通事故，应当告知当事人我国法律、法规、规章规定的当事人在处理道路交通事故中的权利和义务。”

《道路交通事故处理程序规定》第九十九条中对权利义务也有规定：“公安机关交通管理部门在处理道路交通事故过程中，使用中华人民共和国通用的语言文字。对不通晓我国语言文字的，应当为其提供翻译；当事人通晓我国语言文字而不需要他人翻译的，应当出具书面声明。经公安机关交通管理部门批准，外国人可以自行聘请翻译，翻译费由当事人承担。”

2. 调查取证

《道路交通事故处理程序规定》第九十七条规定：“外国人发生道路交通事故有下列情形之一的，不准其出境：①涉嫌犯罪的；②有未了结的道路交通事故损害赔偿案件，人民法院决定不准出境的；③法律、行政法规规定不准出境的其他情形。”第一百条规定：“享有外交特权与豁免的人员发生道路交通事故时，应当主动出示有效身份证件，交通警察认为应当给予暂扣或者吊销机动车驾驶证处罚的，可以扣留其机动车驾驶证。需要对享有外交特权与豁免的人员进行调查的，可以约谈，谈话时仅限于与道路交通事故有关的内容。需要检验、鉴定车辆的，公安机关交通管理部门应当征得其同意，并在检验、鉴定后立即发还。公安机关交通管理部门应当根据收集的证据，制作道路交通事故认定书送达当事人，当事人拒绝接收的，送达至其所在机构；没有所在机构或者所在机构不明确的，由当事人所属国家的驻华使领馆转交送达。享有外交特权与豁免的人员应当配合公安机关交通管理部门的调查和检验、鉴定。对于经核查确实享有外交特权与豁免但不同意接受调查或者检验、鉴定的，公安机关交通管理部门应当将有关情况记录在案，损害赔偿事宜通过外交途径解决。”

享有外交特权的使馆车辆发生事故时不得扣押。

一般情况下，可通过外国人所在单位或大使馆，通知其按指定时间到公安机关交通管理部门核查事故情况，若本人不愿前往公安机关交通管理部门，可将事故情况写成书面材料。如果以上两种形式均不能接受，应详细记录在案，并通过外交途径解决。

3. 诉前财产保全措施

《道路交通事故处理程序规定》第九十八条规定：“外国人发生道路交通事故并承担全部责任或者主要责任的，公安机关交通管理部门应当告知道路交通事故损害赔偿权利人可以向人民法院提出采取诉前保全措施的请求。”

4. 处罚

对于不享有外交特权与豁免的外国人，如果在涉外事故中有违法行为，应按我国法律、法规和规章的规定，给予行政处罚或刑事处罚。处罚前应严格履行审批手续，并征求外事部门的意见。对于本应追究外国当事人的刑事责任，但鉴于两国的友好关系，签订了《司法协助条约》的，可在与外事部门协商一致的情况下，按照《司法协助条约》规定的方法处理。

对享有外交特权与豁免的外国人，因其享有刑事和行政管辖豁免，所以应按照有关的国际公约规定和国际惯例，通过外交途径来解决。

5. 调解

涉外交通事故的调解，可以用单方调解方式进行。交通警察可以转交当事人协议赔偿款项。损害赔偿的项目和标准严格按照我国法律、法规的规定办理。

6. 索要材料

在处理涉外交通事故时，遇外国使、领馆向公安机关交通管理部门索要事故处理材料时，请其向有关部门提出。未经批准的材料，一律不准向外国人提供。

7. 外国人死亡后的处理程序

外国人死亡后的处理程序包括尸体保存，通知外国驻华使、领馆及死者家属，尸体解剖，出具证明，尸体处理，骨灰和尸体运输出境，遗物的清点、处理和写出“死亡善后处理情况报告”等过程。

本章小结

1. 交通事故处理是车辆在道路上因过错或者意外造成的人身伤亡或者财产损失事件的处理，是公安机关交通管理部门依据有关法律、法规的规定，在自己管辖的职权范围内对交通事故进行现场勘查、证据收集、责任认定、处罚交通事故责任者、调解损害赔偿以及事故档案管理、事故分析预防等专门工作的总称。

2. 交通事故处理的依据是《中华人民共和国道路交通安全法》、《中华人民共和国道路交通安全法实施条例》《道路交通事故处理程序规定》；需要追究责任人刑事责任的，依照《中华人民共和国宪法》和《中华人民共和国刑事诉讼法》的有关规定处理。

3. 按照分类标准的不同，道路交通事故处理程序分类方法有三种。按程序是否法定分为法定程序和非法定程序。按照道路交通事故处理工作内容的性质不同，其相应的程序分三类：行政执法程序、行政调解程序、刑事办案程序。按照交通事故处理程序的简繁程度的不同，其相应程序可分为简易程序和一般程序。

4. 一般程序处理的工作步骤：根据《中华人民共和国道路交通安全法》和有关法律、法规的规定，公安机关交通管理部门对道路交通事故处理的一般程序主要包括事故立案、事故调查、责任分析与认定、赔偿与调解等步骤。

5. 交通事故责任是指公安机关交通管理部门在查明交通事故原因以后，根据道路交通安全管理的法律、法规和规章，对当事人在发生交通事故中所起的作用以及过错的严重程度，得出的定性、定量的结论。根据《中华人民共和国道路交通安全法实施条例》第九十一条、第九十二条和《道路交通事故处理程序规定》第六十条规定，交通事故责任可分为全部责任、主要责任、同等责任、次要责任和无责任。

6. 道路交通事故损害赔偿属于民事侵权损害赔偿，一般坚持全部赔偿原则、过失相抵赔偿原则、损害赔偿归责原则。

7. 道路交通事故损害赔偿责任是因交通事故而产生的侵权损害赔偿责任，其构成要件包括损害事实、因果关系、过错或意外等一般要件，以及道路要件、运行要件、车辆要件、交通形态要件等特殊构成要件。

8. 道路交通事故损害赔偿的归责原则是确定侵权行为人交通事故损害赔偿责任的一般

准则。它是在交通事故损害事实已经发生的情况下，为确定侵权行为人对自己的行为所造成的交通事故损害是否要承担民事赔偿责任的原则，是确定道路交通事故损害赔偿责任的规则和标准。有四种表现形式：过错责任原则、无过错责任原则、过错推定原则、公平责任原则。

9. 机动车交通事故责任强制保险，是指由保险公司对被保险机动车发生道路交通事故造成本车人员、被保险人以外的受害人的人身伤亡、财产损失，在责任限额内予以赔偿的强制性责任保险。《中华人民共和国道路交通安全法》第十七条规定："国家实行机动车第三者责任强制保险制度，设立道路交通事故社会救助基金。具体办法由国务院规定。"机动车第三者责任强制保险，首先是责任保险。《保险法》第六十五条中规定："责任保险是指以被保险人对第三者依法应负的赔偿责任为保险标的的保险。"同时，《中华人民共和国道路交通安全法》规定的第三者责任保险又是强制的保险，即由法律直接加以规定、所有应当投保的机动车的所有人都必须参加的保险，而不是当事人自愿购买的保险。

10. 涉外交通事故处理特殊程序：接受报警与告知权利义务、调查取证、诉前财产保全措施、处罚、调解、索要材料、外国人死亡后的处理程序。

习　题

1. 简述交通事故处理程序的分类。
2. 简述交通事故证据审查的内容、步骤及方法。
3. 区分阐述简单程序和一般程序的概念、适用范围和工作流程。
4. 简述交通事故责任分类。
5. 简述交通事故责任认定的程序。
6. 阐述交通事故行政处罚的种类、适用及权限。
7. 阐述交通肇事罪认定的构成要件。
8. 简述交通事故损害赔偿原则。
9. 何谓机动车第三者责任强制保险？
10. 阐述交通事故损害赔偿的项目与标准。
11. 简述涉外交通事故的处理程序。

参考文献

[1] 薛大维．道路交通事故勘查处理［M］．北京：机械工业出版社，2013.

[2] 李江．交通工程学［M］．北京：人民交通出版社，2002.

[3] 宁乐然．道路交通安全通论［M］．北京：中国人民公安大学出版社，2006.

[4] 裴玉龙，蒋贤才，程国柱，等．道路交通事故分析与再现技术［M］．北京：人民交通出版社，2010.

[5] 阳兆祥．交通事故力学鉴定教程［M］．南宁：广西科学技术出版社，2002.

[6] 徐毅刚，谭志福．道路交通事故处理新论［M］．2 版．济南：山东人民出版社，2011.

[7] 许洪国，刘宏飞．道路交通事故分析与处理［M］．3 版．北京：人民交通出版社股份有限公司，2019.

[8] 任福田，刘小明，荣建．交通工程学［M］．北京：人民交通出版社，2005.

[9] 吴何坚，李成涛，张祖坤．司法鉴定理论与实践研讨会论文集［C］．北京：司法鉴定科学研究院，2011.

[10] 许洪国．汽车事故工程［M］．北京：人民交通出版社，2009.

[11] 公安部交通管理局．道路交通事故处理工作手册［M］．北京：中国人民公安大学出版社，2009.

[12] 沈斐敏．道路交通安全［M］．北京：机械工业出版社，2007.

[13] 田文艺．道路交通事故现场取证、痕迹鉴定与证据运用实用手册［M］．北京：中国人民公安大学出版社，2010.

[14] 赵理海，田文艺．道路交通管理手册：交通事故处理专辑［M］．北京：中国人民公安大学出版社，2011.

[15] 奚晓明．道路交通事故赔偿纠纷［M］．北京：法律出版社，2010.

[16] 吴义虎，喻丹．道路交通行为与交通安全［M］．北京：人民交通出版社，2011.

[17] 董来超，姜孟亚．道路交通事故处理程序规定释义［M］．北京：中国法制出版社，2008.

[18] 李文峰．交通肇事罪研究［M］．北京：中国检察出版社，2008.

[19] 李建华，毕庶琪．道路交通事故疑难案例评析［M］．北京：中国人民公安大学出版社，2006.

[20] 郭志军．二手车鉴定与评估［M］．北京：北京理工大学出版社，2009.

[21] 杨立新．道路交通事故责任研究［M］．北京：法律出版社，2009.

[22] 许海华．交通事故处理中车辆安全性能技术鉴定规范研究［J］．公路与汽运，2011（143）：63-65.

[23] 鲁植雄．汽车事故鉴定学［M］．北京：机械工业出版社，2013.

[24] 孙伟．动力学在交通事故处理中的应用［J］．科学之友，2010（2）：131-133.

[25] 王继芬，张淑芳，张桂霞．微量物证在交通事故处理中的应用［J］．广东公安科技，2009，17（2）：40-44.

[26] 林宁杰．浅议交通事故处理中的精神损害赔偿［J］．法制与经济，2009（1）：58-59.

[27] 张琛璟．论交通事故处理中道路交通事故责任含义的界定［J］．法制与社会，2008（33）：124.

[28] 郑上勇．论道路交通事故责任认定［D］．太原：山西大学，2006.

[29] 全国道路交通管理标准化技术委员会．道路交通事故案卷文书：GA 40—2018［S］．北京：中国标准出版社，2018.

[30] 中华人民共和国公安部．机动车运行安全技术条件：GB 7258—2017［S］．北京：中国标准出版社，2017.

[31] 全国道路交通管理标准化技术委员会．机动车安全技术检验项目和方法：GB 21861—2014［S］．北京：中国标准出版社，2015.

[32] 全国道路交通管理标准化技术委员会．道路交通管理　机动车类型：GA 802—2019［S］．北京：中国标准出版社，2019.

[33] 全国道路交通管理标准化技术委员会. 交通事故车辆安全技术检验鉴定：GA/T 642—2006［S］. 北京：中国标准出版社，2006.

[34] 全国道路交通管理标准化技术委员会. 道路交通事故痕迹鉴定：GA/T 1087—2013［S］. 北京：中国标准出版社，2013.

[35] 全国道路交通管理标准化技术委员会. 道路交通事故现场痕迹物证勘查：GA/T 41—2019［S］. 北京：中国标准出版社，2019.

[36] 全国道路交通管理标准化技术委员会. 道路交通事故车辆速度鉴定：GB/T 33195—2016［S］. 北京：中国标准出版社，2016.

[37] 全国道路交通管理标准化技术委员会. 基于视频图像的车辆行驶速度技术鉴定：GA/T 1133—2014［S］. 北京：中国标准出版社，2014.

[38] 全国道路交通管理标准化技术委员会. 道路交通事故现场勘查照相：GA/T 50—2019［S］. 北京：中国标准出版社，2014.

[39] 全国道路交通管理标准化技术委员会. 道路交通事故现场图形符号：GB/T 11797—2005［S］. 北京：中国标准出版社，2005.

[40] 中华人民共和国公安部. 车辆驾驶人员血液、呼吸酒精含量阈值与检验：GB 19522—2010［S］. 北京：中国标准出版社，2011.

[41] 全国道路交通管理标准化技术委员会. 血液酒精含量的检验方法：GA/T 842—2019［S］. 北京：中国标准出版社，2019.